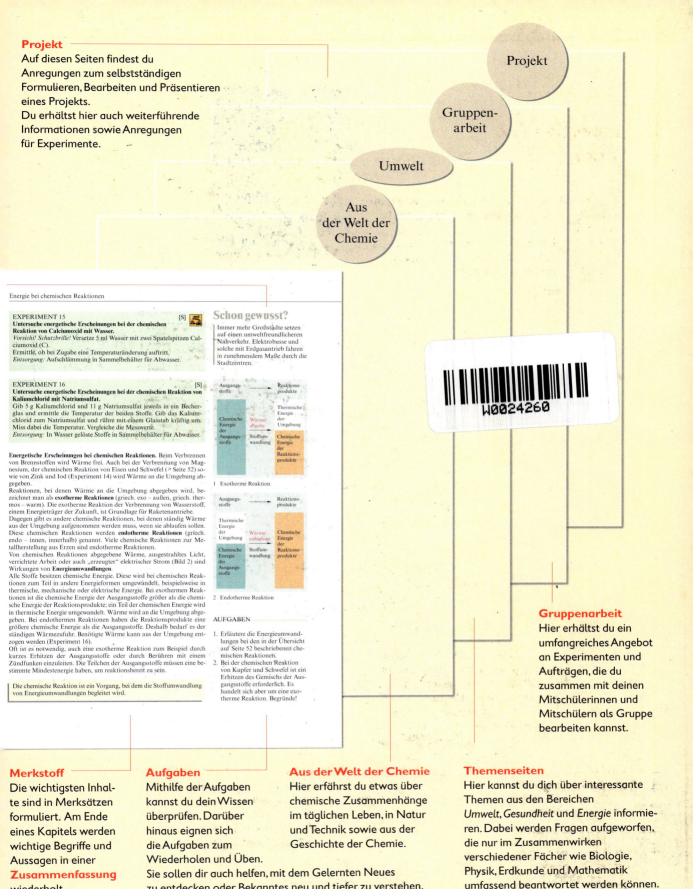

Inhalt

Wasserstoff — 94
Energie Wasserstoff – saubere Energie für die Zukunft? — 96
Chemische Reaktion und Reaktionsgleichung — 98
Zusammenfassung — 100

Nichtmetalle – Nichtmetalloxide — 101

Schwefel – ein Nichtmetall — 102
Schwefeldioxid — 104
Schwefeldioxid als Luftschadstoff — 106
Zusammenfassung — 108

Säuren — 109

Vom Schwefeldioxid zum sauren Regen — 110
Gruppenarbeit Saure Lösungen schnell erkannt — 112
Saure Lösungen im Alltag — 113
Weitere wichtige Säuren — 114
Warum reagieren saure Lösungen sauer? — 116
Der pH-Wert — 120
Aus der Welt der Chemie Schwefelsäure – das „Blut der Chemie" — 121
Zusammenfassung — 122

Atombau – Periodensystem der Elemente — 123

Vom Bau der Stoffe — 124
Atome — 125
Schalenmodell der Atomhülle — 126
Periodensystem der Elemente — 128
Aus der Welt der Chemie So entstand das Periodensytem – die „Entdeckung" von Elementen am Schreibtisch?! — 129
Zusammenfassung — 130

Unedle Metalle – Metalloxide – Metallhydroxide — 131

Reaktionen unedler Metalle — 132
Oxidation – Reduktion – Redoxreaktion — 134
Gruppenarbeit Wir untersuchen das Verhalten von Metalloxiden mit Wasser — 137
Darstellung von Metallhydroxidlösungen — 138
Einige wichtige Metallhydroxide — 141
Projekt Reiniger im Haushalt von A bis Z — 142
Zusammenfassung — 144

Neutralisation — 145

Saure, alkalische und neutrale Lösungen — 146
Aus der Welt der Chemie pH-Werte des menschlichen Körpers — 148
Gruppenarbeit Reaktionen wässriger Lösungen — 149
Die Neutralisation — 150
Bau und Eigenschaften von Salzen — 152
Salze können auch so entstehen — 154
Nachweis von Säurerest-Ionen — 156
Gruppenarbeit Wir weisen Ionen nach — 157
Umwelt Düngemittel — 158
Gruppenarbeit Chemische Zusammenhänge durchschaut – Systematisierung — 160
Zusammenfassung — 164

Quantitative Betrachtungen — 165

Molare Masse — 166
Masseberechnungen bei chemischen Reaktionen — 168
Volumenverhältnisse bei chemischen Reaktionen — 170
Zusammenfassung — 172

Anorganische Stickstoffverbindungen — 173

Stickstoff als Element der V. Hauptgruppe — 174
Ammoniak — 176
Technische Herstellung von Ammoniak – die Ammoniaksynthese — 178
Aus der Welt der Chemie Geschichte der Ammoniaksynthese — 180
Aus der Welt der Chemie Kreislauf des Stickstoffs — 181
Gruppenarbeit Wir untersuchen Ammoniumverbindungen — 182
Ammoniumverbindungen — 183
Gruppenarbeit Verwendung von Ammoniumverbindungen — 185
Oxide des Stickstoffs — 186
Gruppenarbeit Wir untersuchen Salpetersäure — 188
Salpetersäure — 189
Vom Ammoniak zur Salpetersäure — 190
Nitrate – Düngemittel — 192
Umwelt Nahrungsnetze – Stickstoffverbindungen im Boden — 194
Zusammenfassung — 196

Kohlenstoff und seine anorganischen Verbindungen 197

Kohlenstoffmodifikationen — 198
Aus der Welt der Chemie Diamanten, Rohstoff
 für Schmuck und Spezialwerkzeuge — 200
Aus der Welt der Chemie Fullerene — 201
Atombindung – eine chemische Bindung — 202
Bau der Kohlenstoffmodifikationen — 204
Fossile Kohlearten — 206
Oxide des Kohlenstoffs — 207
Kohlensäure und ihre Salze — 210
Zusammenfassung — 214

Anhang — 215

Gefahrensymbole, Gefahrenhinweise — 216
Sicherheitsratschläge — 217
Entsorgung von Gefahrstoffabfällen — 218

Register — 220

Liste von Gefahrstoffen

Gefahrstoff	Kenn-buchstabe	R-Sätze	S-Sätze	E-Sätze
Aceton (Propanon)	F, Xi	11-36-66-67	(2)-9-16-26	1-10-14
Aluminium, Grieß	F	10-15	(2)-7/8-43	6-9
Aluminium, Pulver	F	15-17	(2)-7/8-43	6-9
Aluminiumbromid, wasserfrei	C	22-34	7/8-26-36/37/39-45	2
Aluminiumchlorid, wasserfrei	C	34	(1/2)-7/8-28-45	2
Aluminiumiodid	C	34	26-36/37/39-45	2
Ameisensäure (Methansäure)				
$w \geq 90\,\%$	C	35	(1/2)-23-26-45	1-10
$10\,\% \leq w < 90\,\%$	C	34	(1/2)-23-26-45	1-10
$2\,\% \leq w < 10\,\%$	Xi	36/38	(1/2)-23-26-45	1-10
Ammoniak, wasserfrei	T, N	10-23-34-50	(1/2)-9-16-26-36/37/39-45-61	2-7
Ammoniaklösung				
$10\,\% \leq w < 25\,\%$	C	34	(1/2)-26-36/37/39-45-61	2
$5\,\% \leq w < 10\,\%$	Xi	36/37/38	(1/2)-26-36/37/39-45-61	2
Ammoniumchlorid	Xn	22-36	(2)-22	1
Anilin (Aminobenzol)	T, N	20/21/22-40-48/23/24/25-50	(1/2)-28-36/37-45-61	10
Bariumchlorid	T	20-25	(1/2)-45	1-3
Bariumchloridlösung				
$3\,\% \leq w < 25\,\%$	Xn	22	(1/2)-45	1
Bariumhydroxid	C	20/22-34	26-36/37/39-45	1-3
Bariumhydroxid-8-Wasser	C	20/22-34	26-36/37/39-45	1-3
Bariumoxid	Xn	20/22-36/38	26	1-3
Blei (bioverfügbar)	T	61-20/22-33	53-45	8
Blei(II)-acetat-3-Wasser	T, N	61-33-40-48/22-50/53-62	53-45-60-61	8-14
Brennspiritus (Ethanol)	F	11	(2)-7-16	1-10
Brom	T+, C, N	26-35-50	(1/2)-7/9-26-45-61	16
Bromethan (Ethylbromid)	F, Xn	11-20/22-40	(2)-36/37	10
Bromwasser $1\,\% \leq w < 5\,\%$	T, Xi	23-24	7/9-26	16
Bromwasserstoff	C	35-37	(1/2)-7/9-26-45	2
Butan	F+	12	(2)-9-16	7
1-Butanol	Xn	10-22-37/38-41-67	(2)-7/9-13-26-37/39-46	10
Butansäure (Buttersäure)	C	34	(1/2)-26-36-45	10
Caesium	F, C	14/15-34	(1/2)-5-8-45	6-12-16
Calcium	F	15	(2)-8-24/25-43	15
Calciumcarbid	F	15	(2)-8-43	15-16
Calciumchlorid	Xi	36	(2)-22-24	1
Calciumhydroxid	Xi	41	22-24-26-39	2
Calciumoxid	Xi	41	22-24-26-39	2
Chlor	T, N	23-36/37/38-50	(1/2)-9-45-61	16
Chlorethan (Ethylchlorid)	F+, Xn	12-40-52/53	(2)-9-16-33-36/37-61	7-12
Chlormethan (Methylchlorid)	F+, Xn	12-40-48/20	(2)-9-16-33	7-12
Chloroform (Trichlormethan)	Xn	22-38-40-48/20/22	(2)-36/37	10-12
Chlorwasser, gesättigt $w = 0{,}7\,\%$	Xn	20	9-45	16
Chlorwasserstoff	T, C	23-35	(1/2)-9-26-36/37/39-45	2

Gefahrstoff	Kenn-buchstabe	R-Sätze	S-Sätze	E-Sätze
Cyclohexan	F, Xn, N	11-38-50/53-65-67	(2)-9-16-33-60-61-62	10-12
1,2-Dibromethan	T, N	45-23/24/25-36/37/38-51/53	53-45-61	10-12
Diethylether (Ether)	F+, Xn	12-19-22-66-67	(2)-9-16-29-33	9-10-12
1,4-Dioxan	F, Xn	11-19-36/37-40	(2)-16-36/37	10-12
Eisen(III)-chlorid	Xn	22-38-41	26-39	2
Eisen(II)-sulfatlösung $w \geq 25\,\%$	Xn	22-38-41	26-39	2
Essigessenz	C	34	(1/2)-23-26-45	2-10
Essigsäure (Ethansäure)				
$w \geq 90\,\%$ (Eisessig)	C	10-35	(1/2)-23-26-45	2-10
$25\,\% \leq w < 90\,\%$	C	34	(1/2)-23-26-45	2-10
$10\,\% \leq w < 25\,\%$	Xi	36/38	23-26	2-10
Essigsäureethylester (Ethylacetat)	F, Xi	11-36-66-67	(2)-16-26-33	10-12
Ethan	F+	12	2-9-16-33	7
Ethanal (Acetaldehyd)	F+, Xn	12-36/37-40	(2)-16-33-36/37	9-10-12-16
Ethanallösung $w \geq 10\,\%$	Xn	36/37-40	(2)-16-33-36/37	9-10-12-16
Ethanol (Brennspiritus)	F	11	(2)-7-16	1-10
Ethen (Ethylen)	F+	12	(2)-9-16-33	7
Ethin (Acetylen)	F+	5-6-12	(2)-9-16-33	7
Fehlingsche Lösung II	C	35	(2)-26-27-37/39	2
Formaldehydlösung s. Methanallösung				
n-Heptan	F, Xn, N	11-38-50/53-65-67	(2)-9-16-29-33-60-61-62	10-12
n-Hexan	F, Xn, N	11-38-48/20-51/53-62-65-67	(2)-9-16-29-33-36/37-61-62	10-12
1-Hexen	F	11	9-16-23-29-33	10-12
1-Hexin	F	11	16	10-12
Hydrochinonlösung $w \geq 25\,\%$	Xn	22-40-41-43	(2)-26-36/37/39-61	10
Iod	Xn, N	20/21-50	(2)-23-25-61	1-16
Iodwasserstoff	C	35	(1/2)-9-26-36/37/39-45	1
Kalium	F, C	14/15-34	(1/2)-5-8-45	6-12-16
Kaliumdichromatlösung				
$0,5\,\% \leq w < 7\,\%$	T	49-46-43	53-45-60-61	6-12-16
Kaliumhydroxid (Ätzkali)	C	22-35	(1/2)-26-36/37/39-45	2
Kaliumhydroxidlösung (Kalilauge)				
$w \geq 25\,\%$	C	22-35	(1/2)-26-36/37/39-45	2
$5\,\% \leq w < 25\,\%$	C	35	(1/2)-26-36/37/39-45	2
$2\,\% \leq w < 5\,\%$	C	34	(1/2)-26-36/37/39-45	2
$0,5\,\% \leq w < 2\,\%$	Xi	36/38	26	1
Kaliumnitrat	O	8	16-41	1
Kaliumpermanganat	O, Xn, N	8-22-50/53	(2)-60-61	1-6
Kaliumpermanganatlösung				
$w \geq 25\,\%$	Xn	22	(2)-60	1-6
Kohlenstoffmonooxid	F+, T	61-12-23-48/23	53-45	7
Kupferacetat	Xn	22		11
Kupfer(II)-chlorid	T	25-36/37/38	37-45	11

Gefahrstoff	Kenn-buchstabe	R-Sätze	S-Sätze	E-Sätze
Kupfer(II)-chloridlösung				
3 % ≤ w < 25 %	Xn	22	37-45	11
Kupfer(I)-oxid	Xn	22	(2)-22	8-16
Kupfer(II)-sulfat	Xn, N	22-36/38-50/53	(2)-22-60-61	11
Kupfer(II)-sulfatlösung w ≥ 25 %	Xn	22-36/38	(2)-22-60	11
Lithium	F, C	14/15-34	(1/2)-8-43-45	15-1
Lithiumchlorid	Xn	22-36/38	26-36	1
Magnesium, Pulver (phlegma-tisiert)	F	11-15	(2)-7/8-43	3
Magnesium, Späne	F	11-15	(2)-7/8-43	3
Mangan(IV)-oxid (Braunstein)	Xn	20/22	(2)-25	3
Methan	F+	12	(2)-9-16-33	7
Methanallösung (Formaldehydlösung)				
w ≥ 25 %	T	23/34/25-34-40-43	(1/2)-26-36/37/39-45-51	10-12-16
5 % ≤ w < 25 %	Xn	20/21/22-36/3738-40-43	(1/2)-26-36/37/39-51	1-10
1 % ≤ w < 5 %	Xn	40-43	23-37	1
0,2 % ≤ w < 1 %	Xi	43	23-37	1
Methansäure s. Ameisensäure				
Methanol	F, T	11-23/24/25-39/23/24/25	(1/2)-7-16-36/37-45	1-10
Natrium	F, C	14/15-34	(1/2)-5-8-43-45	6-12-16
Natriumcarbonat	Xi	36	(2)-22-26	1
Natriumhydroxid (Ätznatron)	C	35	(1/2)-26-37/39-45	2
Natriumhydroxidlösung (Natronlauge)				
w ≥ 5 %	C	35	(1/2)-26-37/39-45	2
2 % ≤ w < 5 %	C	34	(1/2)-26-37/39-45	2
0,5 % ≤ w < 2 %	Xi	36/38	26	1
Natriumnitrat	O	8	16-41	1
Nickel(II)-sulfat-6-Wasser	Xn, N	22-40-42/43-50/53	(2)-22-36/37-60-61	11-12
Nicotin	T+, N	25-27-51/53	(1/2)-36/37-45-61	10-16
Octan	F, Xn, N	11-38-50/53-65-67	(2)-9-16-29-33-60-61-62	10-12
1-Octanol	Xi	36/38	23	10
Oxalsäure	Xn	21/22	(2)-24/25	5
Oxalsäurelösung w ≥ 5 %	Xn	21/22	(2)-24/25	5
Ozon	O, T	34-36/37/38		7
n-**P**entan	F+, Xn, N	12-51/53-65-66-67	(2)-9-16-29-33-61-62	10-12
1-Pentanol	Xn	10-20	(2)-24/25	10-14
Petrolether	F	11	9-16-29-33	10-12
Petroleumbenzin	F	11	9-16-29-33	10-12
Phenol	T	24/25-34	(1/2)-28-45	10-12
Phenollösung 1 % ≤ w < 5 %	Xn	21/22-36/38	(1/2)-28-45	10-12
Phosphor, rot	F, N	11-16-50	(2)-7-43-61	6-9
Phosphor(V)-oxid	C	35	(1/2)-22-26-45	2
Phosphorsäure w ≥ 25 %	C	34	(1/2)-26-45	2
10 % ≤ w < 25 %	Xi	36/38	25	1

Gefahrstoff	Kenn-buchstabe	R-Sätze	S-Sätze	E-Sätze
Propan	F+	12	(2)-9-16	7
Propanal	F, Xi	11-36/37/38	(2)-9-16-29	9-10-12-16
1-Propanol	F, Xi	11-41-67	(2)-7-16-24-26-39	10
2-Propanol	F, Xi	11-36-37	(2)-7-16-24/25-26	10
Propanon s. Aceton				
Propansäure (Propionsäure)				
10 % ≤ w ≤ 25 %	Xi	36/37/38	(1/2)-23-36-45	2
Qucksilber	T, N	23-33-50/53	(1/2)-7-45-60-61	6-12-14-16
Resorcin (1,3-Dihydroxybenzol)	Xn, N	22-36/38-50	(2)-26-61	10
Salpetersäure w ≥ 70 %	O, C	8-35	(1/2)-23-26-36-45	2
20 % ≤ w < 70 %	C	35	(1/2)-23-26-27	2
5 % ≤ w < 20 %	C	34	(1/2)-23-26-27	2
Salzsäure w ≥ 25 %	C	34-37	(1/2)-26-45	2
10 % ≤ w < 25 %	Xi	36/37/38	(2)-28	2
Sauerstoff	O	8	(2)-17	
Schiffs Reagenz	Xi	36/37	24-26	2
Schwefeldioxid	T	23-34	(1/2)-9-26-36/37/39-45	7
Schwefelsäure w ≥ 15 %	C	35	(1/2)-26-30-45	2
5 % ≤ w < 15 %	Xi	36/38	(2)-26	2
Schwefelwasserstoff	F+, T+, N	12-26-50	(1/2)-9-16-28-36/37-45-61	2-7
Schwefelwasserstofflösung				
0,1 % ≤ w ≤ 1 %	Xn	20	(1/2)-9-28-45-61	2
Schweflige Säure				
5 % ≤ w ≤ 10 %	Xi	36/37/38	24-26	2
Silbernitrat	C, N	34-50/53	(1/2)-26-45-60-61	12-13-14
Silbernitratlösung				
5 % ≤ w < 10 %	Xi	36/38	(1/2)-26-45-60	12-13-14
Silberoxid	O, Xi	8-41-44	26-39	12-13-14
Stickstoffdioxid	T+	26-34	(1/2)-9-26-28-36/37/39-45	7
Stickstoffmonooxid	T+	26/27	45	7
Tetrachlormethan	T, N	23/24/25-40-48/23-52/53-59	(1/2)-23-36/37-45-59-61	10-12
Toluol	F, Xn	11-20	(2)-16-25-29-33	10-12
Trichlormethan (Chloroform)	Xn	22-38-40-48/20/22	(2)-36/37	10-12
Wasserstoff	F+	12	(2)-9-16-33	7
Wasserstoffperoxidlösung				
w ≥ 60 %	O, C	8-34	(1/2)-3-28-36/39-45	1-16
20 % ≤ w < 60 %	C	34	(1/2)-28-36/39-45	1
5 % ≤ w < 20 %	Xi	36/38	(1/2)-28-36/39-45	1
Zinkbromid	C, N	34-50/53	26-60-61	1-11
Zinkchlorid	C, N	34-50/53	(1/2)-7/8-28-45-60-61	1-11
Zink, Pulver (stabilisiert)		10-15	(2)-7/8-43	3
Zink, Staub	F	15-17	(2)-7/8-43	3
Zinksulfat	Xi, N	36/38-50/53	(2)-22-25-60-61	1-11
Zinn(II)-chlorid	Xn	22-36/37/38	26	1-11

Was ist Chemie?

Die Welt besteht aus vielen unterschiedlichen Stoffen. Gesteine und Mineralien bildeten sich in Urzeiten. Noch heute zeugen Lava speiende Vulkane davon. Ob bei einem Feuerwerk oder in uns, wenn wir begeistert einem Feuerwerk zusehen, überall laufen chemische Vorgänge ab. Antworten auf Fragen nach Stoffen und Vorgängen in der Natur sucht neben der Biologie und der Physik vor allem die Naturwissenschaft Chemie.

Chemie – Chancen und Gefahren

Chemie ist in unserem Leben allgegenwärtig.
Zahnpasta, Kosmetika, Medikamente, Plastiktüten, CDs, aber auch das Fahrrad und die Inlineskates sind nur einige Beispiele für Produkte der Chemie.
Trotzdem denken viele Menschen bei dem Wort „Chemie" sofort an Umweltschäden: die Verschmutzung von Luft, Boden und Gewässern oder an Unfälle in Chemiebetrieben.
Wie denkst du darüber?

Speisen werden erst durch ihre Zubereitung in der Küche wohlschmeckend.

Metalle, Glas, Porzellan, Gummi, Baustoffe, Kunststoffe, Farbstoffe und Treibstoffe werden in der Industrie durch chemische Vorgänge hergestellt.

Neuartige Produkte wie Klebstoffe schaffen die Voraussetzung für neue technische Anwendungen.

Medikamente verhindern oder heilen zahlreiche Krankheiten, wenn sie verantwortungsbewusst eingenommen werden.

Interessante und aufregende Freizeitbeschäftigungen werden dank neuer Werkstoffe und Fasern möglich.

Chemie – Chancen und Gefahren

Abgase der Verbrennung von Kohle und Erdgas und Abgase von Kraftfahrzeugen enthalten Schadstoffe. Sie bilden mit Wasser den „sauren Regen", der zur Bodenversauerung und zum Waldsterben führt.
Bei ungünstiger Wetterlage kann durch die Abgase Smog entstehen. Durch moderne Abgasreinigungsanlagen wie Rauchgasentschwefelungsanlagen in Kraftwerken oder Abgaskatalysatoren bei Kraftfahrzeugen können viele Schadstoffe aus den Abgasen entfernt werden.

Abgastest an einem Auto

Verkehrskontrolle bei Smog

Waldschäden durch „sauren Regen"

Umweltschäden entstehen bei der Havarie von Erdöltankern. Dabei zeigt sich häufig, dass menschliches Fehlverhalten zu solchen Katastrophen geführt hat. Zur Minderung der Schäden werden Produkte der chemischen Industrie eingesetzt.

Kenntnisse auf dem Gebiet der Chemie helfen, die Geschehnisse um uns zu verstehen, mit Stoffen verantwortungsvoll umzugehen sowie Gefahren und Ursachen von Störfällen zu erkennen.

Der brennende Öltanker „Aegean Sea" vor La Coruña (Nordwestspanien)

Rauchgasentschwefelungsanlage

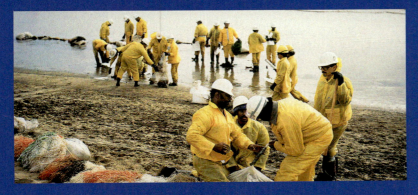

Ausbreitung eines Ölteppichs

Kampf gegen Ölschäden am Strand nach einer Tankerhavarie

Typische Tätigkeiten in der Chemie

Alles, was man in der Chemie kennt, beruht auf Beobachtungen und Experimenten. Experimente sind Fragen an die Natur. Dabei können durch genaue Beobachtungen Zusammenhänge in der Natur erkannt und neue Erkenntnisse gewonnen werden.

Chemische Experimente erfordern oft besondere Geräte und Einrichtungen. Für ein gefahrloses Arbeiten werden oft Schutzbrille, Schutzscheibe sowie Abzugseinrichtungen benötigt.

Beobachtungen und Experimentergebnisse lassen sich nicht immer ohne weiteres deuten, da die Vorgänge im Einzelnen oft nicht wahrnehmbar sind. In derartigen Fällen ist es vorteilhaft, Modelle zu verwenden. Sie helfen Erscheinungen und Vorgänge zu beschreiben und zu deuten. Modelle geben aber die Wirklichkeit nie vollständig wieder. Modelle als Abbilder von Verkehrsmitteln sind dir bereits bekannt.

Untersuchungen im Chemielabor

Auffälligkeiten in der Natur wie die Gebilde aus Tropfstein weckten schon immer das Interesse der Menschen. Durch genaues Beobachten und Probieren lernten die Menschen schon frühzeitig die Eigenschaften und Verwendungsmöglichkeiten vieler Stoffe ihrer Umgebung kennen.

Ein wichtiges Ziel der heutigen Forschung und Entwicklung auf dem Gebiet der Chemie ist die Herstellung neuer Stoffe mit besonderen Eigenschaften für spezielle Einsatzgebiete. So würde es z. B. ohne reines Silicium weder den Computer noch die ec-Karte oder Mikroapparate für die Medizin- und Umwelttechnik geben.

Modell eines ICE-Triebwagens

Tropfsteinhöhle

Siliciumkristall und Siliciumscheiben

Am Ende des bisher Gesagten kann die Frage „**Was ist Chemie?**" zusammenfassend beantwortet werden:

Die Chemie ist eine auf Erfahrungen und Experimenten beruhende Naturwissenschaft.

Sie befasst sich mit Stoffen, ihren Eigenschaften, der Untersuchung von Vorgängen und der Herstellung neuer Stoffe. Die Chemie kann dazu beitragen, das Leben der Menschen zu vereinfachen und zu verbessern. Herstellung und Anwendung chemischer Stoffe bergen aber auch Gefahren für Mensch und Umwelt in sich.

Stoffe erkennt man an ihren Eigenschaften

Zucker „versüßt" unser Leben. Er ist mehr als nur eine wohlschmeckende Zugabe. Noch im 18. Jahrhundert wurde Zucker ausschließlich aus Zuckerrohr gewonnen. Deshalb war Zucker in Europa sehr teuer.
1747 entdeckte ANDREAS SIGISMUND MARGGRAF (1709 bis 1782), dass in der Zuckerrübe der gleiche Zucker enthalten ist wie im Zuckerrohr.
Mit der Zeit wurde aus dem Luxusgut Zucker ein Grundnahrungsmittel.

➔ Sind Kandiszucker, Puderzucker oder der Zuckerhut auch Zucker?
➔ Ist der Zucker mehr als nur süß?
➔ Ist alles Zucker, was süß schmeckt? Wie kann man das unterscheiden?

Stoffe sind überall

Gegenstand	Stoff, aus dem der Gegenstand besteht
Tasse	Porzellan, Glas, Steingut
Nägel	Stahl
Bleistifte	Holz, Graphit
Fußball	Leder, Gummi, Luft
Gas im Fußball	Luft
Brille	Glas, Metall, Kunststoff
Hammer	Holz, Metall
Buch	Pappe, Papier
Inlineskates	Kunststoffe, Metall

1 Inline-Skater

Körper und Stoff. Täglich kommst du mit vielen Gegenständen in Berührung. Du fährst Fahrrad oder Inliner, lässt Drachen steigen und Modellflugzeuge fliegen, benutzt einen Computer, hörst Musik mit dem CD-Player und liest Bücher.
In der Chemie interessiert man sich aber nicht so sehr für die Gegenstände oder Körper, sondern für die Materialien, aus denen diese bestehen. Fensterrahmen bestehen aus Holz oder Kunststoff, Nägel und Schrauben aus Stahl, ein Zeichenblock aus Papier. Die meisten Gegenstände bestehen aus mehreren Materialien: ein Skateboard aus Holz, Eisen und Kunststoff, der Drachen aus Holz und Papier.

In der Chemie werden die Materialien, aus denen die Gegenstände bestehen, als **Stoffe** bezeichnet. Aus dem Biologieunterricht kennst du schon die Nährstoffe wie Eiweiße und Fette sowie Mineralstoffe und Ballaststoffe. Weiterhin sind dir Baustoffe wie Zement und Ziegel sowie Kunststoffe und Farbstoffe bekannt. Textilien, manchmal auch kurz als „Stoffe" bezeichnet, können aus Leinen, Seide, Wolle oder Baumwolle bestehen.
Gleichartige Gegenstände können aus verschiedenen Stoffen bestehen. Andererseits können unterschiedliche Gegenstände aus dem gleichen Stoff bestehen.

2 Gleichartige Gegenstände aus verschiedenen Stoffen

Eisen, Kupfer oder Aluminium werden zu Drähten, Blechen, Stangen und Rohren verarbeitet. Daraus stellt man Haushaltsgefäße, Maschinenbauteile oder andere Gegenstände her.
Glas wird bei hoher Temperatur weich und lässt sich dann zu Flaschen, Trinkgläsern oder Fensterscheiben formen. Bei Veränderungen ihrer Form verändern sich die Stoffe, aus denen die Gegenstände bestehen, nicht.

Alle Gegenstände bestehen aus Stoffen.

Stoffe, mit denen im Chemieunterricht experimentiert wird, heißen **Chemikalien**. Worauf ist beim Umgang mit diesen Stoffen zu achten, damit du deine Gesundheit nicht gefährdest oder die Umwelt nicht belastest?

3 Verschiedene Gegenstände aus dem gleichen Stoff

Stoffe sind überall

Umgang mit Chemikalien. Alle Chemikalien, die wir im Chemieunterricht verwenden, stellen bei richtigem Umgang keine Gefahr dar.
Sie werden in besonderen Chemikalienflaschen aufbewahrt. Diese müssen eindeutig beschriftet sein. Keinesfalls dürfen Chemikalien in Lebensmittelbehältnissen abgefüllt oder aufbewahrt werden, da es dadurch leicht zu Verwechslungen und zu gesundheitlichen Schäden kommen kann.

Chemikalien, von denen eine besondere Gefährdung für die Gesundheit oder die Umwelt ausgehen kann, nennt man **Gefahrstoffe**.
Der Umgang mit Gefahrstoffen wird durch die **Gefahrstoffverordnung** geregelt. Behälter mit Gefahrstoffen müssen gekennzeichnet sein. Für sie sind besondere Sicherheitsetiketten vorgeschrieben, die international festgelegte **Gefahrensymbole** und **Kennbuchstaben** tragen (Bild 1). Diese Gefahrensymbole und Kennbuchstaben hast du sicher schon auf Haushaltsreinigern, Farbdosen oder an einer Tankstelle gesehen.
Zur genaueren Information über Gefahren und Möglichkeiten der Unfallverhütung sind auf dem Sicherheitsetikett Hinweise auf besondere Gefahren (**R-Sätze**, engl. risk – Gefahr) und Sicherheitsratschläge (**S-Sätze**, engl. security – Sicherheit) angegeben. Im Anhang dieses Buches sind die Gefahrensymbole, R- und S-Sätze zusammengestellt (↗ Seite 216 f.).
Vor dem Öffnen eines Behälters sind stets erst die Gefahrenhinweise zu lesen. Chemikalien dürfen nicht berührt werden. Grundsätzlich dürfen keine Geschmacksproben genommen werden. Um die Abfallmenge und damit die Umweltbelastung zu verringern, sollte mit Chemikalien immer äußerst sparsam umgegangen werden.

Entsorgung von Chemikalien. Chemikalienreste können die Umwelt unterschiedlich stark belasten. Deshalb dürfen z. B. keine Wasser gefährdenden Stoffe ins Abwasser gelangen.
Feste und flüssige Chemikalienreste werden in entsprechend beschriftete Sammelbehälter gegeben. Die so gesammelten Chemikalien werden wieder aufbereitet oder an Entsorgungsunternehmen abgegeben. Bei der Sammlung der Abfälle ist ein Entsorgungsplan vorteilhaft, der zeigt, wie Chemikalienabfälle gesammelt und weitergeleitet werden können (↗ Ende des Buches).

2 Etikett einer Chemikalienflasche

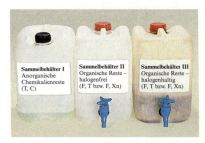

3 Sammelbehälter für Chemikalienreste

1 Gefahrensymbole und Kennbuchstaben

AUFGABEN

1. Ordne nach Gegenstand und Stoff: Säge, Becher, Silber, Glas, Schere, Erdgas, Flüssigkeit im Kanister, Ziegel, Benzin, Eisen, Wassereimer, Laubblatt.
2. Schreibe fünf Stoffe auf, mit denen du morgens im Bad in Berührung kommst.
3. Gib Beispiele für gleichartige Gegenstände an, die aus verschiedenen Stoffen bestehen.
4. Ermittle Stoffe aus dem Haushalt, auf deren Verpackung bzw. Etikett Gefahrensymbole abgebildet sind. Was bedeuten die Symbole?

Experimentieren im Chemieunterricht

Die **Sicherheitseinrichtungen** müssen bekannt sein:

1 Standort der Erste-Hilfe-Einrichtungen (z. B. Verbandskasten, Augendusche, Trage),

2 Standort und Bedienung der Feuerlöschmittel (Löschsand, Feuerlöscher, Feuerlöschdecke, Wasserdusche),

3 Standort und Bedienung des „Notausschalters",

4 Rufnummern von Notarzt, Feuerwehr und Polizei.

> **Safety first – Sicherheit zuerst.** Da im Chemieraum mit besonderen Geräten, Chemikalien und Apparaturen gearbeitet wird, müssen besondere Vorsichtsmaßnahmen beachtet werden, um Schäden und Unfälle zu vermeiden. Grundsätzlich darf der Chemieraum nur unter Aufsicht betreten werden. Essen und Trinken sind im Chemieraum verboten.

Im Chemieunterricht werden Stoffe mithilfe von Experimenten untersucht. Bei einem Experiment werden Vorgänge unter vereinfachten und genau festgelegten Bedingungen beobachtet. Dazu ist es notwendig, Experimente sorgfältig zu planen.

Zu den **Grundregeln des Experimentierens** zählen:
1. Ordnung und Sauberkeit sowie genaues Beobachten und Messen sind Voraussetzungen für erfolgreiches Experimentieren.
2. Vorsicht beim Erhitzen von Flüssigkeiten im Reagenzglas. Es kann zum plötzlichen Herausspritzen von Flüssigkeit kommen (Siedeverzug). Die Öffnung des Reagenzglases nicht auf Personen richten! Das Gesicht nicht über ein offenes Reaktionsgefäß halten!
3. Bei der Geruchsprobe Gase oder Dämpfe mit der Hand zur Nase fächeln.

Vor dem Experimentieren
1. Die Versuchsanleitung aufmerksam lesen.
2. Langes Haar mit einem Band zusammenbinden.
3. Eine Schutzbrille ist aufzusetzen.
4. Erforderliche Geräte und Chemikalien bereitstellen.

Während des Experimentierens
1. Mit der Versuchsdurchführung erst beginnen, wenn der Versuchsaufbau von der Lehrerin bzw. dem Lehrer überprüft wurde.
2. Genau an die Durchführungsschritte halten, gezielt beobachten und Messwerte notieren.
3. Geruchsproben nur nach Aufforderung der Lehrerin oder des Lehrers durchführen.

Nach dem Experimentieren
1. Alle Chemikalienreste in die gekennzeichneten Sammelbehälter geben.
2. Die benutzten Geräte spülen, trocknen und wegräumen. Beschädigungen an Geräten der Lehrerin bzw. dem Lehrer melden.
3. Den Arbeitsplatz sauber verlassen. Prüfen, ob Gas- und Wasserhähne geschlossen sind.
4. Das schriftliche Protokoll fertig stellen (↗ Seite 18).

1 Verhalten beim Experimentieren

Experimentieren im Chemieunterricht

Umgang mit dem Brenner. Ein unentbehrliches Arbeitsgerät beim Experimentieren ist der Brenner. Er wird zum Erhitzen von Stoffen benötigt. Der nach seinem Konstrukteur benannte **Bunsenbrenner** ist der Grundtyp aller Brenner. Im Chemieunterricht wird häufig der **Teclubrenner** verwendet.

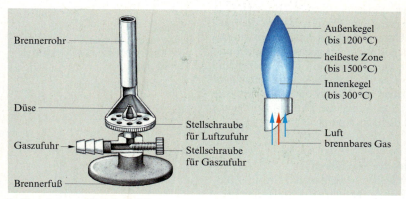

1 Teclubrenner (links) und Temperaturen (rechts) in der rauschenden Flamme

2 Leuchtende, nicht leuchtende und rauschende Brennerflamme

Das Arbeiten mit dem Brenner ist nicht ungefährlich. Unverbranntes Gas darf nicht entweichen, da es mit Luft explosive Gemische bilden kann. Häufig ist die Flamme schwer zu erkennen, sodass du dich verbrennen kannst. Bei unachtsamem Umgang mit dem Brenner besteht die Gefahr von Bränden. Um mit dem Brenner richtig arbeiten zu können, musst du wissen, wie er aufgebaut ist und wie er funktioniert.
Der Brenner steht auf einem Brennerfuß, in dem sich eine Stellschraube zur Regulierung der Gaszufuhr befindet. Das Gas strömt durch eine Düse in das Brennerrohr und wird am oberen Ende entzündet (Bild 1).

Das Bedienen des Brenners erfolgt in einer bestimmten Reihenfolge:	
Entzünden	– Schutzbrille aufsetzen, – Luftzufuhr und Gaszufuhr schließen, – Gashahn am Tisch und dann am Brenner öffnen, – Ausströmendes Gas sofort an der Brennermündung entzünden, – Flammengröße regulieren, – Luftzufuhr nach Bedarf öffnen.
Kleinerstellen der Flamme	– Luftzufuhr schließen, – Gaszufuhr drosseln.
Löschen	– Luft- und Gaszufuhr am Brenner schließen, – Gashahn am Tisch schließen, – Brenner erst nach dem Abkühlen wegstellen.

Ist die Luftzufuhr geschlossen, bildet sich eine **leuchtende Flamme** mit einer Temperatur bis etwa 1 000 °C. Wird die Luftzufuhr wenig geöffnet, entfärbt sich die Flamme. Das Gas-Luft-Gemisch verbrennt mit **nicht leuchtender Flamme**. Hauptsächlich wird mit dieser Flamme gearbeitet. Wird die Luftzufuhr weit geöffnet, ist ein heller, blauer Innenkegel erkennbar und die Flamme beginnt zu rauschen. In der **rauschenden Flamme** herrscht eine Temperatur bis zu 1 500 °C (Bilder 1 und 2).
Ist die Luftzufuhr zu groß oder die Gaszufuhr zu gering, kann die Flamme „zurückschlagen". Dabei brennt sie im Inneren des Brennerrohres. Die Gaszufuhr muss dann sofort geschlossen werden.

AUFGABEN

1. Schließe den Brenner an. Entzünde das Gas nach Vorschrift.
2. Stelle durch Regulierung der Luftzufuhr eine leuchtende, eine nicht leuchtende und eine rauschende Flamme ein.
3. Halte ein Magnesiastäbchen in verschiedenen Höhen waagerecht in die rauschende Flamme. Was lässt sich ableiten?
4. Was ist beim Erhitzen von Wasser in einem Reagenzglas zu beachten?

Wir untersuchen Stoffe

Ihr kennt bereits viele Stoffe aus dem Alltag. Manche Stoffe sehen weiß aus, andere glänzen oder haben einen typischen Geruch. Ihr sollt nun selbst die Eigenschaften einiger Stoffe ermitteln. Dazu müsst ihr die Stoffe genau betrachten und einfache Untersuchungen mit ihnen durchführen. Um das Experiment unter gleichen Bedingungen wiederholen und die ermittelten Ergebnisse überprüfen zu können, sind die Experimente sorgfältig zu protokollieren. Die Form des **Protokolls** kann unterschiedlich sein. Folgende Angaben müssen aber mindestens enthalten sein: die Aufgabenstellung, die Experimentieranordnung, die Durchführung, die Beobachtungen, die Folgerungen und die Entsorgung.

EXPERIMENT 1 [S]
Ermittle Eigenschaften von Stoffen mit den Sinnesorganen.
Bestimme Farbe, Glanz, Form und Geruch verschiedener Stoffe, z. B. von Eisen, Speiseessig, Holzkohle, Kreide, Kupfer, Kochsalz, Zucker. Betrachte die festen Stoffe mit der Lupe. Poliere die Oberfläche von Eisen und Kupfer.
Vergleiche die Stoffe. Stelle die Ergebnisse in einer Tabelle zusammen. Beschreibe das Aussehen der Stoffe. Zeichne, was du siehst.

EXPERIMENT 2 [S]
Prüfe Stoffe mit einem Magneten.
Halte einen Magneten an verschiedene Stoffe, z. B. Holz, Papier, Glas, Eisen, Kupfer, Messing, Aluminium. Notiere das Verhalten der Stoffe gegenüber dem Magneten.
Fertige ein Protokoll an. Beschreibe deine Beobachtungen.

EXPERIMENT 3 [S]
Untersuche, ob feste Stoffe den elektrischen Strom leiten.
Baue die Versuchsapparatur nach nebenstehender Experimentieranordnung auf. Prüfe Kupfer, Styropor®, PVC, Stahl, Holz, Graphit, Aluminium, Zink, Zinn nacheinander auf elektrische Leitfähigkeit.
Gib in einer Tabelle die elektrische Leitfähigkeit an.

EXPERIMENT 4 [S]
Prüfe das Verhalten der Stoffe in Wasser.
Fülle 6 Reagenzgläser zu einem Viertel mit Wasser. Gib in je ein Reagenzglas mit dem Spatel bzw. mit einer Tropfpipette eine kleine Portion Kochsalz, Gips, Zucker, Holzkohle, Speiseöl, Brennspiritus (F). Verschließe die Reagenzgläser mit Stopfen und schüttle. Beobachte.
Deute das Ergebnis. Ordne die Stoffe. Verwende dabei die Begriffe „gut löslich", „schwer löslich" und „nahezu unlöslich".

Protokoll zum Experiment

Aufgabe:
Untersuche Tee, eine Zucker- und eine Kochsalzlösung auf elektrische Leitfähigkeit.

Experimentieranordnung:

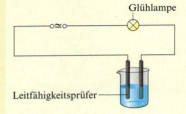

Durchführung:
Der Leitfähigkeitsprüfer wird in alle Flüssigkeiten gehalten und zwischendurch mit Wasser abgespült.

Beobachtung:

Stoff	Glühlampe leuchtet auf?
Tee	nein
Zuckerlösung	nein
Kochsalzlösung	ja

Folgerung:
Kochsalzlösung leitet den elektrischen Strom, Tee und Zuckerlösung leiten den elektrischen Strom nicht.

Entsorgung:
Flüssigkeiten in Sammelbehälter für Abwasser geben.

Entsorgung

Stoffe der Experimente 1 bis 3 getrennt einsammeln, werden wieder verwendet.
Ölreste und Brennspiritus in Sammelbehälter II, Flüssigkeiten in Sammelbehälter für Abwasser, feste Stoffe in Sammelbehälter für Hausmüll.

AUFTRÄGE

1. Stellt alle ermittelten Eigenschaften von Stoffen übersichtlich zusammen.
2. Überlegt, welche Untersuchungen an von euch ausgewählten Stoffen noch möglich wären.

Erkennen und Unterscheiden von Stoffen

1 Schwefel

2 Kupfer

Sensitive Eigenschaften der Stoffe. Jeder Stoff besitzt bestimmte Eigenschaften. Mit den Augen sind Eigenschaften wie die Farbe, der Glanz und die Kristallform erkennbar.
So ist z. B. die **Farbe** von Schwefel gelb und die von Kupfer rot. Holzkohle sieht schwarz und Eisen silbrig aus.
Neben ihrer Farbe haben manche Stoffe noch einen typischen **Glanz**, der häufig erst nach dem Polieren der Oberfläche erkennbar wird.
Einige Stoffe sind kristallin. Manchmal lässt sich die **Form der Kristalle** nur mit einer Lupe erkennen.
Zahlreiche Stoffe wie Speiseessig, Knoblauch, Benzin und Parfüm besitzen einen typischen **Geruch**. Eine Geruchsprobe darf nur sehr vorsichtig vorgenommen werden, da manche Stoffe gesundheitsschädigend sind. Durch leichtes Zufächeln mit der Hand gelangen nur kleine Stoffportionen in die Nase.
Stoffe lassen sich auch am **Geschmack** unterscheiden. So schmeckt Zitronensaft sauer und eine Salzgurke salzig. *Achtung!* Im Chemieunterricht dürfen Stoffe aus Sicherheitsgründen niemals gekostet werden!

3 Bergkristalle

Experimentelles Untersuchen von Eigenschaften. Die oben beschriebenen Eigenschaften können wir direkt mit unseren Sinnesorganen erfassen. Andere Stoffeigenschaften lassen sich nur experimentell untersuchen, häufig unter Verwendung verschiedener Hilfsmittel. Beispielsweise werden Stoffe, die Eisen, Nickel oder Cobalt enthalten, vom Magneten angezogen (**Magnetismus**). Die **elektrische Leitfähigkeit** von Stoffen lässt sich mit dem Leitfähigkeitsprüfer ermitteln (↗ Seite 18). Zum Beispiel leiten Zink, Eisen, Kupfer, Graphit sowie viele andere Stoffe den elektrischen Strom. Glas und die meisten Kunststoffe leiten ihn nicht.
Eine weitere typische Eigenschaft vieler Stoffe ist ihre **Löslichkeit** in Wasser oder in anderen Flüssigkeiten (↗ Gruppenarbeit, Seite 18). Wird in ein Glas Tee ein Stück Zucker gegeben, so ist der Zucker bald nicht mehr zu sehen. Er ist aber noch vorhanden, denn der Tee schmeckt süß. Der Zucker hat sich gelöst. Es ist eine Lösung entstanden. In diesem Beispiel ist der Zucker der zu lösende Stoff und das Wasser des Tees das Lösemittel. Fett oder Speiseöl sind dagegen in Wasser unlöslich.

4 Stoffe werden auf ihre Löslichkeit geprüft.

Eigenschaften von Stoffen

Durch Ritzen der Oberfläche mit einem Stahlnagel oder einer Glasscherbe können Stoffe auf ihre **Härte** untersucht werden.
Wichtig ist auch die Prüfung der Stoffe auf ihre **Brennbarkeit** (Experiment 3) sowie ihr **Verhalten beim Erhitzen**.
Ist ein Stoff brennbar, so sind Angaben über die Farbe der Flamme, die Rußbildung oder über den auftretenden Geruch bedeutsam.
Beim Erhitzen verhalten sich die Stoffe unterschiedlich. Eisen wird bei hoher Temperatur flüssig und kann in eine Form gegossen werden. Nach dem Abkühlen liegt wieder festes Eisen vor. Seine Form hat sich aber verändert. Wird versehentlich ein Kunststoffgefäß auf eine heiße Herdplatte gestellt, so wird der Kunststoff durch die Hitze verformt und zersetzt sich dann. Solche Veränderungen sind nicht mehr rückgängig zu machen.
Eigenschaften, die sich messen und durch Messwerte ausdrücken lassen, wie Dichte, Schmelztemperatur und Siedetemperatur sind zum genauen Erkennen und zum Unterscheiden von Stoffen besonders geeignet.
Die **Dichte** von Stoffen lässt sich als Quotient aus der Masse und dem Volumen einer **Stoffportion** bestimmen. Eine Stoffportion besitzt eine bestimmte Masse und ein bestimmtes Volumen. Bei Flüssigkeiten kann man die Dichte auch mithilfe einer Senkspindel bestimmen.

> **EXPERIMENT 3** [L]
> **Brennbarkeit von Stoffen.**
> *Vorsicht! Feuerfeste Unterlage!*
> Brennspiritus (F) und Petroleumbenzin (F) werden auf ihre Brennbarkeit untersucht.

> Definitionsgleichung für die Dichte
>
> Dichte $\varrho = \dfrac{m}{V}$
>
> ϱ Dichte
> m Masse einer Stoffportion
> V Volumen der Stoffportion
>
> Die Dichte wird meist bei 25 °C und 1 013 hPa angegeben.

> **EXPERIMENT 1** [S]
> **Bestimme die Dichte von Brennspiritus.**
> Wiege einen leeren Messkolben. Fülle den Messkolben vorsichtig bis zur Eichmarke mit Brennspiritus (F). Wiege den Kolben erneut.
> Berechne die Dichte von Brennspiritus.
> Fülle 50 ml Brennspiritus in einen Messzylinder. Tauche in die Flüssigkeit eine Senkspindel. Lies an der Flüssigkeitsoberfläche mithilfe der Skala die Dichte ab.
> Vergleiche mit Tabellenwerten für Alkohol, diskutiere Abweichungen.
> *Entsorgung:* Brennspiritus in Sammelbehälter II geben.

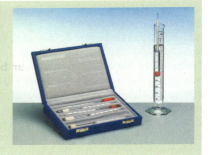

> **EXPERIMENT 2** [S]
> **Bestimme die Schmelztemperatur von Kerzenwachs.**
> *Vorsicht! Schutzbrille!* Baue die Versuchsapparatur auf. Erhitze das Wasser im Becherglas, bis das Kerzenwachs im Reagenzglas geschmolzen ist. Lies dabei alle 30 s die Temperatur ab und schreibe sie auf. Nimm danach das Reagenzglas aus dem Wasser, lasse es abkühlen und notiere dabei wieder alle 30 s die Temperatur.
> Fertige ein Protokoll an. Zeichne ein Temperatur-Zeit-Diagramm. Deute das Ergebnis. Vergleiche es mit dem Tabellenwert.
> *Entsorgung:* Kerzenwachs in Sammelbehälter Hausmüll.

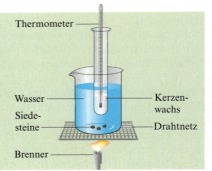

Die Temperatur, bei der ein fester Stoff nach Zufuhr von Wärme flüssig wird, heißt **Schmelztemperatur**. So schmilzt Eis bekanntlich bei 0 °C. Die Schmelztemperatur von Kerzenwachs hast du experimentell ermittelt. Dabei konntest du beobachten, dass während des Schmelzvorganges selbst die Temperatur unverändert bleibt. Erst wenn das Wachs vollständig geschmolzen ist, steigt die Temperatur weiter an.
Die Temperatur, bei der ein flüssiger Stoff wieder in den festen Zustand übergeht, wird als **Erstarrungstemperatur** bezeichnet. Schmelz- und Erstarrungstemperatur eines Stoffes stimmen überein.

Eigenschaften von Stoffen

EXPERIMENT 4
Bestimme die Siedetemperatur von Brennspiritus. [S]
Vorsicht! Schutzbrille! Erhitze Wasser im Becherglas auf etwa 95 °C. Lösche die Flamme des Brenners. Fülle ein Reagenzglas mit Seitenrohr zu einem Drittel mit Brennspiritus (F). Verschließe das Reagenzglas. Halte das Reagenzglas in das heiße Wasser. Lies alle 20 s die Temperatur ab, bis merklich weniger Brennspiritus im Reagenzglas ist.
Fertige ein Protokoll an. Beschreibe deine Beobachtungen. Zeichne ein Temperatur-Zeit-Diagramm. Deute das Ergebnis. Vergleiche es mit dem Tabellenwert.
Entsorgung: Brennspiritusreste in Sammelbehälter II geben.

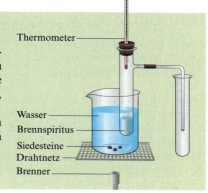

Wird einem flüssigen Stoff Wärme zugeführt, so erhöht sich seine Temperatur so lange, bis sich im Inneren der Flüssigkeit Gasblasen bilden, die nach oben steigen: Die Flüssigkeit siedet. Die dazu erforderliche Temperatur heißt **Siedetemperatur**. Während des Siedens ändert sich die Temperatur der Flüssigkeit nicht.

Schmelz- und Siedetemperatur sind für die meisten Stoffe charakteristisch. Sie hängen vom Luftdruck ab. Um diese Temperaturen verschiedener Stoffe vergleichen zu können, werden sie in Tabellen bei einheitlichem Druck (Normdruck p_n = 1 013 hPa) angegeben. Einige Stoffe haben bei Normdruck keine Schmelz- oder Siedetemperatur, da sie sich beim Erwärmen zersetzen.

Steckbriefe von Stoffen. Nicht nur bei der Polizei müssen Gegenstände oder Personen beschrieben werden. Auch in der Chemie werden genaue Angaben über Stoffe benötigt, um diese verwechslungsfrei erkennen zu können.

Für die eindeutige Beschreibung eines Stoffes sind mehrere seiner typischen Eigenschaften anzugeben, die unabhängig von Form und Größe der Stoffportionen sind. Jeder Stoff hat eine ihn kennzeichnende **Eigenschaftskombination**, die sich zu einem Steckbrief zusammenfassen lässt. Mit seiner Hilfe kann ein Stoff erkannt und von anderen Stoffen unterschieden werden.

Wie viele und welche Eigenschaften ermittelt werden müssen, um einen Stoff identifizieren zu können, ist von Fall zu Fall verschieden.

In der Chemie werden heute sehr aufwändige Techniken mit präzise arbeitenden Geräten und Apparaturen genutzt, um unbekannte Stoffe durch ihre Eigenschaften eindeutig zu charakterisieren.

Steckbrief
Eisen
Farbe: silbergrau
Glanz: matt glänzend
Zustandsform
bei Zimmertemperatur: fest
Wärmeleitfähigkeit: gut
Elektrische Leitfähigkeit: gut
Magnetisches Verhalten: wird vom Magneten angezogen
Löslichkeit in Wasser: unlöslich

Jeder Stoff besitzt eine für ihn typische Eigenschaftskombination. Das Erkennen von Stoffen erfolgt durch den Vergleich von Eigenschaften.

AUFGABEN

1. Stelle für die Stoffe Wasser, Kupfer und Kochsalz jeweils die typische Eigenschaftskombination zusammen.
2. Wasser siedet z. B. im Schnellkochtopf erst bei 120 °C. Warum ist das so? Welche Auswirkungen hat das auf das Garen von Lebensmitteln?
3. Du erhältst die Aufgabe Eisen zu schmelzen. Begründe, warum du dafür keinen Kupfertiegel verwenden kannst.
4. Vergleiche die Eigenschaften von Puderzucker, Mehl und Gips. Nenne Unterscheidungsmöglichkeiten.
5. Welche Eigenschaften charakterisieren einen Stoff?

Bau der Stoffe aus Teilchen

Zucker gibt es in unterschiedlichen Formen zu kaufen (Bild 1). Was geschieht, wenn Zucker immer weiter zerteilt wird? Wie oft lässt sich eine Zuckerportion zerteilen?

Teilbarkeit von Stoffen. Die Frage, ob sich eine Stoffportion endlos teilen lässt, beschäftigt die Menschen schon seit vielen Jahrhunderten. Sie ist durch Beobachtungen allein nicht zu beantworten. Wir nehmen deshalb eine Vorstellung vom Bau der Stoffe zu Hilfe.
Nach einer heutigen Vorstellung bestehen Stoffe aus kleinsten Teilchen, die sich mit einfachen Mitteln nicht mehr weiter zerteilen lassen. Diese Teilchen können teilweise heute schon mit Spezialelektronenmikroskopen sichtbar gemacht werden. Mit dem Auge erkennbar sind nur die aus Teilchen gebildeten, größeren Stoffportionen, z. B. ein Zuckerkristall.

1 Handelsformen von Zucker

Das Teilchenmodell. Zur Veranschaulichung der Vorstellung vom Bau der Stoffe aus kleinsten Teilchen wurden **Modelle** entwickelt. Modelle helfen, Erscheinungen und Vorgänge zu beschreiben und zu deuten. Sie tragen dazu bei, Wesentliches zu erkennen, geben aber die Wirklichkeit nie vollständig wieder.
Das Modell der kleinsten Teilchen unterscheidet sich von anderen Modellen. So sind Modelle für Autos, Flugzeuge, Schiffe oder auch biologische Modelle möglichst genaue Nachbildungen von einem sichtbaren Vorbild. Die kleinsten Teilchen sind jedoch ohne Hilfsmittel nicht sichtbar. Ihre Existenz kann deshalb nur aus den Eigenschaften der Stoffe abgeleitet werden. Dieses Modell ist daher kein Abbild der Wirklichkeit, es ist eine Denkhilfe, ein Gedankenmodell.
Beim Teilchenmodell stellt man sich vor, dass die Teilchen der Stoffe kleinen Kugeln sehr ähnlich sind. Teilchen ein und desselben Stoffes sind einander gleich. So besteht Zucker nur aus Zuckerteilchen, die alle die gleiche Masse und Größe haben. Zwischen den Teilchen stellt man sich leeren Raum vor.

2 Zuckerkristalle unter einem Mikroskop

Teilchenbewegung. Es wird angenommen, dass sich die Teilchen in ständiger ungeordneter Bewegung befinden. Dabei stoßen sie sehr oft aneinander. Die dadurch verursachte Bewegung kleinster Partikel in Gasen und Flüssigkeiten heißt nach ihrem Entdecker BROWN'sche Bewegung.

> **EXPERIMENT 5** [S]
> **Beobachte die Ausbreitung eines Farbstoffes.**
> Beschwere einen Beutel Malventee mit Büroklammern. Fülle ein Becherglas mit warmem Wasser und hänge den Teebeutel hinein.
> Beschreibe deine Beobachtungen. Deute die Ausbreitung des Farbstoffes.
> *Entsorgung:* Teebeutel in Sammelbehälter für Hausmüll, Flüssigkeit in Sammelbehälter für Abwasser.

3 Unter dem Mikroskop sichtbare, regellose Bewegung (BROWN'sche Bewegung) eines Pollenkorns aufgrund der Stöße der nicht sichtbaren Wasserteilchen.

Die Farbstoffe des Tees verteilen sich in der gesamten Flüssigkeit ohne äußere Beeinflussung. Auch der Duft eines Parfüms breitet sich in einem Raum recht schnell aus. Hier liegt aber die Vermutung nahe, dass Luftströmungen die Geruchsstoffe im Raum verteilen. Es breiten sich aber auch Bromdämpfe in einem geschlossenen Standzylinder ohne Luftströmungen vom Boden her aus, obwohl Bromdampf eine größere Dichte als Luft hat (Bild 1, Seite 23).

Bau der Stoffe aus Teilchen

Der Vorgang, bei dem sich verschiedene Stoffe ohne äußere Einwirkung durchmischen, wird als **Diffusion** (lat. diffundere – ausgießen, ausbreiten) bezeichnet. Diese Durchmischung lässt sich mit dem Teilchenmodell erklären und erfolgt aufgrund der ständigen Bewegung der kleinsten Teilchen der Stoffe. Sie stoßen dabei häufig zusammen und wandern in die zwischen den Teilchen vorhandenen leeren Räume hinein. Der Vorgang läuft auch entgegen der Schwerkraft ab und in Gasen besonders schnell.

> Die Vorstellung vom Bau der Stoffe besagt: Stoffe bestehen aus kleinsten, unteilbaren Teilchen. Die Teilchen der Stoffe sind in ständiger Bewegung.

1 Diffusion von Bromdampf in Luft

Aggregatzustände und Teilchenmodell. Die unterschiedlichen Aggregatzustände der Stoffe lassen sich mit dem Modell vom Bau der Stoffe aus Teilchen beschreiben. Für die Teilchen stellt man sich Kugeln vor.
In festen Stoffen denkt man sich die Teilchen dicht nebeneinander und regelmäßig angeordnet. Sie können sich nur wenig bewegen und führen nur kleinere Schwingungen aus. Die Teilchen lassen sich nur schwer voneinander trennen und gegeneinander verschieben. Im festen Aggregatzustand hat deshalb eine Stoffportion eine bestimmte Form, die man auch mit großer Anstrengung nicht verändern kann.
In flüssigen Stoffen stellt man sich die Teilchen nicht so regelmäßig angeordnet vor. Sie bewegen sich ungeordnet hin und her und sind leicht gegeneinander verschiebbar. Der Abstand zwischen den Teilchen ist aber immer noch gering. Im flüssigen Aggregatzustand kann sich deshalb die Stoffportion jeder Gefäßform anpassen. Sie nimmt immer die Form des Gefäßes an, in dem sie sich befindet. Beispielsweise kann Tee die Form der Kanne oder auch die Form der Tasse annehmen.
In gasförmigen Stoffen sind die Abstände zwischen den Teilchen verhältnismäßig groß. Die Teilchen bewegen sich frei und ungeordnet. Eine Stoffportion im gasförmigen Aggregatzustand kann daher leicht zusammengedrückt werden. Gase füllen ein Gefäß beliebiger Form vollständig aus, z. B. Luft im Fahrradschlauch.

Aggregatzustandsänderungen und Teilchenmodell. Man stellt sich vor, dass beim Erwärmen von Stoffen die Bewegung der Teilchen zunimmt und beim Abkühlen abnimmt. Das führt bei bestimmten Temperaturen zu Aggregatzustandsänderungen der Stoffe (Bild 2).
Wird ein fester Stoff erwärmt, schwingen die Teilchen immer heftiger und beanspruchen mehr Platz. Werden die Schwingungen so stark, dass Teilchen ihre Plätze verlassen können, existiert ihre regelmäßige Anordnung nicht mehr: Der Stoff schmilzt, er wird flüssig.
Bei weiterer Wärmezufuhr bewegen sich die Teilchen immer schneller. Die Abstände zwischen ihnen werden größer. Wenn die Siedetemperatur erreicht ist, entfernen sich die Teilchen noch weiter voneinander. Der Stoff verdampft.
Ein einzelnes Teilchen kann selbst nicht fest, flüssig oder gasförmig sein. Der Aggregatzustand ist immer an eine Stoffportion gebunden, die aus sehr vielen Teilchen besteht.

> Mit dem Teilchenmodell lassen sich Erscheinungen wie Aggregatzustände eines Stoffes und Vorgänge wie Aggregatzustandsänderungen deuten und beschreiben.

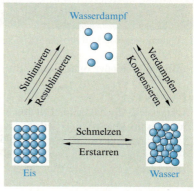

2 Teilchenmodell für die Aggregatzustandsänderungen des Wassers

AUFGABEN

1. Warum ist es oft sinnvoll, Modelle zu benutzen?
2. Erläutere den Unterschied zwischen einem kleinen Zuckerkristall und einem Zuckerteilchen.
3. Gase lassen sich leicht zusammenpressen, Flüssigkeiten und feste Stoffe dagegen nicht. Finde dafür eine Erklärung.
4. Beschreibe das Lösen von Zucker mithilfe des Teilchenmodells vom Bau der Stoffe.
5. Erläutere die Veränderungen bei den im Bild 2 dargestellten Vorgängen mithilfe des Teilchenmodells.

Stoffgemische und reine Stoffe

1 Gewinnung von Duftstoffen für Kosmetika

2 Kiwi-Shake – ein Stoffgemisch

Stoffgemische oder reine Stoffe. Stoffe lassen sich miteinander mischen.

> EXPERIMENT 5 [S]
> **Untersuche die Mischbarkeit von Stoffen.**
> Mische im Reagenzglas etwas Schwefelpulver mit Eisenfeilspänen. Bewege dann einen Magneten an der Reagenzglaswand auf und ab. Schüttle das Gemisch danach mit Wasser.
> Beschreibe deine Beobachtungen. Vergleiche die Eigenschaften der Stoffe vor und nach dem Mischen.
> *Entsorgung:* Gemische einsammeln und trennen, Flüssigkeiten in den Sammelbehälter für Abwasser, feste Stoffe weiter verwenden.

```
                Stoffe
               /      \
        Reine Stoffe   Stoffgemische

        Zucker         Zuckerwasser
        Wasser         Mörtel
        Silber         Fruchtsaft
```

Beim Hausbau wird aus Sand, Zement und Wasser Zementmörtel. Auch das Herstellen von Farben, Kosmetika, Medikamenten oder Milchmixgetränken beruht auf dem Mischen von Stoffen.
Es entstehen jeweils **Stoffgemische**. In der Natur kommen Stoffe fast nur als Stoffgemische vor, z. B. Granit, Steinsalz, Erdgas, Sandstein und Erde. In einigen Stoffgemischen sind die einzelnen Stoffe noch mehr oder weniger deutlich erkennbar. Die Farbe eines Stoffgemisches aus Eisen und Schwefel ist gelb, wenn es mehr Schwefel und grau, wenn es mehr Eisen enthält. Die Stoffe behalten im Stoffgemisch ihre für sie typischen Eigenschaften (Experiment 5). Stoffe, die nur aus einem Stoff aufgebaut sind und einheitlich gleichbleibende Eigenschaften haben, werden **reine Stoffe** genannt (↗ Übersicht Seite 36). Die Herstellung von reinen Stoffen ist aufwendig und teuer. Meist enthalten reine Stoffe noch geringe Anteile an Verunreinigungen.

> Beim Mischen von reinen Stoffen entstehen Stoffgemische. Die Eigenschaften der einzelnen reinen Stoffen bleiben im Stoffgemisch erhalten.

Mit dem Teilchenmodell können wir uns ein Stoffgemisch so vorstellen: Die Teilchen verschiedener Stoffe unterscheiden sich in ihrer Größe. Beim Mischen rutschen die kleineren Teilchen des einen Stoffes zwischen die größeren Teilchen des anderen Stoffes. Alle Teilchen zusammen können deshalb weniger Platz beanspruchen, als sie getrennt einnehmen würden.

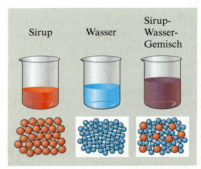

3 Sirup-Wasser-Gemisch (oben), Teilchenvorstellung (unten)

Stoffgemische und reine Stoffe

Arten von Stoffgemischen. Beim näheren Betrachten von Stoffgemischen wie Milch, Limonade, Granit, Speiseessig, Messing und Müll fällt auf, dass bei einigen Stoffgemischen die reinen Stoffe noch zu erkennen sind (Experiment 5).

Stoffgemische wie Granit oder Milch, bei denen die reinen Stoffen mit bloßem Auge, mit einer Lupe oder einem Mikroskop nebeneinander erkennbar sind, werden als **heterogen** (griech. heteros – verschieden, anders) bezeichnet. Sie sehen uneinheitlich aus.

Gemische wie Limonade oder Essig, bei denen die reinen Stoffe selbst bei stärkster Vergrößerung nicht erkennbar sind, nennen wir **homogen** (griech. homos – gleich, ähnlich). Sie sehen einheitlich aus.

Nach dem Aggregatzustand und der Art der Verteilung der reinen Stoffe lassen sich heterogene und homogene Stoffgemische unterscheiden.

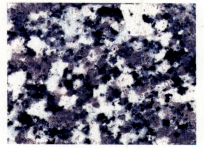
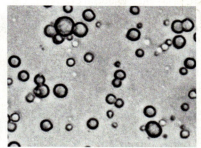

1 Heterogene Stoffgemische:
Granit (links), Milch unter dem Mikroskop (rechts)

2 Homogene Stoffgemische:
Essigessenz (links), Limonade (rechts)

Stoffgemische	Heterogene Stoffgemische		Homogene Stoffgemische	
Aggregatzustände der reinen Stoffe	Bezeichnung	Beispiele	Bezeichnung	Beispiele
fest und fest	Gemenge	Granit, Müll	Legierung	Bronze, Stahl, Messing
flüssig und fest	Aufschlämmung (Suspension)	Schmutzwasser	Lösung	Zuckerwasser, Kochsalzlösung
gasförmig und fest	Rauch	staubhaltige Luft, Rußwolke	–	–
flüssig und flüssig	Emulsion	Milch, Öl in Wasser	Lösung	Wein, Speiseessig
flüssig und gasförmig	Schaum	Seifenschaum, Sahne	Lösung	Sprudelwasser, Limonade, Sekt
gasförmig und flüssig	Nebel	Spray, Wolken	–	–
gasförmig und gasförmig	–	–	Gasgemisch	Luft, Erdgas, Stadtgas

AUFGABEN

1. Ordne nach reinen Stoffen und Stoffgemischen: Mineralwasser, Kupferdraht, Zahnpasta, Schmutzwasser, Schwefel, Zink, Müll, Klärschlamm, Leitungswasser. Gib an, welche Stoffgemische heterogen, welche homogen sind. Bezeichne die Stoffgemische.

2. Gib Beispiele für Suspensionen, Emulsionen und Rauch an.

3. Schüttle folgende Stoffe jeweils mit Wasser: Sand, Kochsalz, Waschpulver, Alkohol, Öl. In welchen Fällen entstehen Lösungen? Begründe.

Zusammensetzung von Stoffgemischen. Im Alltag, in der Technik und in der Medizin ist der Einsatz oder die Wirkung eines Gemisches häufig vom Anteil eines Stoffes im Gemisch abhängig. So wird z. B. für Infusionen in der Medizin eine 0,9 %ige Kochsalzlösung (Bild 1) verwendet. Was bedeutet die Anteilsangabe 0,9 %?
Es gibt unterschiedliche Anteilsangaben für Gemische, die meist in Prozent erfolgen. Mit diesen Angaben können die Massen- und Volumenanteile der einzelnen Stoffe im Stoffgemisch ermittelt werden.

Massenanteil. Ein Mischdünger mit einem **Massenanteil** von 18 % Kalk enthält 18 g Kalk in 100 g des Gemisches (Bild 2).
Für den Massenanteil gilt:

$$w(B) = \frac{m(B)}{m(Gem)}$$

$w(B)$	Massenanteil des Stoffes B
$m(B)$	Masse des Stoffes B
$m(Gem)$	Masse des Stoffgemisches

1 Etikett einer physiologischen Kochsalzlösung

Die Massenanteile können also direkt aus den Massen der Stoffe in einem Stoffgemisch berechnet werden. Außerdem kann ermittelt werden, welche Masse eines Stoffes notwendig ist, um ein Stoffgemisch mit einem bestimmten Massenanteil dieses Stoffes herzustellen.

> Aufgabe: 400 g einer 5%igen Zuckerlösung sollen hergestellt werden. Welche Masse an Zucker $m(Z)$ muss in Wasser gelöst werden?
>
> Gesucht: $m(Z)$ Gegeben: $w(Z) = 5\% = 0{,}05$
> $m(Gem) = 400$ g
>
> Lösung: $w(Z) = \dfrac{m(Z)}{m(Gem)}$
>
> $m(Z) = w(Z) \cdot m(Gem)$
> $m(Z) = 0{,}05 \cdot 400$ g $= 20$ g
>
> Ergebnis: Es müssen 20 g Zucker in 380 g Wasser gelöst werden.

Volumenanteil. Bei Stoffgemischen von Flüssigkeiten und Gasen ist es günstiger, statt der Masse das Volumen der einzelnen Stoffe im Gemisch zu betrachten. Auf dem Etikett einer Sektflasche steht z. B. 12,0 % vol. Um eine Lösung mit gleichem Alkoholgehalt herzustellen, müssten 88 ml Wasser mit 12 ml Alkohol gemischt werden.
Der **Volumenanteil** wird meist in Prozent angegeben. Er ist der Anteil, den das Volumen eines Stoffes an der Summe der Volumina aller Stoffe im Gemisch hat.
Für den Volumenanteil gilt:

$$\varphi(B) = \frac{V(B)}{V(A) + V(B) + \ldots}$$

$\varphi(B)$	Volumenanteil des Stoffes B im Gemisch
$V(B)$	Volumen des Stoffes B
$V(A) + V(B) + \ldots$	Summe der Volumina aller Stoffe des Stoffgemisches

2 Massenanteil auf einem Etikett

3 Volumenanteil auf einem Etikett

> Die quantitative Zusammensetzung von Stoffgemischen kann in Massen- und Volumenanteilen angegeben werden.

Kochsalz aus Sole?

1 Im Mittelalter begann man, Steinsalz bergmännisch abzubauen.

Kochsalz ist ein unentbehrlicher Bestandteil unserer Nahrung. Seit altersher ist es ein wertvoller Stoff. Germanische Stämme führten Kriege um Salzquellen. In Afrika tauschte man es gegen Goldstaub sogar im Verhältnis 1 : 1. Im Mittelalter war das Aufblühen vieler Städte mit der Salzgewinnung und dem Salzhandel verbunden. Welche Möglichkeiten gibt es, um Kochsalz zu gewinnen?

Planung. Um die Frage umfassend zu beantworten, solltet ihr überlegen, welche weiteren Fragen zu dieser Thematik gehören.
Hier einige Beispiele: Welche Bedeutung hat Kochsalz? Wie viel davon braucht ein Mensch täglich? Was ist Steinsalz? Kann daraus Speisesalz gewonnen werden?
Meerwasser schmeckt salzig. Lässt sich daraus Kochsalz gewinnen? Eignen sich auch salzhaltige Quellen für die Kochsalzgewinnung? Welche Trennverfahren könnten dafür genutzt werden?

Arbeiten am Projekt. Zur Bearbeitung der Fragen solltet ihr Arbeitsgruppen bilden und genau festlegen, welche Arbeiten von den einzelnen Gruppen zu erledigen sind. Dabei könnt ihr viele Wege beschreiten. Sammelt Material aus Zeitungen und Zeitschriften zu ausgewählten Problemstellungen. Informiert euch über Standorte von Salzlagerstätten in Deutschland und wie dort das Speisesalz gewonnen wird. Plant und führt Experimente zur Salzgewinnung durch. Anregungen und Hilfen hierzu erhaltet ihr auch auf dieser Seite.

Präsentation der Ergebnisse. Sicher sind viele wertvolle Ergebnisse entstanden und auch in Protokollen festgehalten worden. Sie sollten allen Beteiligten vorgestellt und zu einem gemeinsamen Arbeitsergebnis zusammengefasst werden. Grundlage dafür könnte ein Vortrag, ergänzt durch Bilder, Grafiken und die Demonstration von Experimenten bzw. von Experimentergebnissen, sein. Vielleicht ist auch eine Ausstellung in der Schule zweckmäßig oder ihr findet ganz andere Wege.

Info

Verdunsten und Eindampfen. Beim Abtrennen fester Stoffe aus ihren Lösungen muss das Lösemittel entfernt werden.
Das einfachste Verfahren ist das **Verdunsten** des Lösemittels im offenen Gefäß. Dabei verdampft das Lösemittel, da es eine niedrigere Siedetemperatur als der gelöste feste Stoff hat. Der feste Stoff bleibt in der Abdampfschale zurück. Beim **Eindampfen** wird dieser Vorgang durch Erhitzen der Lösung bis zum Sieden beschleunigt.

EXPERIMENT 1 [S]
Gewinne Kochsalz aus der Lösung.
Stelle eine Kochsalzlösung her und dampfe sie vorsichtig in einer Porzellanschale ein.
Fertige ein Protokoll an!

EXPERIMENT 2 [S]
Lege einen Salzgarten an.
Stelle eine Kochsalzlösung her. Filtriere die Lösung. Gieße das Filtrat in eine flache Glasschale und lasse das Wasser verdunsten. Warum wird aus Nordseewasser kein Meersalz in Salzgärten gewonnen? Erkunde, in welchen Gegenden das Anlegen von Salzgärten wirtschaftlich sinnvoll sein könnte.

EXPERIMENT 3 [S]
Gewinne Kochsalz aus festen Stoffgemischen.
Ein Kochsalz-Kohlenstoffpulver-Gemisch bzw. ein Kochsalz-Sand-Gemisch soll getrennt werden. Plane die Durchführung des Experiments. Protokolliere! Welche unterschiedlichen Eigenschaften der Stoffe werden bei den Trennverfahren genutzt?

Lassen sich Stoffgemische wieder trennen?

Häufig müssen Stoffgemische getrennt werden. Aus der Zuckerrübe kann Zucker gewonnen werden. Butterfett lässt sich aus Milch abtrennen. Abwasser wird in Kläranlagen gereinigt. Getreidekörner werden von ihren Spelzen getrennt. Welche Trennverfahren gibt es? Welche Eigenschaften der Stoffe werden für die Trennung der Stoffgemische herangezogen?

EXPERIMENT 1 [S]
Trenne die Aufschlämmung von Kreidepulver in Wasser.
Stelle eine Aufschlämmung aus Kreidepulver und Wasser her. Lasse das Gemisch kurze Zeit ruhig stehen. Trenne danach das Gemisch durch vorsichtiges Abgießen des Wassers.
Beschreibe deine Beobachtungen. Welche unterschiedlichen Eigenschaften der Stoffe werden bei der Trennung genutzt?

EXPERIMENT 2 [S]
Filtriere eine Aufschlämmung.
Verrühre etwas Kohlenstoffpulver in Wasser. Filtriere das Stoffgemisch, verwende dazu Glastrichter und Rundfilter (Bild 23/1). Feuchte den Filter mit Wasser an. Lasse das Stoffgemisch vorsichtig an einem Glasstab in den Trichter laufen. Prüfe die Farbe der durchgelaufenen Flüssigkeit.
Fertige ein Protokoll an. Beschreibe deine Beobachtungen. Welchen Aggregatzustand haben die reinen Stoffe bei 20 °C? Worauf beruht die Trennwirkung eines Papierfilters beim Filtrieren?

EXPERIMENT 3 [S]
Destilliere eine Farbstofflösung.
Stelle eine Farbstofflösung her, indem du Wasser mit Tinte versetzt. Baue die Versuchsapparatur auf. Entzünde den Brenner. Erhitze die Farbstofflösung im Reagenzglas bis das Wasser vom Tintenfarbstoff getrennt ist.
Beschreibe deine Beobachtungen. Deute das Ergebnis.

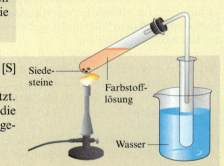

EXPERIMENT 4 [S]
Trenne Gemische von festen Stoffen.
Mische in einem Becherglas Sand und Holzspäne und in einem zweiten Becherglas PE- und PVC-Pulver. Gieße jeweils Wasser darauf und rühre kräftig um, sodass sich ein Strudel bildet.
Beschreibe deine Beobachtungen. Deute das Ergebnis. Welche Eigenschaften der Stoffe werden bei der Trennung der Stoffgemische genutzt?

EXPERIMENT 5 [S]
Entferne feine Verunreinigungen.
Schüttle jeweils im Reagenzglas Aktivkohle mit stark verdünnter Tinte und mit Parfümwasser. Filtriere anschließend jede Probe.
Beschreibe deine Beobachtungen. Deute das Ergebnis. Erläutere die Wirkung der Aktivkohle.

1 Aktivkohle

Lassen sich Stoffgemische wieder trennen?

EXPERIMENT 6 [S]
Destilliere ein Pkw-Kühlmittel.
Baue die Versuchsapparatur auf (Bild 1). Fülle den Destillierkolben zur Hälfte mit Pkw-Kühlmittel (Gemisch aus destilliertem Wasser und Frostschutzmittel (F)) und gib einige Siedesteine hinzu. Stelle einen schwachen Kühlwasserstrom ein. Erhitze langsam bis zum Sieden. Sammle im Becherglas das Destillat so lange, bis am Thermometer eine Temperatur von 90 °C abgelesen wird. Sammle weiteres Destillat in einem zweiten Becherglas. Beende die Destillation, wenn etwa die Hälfte der Flüssigkeit destilliert ist. Stelle den Geruch beider Destillate fest. Versuche jeweils eine Probe in der Abdampfschale zu entzünden.
Fertige ein Protokoll an. Beschreibe den Temperaturverlauf. Deute das Ergebnis. Beschreibe die Vorgänge, die in der Apparatur ablaufen.

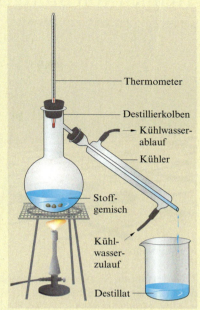

1 Destillationsapparatur

EXPERIMENT 7 [S]
Untersuche Farbstoffe in Filzstiften.
Male mit verschiedenen Filzstiften (gleiche Farbe, unterschiedliche Hersteller, wasserlöslich) je einen dicken Punkt mitten auf einen Rundfilter (Abb. a). Bohre mit der Bleistiftspitze ein Loch durch den Punkt. Rolle einen Filterpapierstreifen zu einem Docht zusammen und stecke ihn durch das Loch (Abb. b). Lege den Rundfilter auf eine mit Wasser gefüllte Petrischale, sodass der Docht in das Wasser taucht (Abb. c).
Fertige ein Protokoll an. Vergleiche die Chromatogramme.

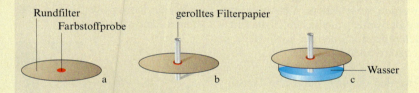

EXPERIMENT 8 [S]
Prüfe die Wirkung verschiedener Lösemittel.
Zerkleinere einige Grashalme und verteile sie auf kleine Bechergläser (50 ml). Gib in das erste Becherglas etwa 2 cm hoch Wasser, in das zweite Petroleumbenzin (F) und in das dritte Brennspiritus (F).
Was ist nach einigen Minuten, nach zwei Stunden und nach einer Woche zu beobachten?
Fertige ein Protokoll an. Welche Schlussfolgerung lässt sich daraus für die Entfernung von Grasflecken ableiten?

Entsorgung

Aktivkohle PE- und PVC-Pulver getrennt einsammeln, werden wieder verwendet; Pkw-Kühlmittel, Waschbenzin und Brennspiritus in Sammelbehälter II; übrige feste Stoffe in Sammelbehälter für Hausmüll, Flüssigkeiten in Sammelbehälter für Abwasser.

AUFTRÄGE

1. *Trennt ein Kreide-Kochsalz-Stoffgemisch.*
   Eine direkte Trennung ist nicht so einfach möglich. Warum? Überlegt, wie man die Stoffe aus dem Gemisch zurückgewinnen könnte.
   Ein Hinweis: Nehmt zum Trennen Wasser zu Hilfe. Entwickelt einen Vorschlag und führt ihn aus.

2. *Erkundet die Trennung von ölhaltigem Wasser.*
   Ölhaltiges Wasser aus Autowaschanlagen darf nicht direkt in die Kanalisation geleitet werden. Informiert euch, wie dieses Problem bei Autowaschanlagen oder an Tankstellen gelöst wird. Beschreibt das angewendete Verfahren. Fertigt eine Skizze an.

Trennen von Stoffgemischen

1 Salzgewinnung

2 Goldwäscher am Alpenrhein

3 Verdampfungsapparatur

Trennverfahren. Stoffgemische müssen oft in ihre Bestandteile zerlegt werden. Bei der Müllaufbereitung müssen verschiedenartige Stoffe getrennt werden. Goldwäscher suchen im Sand und Geröll von Flüssen nach Goldkörnchen. In warmen Ländern gewinnt man Salz aus Meerwasser. Aus Pflanzensamen kann Öl herausgepresst werden. Auch bei der Trinkwassergewinnung und Abwasserreinigung werden geeignete Trennverfahren angewendet, um bestimmte Stoffe zu entfernen.
Zum Trennen von Stoffgemischen wurden verschiedene Verfahren entwickelt. Sie beruhen auf der Nutzung der unterschiedlichen Eigenschaften der Stoffe, wie z. B. Dichte, Siedetemperatur oder der Löslichkeit in Wasser bzw. anderen Flüssigkeiten der zu trennenden Stoffe.

> Zum Trennen von Stoffgemischen werden die sich unterscheidenden Eigenschaften der reinen Stoffe genutzt.

Sedimentieren und Dekantieren. Trübes Lehmwasser oder eine Aufschlämmung aus Kreidepulver und Wasser klärt sich mit der Zeit. Da die Dichte des Lehms und die Dichte der Kreide größer sind als die des Wassers, setzen sich die festen Stoffe nach einiger Zeit am Boden ab (Bild 4).
Diesen Vorgang nennt man **Sedimentieren** (Absetzen). Die Stoffe, die sich am Boden ansammeln, werden **Bodensatz** oder **Sediment** genannt.
Das klare Wasser, das über dem Bodensatz steht, kann vorsichtig abgegossen werden. Der Bodensatz bleibt im Gefäß zurück. Das Trennen von festen und flüssigen Stoffen durch Abgießen nennen wir **Dekantieren** (lat. decantare – abklären, abgießen).

Filtrieren. Eine bessere Trennung fester, unlöslicher Stoffe von Flüssigkeiten ist durch **Filtrieren** möglich. Zum Filtrieren mit einem Rundfilter aus Papier wird dieser zweifach gefaltet (Bild 1, Seite 31).
Beim Filtrieren wird das Stoffgemisch auf einen Filter gegeben, der feine Poren (griech. poros – Durchgang, Öffnung) hat. Durch diese Poren kann die Flüssigkeit ablaufen. Der feste Stoff, der **Filterrückstand**, wird aufgrund seiner Partikelgröße vom Filter zurückgehalten. Die durchgelaufene Flüssigkeit bezeichnet man als **Filtrat**.

Schon gewusst?

Die einfachste Form des Trennens von Stoffgemischen ist das Auslesen.
Durch Siebe mit unterschiedlicher Maschenweite lassen sich Stoffe nach der Korngröße trennen, z. B. feiner Sand vom Gestein.

4 Absetzen einer Aufschlämmung

Trennen von Stoffgemischen

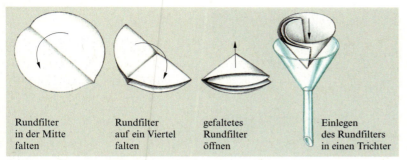

1 Falten, Öffnen und Einlegen des Rundfilters

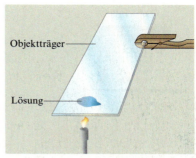

2 Eindampfen einer Lösung

Filter können aus Papier oder Watte bestehen. In größeren Filteranlagen der Industrie kommen oft Filtertücher zum Einsatz. Filter aus Kies und Sand dienen in Wasserwerken zur Entfernung von Stoffen.
Durch Filter können auch Feststoffteilchen und Flüssigkeitstropfen aus Gasen entfernt werden, wie z. B. im Luftfilter von Kraftfahrzeugen.

Eindunsten und Eindampfen. Feste Stoffe lassen sich aus ihren Lösungen gewinnen, indem die Flüssigkeit in einem offenen Gefäß verdunstet. Der feste Stoff bleibt zurück. Er scheidet sich in vielen Fällen in Form von Kristallen ab. Der Vorgang des Eindunstens kann durch Erhitzen der Lösung bis zum Sieden beschleunigt werden (Bild 3, Seite 30). Dabei verdampft zunächst das Lösemittel, da es eine niedrigere Siedetemperatur als der gelöste feste Stoff hat.

Destillieren. Eine Farbstofflösung lässt sich durch Sedimentieren und Filtrieren nicht trennen. Wie kann eine Farbstofflösung getrennt werden? Ein Trennverfahren ist die **Destillation** (lat. destillare – herabträufeln). Bei der Destillation wird das Stoffgemisch erhitzt, bis die Siedetemperatur z. B. des Wassers erreicht ist. Das Wasser verdampft und die gelösten festen Stoffe (z. B. der Tintenfarbstoff) bleiben zurück. Der Wasserdampf wird abgekühlt und kondensiert. Das entstehende Wasser, das **Destillat**, wird in einer so genannten **Vorlage** gesammelt. Es wird als **destilliertes Wasser** bezeichnet, das u. a. für Dampfbügeleisen im Haushalt und zum Herstellen von Lösungen im Chemieunterricht benötigt wird. Durch Destillation lassen sich Stoffgemische nur dann trennen, wenn die reinen Stoffe des Stoffgemisches unterschiedliche Siedetemperaturen haben.
Der Vorgang der Destillation kann mithilfe der Vorstellung vom Bau der Stoffe aus Teilchen gedeutet werden. Die Teilchen im Flüssigkeitsgemisch sind gegeneinander leicht verschiebbar und gleiten aneinander vorbei. Beim Erhitzen bewegen sich die Teilchen in der Flüssigkeit immer schneller. Die Abstände zwischen den Teilchen werden größer. Beim Sieden werden sie so groß, dass die Teilchen in den Raum über der Flüssigkeit entweichen können. Die Flüssigkeit verdampft. Beim Abkühlen nimmt die Geschwindigkeit der Teilchen ab. Die Abstände zwischen den Teilchen werden geringer. Der Dampf kondensiert. Es entsteht wieder Flüssigkeit. Die Trennung durch Destillation gelingt umso vollständiger, je weiter die Siedetemperaturen der einzelnen reinen Stoffe auseinander liegen.
Durch mehrfaches Destillieren kann im Destillat der Anteil der Flüssigkeit mit der niedrigeren Siedetemperatur erhöht werden.
So lässt sich aus vergorenen Zucker- und Obstsäften oder Getränkeextrakten Alkohol destillieren. Aus Erdöl werden in großen Raffinerien verschiedene Benzine, Öle und andere Stoffe abgetrennt (Bild 1, Seite 50).

Schon gewusst?

Eine sehr alte Anwendung der Destillation ist die Herstellung von Weinbrand aus Wein. Der Name Weinbrand (auch Branntwein genannt) kommt daher, dass früher das Destillieren als „Brennen" bezeichnet wurde.

3 Historische Destillationsapparatur

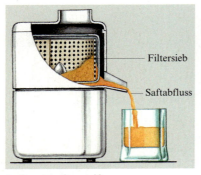
1 Fruchtsaftzentrifuge

2 Dunstabzugshaube in einer Küche

Weitere Trennverfahren. In einer Fruchtsaftzentrifuge werden durch **Zentrifugieren** (Schleudern) Fruchtfleisch und Saft mithilfe eines Filtersiebes getrennt. Andere Zentrifugen arbeiten ohne Filtersieb. Die Trennung erfolgt dabei aufgrund der unterschiedlichen Dichte der Stoffe. Auf diese Weise lässt sich Milch in Milchfett und wässrige Molke trennen.

Aktivkohle (Bild 1, Seite 28) ist eine speziell hergestellte Holzkohle. Mit ihr können Geruchsstoffe, Farbstoffe oder Gifte durch **Adsorption** (lat. adsorbere – anlagern) an der Kohleoberfläche entfernt werden. Dieses Verfahren wird in Filtern von Atemschutzmasken, bei der Trinkwasseraufbereitung sowie in Dunstabzugshauben in der Küche angewandt.

Feste Stoffe mit unterschiedlicher Dichte können mit einer Flüssigkeit getrennt werden, wenn die Dichte der Flüssigkeit zwischen denen der Stoffe liegt. Dieses Verfahren wird als **Schwimmtrennung** bezeichnet und z. B. bei der Mülltrennung oder Erzaufbereitung genutzt.

Aus Blüten und anderen Pflanzenteilen können zum Beispiel durch geeignete Lösemittel Duftstoffe (ätherische Öle) extrahiert (extrahere – herausziehen) werden. Bei diesem Trennverfahren wird die unterschiedliche Löslichkeit der reinen Stoffe im Stoffgemisch genutzt. Das Lösemittel wird als **Extraktionsmittel** bezeichnet, die Lösung mit den herausgelösten Stoffen als **Extrakt**. Auch bei der Reinigung von verschmutzter Kleidung spielen Extraktionen eine große Rolle.

Ein spezielles Verfahren zum Nachweis eines Stoffes in einem Stoffgemisch ist die **Chromatografie** (griech. chroma – Farbe; graphein – schreiben). Dafür muss das Stoffgemisch in einem Lösemittel (Laufmittel) löslich sein. Die zu untersuchenden Proben werden dazu z. B. auf ein saugfähiges Papier aufgetragen, das dann in das **Laufmittel** eingetaucht wird. Das Laufmittel breitet sich im Papier nach allen Seiten aus, löst das Stoffgemisch und führt es mit sich. Dabei werden die Teilchen der verschiedenen Stoffe unterschiedlich weit mitgeführt. Es bilden sich auf dem Papier Zonen, die nur Teilchen eines Stoffes enthalten. Das entstehende Farbbild heißt **Chromatogramm**.

4 Heißes Wasser als Extraktionsmittel

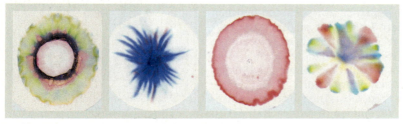
3 Chromatogramme von verschiedenen Farbstiften

AUFGABEN

1. Beschreibe anhand des Bildes 1 (Seite 29) den Aufbau einer Destillationsapparatur.
2. Erläutere das Eindampfen mithilfe des Teilchenmodells.
3. Wie lässt sich ein Alkohol-Wasser-Gemisch trennen? Begründe dein Vorgehen.
4. Nenne Beispiele für Trennverfahren im Alltag.
5. Wie können Fettflecke aus der Kleidung entfernt werden?

Wohin mit dem Müll?

1 Mülldeponie

Uwe ist ein „Müll-Angler". Während andere Fische an Land ziehen, fischt Uwe Dosen, Flaschen und Plastiktüten aus dem Wasser. Schlimm, was alles ins Wasser geworfen wird! Uwe sortiert den Abfall und entsorgt ihn. Es wäre schön, wenn noch mehr Menschen so handeln würden.
Oder müssen wir bald in unserem Abfall ersticken? Was meint ihr dazu?

Planung. Zum Thema „Müll" fällt euch allen bestimmt etwas ein. Diskutiert und entscheidet dann, welche Fragen ihr in eurem Projekt bearbeiten und welche Probleme ihr lösen wollt.
Dafür einige Anregungen:
Was ist Müll? Was ist zu tun, damit die Abfallberge nicht weiter anwachsen? Welche Abfallmengen fallen wöchentlich zu Hause, in der Schule bzw. im Wohnort an?
Was passiert bei der Abfallsortierung? Was wird im Müllmobil gesammelt? Was sind Wertstoffe? Was ist unter Sondermüll zu verstehen? Welcher Sondermüll fällt im Haushalt an? Wie erfolgt seine Entsorgung? Was heißt Recycling? Wie entsteht Recyclingpapier?
Wie erfolgt die Abfallbeseitigung? Welchen Anforderungen müssen Abfalldeponien genügen, damit keine Umweltschäden entstehen?
Was geschieht in Abfallverbrennungsanlagen?

Arbeiten am Projekt. Einigt euch über die Art der Projektbearbeitung. Ihr könnt z. B. Arbeitsgruppen mit festgelegten Projektplänen bilden.
Dabei könnte sich eine Gruppe vor allem mit Fragen der Abfallvermeidung befassen, eine zweite Möglichkeiten der Abfallverwertung untersuchen und eine weitere Gruppe die Abfallbeseitigung erkunden.
Auf den folgenden Seiten erhaltet ihr knappe Informationen durch Texte und Abbildungen sowie Hinweise zu Experimenten, die als Hilfen und Vorschläge für eure Arbeit gedacht sind.

Abfallvermeidung. Durch den Verzicht auf Verpackungen und Wegwerfgeschirr können Abfälle vermieden werden. Eine weitere Möglichkeit ist das Nutzen von Mehrwegbehältern und Pfandflaschen.
Ein Blick in die Hausabfalltonne zeigt, dass sie noch viele wertvolle Rohstoffe enthält, z. B. Papier, Glas, Metall und Kunststoff. Um diese Stoffe wieder verwenden zu können, müssen sie sortenrein vorliegen. Sie sollten deshalb getrennt gesammelt werden. Anderenfalls müssen sie aus dem Abfall in Sortieranlagen getrennt werden (Bild 1, Seite 34).

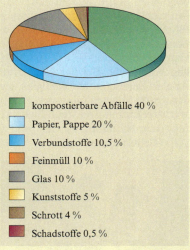

- kompostierbare Abfälle 40 %
- Papier, Pappe 20 %
- Verbundstoffe 10,5 %
- Feinmüll 10 %
- Glas 10 %
- Kunststoffe 5 %
- Schrott 4 %
- Schadstoffe 0,5 %

2 Zusammensetzung von Hausabfällen in Deutschland. Gegenwärtig verursacht jeder Bundesbürger im Jahr etwa 400 kg Hausabfall.

3 Behälter zur Abfallsortierung

1 Abfallsortieranlage

Abfallverwertung. Die gesammelten und in Sortieranlagen getrennten wertvollen Stoffe können zur Wiederverwertung an die Industrie abgegeben werden. Die „Abfälle" lassen sich so wieder einem Stoffkreislauf zuführen. Damit werden Rohstoffvorräte geschont, und die Umwelt wird weniger belastet.

Das Zurückführen von Wertstoffen in einen Stoffkreislauf wird als **Recycling** bezeichnet. Bei der Herstellung von Grünglas wird z. B. über 90 % Altglas eingesetzt, bei Weißglas liegt der Anteil bei 30 % (Bild 3). So werden große Mengen Glasrohstoffe und Kosten für Energie eingespart. Wichtige und umweltfreundliche Verfahren sind auch die Wiederaufbereitung von beschädigten CDs und CD-ROMs sowie die Herstellung von „Öko-Schulranzen".

> **EXPERIMENT 1** [S]
> **Sortiere Abfall (Modellversuch).**
> Eine „Abfalltonne" (Becherglas 1 000 ml) enthält folgende Stoffe: Papierschnipsel, Kies, Nägel, Styropor®-Reste von Verpackungen, Bonbonpapier.
> Entwickle einen Plan für die Durchführung der Abfallsortierung. Baue eine Anlage auf. Interpretiere dein Ergebnis. Vergleiche die Trennverfahren im Modellversuch mit denen in einer Abfallsortieranlage.

2 CD-Recycling in Dormagen:
Aus beschichteten CDs (links) wird sauberes CD-Recyclat (rechts).

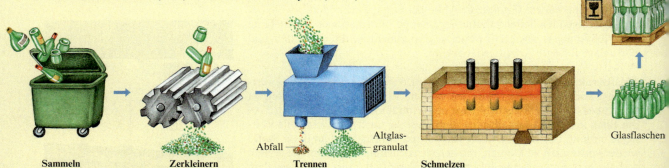

3 Wiederverwertung von Altglas

Wohin mit dem Müll?

Recyclingpapier ist umweltfreundlicher als Industriepapier, weil es zu 100 % aus Altpapier besteht und weniger Wasser und Energie bei der Herstellung benötigt werden. Neues Holz wird beim Recyclingpapier überhaupt nicht gebraucht. Damit das Recyclingpapier aber nicht zu dunkel wird, müssen oft noch Farben und vor allem Druckerschwärze aus dem Altpapier entfernt werden.

Abfallbeseitigung. Selbst wenn es gelingt, immer mehr Abfälle zu vermeiden oder zu verwerten, bleibt doch die Frage: Was geschieht mit dem Abfall, der trotz aller Bemühungen übrig bleibt? Die wichtigsten Verfahren zur Beseitigung dieser Abfälle sind die **Abfallverbrennung** und die **Abfalldeponierung**.

In **Abfallverbrennungsanlagen** werden Hausabfälle, Sperrmüll und Restabfälle aus den Sortier- und Kompostieranlagen verbrannt (Bild 1). Die entstehenden heißen Gase nutzt man zur Stromerzeugung oder als Fernwärme. Durch die Abfallverbrennung verringert sich das Volumen des Abfalls um 90 %. Die zurückbleibende Asche und die Schlacke werden deponiert. Bei der Verbrennung entstehen schädliche Abgase, die selbst durch moderne Elektrofilter nicht vollständig gereinigt werden können und zur Luftverschmutzung beitragen.

Abfalldeponien müssen so angelegt werden, dass das Grundwasser, die Luft und der Boden nicht gefährdet sind. Der Deponieboden erhält eine Untergrundabdichtung (Bild 2). Giftiges Sickerwasser wird gesammelt und in Kläranlagen gereinigt. Deponiegas, das bei der Zersetzung des Abfalls entsteht, ist ein brennbares Methan-Kohlenstoffdioxid-Gemisch. Es lässt sich zur Energieerzeugung nutzen.

Keinesfalls dürfen schadstoffhaltige Abfälle wie Farben, Lacke, Klebstoffe, Reinigungsmittel oder Pflanzenschutzmittel verbrannt oder deponiert werden. Für diese **Sonderabfälle** gibt es spezielle Entsorgungsverfahren.

1 Abfallverbrennungsanlage

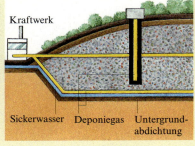

2 Schema einer Abfalldeponie

Präsentation der Ergebnisse. Bei euren Arbeiten zum Projekt „Müll" habt ihr festgestellt, dass in den einzelnen Gruppen viel Material entstanden ist, das geordnet werden muss.
Stellt eure Erfahrungen, Ergebnisse und Schlussfolgerungen den anderen Arbeitsgruppen vor, diskutiert darüber und legt dann fest, was und vor allem wie ihr alles in der Öffentlichkeit präsentieren möchtet. Möglich wären z. B. eine Ausstellung, Poster, Informations- und Flugblätter, Rollenspiele und Vorträge bei Elternabenden, auf Schulfesten oder am Tag der offenen Tür, auch ein Artikel in der Zeitung wäre denkbar.

EXPERIMENT 2 [S]
Stelle Recyclingpapier her.
Entwickle einen Plan für die Papierherstellung. Überlege, aus welchen Materialien man leicht einen Schöpfrahmen selbst bauen kann.
Führe das Experiment durch. Vergleiche das selbst hergestellte Papier mit gekauftem Recyclingpapier. Erkunde, wozu heute Recyclingpapier verwendet wird.

3 Herstellung handgeschöpften Papiers

EXPERIMENT 3 [S]
Ermittle wasserundurchlässige Schichten.
Fülle Standzylinder jeweils etwa bis zur Hälfte mit Kies, Sand, Lehm, Ton oder Mergel. Drücke die Schicht fest an und gieße danach bis zum oberen Rand Wasser zu. Beobachte. Fertige ein Protokoll an. Entscheide, welche Schicht als Basisabdichtung für eine Deponie geeignet wäre. Begründe.

ZUSAMMENFASSUNG

Stoffe	Alle Gegenstände bestehen aus Stoffen. Stoffe erkennt man an ihren Eigenschaften.
Eigenschaften von Stoffen	Die Eigenschaften der Stoffe lassen sich mithilfe der Sinnesorgane sowie mit Hilfsmitteln und Messgeräten ermitteln. Jeder Stoff besitzt eine für ihn typische Eigenschaftskombination.
Steckbrief eines Stoffes	Zusammengestellte typische Eigenschaften eines Stoffes, durch die der Stoff eindeutig zu identifizieren ist.
Bau der Stoffe aus Teilchen	Der Bau der Stoffe lässt sich mithilfe des Teilchenmodells veranschaulichen. Man stellt sich vor, dass die Stoffe aus kleinsten, unteilbaren Teilchen bestehen, die sich in ständiger Bewegung befinden. Mit dem Teilchenmodell lassen sich Erscheinungen und Vorgänge erklären.

Aggregatzustand der Stoffe	fest	flüssig	gasförmig
Darstellung im Teilchenmodell			
Anordnung der Teilchen	regelmäßig	unregelmäßig	ungeordnet
Abstand zwischen den Teilchen	sehr klein	sehr klein	sehr groß
Bewegung der Teilchen	schwingen	gleiten	frei beweglich

Einteilung der Stoffe	Stoffe	
	reine Stoffe	Stoffgemische
	– bestehen aus einer Stoffart – können nicht weiter getrennt werden – haben einheitlich gleich bleibende Eigenschaftskombinationen	– bestehen aus mindestens zwei reinen Stoffen – können in reine Stoffe getrennt werden – haben keine einheitlich gleich bleibenden Eigenschaftskombinationen

Arten von Stoffgemischen	Heterogene Stoffgemische: reine Stoffe noch erkennbar, z. B. Gemenge, Suspension, Emulsion, Rauch Homogene Stoffgemische: reine Stoffe nicht mehr erkennbar, z. B. Legierung, Lösung, Gasgemisch
Wichtige Trennverfahren	Sieben, Sedimentieren, Dekantieren, Filtrieren, Eindampfen, Destillieren, Adsorbieren, Zentrifugieren, Extrahieren, Chromatografieren

Metalle

Täglich begegnen wir Gegenständen aus Metall: Fahrrädern, Autos, Flugzeugen, Eisenbahnbrücken, unseren Hausschlüsseln, Alufolie oder Geldmünzen. Auch Objekte in der Kunst wie die Plastik des Bildhauers JONATHAN BOROFSKY „Molecule Man" in Berlin können aus Metall bestehen. Viele Gegenstände enthalten auch Metalle, ohne dass dies gleich auffällt: Stromkabel ebenso wie Computer oder Kugelschreiber.

→ Was kennzeichnet Metalle?
→ Wie sind Metalle aufgebaut?
→ Worin liegen die Ursachen für die Eigenschaften der Metalle?

Wir untersuchen Eigenschaften von Metallen

1 Gold- und Silberschmuck

2 Mechanisches Uhrwerk

Bisher habt ihr eine Vielzahl von Stoffen untersucht, darunter waren viele Metalle. Woran kann man eigentlich erkennen, dass ein Stoff zu den Metallen gehört? Man kann Stoffe, die ähnliche, charakteristische Eigenschaften haben, zu Stoffklassen zusammenfassen. Welche Eigenschaften haben Stoffe, die wir der Stoffklasse der Metalle zuordnen? Entwickelt einen allgemein gültigen Steckbrief für die Metalle.

EXPERIMENT 1 [S]
Prüfe das Aussehen von Stoffen.
Reibe Stücke von Aluminium, Zinn, Eisen, Holz, Kunststoff, Kupfer und Zink mit einem Stück feinen Schleifpapiers ab. Beschreibe die Farbe und die Oberfläche der Stoffe und prüfe diese auf Lichtdurchlässigkeit. Beschreibe deine Beobachtungen.

EXPERIMENT 2 [S]
Ordne die Stoffe nach der Verformbarkeit.
Lege Stücke von Aluminium, Blei, Eisen, Holz, Kunststoff, Kupfer und Zink auf eine feste, gegen Schlag unempfindliche Unterlage. Schlage mehrfach mit einem Hammer darauf. Notiere deine Beobachtungen. Ordne die Stoffe.

EXPERIMENT 3 [S]
Vergleiche die Schmelztemperaturen von Zinn, Kupfer und Zink.
Erhitze nacheinander etwa gleich große Stücke von Zinn, Kupfer und Zink in einem Schmelztiegel. Sollte der Stoff schmelzen, gieße die Schmelze in ein großes, mit Wasser gefülltes Becherglas.
Notiere deine Beobachtungen. Ordne die Stoffe entsprechend ihrer Schmelztemperatur. Überprüfe deine Entscheidung unter Einbeziehung der entsprechenden Tabellenwerte.

3 Roboter

Wir untersuchen Eigenschaften von Metallen

EXPERIMENT 4 [S]
Untersuche die elektrische Leitfähigkeit.
Plane einen Versuch, mit dem du die elektrische Leitfähigkeit von Aluminium, Blei, Eisen, Holz, Kunststoff, Kupfer und Zink untersuchen kannst. Führe das Experiment nach Rücksprache mit deiner Lehrerin bzw. deinem Lehrer durch.
Ordne die Stoffe nach ihrer elektrischen Leitfähigkeit.

EXPERIMENT 5 [S]
Vergleiche die Wärmeleitfähigkeit.
Gib auf etwa 5 cm lange Stücke von Aluminium, Blei, Eisen, Kupfer und Zink je einen etwa gleich großen Tropfen Kerzenwachs an ein Ende des Stückes. Halte das Metall mithilfe einer Tiegelzange mit dem anderen Ende in eine kleine Brennerflamme und ermittle die Zeit bis zum Schmelzen des Wachses.
Welche Gemeinsamkeiten und Unterschiede gibt es?

EXPERIMENT 6 [S]
Prüfe die Härte von Metallen.
Versuche Blechstreifen gleicher Stärke von Kupfer, Blei und Eisen mit einem Stahlnagel zu ritzen. Notiere deine Beobachtungen. Ziehe Schlussfolgerungen in Bezug auf ihre mögliche Verwendung.

EXPERIMENT 7 [S]
Bestimme die Dichte von Metallen.
Du benötigst je ein Stück Eisen, Kupfer, Aluminium, Blei, Magnesium und Zink. Wiege die einzelnen Metallstücke und notiere ihre Massen. Ermittle das Volumen der Metallproben, indem du einen Messzylinder mit genau 50 ml Wasser füllst und anschließend das Metall in den Messzylinder gibst. Lies jeweils erneut das Volumen ab und berechne die Volumendifferenz.
Berechne die Dichte der einzelnen Stoffe und vergleiche mit den Werten im Tafelwerk.

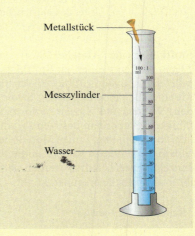

EXPERIMENT 8 [S]
Untersuche das Verhalten gegenüber einem Magneten.
Bewege einen Magneten dicht über die Oberfläche eines Kupferspans, eines Eisenspans, eines Magnesiumspans und eines Stückes Zink.
Welche Gemeinsamkeiten und Unterschiede gibt es?

Entsorgung
Feststoffe einsammeln, werden wieder verwendet. Lösungen in Sammelbehälter für Abwasser.

AUFTRÄGE

1. Erkundet die Schmelz- und die Siedetemperatur von Aluminium, Blei, Eisen, Gold, Kupfer, Quecksilber, Silber und Zink.
   Informiert euch dazu im Tafelwerk und erstellt eine Übersicht.
2. Erkundet die Beständigkeit von Metallen gegenüber Essig. Plant ein geeignetes Experiment.
3. Entwickelt einen allgemeingültigen Steckbrief für Metalle. Nutzt die Ergebnisse der Experimente. Verwendet außerdem das Tafelwerk.

Eigenschaften von Metallen

Beispiele für Metalle. Metalle sind eine große Gruppe reiner Stoffe, die, wie sich in Experimenten feststellen lässt, teilweise ähnliche Eigenschaften besitzen, sich aber auch unterscheiden.

Metall	Eigenschaften
Eisen	silberweiß glänzend verhältnismäßig weich und dehnbar an feuchter Luft bildet sich schnell eine Schicht aus rotbraunem Rost
Aluminium	silberweiß glänzend gute elektrische Leitfähigkeit und guter Wärmeleiter läuft an der Luft relativ leicht an
Silber	weiß glänzend relativ weich und sehr dehnbar besitzt die höchste elektrische Leitfähigkeit der Metalle sehr guter Wärmeleiter
Quecksilber	silbrig glänzend bei Zimmertemperatur flüssig dehnt sich beim Erwärmen leicht aus bildet bereits bei Zimmertemperatur giftige Dämpfe leitet den elektrischen Strom und die Wärme gut

1 Goldschmiedin bei der Arbeit

Stoffklasse der Metalle. Stoffe mit gemeinsamen charakteristischen Eigenschaften werden zu Stoffklassen zusammengefasst. Bilden die Metalle eine solche Stoffklasse? Ihr habt festgestellt, dass die untersuchten Metalle alle den elektrischen Strom leiten. Sie lassen sich durch Schmieden, Walzen und Ziehen verformen und besitzen eine gute Wärmeleitfähigkeit. Außerdem besitzen sie einen charakteristischen Glanz und sind lichtundurchlässig. Einige Metalle haben besondere Eigenschaften, Quecksilber beispielsweise ist bei Zimmertemperatur flüssig.
Einzelne Eigenschaften werden genutzt, um die Metalle einzuteilen, wie ihr in der Tabelle erkennen könnt.

Einteilung der Metalle	
Eigenschaft	Einteilung
Dichte	Leichtmetalle ($\varrho < 5 \, \frac{g}{cm^3}$) Schwermetalle ($\varrho > 5 \, \frac{g}{cm^3}$)
Farbe	Weißmetalle (weiß) Buntmetalle (farbig)
Verhalten gegenüber Essig	unedle Metalle (reagieren mit Essig) edle Metalle (reagieren nicht mit Essig)

Steckbrief

Kupfer
Farbe: rötlich bis gelbrot
Aggregatzustand bei Zimmertemperatur: fest
Dichte: 8,96 g/cm^3
Elektrische Leitfähigkeit: sehr gut
Wärmeleitfähigkeit: sehr gut
Glanz: glänzend
Verformbarkeit: gut verformbar

Blei
Farbe: bläulich weiß
Aggregatzustand bei Zimmertemperatur: fest
Dichte: 11,34 g/cm^3
Elektrische Leitfähigkeit: gut
Wärmeleitfähigkeit: gut
Glanz: glänzend
Verformbarkeit: sehr gut verformbar

> Metalle leiten die Wärme und den elektrischen Strom. Sie zeigen einen charakteristischen Glanz. Fast alle Metalle lassen sich durch Schmieden, Walzen und Ziehen verformen.

Metalle in der Geschichte

Kannst du dir vorstellen, wie eine Welt ganz ohne Gegenstände aus Metallen wäre? Die Fähigkeit, Metalle zu gewinnen und aus verschiedenen Metallen Legierungen zu bilden, war für die Entwicklung der Menschheit von großer Bedeutung.

Kupferzeit (3500 bis 2000 v. Chr.). Kupfer und Gold waren die ersten Metalle, die man bereits in vorgeschichtlicher Zeit kannte und aus denen Gebrauchsgegenstände gefertigt wurden. Gegenstände aus Kupfer fand man in den Überresten vieler alter Kulturen, z. B. in Kleinasien, China, Südosteuropa, Ägypten, auf Kreta und Zypern (Cyprium). Aus dem Namen dieser Insel wurde das Wort Kupfer (Cuprum) abgeleitet. Kupfer eignete sich allerdings nicht zur Herstellung von Werkzeugen und Waffen.

Bronzezeit (2000 bis 700 v. Chr.). Die Menschen fanden heraus, dass man durch eine bestimmte Mischung von Kupfer und Zinn eine Legierung herstellen kann, die reines Kupfer an Härte und Elastizität weit übertrifft. Diese Legierung, die Bronze, wurde das wichtigste Rohmaterial und diente u. a. zur Herstellung von Werkzeugen, Waffen und Schmuck. Die Kenntnis der Bronzeherstellung gelangte aus dem Vorderen Orient nach Mitteleuropa. Ein weiterer Vorteil gegenüber Kupfer lag in der besseren Gießbarkeit. Das für die Bronzeherstellung notwendige Zinn gab es damals fast nur in England, Böhmen und Zentralasien und musste über lange Handelswege transportiert werden.

Eisenzeit. Der Beginn der Eisenzeit lag um 1200 v. Chr. Eisen war aber schon früher bekannt, wie Funde aus der Zeit 3000 v. Chr. aus der Stadt Ur beweisen. Diese Gegenstände aus Eisen sind mit größter Wahrscheinlichkeit aus dem sehr selten vorkommenden Meteoriteisen hergestellt worden. Wegen seiner Seltenheit war Eisen zunächst extrem wertvoll und wurde zusammen mit Gold von den Ägyptern zu Schmuckgegenständen verarbeitet. Weil die Schmelztemperatur des Eisens durch die Öfen mit Blasebälgen nicht erreicht wurde, war das gewonnene Eisen ziemlich weich und mit Schlacke verunreinigt. In verschiedenen Ländern wurde gleichzeitig herausgefunden, dass Eisen durch wiederholtes Glühen im Holzkohlefeuer und durch Schmieden in Stahl umgewandelt werden kann. Nun war man in der Lage, Werkzeuge und Waffen mit den gewünschten Eigenschaften herzustellen.

2 Metallgewinnung in Ägypten

3 Aufgesägter Eisenmeteorit

AUFGABEN

1. Stelle jeweils einen Steckbrief für Zink und Zinn auf. Begründe die Zuordnung der beiden Stoffe zur Stoffklasse der Metalle.
2. Messing ist eine Legierung, die bereits mehrere Tausend Jahre v. Chr. bekannt war. Vergleiche die Legierungen Bronze und Messing hinsichtlich ihrer Zusammensetzung und ihrer Eigenschaften.
3. Bronze hatte in der Geschichte der Menschheit große Bedeutung. Nenne fünf aktuelle Verwendungsmöglichkeiten.

1 Waffen aus der Bronzezeit

Verwendung der Metalle

1 Porsche, Typ 356

2 Dampflok 38 1182 in Erfurt

Metalle als Werkstoffe. Metalle sind aufgrund ihrer Eigenschaften vielseitig als Werkstoffe einsetzbar. Gold und Silber werden in der Schmuckindustrie am häufigsten verwendet.

Metall	Verwendung
Silber	Herstellung von Schmuck und Besteck als elektrischer Leiter in der Elektroindustrie Herstellung von Filmmaterial
Gold	Herstellung von Schmuck Herstellung von Kontakten in der Elektroindustrie als Blattgold als Zahngold in der Zahnmedizin
Kupfer	als elektrischer Leiter in der Elektroindustrie Herstellung von Rohren und Dachrinnen Herstellung von Braukesseln
Aluminium	im Flugzeug- und Fahrzeugbau zum Bau von Fahrrädern Herstellung von Kochtopfböden Aluminiumfolie Getränkedosen
Blei	Bestandteil der Autobatterie Schutzbekleidung in der Medizin
Quecksilber	Goldgewinnung Herstellung von Batterien

3 Blattgold

Metalllegierungen. Viele Metalle lassen sich im geschmolzenen Zustand miteinander mischen. Nach dem Abkühlen bilden sich feste, homogene Stoffgemische, die **Metalllegierungen** (lat. ligare – binden, sich vereinigen). So kann durch Zugabe von Zinn zu Kupfer Bronze gewonnen werden, deren Härte bedeutend größer ist als die des Kupfers. Werden Zink und Kupfer zusammengeschmolzen, erhält man als Legierung Messing.
Auch andere Eigenschaften wie Verformbarkeit, Schmelztemperatur und Beständigkeit an der Luft sind bei Legierungen verändert. Legierungen haben andere Werkstoffeigenschaften als die reinen Metalle, aus denen sie hergestellt wurden.

Schon gewusst?

In der Nähe von Neu-Delhi steht eine Säule, die einer darin eingehauenen Inschrift zufolge auf das 9. Jh. v. Chr. datiert wird. Diese so genannte Kutub-Säule wiegt 17 t, und von ihren 16 m Gesamtlänge sind oberirdisch etwa 7 m sichtbar. Sie besteht aus chemisch reinem Eisen und soll aus vielen kleinen Blöcken zusammengeschweißt sein. Doch an der Säule sind weder irgend eine Schweißnaht noch eine kleinste Spur von Korrosion zu erkennen. Noch heute rätseln Wissenschaftler, wie diese Säule vor etwa 3 000 Jahren hergestellt wurde und weshalb sie nicht rostet.

Verwendung der Metalle

EXPERIMENT 1
„Vergolde" eine Kupfermünze. [S]
Vorsicht! Schutzbrille! Gib in ein kleines Becherglas mit 10%iger Natronlauge (C) zwei Spatelspitzen Zinkpulver und eine gereinigte Kupfermünze. Erhitze unter Umrühren vorsichtig bis zum Sieden. Lasse die Münze noch einige Zeit in dem Becherglas liegen. Nimm die Münze mit einer Tiegelzange heraus und spüle sie gut mit Wasser ab. Erwärme die Münze nun vorsichtig in der Brennerflamme. Nicht glühen! Beobachte. Suche nach Erklärungen für Veränderungen.
Entsorgung: Überschüssiges Zinkpulver mit Wasser reinigen und aufbewahren. Natronlauge neutralisieren und in den Sammelbehälter für Abwasser.

Im ersten Teil des Experiments hat sich die Kupfermünze mit einer dünnen Zinkschicht überzogen. Beim Erwärmen in der Flamme entstand Messing. Diese Legierung aus Kupfer und Zink besitzt ein goldähnliches Aussehen. Messing verwendet man u.a. zur Herstellung von Lampen, Schiffszubehör, Möbeln und Musikinstrumenten.

Verwendung von Metalllegierungen. Roheisen aus dem Hochofen ist spröde. Es wird meist zu Stahl weiterverarbeitet, der sich mit einem Kohlenstoffanteil von unter 2% im Gegensatz zum Roheisen walzen, ziehen und pressen lässt. Beispielsweise ist Chrom-Nickel-Stahl besonders hart und sehr korrosionsfest. Es werden etwa 1 000 verschiedene Stahlsorten mit verschiedenen Legierungsbestandteilen hergestellt.

Im Flugzeug- und Fahrzeugbau wird unter anderem wegen seiner geringen Dichte Duraluminium bei hoch beanspruchten Teilen eingesetzt. Gold wird z.B. mit Silber, Kupfer oder Zink legiert. 750er Gold besteht dabei zu 75% aus dem edlen Metall.

Schon gewusst?
Einer der berühmtesten Funde gediegenen Silbers ist der „Silbertisch", eine 1466 in der Grube St. Georg in Schneeberg (Erzgebirge) gefundene plattenförmige Silberstufe mit einer Grundfläche von 2 m x 4 m und einer Masse von etwa 20 t.

Legierung	Zusammensetzung
Chrom-Nickel-Stahl	Eisen mit 0,2% Kohlenstoff, 18% Chrom und 8% Nickel
Manganstahl	Eisen mit bis zu 14% Mangan und 0,3 bis 1,3% Kohlenstoff
Messing	Kupfer mit 30 bis 35% Zink
Duraluminium	Aluminium mit 4% Kupfer, 1% Magnesium, 1% Silicium und 0,5% Mangan

1 Historisches Kettenhemd

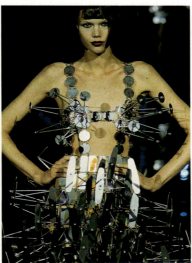

2 Futuristische Abendgarderobe

Legierungen sind homogene Stoffgemische aus verschiedenen Metallen. Legierungen haben andere Werkstoffeigenschaften als die reinen Metalle, aus denen sie hergestellt wurden.

AUFGABEN

1. Nenne Beispiele für die Verwendung von Eisen und Stahl.
2. Gib Metalle an, die in der Elektroindustrie als elektrische Leiter eingesetzt werden und begründe deren Verwendung.
3. Erläutere den Zusammenhang zwischen Eigenschaft und Verwendung von Metallen an Beispielen.
4. Warum eignen sich Goldlegierungen für die Verwendung in der Zahnmedizin?
5. Finde heraus, was die Angabe 800er Silber auf einem Essbesteck bedeutet.
6. Begründe das häufig angewendete Verzinken von Stahlkonstruktionen.

Bau der Metalle

Modell vom Bau der Metalle. Untersuchungen haben ergeben, dass alle Stoffe aus kleinsten Teilchen aufgebaut sind. Eine Art solcher Teilchen sind die **Atome** (griech. atomos – unteilbar). Atome sind unvorstellbar klein und haben eine winzige Masse. Mit dem Raster-Tunnelelektronenmikroskop lassen sich die regelmäßigen Anordnungen von Metallatomen sichtbar machen. Sie bilden Atomverbände und werden durch starke Anziehungskräfte zusammengehalten. Die Atome von verschiedenen Metallen unterscheiden sich u. a. in ihrer Größe und Masse.

Schon gewusst?

Das Raster-Tunnelelektronenmikroskop war das erste Gerät, das Anordnungen von Atomen abbilden konnte. Obwohl das Aufnahmeprinzip relativ einfach ist, wurde es erst 1982 erfunden.

1 Kristalle des Kupfers

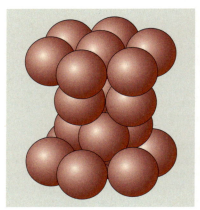

2 Modelldarstellung der Anordnung der Atome im Kupfer

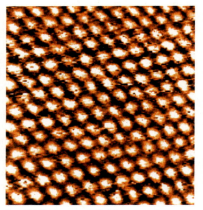

3 Abbildung von Goldatomen im Raster-Tunnelelektronenmikroskop

Bau der Metalle und ihre Eigenschaften. Wird Gold zu Blattgold ausgewalzt, so verschieben sich nur die Schichten der Goldatome. Die regelmäßige Anordnung der Goldatome bleibt erhalten.
Erwärmt man ein Metall, so schwingen die Atome stärker. Dabei stoßen sich benachbarte Atome an. Die Schwingung pflanzt sich fort, die Wärme wird weitergeleitet. Die Anziehungskräfte zwischen den Atomen sind bei den meisten Atomen außerordentlich groß. Deshalb muss man Metalle sehr stark erwärmen, bis sie schmelzen. Dabei schwingen die Atome immer stärker. Bei einer bestimmten Temperatur werden die Anziehungskräfte im Kristall überwunden, das Metall schmilzt.
Bei weiterer Wärmezufuhr bewegen sich die Atome immer schneller. Wenn die Siedetemperatur erreicht ist, entfernen sich die Atome voneinander, das Metall verdampft.

4 Goldatome beim Walzen

Versuch von RUTHERFORD. Wenn ein kleiner Ball gegen eine Mauer geworfen wird, die so dick ist wie 1 000 Schichten solcher Bälle, wäre das Erstaunen sicherlich sehr groß, wenn er einfach hindurch fliegt.
Genauso erging es ERNEST RUTHERFORD zu Beginn des 20. Jahrhunderts. Er und seine Mitarbeiter HANS W. GEIGER (1882 bis 1945) und ERNEST MARSDEN (1889 bis 1970) beschossen eine sehr dünne Goldfolie, die etwa 1 000 Atome dick war, mit einem Strahl positiv elektrisch geladener Teilchen. Wenn die Goldatome der Folie aus massiven Kugeln bestünden, müssten die positiv elektrisch geladenen Teilchen ihre Flugbahn ändern, wie beim Zusammenstoß von Billardkugeln. Doch das Resultat war gänzlich anders. Die meisten Teilchen gingen geradlinig durch die Goldfolie hindurch, manche wurden in alle möglichen Richtungen abgelenkt, es kamen auch einige zurück.

Bau der Metalle

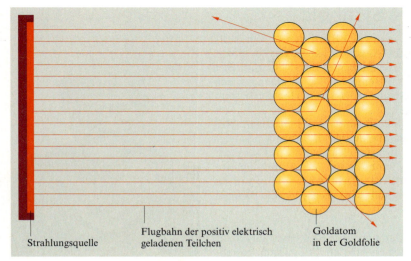

1 Streuversuch von RUTHERFORD, GEIGER und MARSDEN

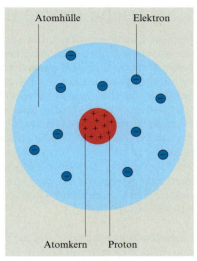

2 Kern-Hülle-Modell des Natriumatoms

Kern-Hülle-Modell. RUTHERFORD interpretierte die Ergebnisse durch folgende Annahme: Jedes Atom besteht aus dem **Atomkern** und der **Atomhülle**. Der Atomkern ist positiv elektrisch geladen und enthält fast die gesamte Masse des Atoms. Die Träger der positiven elektrischen Ladung werden **Protonen** genannt. Die Atomhülle, die fast das gesamte Volumen des Atoms einnimmt, wird durch die negativ elektrisch geladenen **Elektronen** gebildet. Die Elektronen besitzen fast keine Masse. Die Anzahl der Protonen und Elektronen und damit die Anzahl der positiven und negativen elektrischen Ladungen in einem Atom stimmt überein. Deshalb ist das Atom elektrisch neutral.

Der Atomkern hat einen Durchmesser von rund 10^{-14} m, das ganze Atom aber etwa 10^{-10} m. Stellt man sich den Atomkern als Kugel mit einem Durchmesser von 1 cm vor, so hätte das Atom nach dieser Modellvorstellung einen Durchmesser von 100 m. Das bedeutet, dass das Innere eines Atoms praktisch leer ist.

> Atome bestehen aus dem positiv elektrisch geladenen Atomkern und der negativ elektrisch geladenen Atomhülle.
> Träger der positiven elektrischen Ladung sind die Protonen. Im Atomkern ist fast die gesamte Masse des Atoms konzentriert.
> Die Elektronen sind Träger der negativen elektrischen Ladung und bilden die Atomhülle.
> Ein Atom ist elektrisch neutral.

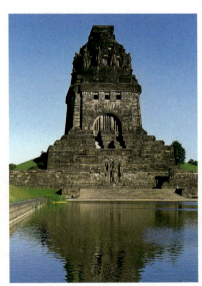

3 Wäre ein Atomkern so groß wie eine Erbse, dann hätte das Atom einen Durchmesser, der der Höhe des Leipziger Völkerschlachtdenkmals entspricht (h = 91 m).

AUFGABEN

1. Vergleiche die Anordnung der Atome im Magnesium mit der im Kupfer. Nutze dazu die Bilder 1 (Seite 54) und 2 (Seite 44).
2. Warum sind Zinkatome elektrisch neutral? Nutze bei deiner Erklärung das Kern-Hülle-Modell.
3. Erläutere den Nutzen von Modellen.
4. Zeichne Atommodelle von Kaliumatomen und von Eisenatomen. Kaliumatome besitzen 19 und Eisenatome 26 Protonen im Atomkern.
5. Führe im Internet eine Recherche zum Begriff „Atommodelle" durch. Stelle die Ergebnisse in geeigneter Form dar.

Chemische Elemente – Symbole

Elemente. Bereits in der Antike suchte man nach Elementen, Grundstoffen, aus denen sich alles andere herleitet. ARISTOTELES war der Meinung, Feuer, Wasser, Luft und Erde seien diese Elemente. Im 18. Jahrhundert definierte ANTOINE LAURENT LAVOISIER (1743 bis 1794) als Element jede Substanz, die chemisch nicht weiter zerlegt werden kann. Heute geht man vom Bau eines reinen Stoffes aus.

Betrachten wir den Bau von Metallen. Metalle sind aus gleichartigen Atomen aufgebaut. Diese Atome enthalten alle die gleiche Anzahl positiver elektrischer Ladungen im Atomkern, also die gleiche Anzahl Protonen. Eisen besteht nur aus Eisenatomen, Aluminium nur aus Aluminiumatomen. Jede Atomsorte, deren Atome alle die gleiche Anzahl an positiven elektrischen Ladungen im Atomkern enthält, wird als **chemisches Element** bezeichnet.

Elementsubstanzen. Stoffe, die nur aus Atomen eines Elementes aufgebaut sind, heißen **Elementsubstanzen**. Die Elementsubstanz Aluminium besteht also nur aus Atomen des Elementes Aluminium.

3 ARISTOTELES (384 bis 322 v. Chr.)

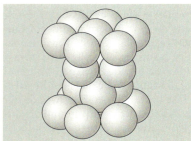

1 Elementsubstanz Aluminum

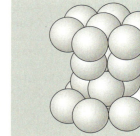

2 Modell der Elementsubstanz Aluminium

4 Elemente nach ARISTOTELES

> Jede Atomsorte, deren Atome die gleiche Anzahl positiv elektrisch geladener Teilchen im Atomkern enthält, wird als Element bezeichnet. Reine Stoffe, die nur aus Atomen eines Elementes aufgebaut sind, werden Elementsubstanzen genannt.

Symbole. Nachdem viele Elemente bekannt waren, wurde es immer schwieriger, sich international darüber zu verständigen. Viele Chemiker machten sich darüber Gedanken. Der schwedische Chemiker JÖNS JAKOB BERZELIUS (1779 bis 1848) schlug ein System von Zeichen vor. Er bildete die Zeichen für die Elemente aus deren lateinischen oder griechischen Namen und nannte sie **Symbole**.

Symbole haben mehrere Bedeutungen. Das Symbol Al steht zum einen für das Element Aluminium, zum anderen für die Elementsubstanz Aluminium oder aber für ein Atom des Elementes Aluminium. Das Symbol Fe steht für das Element Eisen, die Elementsubstanz Eisen oder für ein Eisenatom. Dieses System setzte sich in der ganzen Welt durch und wird noch heute verwendet.

Element	lateinische Bezeichnung	Symbol
Aluminium	**a**luminium	Al
Blei	**p**lum**b**um	Pb
Eisen	**f**errum	Fe
Gold	**au**rum	Au
Kupfer	**cu**prum	Cu
Quecksilber	**h**ydrar**g**yrum	Hg
Silber	**a**r**g**entum	Ag
Zink	**z**i**n**cum	Zn
Zinn	**s**tan**n**um	Sn

> Ein Symbol steht für das Element, die Elementsubstanz oder für ein Atom des Elementes. Jedes Element besitzt ein eigenes Symbol.

Auf der Suche nach Ordnung

In der Antike kannte man bereits sieben Metalle. In der Bibel sind nur sechs davon verzeichnet, da vom Quecksilber in jener Zeit nur wenige Menschen Kenntnis hatten. Heute sind bereits mehr als 100 Elemente bekannt, die meisten davon sind Metalle.

Das Periodensystem der Elemente. Die Chemiker LOTHAR MEYER (1830 bis 1895) und DMITRI IWANOWITSCH MENDELEJEW (1834 bis 1907) ordneten 1869 unabhängig voneinander alle zu diesem Zeitpunkt bekannten Elemente in einer Tabelle. Dieses Periodensystem der Elemente ist in den folgenden Jahren ergänzt worden, auch seine Form hat sich verändert.
Die Begründung für die Stellung der einzelnen Elemente im Periodensystem der Elemente finden wir im Bau ihrer Atome. Die Elemente sind im Periodensystem der Elemente nach steigender **Ordnungszahl** angeordnet. Die Ordnungszahl entspricht der Anzahl der positiv elektrisch geladenen Protonen im Atomkern. Du kannst die Ordnungszahl im Periodensystem ablesen, sie steht links oben neben dem Symbol.
Die Elemente sind im Periodensystem der Elemente in senkrechten Spalten, den **Gruppen**, und waagerechten Reihen, den **Perioden**, angeordnet. Liest man das Periodensystem der Elemente von links oben beginnend, so erhöht sich die Ordnungszahl stets um eins, die Atome des nachfolgenden Elementes enthalten also ein Proton mehr als die Atome des Vorgängers.

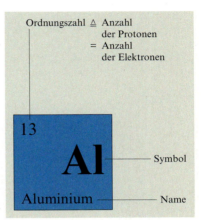

2 Feld des Elementes Aluminium im Periodensystem der Elemente

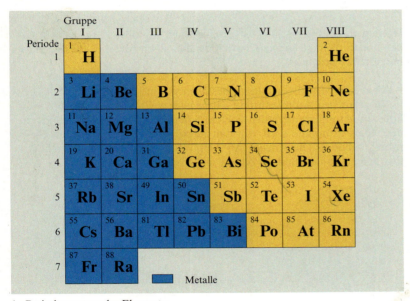

1 Periodensystem der Elemente

AUFGABEN

1. Erläutere, warum die Elemente der Antike keine chemischen Elemente sind.
2. Gib die Symbole für die Elemente Zinn, Cobalt, Chrom, Nickel, Platin und Mangan an.
3. Beschreibe den Bau der Atome der Elemente Gold, Kupfer, Blei, Quecksilber, Magnesium und Eisen.
4. Zeichne Atommodelle von Magnesiumatomen, Natriumatomen und Silberatomen.
5. Nenne das Element mit der Ordnungszahl 12. Beschreibe den Atombau dieses Elementes.
6. Welches Metall besitzt 50, welches 82 Elektronen in seiner Atomhülle?

ZUSAMMENFASSUNG

Chemisches Element — Atomsorte, deren Atome eine bestimmte Anzahl positiv elektrisch geladener Protonen im Atomkern enthalten.

Elementsubstanz — Reiner Stoff, der nur aus Atomen eines Elementes aufgebaut ist.

Chemisches Symbol — Chemisches Zeichen, das ein chemisches Element, eine Elementsubstanz oder ein Atom eines Elementes kennzeichnet.

Metalle — Metalle sind Elementsubstanzen. Sie besitzen gute elektrische Leitfähigkeit und gute Wärmeleitfähigkeit. Sie zeigen einen charakteristischen Glanz und lassen sich verformen.
Metalle lassen sich nach Eigenschaften einteilen.

Eigenschaft	Einteilung	
Dichte	Leichtmetalle ($\varrho < 5$ g/cm^3), z. B. Aluminium	Schwermetalle ($\varrho > 5$ g/cm^3), z. B. Eisen
Farbe	Weißmetalle, z. B. Eisen	Buntmetalle, z. B. Kupfer

Metalllegierungen — Homogene Stoffgemische aus verschiedenen Metallen. Legierungen haben andere Werkstoffeigenschaften als die reinen Metalle, aus denen sie hergestellt wurden.

Kern-Hülle-Modell — Nach dieser Modellvorstellung bestehen Atome aus dem positiv elektrisch geladenen Atomkern und der negativ elektrisch geladenen Atomhülle. Im Atomkern befinden sich die positiv elektrisch geladenen Protonen. Die Atomhülle wird von den negativ elektrisch geladenen Elektronen gebildet. Die Anzahl der Elektronen ist gleich der Anzahl der Protonen. Deshalb sind die Atome elektrisch neutral.

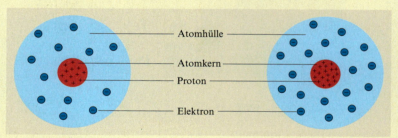

Modell eines Magnesiumatoms   Modell eines Kaliumatoms

Periodensystem der Elemente — Im Periodensystem der Elemente sind die Elemente nach steigender Ordnungszahl angeordnet. Das Periodensystem der Elemente ist ein Arbeitsmittel in der Chemie.

Chemische Reaktionen

Wer denkt schon beim Anblick eines jahrhundertealten Laubbaumes im Sonnenlicht an Chemie? Und doch lebt der Baumriese erst, weil er Stoffe aus der Natur – Wasser und Mineralstoffe aus dem Boden, Kohlenstoffdioxid aus der Luft – aufnehmen und verarbeiten kann. So produziert er täglich 10 kg Kohlenhydrate und gibt mehr als 9000 l Sauerstoff ab, den Tagesbedarf von fast 10 Menschen. Die aufgenommenen Stoffe werden durch chemische Reaktionen umgewandelt.

→ Was geschieht bei solchen chemischen Reaktionen?
→ Wie sind die Stoffumwandlungen zu erklären?
→ Woran erkennt man diese Vorgänge?
→ Wie werden Stoffumwandlungen in der Natur und in der Technik genutzt?

Stoffe und chemische Reaktionen

1 Erdölraffinerie

3 Erdöl

Die Natur – ein chemisches Labor? Pflanzen wachsen, blühen und tragen Früchte. Die in lebenden Organismen ablaufenden Vorgänge beruhen auf Stoffumwandlungen. Der menschliche Blutkreislauf ist eine etwa 6 500 km lange Transportbahn aus Arterien, Venen und Kapillaren für Sauerstoff und Nährstoffe, die in den Zellen in körpereigene Stoffe umgewandelt werden. Die Nieren sind eine perfekte „Wiederaufbereitungsanlage" für täglich bis zu 1 700 l Blut. Vor allem in der Leber umgewandelte, für den Organismus schädliche Stoffe werden ausgeschieden.
Magen und Darm verarbeiten jährlich mehrere hundert Kilogramm an Speisen und wandeln Stoffe um.

Vom Erdöl zum Kunststoff. Raffinerien verarbeiten einen wertvollen Bodenschatz, das dickflüssige, schwarzbraune Stoffgemisch Erdöl. Ehe aus diesem Heizgase, Treibstoffe, hochwertige und farbenfrohe Haushalt- und Freizeitartikel, Werkstoffe und sogar Arzneimittel hergestellt werden können, sind Stofftrennungen und vor allem zahlreiche Stoffumwandlungen nötig. Bei der technischen Herstellung vielfältiger Produkte wird der Rohstoff Erdöl umgewandelt und dabei bleibend verändert.

4 Chemische Vorgänge verändern die Blütenfarbe von Hortensien.

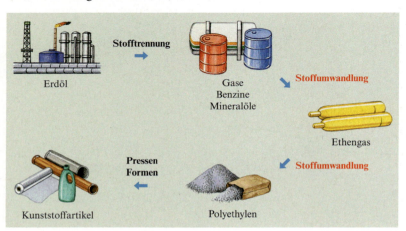

2 Der Weg des Erdöls zum Kunststoff

Schon gewusst?

Von den etwa 5 000 Einzelteilen eines Pkw bestehen mehr als ein Drittel aus Kunststoff. Besonders günstige Werkstoffeigenschaften weisen neu entwickelte Verbundwerkstoffe auf. Kunststoffharze werden mit Glas- oder Kohlefasern verstärkt. Hinterrad- und Sattelfederungen für Fahrräder, sogar Federn für Lkw können aus extrem belastbaren und temperaturbeständigen Kunststoffen hergestellt werden.

Stoffe und chemische Reaktionen

Stoffumwandlung im Experiment beobachtet. Verschiedene Vorgänge, bei denen sich Stoffe verändern, begegnen uns im Alltag.
Um festzustellen, ob ein Vorgang mit einer Stoffumwandlung verbunden ist, muss man die Stoffe vorher genau betrachten und ihre Eigenschaften ermitteln. Die nach Ablauf des Vorgangs vorliegenden Stoffe sind ebenfalls sorgfältig zu untersuchen und durch ihre Eigenschaften zu kennzeichnen.

EXPERIMENT 1 [S]
Untersuche das Aushärten von Gips.
Stelle durch Einrühren von Gipspulver in 30 ml Wasser einen Gipsbrei her. Benutze ein flexibles Plastgefäß. Streiche einen Teil des Breies zentimeterdick auf einem Zeichenkarton aus.
Lasse den Rest vollständig aushärten. Pulverisiere den ausgehärteten Gips durch Zerreiben im Mörser. Prüfe, ob sich aus diesem Pulver wieder ein aushärtender Gipsbrei herstellen lässt. Deute das Ergebnis.
Entsorgung: Gipsreste in Sammelbehälter für Hausmüll.

EXPERIMENT 2 [S]
Untersuche alltägliche Vorgänge auf Stoffumwandlungen.
Gib zu Hause eine Brausetablette in ein Glas Wasser. Beobachte. Überlege, ob die beobachteten Erscheinungen auf eine Stoffumwandlung hindeuten. Begründe deine Aussage.
Gib etwas geriebenen Apfel oder zerdrückte Banane mit wenig Bäcker- oder Trockenhefe in eine Zuckerlösung. Fülle das Gemisch in ein Gefäß, das mit einem Wattebausch und später mit einem wassergefüllten Gärröhrchen verschlossen wird. Stelle das Gefäß an einen warmen Ort.
Prüfe nach etwa einem Tag, welche Veränderungen sich erkennen lassen.
Entsorgung: Lösungen über das Abwasser entsorgen.

EXPERIMENT 3 [S]
Untersuche verschiedene Stoffe beim Erhitzen.
Vorsicht! Schutzbrille! Erhitze ein erbsengroßes Stück Kerzenwachs in einem Reagenzglas mit einer Brennerflamme.
Entzünde den Docht eines Teelichts.
Erhitze über einer feuerfesten Unterlage ein Stück Magnesiumband (F) oder einen Magnesiumspan (F) in einer Brennerflamme. Sieh nicht direkt in die Flamme. Vergleiche die Vorgänge.
Entsorgung: Teelicht einsammeln, wird wieder verwendet. Wachs und übrige feste Stoffe in Sammelbehälter für Hausmüll.

Stoffe mit anderen Eigenschaften? Wenn ein weißer, fester Stoff mit Wasser eine sprudelnde Limonade ergibt, aus Fruchtsaft Obstwein oder Konfitüre und aus einem silberglänzenden Metall ein weißes Pulver wird, dann haben Stoffumwandlungen stattgefunden. Es hat sich nicht etwa nur der Aggregatzustand der Stoffe geändert, wie das beim Erhitzen vieler Stoffe geschieht, sondern es sind Stoffe mit anderen Eigenschaften entstanden. Solche Vorgänge sind **chemische Reaktionen**.

> Chemische Reaktionen sind Stoffumwandlungen, bei denen neue Stoffe mit anderen Eigenschaften entstehen.

Schon gewusst?

Auch beim Backen und Kochen finden Stoffumwandlungen statt. So lässt sich z. B. durch Erhitzen von frisch gepresstem Fruchtsaft und von Fruchtstücken mit Zucker oder so genanntem Gelierzucker Konfitüre herstellen. Es muss so lange erhitzt werden, bis eine auf einem kalten Teller ausgestrichene Probe erstarrt. Erst dann ist aus der Fruchtmasse Konfitüre entstanden.

AUFGABEN

1. Entscheide, ob es sich um Stoffumwandlungen handelt, und begründe: Schmelzen von Eis, Grillen von Fleisch, Lösen von Zucker in Wasser, Faulen von Obst, Entfachen und Löschen eines Feuers, Herstellen von Jogurt.
2. Gusseisen, Glas, PVC, Polyester, Silicium und Kalkmörtel sind technisch hergestellte Produkte. Ihre Herstellung beruht auf Stoffumwandlungen.
Finde heraus, welche Stoffe dazu umgewandelt wurden.

Chemische Reaktionen mit Metallen

Veränderungen von Metallen. Was geschieht, wenn aus silberglänzendem Magnesium ein weißer, pulvriger Stoff entsteht? Wie ist das Entstehen eines neuen Stoffes zu erklären? Weshalb können blanke, glänzende Metalloberflächen durch Einwirkung von Luft und Feuchtigkeit mit der Zeit grauschwarz bis rotbraun werden, wenn sie nicht vor dieser Zerstörung geschützt werden?

1 Eisen, Schwefel und Eisensulfid

> **EXPERIMENT 6** [L]
> **Erhitzen eines Eisen-Schwefel-Gemisches.**
> *Vorsicht! Schutzbrille! Abzug!*
> 7 g Eisenpulver und 4 g Schwefelpulver werden gemischt und in ein senkrecht eingespanntes Reagenzglas gegeben. Mit dem Bunsenbrenner ist kräftig zu erhitzen.

> **EXPERIMENT 4** [S]
> **Untersuche Kupfer beim Erhitzen.**
> Erhitze ein blankes Stück Kupfer in der heißen Brennerflamme. Notiere Beobachtungen vor, beim und nach dem Erhitzen.
> Entscheide, ob eine chemische Reaktion stattfand. Begründe. Vergleiche die am Experiment beteiligten Stoffe mit entsprechenden Stoffproben aus der Chemikaliensammlung.
> Falte ein Stück Kupferblech zu einem Brief und halte diesen in die Brennerflamme. Öffne den Brief nach dem Abkühlen.
> *Entsorgung:* Feste Stoffe einsammeln, werden wieder verwendet.

> **EXPERIMENT 7** [L]
> **Erhitzen von Kupfer mit Schwefel.**
> *Vorsicht! Schutzbrille! Abzug!*
> Kupferpulver oder Kupferblech wird mit Schwefel im Massenverhältnis 2 : 1 gemischt und in einem Reagenzglas kräftig erhitzt.

> **EXPERIMENT 5** [S]
> **Untersuche das Verhalten von erhitzten Metallen in Sauerstoff.**
> Erhitze auf Verbrennungslöffeln Magnesiumspäne (F), Eisen-, Zink- und Kupferpulver und tauche die erhitzten Metalle in mit Sauerstoff gefüllte Erlenmeyerkolben. Gib die erkalteten Reaktionsprodukte auf Uhrgläser.
> Vergleiche das Aussehen der Reaktionsprodukte mit dem der Metalle vor dem Erhitzen.
> *Entsorgung:* Reaktionsprodukte in die Sammlung oder in den Sammelbehälter für Hausmüll.

2 Brennender Magnesiumspan

Stoffe vor der chemischen Reaktion (Farbe, Aggregatzustand)	Beobachtete Erscheinung während der chemischen Reaktion	Stoffe nach der chemischen Reaktion (Farbe, Aggregatzustand)
Eisen (grauschwarz, fest) und Schwefel (gelb, fest)	Heftige Reaktion, Wärmeentwicklung, Durchglühen des Gemisches	Eisensulfid (schwarz, fest)
Kupfer (rotbraun, fest) und Schwefel (gelb, fest)	Heftige Reaktion, Wärmeentwicklung, Durchglühen des Gemisches	Kupfersulfid (schwarz, fest)
Kupfer (rotbraun, fest) und Sauerstoff (farblos, gasförmig)	„Anlaufen" des Kupfers, Glühen	Kupferoxid (schwarz, fest)

Chemische Reaktionen mit Metallen

1 Eisenwolle verbrennt in Sauerstoff.

2 Eisen reagiert mit Sauerstoff beim Schneiden einer Halterung.

Schon gewusst?

Die älteste nachgewiesene Verwendung von Metalloxiden ist deren Nutzung als so genannte Erdfarben. Fast 180 000 Jahre alt sind die Felszeichnungen mit Darstellungen von Kängurus, die 1996 in Australien entdeckt wurden. Auch bei den Höhlenmalereien aus der Zeit zwischen 40 000 und 10 000 v. Chr. in Lascaux (Südfrankreich) und in Altamira (Nordspanien) wurde außer mit verkohltem Holz mit farbigen in der Natur vorkommenden Metalloxiden ocker, rot, schwarz und weiß gemalt. Später wurden die Metalloxide hergestellt und als Farbpigmente Glasschmelzen zugesetzt. Alte Kirchenfenster zeigen die farbige Pracht des Glases.

Aus Ausgangsstoffen werden Reaktionsprodukte. Eisen und Schwefel sind die **Ausgangsstoffe** (Edukte) einer chemischen Reaktion. Unter hellem Aufglühen reagieren beide Stoffe miteinander. Es entsteht ein **Reaktionsprodukt**, Eisensulfid. Aus den beiden Elementsubstanzen Eisen und Schwefel ist die **chemische Verbindung** Eisensulfid entstanden. Dieses Reaktionsprodukt ist ein neuer Stoff mit anderen Eigenschaften. Die Ausgangsstoffe, das Gemisch aus grauschwarzem Eisen und gelbem Schwefel, gibt es nach der chemischen Reaktion nicht mehr. Wie ist zu erklären, dass die Ausgangsstoffe vor unseren Augen verschwinden? Eine Antwort auf diese Frage werden Modellvorstellungen geben.
Bei jeder chemischen Reaktion sind Ausgangsstoffe (vor der Reaktion vorliegend) von Reaktionsprodukten (nach der Reaktion vorhanden) zu unterscheiden.

| Ausgangsstoffe | chemische Reaktion → | Reaktionsprodukte |

Metalloxide – Reaktionsprodukte. Die Bildung des weißen, pulvrigen Magnesiumoxids beim Verbrennen von Magnesium an der Luft ist erst durch die chemische Reaktion des Metalls mit dem Sauerstoff der Luft möglich. Auch das schwarze Kupferoxid bildet sich nur, wenn Kupfer in der Brennerflamme mit Sauerstoff reagieren kann (Experiment 5).
Reagieren erhitzte Metalle mit Sauerstoff, entstehen als Reaktionsprodukte chemische Verbindungen, die als **Oxide** bezeichnet werden. Der Name Oxid ist vom lateinischen Namen oxygenium für Sauerstoff abgeleitet.
Rotes Eisenoxid, weißes Magnesiumoxid und schwarzes Kupferoxid entstehen durch **Oxidation** der Metalle. So heißt diese chemische Reaktion einer Elementsubstanz mit Sauerstoff.

> Metalloxide sind reine Stoffe, in denen ein Metall und Sauerstoff eine chemische Verbindung eingegangen sind.
> Die chemische Reaktion eines Metall mit Sauerstoff wird als Oxidation bezeichnet.

AUFGABEN

1. Erläutere die in Bild 1 (Seite 53) dargestellte chemische Reaktion.
2. Zeichne ein Teilchenmodell von einem Schwefel-Eisen-Gemisch und im Vergleich dazu ein Teilchenmodell der chemischen Verbindung Eisensulfid.
3. Unterscheide jeweils Ausgangsstoffe und Reaktionsprodukte für die an den chemischen Reaktionen im Experiment 5 beteiligten Stoffe.

Chemische Reaktionen

Wortgleichungen. Für chemische Reaktionen können Wortgleichungen geschrieben werden.

Eisen + Schwefel ⟶ Eisensulfid
Kupfer + Sauerstoff ⟶ Kupferoxid

Gelesen werden solche Wortgleichungen z. B.: Eisen und Schwefel reagieren zu Eisensulfid. Der **Reaktionspfeil** zwischen den Ausgangsstoffen und dem Reaktionsprodukt zeigt die Richtung der chemischen Reaktion an und wird als „reagieren zu" gelesen.

Chemische Zeichen für Metalloxide. Für Metalloxide werden als chemische Zeichen **Formeln** benutzt. In der Formel eines Metalloxids ist das Symbol des Metalls und das von Sauerstoff enthalten. In den meisten Metalloxiden sind die Metall- und Sauerstoffteilchen regelmäßig in einem Teilchenverband angeordnet und in einem bestimmten Zahlenverhältnis miteinander verbunden.

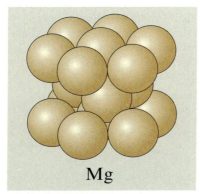

1 Modell und Symbol von Magnesium

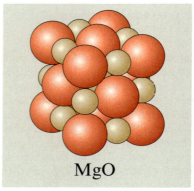

2 Modell und Formel von Magnesiumoxid

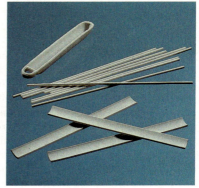

4 Magnesiumoxid MgO – Material für feuerfeste Laborgeräte

Die Formel MgO bezeichnet den Stoff Magnesiumoxid und das kleinstmögliche Zahlenverhältnis, in dem Magnesium- und Sauerstoffteilchen im Teilchenverband vorliegen 1 : 1.
Kupfer bildet dagegen mit Sauerstoff zwei verschiedene Oxide, eines sieht rot aus, das andere schwarz. Beim roten Kupferoxid verbinden sich jeweils zwei Kupferteilchen mit einem Sauerstoffteilchen. Anders ist es im schwarzen Kupferoxid, bei dem das Zahlenverhältnis der Teilchen 1 : 1 ist.

Metalloxide		
Name	Formel	Farbe
Magnesiumoxid	MgO	weiß
Aluminiumoxid	Al_2O_3	weiß
Kupferoxid	CuO	schwarz
Kupferoxid	Cu_2O	rotbraun
Eisenoxid	Fe_2O_3	rot
Eisenoxid	FeO	schwarz
Zinkoxid	ZnO	weiß

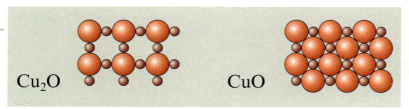

3 Formel und Modell von rotem und schwarzem Kupferoxid

> Chemische Zeichen für Oxide sind Formeln. Formeln kennzeichnen jeweils den Stoff und bei den Metalloxiden einen Teilchenverband und dessen Zusammensetzung.

Chemische Reaktionen unter der Lupe

Umwandlung oder Erhalt? Es gibt mehr als 12 Millionen verschiedene chemische Verbindungen und täglich werden weltweit neue Stoffe produziert, in Laboren gewonnen und untersucht. Die vielen Millionen Stoffe bestehen aus etwa 100 chemischen Elementen, aus denen sie hergestellt werden oder in die sie zerlegt werden können.

Wie können Reaktionsprodukte aus Ausgangsstoffen entstehen? Aus rot glänzendem Kupfer und dem farblosen Gas Sauerstoff bildet sich schwarzes Kupferoxid. Im Reaktionsprodukt ist vom rot glänzenden Kupfer nichts mehr zu erkennen.

> **EXPERIMENT 8** [S]
> **Gewinne Kupfer aus Kupferoxid.**
> *Vorsicht! Schutzbrille!*
> Gib zu gekörnter Holz- oder Aktivkohle in einem Reagenzglas schwarzes Kupferoxid. Erhitze das Gemisch über einer feuerfesten Unterlage kräftig. Erläutere deine Beobachtungen.
> *Entsorgung:* Feste Stoffe in Sammelbehälter für Hausmüll.

Dennoch gelingt es, aus dem schwarzen Kupferoxid durch chemische Reaktion Kupfer wieder zurückzugewinnen. Um zu verstehen, dass bei der Stoffumwandlung offenbar auch etwas erhalten bleiben muss, ist zu klären, wie sich die Teilchen der Stoffe verhalten.

Modellvorstellungen zur chemischen Reaktion. Bei einer chemischen Reaktion müssen sich die Teilchen der Ausgangsstoffe in irgendeiner Weise verändern, sonst würde nur ein Gemisch vorliegen.
An der chemischen Reaktion von Kupfer mit Schwefel soll betrachtet werden, was mit den Teilchen der Stoffe geschieht.

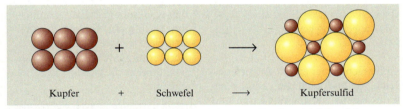

1 Modellvorstellung zur chemischen Reaktion von Kupfer und Schwefel

In den Ausgangsstoffen Kupfer und Schwefel sind die kleinsten Teilchen in unvorstellbar großer Anzahl vorhanden und regelmäßig angeordnet. Sie werden durch starke Anziehungskräfte im jeweiligen Teilchenverband zusammengehalten. Bei der Bildung neuer Stoffe gruppieren sich die Teilchen der Ausgangsstoffe um und halten verändert zusammen. Die Teilchen im Reaktionsprodukt Kupfersulfid sind folglich die umgeordneten, veränderten Teilchen der Ausgangsstoffe.
Die Rückgewinnung des Kupfers aus Kupferoxid ist so auch vorstellbar. Auf die Frage, wie es zu den Veränderungen der Teilchen und ihres Zusammenhalts kommt, gibt das einfache Teilchenmodell keine Antwort.

> Bei chemischen Reaktionen bilden sich aus den Teilchen der Ausgangsstoffe die Teilchen der Reaktionsprodukte.

> **EXPERIMENT 9** [L] [Xn]
> **Chemische Reaktion beim Erhitzen eines festen, grünen Stoffes.**
> Kupferacetat (Grünspan; Xn) wird in einem Reagenzglas so lange kräftig erhitzt, bis deutliche Veränderungen des festen Stoffes auftreten.

2 Beim kräftigen Erhitzen von braunschwarzem Silberoxid wird ein hellgrauer, teilweise glänzender Belag an der Reagenzglaswand abgeschieden. Gleichzeitig kann die Bildung eines Gases beobachtet werden.

AUFGABEN

1. Entwickle Wortgleichungen für die Oxidation von Zink, Blei und Aluminium.
2. Gib die Bedeutung folgender chemischer Zeichen an: MgO, Na_2O, SnO_2, PbO_2, Cu_2O.
3. Im gelben Bleioxid sind Blei- und Sauerstoffteilchen im Zahlenverhältnis 1 : 1 und im dunkelbraunem Bleioxid im Zahlenverhältnis 1 : 2 verbunden. Wie lauten die Formeln der Oxide?
4. Leite Aussagen aus den chemischen Zeichen Fe, FeO und Fe_2O_3 ab.
5. Es ist nicht zulässig, in einer Wortgleichung anstelle des Reaktionspfeils ein Gleichheitszeichen zu setzen. Begründe.
6. Warum erscheint die Annahme gerechtfertigt, dass bei Stoffumwandlungen etwas erhalten bleiben muss?

Chemische Reaktionen auf der Waage

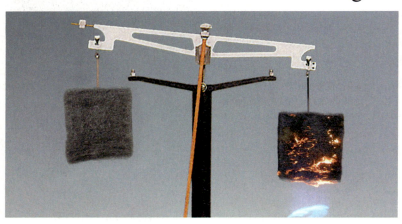

Massen von reagierenden Stoffen. Von den klobigen, schweren Holzscheiten bleibt nach einem Lagerfeuer ein kleines Häufchen Asche zurück. Werden dagegen die Massenverhältnisse beim Verbrennen eines Metalls untersucht, neigt sich der Waagebalken nach der Seite des entstandenen Metalloxids. Reaktionsprodukte – einmal leichter, das andere Mal schwerer als die eingesetzten Ausgangsstoffe? Diese unterschiedlichen Ergebnisse sollen überprüft und ihr Zustandekommen erklärt werden.

> EXPERIMENT 10 [S]
> **Erhitze Eisenwolle an der Luft.**
> *Vorsicht! Schutzbrille!* Wiege mit einer Analysenwaage auf einem Uhrglas etwa 1 g Eisenwolle genau ab. Halte die Eisenwolle mit einer Tiegelzange in eine Brennerflamme und erhitze sie bis zum starken Glühen. Lege die Wolle nach dem Erkalten auf das Uhrglas und wiege erneut. Vergleiche die Masse der Eisenwolle vor und nach dem Erhitzen.
> *Entsorgung:* Eisenwolle einsammeln, wird wieder verwendet.

Dichter Rauch und Verbrennungsgase entweichen bei einem Lagerfeuer. Diese Stoffe wurden beim Massenvergleich vor und nach der chemischen Reaktion übersehen. Bei der Oxidation des Eisens wurden nur Eisen und Eisenoxid gewogen. Die Masse des an der chemischen Reaktion beteiligten zweiten Ausgangsstoffes, des Sauerstoffs, wurde nicht ermittelt. Eine experimentelle Untersuchung zu den Massen reagierender Stoffe kann jedoch nur zu einer gültigen Aussage führen, wenn alle an der chemischen Reaktion beteiligten Stoffe erfasst werden.

> EXPERIMENT 11 [S]
> **Erhitze Eisenwolle in einem verschlossenen Reagenzglas.**
> *Vorsicht! Schutzbrille!* Gib blanke Eisenwolle in ein Reagenzglas, sodass das Glas etwa zu 1 cm dicht gefüllt ist. Verschließe das Glas mit einem Luftballon und wiege es auf einer Analysenwaage. Erhitze das Reagenzglas so stark, dass eine Reaktion zwischen Eisen und Sauerstoff stattfindet. Wiege das Glas nach dem Erkalten erneut. Vergleiche die Massen.
> *Entsorgung:* Reste in Sammelbehälter für Hausmüll.

Schon gewusst?

Der russische Chemiker MICHAIL WASSILJEWITSCH LOMONOSSOW und der französische Chemiker ANTOINE LAURENT LAVOISIER führten unabhängig voneinander Experimente zum Verbrennen von Metallen durch. Sie erhitzten u. a. Blei in einem verschlossenen Gefäß und ermittelten die Masse vor und nach dem Erhitzen. LOMONOSSOW erkannte, dass die Masse vor und nach der Reaktion gleich war. Eine Erklärung dieser Gesetzmäßigkeit gelang ihm noch nicht. Erst als LAVOISIER viele weitere Versuche zu Verbrennungsvorgängen auswertete, fand er die richtige Erklärung.

1 MICHAIL WASSILJEWITSCH LOMONOSSOW (1711 bis 1765) studierte in St. Petersburg, Marburg und Freiberg.

Chemische Reaktionen auf der Waage

> **EXPERIMENT 12** [S]
> **Verbrenne Zündholzkuppen in einem verschlossenen Reagenzglas.**
> *Vorsicht! Schutzbrille!* Gib 6 Zündholzkuppen in ein Reagenzglas. Verschließe das Reagenzglas mit einem Luftballon und wiege es auf einer Analysenwaage. Erhitze das Reagenzglas so stark, dass sich die Zündholzkuppen entzünden. Wiege das Reagenzglas nach dem Erkalten erneut.
> Vergleiche die Massen vor und nach dem Verbrennen der Zündholzkuppen.
> *Entsorgung:* Reste in Sammelbehälter für Hausmüll.

1 ANTOINE LAURENT LAVOISIER (1743 bis 1794) gelang die wissenschaftliche Erklärung der Verbrennungsvorgänge.

Damit keine Stoffe in die Umgebung entweichen oder unbemerkt hinzukommen, müssen die Experimente in einer geschlossenen Experimentieranordnung durchgeführt werden.
Die Masse der Stoffe vor der chemischen Reaktion ist sowohl beim Verbrennen des Eisens wie auch der Zündholzkuppen stets gleich der Masse der Stoffe nach der chemischen Reaktion.

Masse an Eisen + Masse an Sauerstoff = Masse an Eisenoxid
m(Eisen)   + m(Sauerstoff)   = m(Eisenoxid)

Gesetz von der Erhaltung der Masse – ein Grundgesetz der Chemie. Die Ergebnisse der in geschlossenen Gefäßen durchgeführten Experimente geben Hinweise auf eine Gesetzmäßigkeit, die für alle chemischen Reaktionen gültig ist. Diese Gesetzmäßigkeit ist ein wichtiges Grundgesetz der Chemie und wird als **Gesetz von der Erhaltung der Masse** bezeichnet. Dieses Gesetz besagt, dass bei chemischen Reaktionen die Masse der Ausgangsstoffe gleich der Masse der Reaktionsprodukte ist.
Bei chemischen Reaktionen treten also weder Massenzunahmen noch Massenverluste auf. Stoffe können bei chemischen Reaktionen nicht aus dem „Nichts" entstehen, noch können sie spurlos verschwinden.

> Gesetz von der Erhaltung der Masse:
> Bei einer chemischen Reaktion ist die Masse der Ausgangsstoffe gleich der Masse der Reaktionsprodukte.
> m(Ausgangsstoffe) = m(Reaktionsprodukte)

Das Teilchenmodell hält den experimentellen Ergebnissen stand. Bei jeder chemischen Reaktion werden die Teilchen der Ausgangsstoffe zu den Teilchen der Reaktionsprodukte umgewandelt. Ihr Zusammenhalt und ihre Anordnung ändern sich.
Jede Stoffportion eines reagierenden Stoffes besteht aus einer unendlich großen Anzahl von Teilchen. Jedes dieser Teilchen bringt seine winzige Masse auf die Waagschale für die Stoffportion. Die Masse des gewogenen Eisenoxids ergibt sich also aus den Massen aller im Eisenoxid gebundenen Eisen- und Sauerstoffteilchen. Deren Anzahl und ebenso ihre Masse bleiben während der chemischen Reaktion unverändert.

> Bei chemischen Reaktionen bleibt die Anzahl der gebundenen Teilchen der in den Ausgangsstoffen und Reaktionsprodukten enthaltenen Elemente gleich.

AUFGABEN

1. Ein Eisenträger, der längere Zeit feuchter Luft ausgesetzt ist, rostet nicht nur, er wird auch schwerer. Erörtere diese Behauptung.
2. Auch gasförmige Stoffe haben eine Masse. Ermittle mithilfe des Tafelwerks die Masse von 1 m³ Sauerstoff.
   Vergleiche die Massen von jeweils 1 cm³ Eisen, Schwefel und Sauerstoff.
3. Für die chemische Reaktion von Kupfer mit Schwefel soll das Gesetz von der Erhaltung der Masse bestätigt werden. Schlage eine Experimentieranordnung dafür vor.

Energie bei chemischen Reaktionen

1 Raketenantriebe: Chemische Reaktion von Explosivstoffen oder ...

3 ... von Wasserstoff mit Sauerstoff

Chemische Reaktion – Stoffumwandlung und sonst nichts? Heller Feuerschein, ohrenbetäubender Lärm und Wärme sind bei mancher chemischen Reaktion wahrzunehmen. Die Stoffumwandlung ist oft von deutlich beobachtbaren energetischen Erscheinungen begleitet. Seit Jahrhunderten werden deshalb chemische Reaktionen zur Heizung, Beleuchtung, zum Antrieb von Maschinen und auch für Feuerwerke genutzt.

Warum wird ein großer Teil der wertvollen Bodenschätze Erdgas, Erdöl und Kohle nur verbrannt? Der Vorrat dieser nicht nachwachsenden Rohstoffe ist begrenzt, ihre Verbrennungsprodukte belasten die Umwelt.

Viele der im Alltag und in der Technik genutzten chemischen Reaktionen zielen ganz offensichtlich nicht auf die Herstellung von neuen Stoffen, sondern auf das **Nutzbarmachen von Energie** für den Menschen.

4 Batterien zur Bereitstellung von elektrischer Energie durch chemische Reaktionen

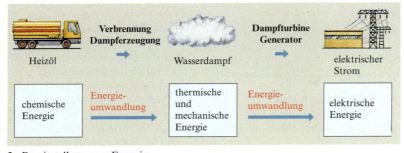

2 Bereitstellung von Energie

EXPERIMENT 13 [S]
Ermittle energetische Erscheinungen.
Vorsicht! Schutzbrille! Gib 20 ml Wasser in ein kleines Becherglas. Miss die Temperatur des Wassers. Gib unter Rühren 3 Spatelspitzen Kaliumchlorid in das Wasser. Miss dabei die Temperatur im Becherglas. Untersuche die chemische Reaktion von Ammoniumchlorid (Xn) mit Wasser in einem zweiten Becherglas. Vergleiche jeweils die Messwerte.
Entsorgung: Lösungen in Sammelbehälter für Abwasser.

EXPERIMENT 14 [L]
Chemische Reaktion von Zink mit Iod.
In ein mit 3 Spatelspitzen Zinkpulver und 5 ml Wasser gefülltes Reagenzglas werden einige Kristalle Iod (Xn, N) gegeben. Vor und nach Zugabe des Iods ist die Temperatur im Reagenzglas zu ermitteln.

Energie bei chemischen Reaktionen

EXPERIMENT 15 [S]
Untersuche energetische Erscheinungen bei der chemischen Reaktion von Calciumoxid mit Wasser.
Vorsicht! Schutzbrille! Versetze 5 ml Wasser mit zwei Spatelspitzen Calciumoxid (C).
Ermittle, ob bei Zugabe eine Temperaturänderung auftritt.
Entsorgung: Aufschlämmung in Sammelbehälter für Abwasser.

EXPERIMENT 16 [S]
Untersuche energetische Erscheinungen bei der chemischen Reaktion von Kaliumchlorid mit Natriumsulfat.
Gib 5 g Kaliumchlorid und 11 g Natriumsulfat jeweils in ein Becherglas und ermittle die Temperatur der beiden Stoffe. Gib das Kaliumchlorid zum Natriumsulfat und rühre mit einem Glasstab kräftig um. Miss dabei die Temperatur. Vergleiche die Messwerte.
Entsorgung: In Wasser gelöste Stoffe in Sammelbehälter für Abwasser.

Energetische Erscheinungen bei chemischen Reaktionen. Beim Verbrennen von Brennstoffen wird Wärme frei. Auch bei der Verbrennung von Magnesium, der chemischen Reaktion von Eisen und Schwefel (↗ Seite 52) sowie von Zink und Iod (Experiment 14) wird Wärme an die Umgebung abgegeben.
Reaktionen, bei denen Wärme an die Umgebung abgegeben wird, bezeichnet man als **exotherme Reaktionen** (griech. exo – außen, griech. thermos – warm). Die exotherme Reaktion der Verbrennung von Wasserstoff, einem Energieträger der Zukunft, ist Grundlage für Raketenantriebe.
Dagegen gibt es andere chemische Reaktionen, bei denen ständig Wärme aus der Umgebung aufgenommen werden muss, wenn sie ablaufen sollen. Diese chemischen Reaktionen werden **endotherme Reaktionen** (griech. endo – innen, innerhalb) genannt. Viele chemische Reaktionen zur Metallherstellung aus Erzen sind endotherme Reaktionen.
Von chemischen Reaktionen abgegebene Wärme, ausgestrahltes Licht, verrichtete Arbeit oder auch „erzeugter" elektrischer Strom (Bild 2) sind Wirkungen von **Energieumwandlungen**.
Alle Stoffe besitzen chemische Energie. Diese wird bei chemischen Reaktionen zum Teil in andere Energieformen umgewandelt, beispielsweise in thermische, mechanische oder elektrische Energie. Bei exothermen Reaktionen ist die chemische Energie der Ausgangsstoffe größer als die chemische Energie der Reaktionsprodukte; ein Teil der chemischen Energie wird in thermische Energie umgewandelt. Wärme wird an die Umgebung abgegeben. Bei endothermen Reaktionen haben die Reaktionsprodukte eine größere chemische Energie als die Ausgangsstoffe. Deshalb bedarf es der ständigen Wärmezufuhr. Benötigte Wärme kann aus der Umgebung entzogen werden (Experiment 16).
Oft ist es notwendig, auch eine exotherme Reaktion zum Beispiel durch kurzes Erhitzen der Ausgangsstoffe oder durch Berühren mit einem Zündfunken einzuleiten. Die Teilchen der Ausgangsstoffe müssen eine bestimmte Mindestenergie haben, um reaktionsbereit zu sein.

> Die chemische Reaktion ist ein Vorgang, bei dem die Stoffumwandlung von Energieumwandlungen begleitet wird.

Schon gewusst?
Immer mehr Großstädte setzen auf einen umweltfreundlicheren Nahverkehr. Elektrobusse und solche mit Erdgasantrieb fahren in zunehmendem Maße durch die Stadtzentren.

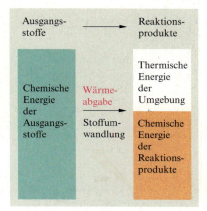

1 Exotherme Reaktion

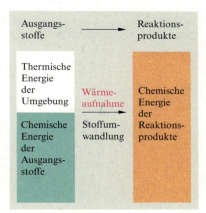

2 Endotherme Reaktion

AUFGABEN

1. Erläutere die Energieumwandlungen bei den in der Übersicht auf Seite 52 beschriebenen chemischen Reaktionen.
2. Bei der chemischen Reaktion von Kupfer und Schwefel ist ein Erhitzen des Gemischs der Ausgangsstoffe erforderlich. Es handelt sich aber um eine exotherme Reaktion. Begründe!

ZUSAMMENFASSUNG

Chemische Reaktion	Vorgang der Stoffumwandlung, begleitet von Energieumwandlungen
Stoffumwandlung bei der chemischen Reaktion	Bildung neuer Stoffe. Reaktionsprodukte einer chemischen Reaktion haben andere Eigenschaften als die Ausgangsstoffe.

$$\text{Ausgangsstoffe} \longrightarrow \text{Reaktionsprodukte}$$

Energieumwandlung bei der chemischen Reaktion	Umwandlung von chemischer Energie der Stoffe in andere Energieformen oder umgekehrt.

Wirkung von Energieumwandlungen

Exotherme Reaktion	Endotherme Reaktion
Wärmeabgabe an die Umgebung	Wärmeaufnahme aus der Umgebung

Teilchenveränderung bei der chemischen Reaktion	Teilchen der Ausgangsstoffe →(Umordnung, Veränderung des Zusammenhalts der Teilchen)→ Teilchen der Reaktionsprodukte
Bedeutung chemischer Reaktionen	Chemische Reaktionen sind grundlegende Vorgänge für:

Das Leben von Organismen — Die Herstellung von Stoffen und die Vermeidung von Schadstoffen — Die Bereitstellung von Energie

Gesetz von der Erhaltung der Masse	Bei jeder chemischen Reaktion ist die Masse der Ausgangsstoffe gleich der Masse der Reaktionsprodukte.
Chemische Verbindung	Reiner Stoff, der chemisch in zwei oder mehr Elemente zerlegbar ist.
Metalloxid	Chemische Verbindung aus einem Metall und dem Element Sauerstoff. Die chemische Reaktion eines Metalls mit Sauerstoff ist eine Oxidation.
Formel	Chemisches Zeichen, das z. B. einen aus verschiedenen Atomarten aufgebauten reinen Stoff kennzeichnet.

Luft

Ein Spaceshuttle startet in den blauen Himmel.
Das Verbrennen des Treibstoffs
erzeugt den Schub für die Reise durch die Lufthülle.

➡ Wie ist unsere Lufthülle zusammengesetzt?
➡ Wie sind diese Stoffe aufgebaut?
➡ Was ist eine Verbrennung?

Lebensgrundlage Luft

Die Lufthülle. Sicher konntest du bei schönem Wetter schon einmal Segelflugzeuge oder Gleitschirmflieger beobachten. Scheinbar schwerelos gleiten sie durch die Luft. Bei Gegenwind fällt das Radfahren wesentlich schwerer als bei Rückenwind. Die Luft ist für uns unsichtbar, nicht zu riechen und nicht zu ertasten. Windräder und Segelboote werden durch Luftbewegungen angetrieben. Lebewesen benötigen Luft zum Atmen. Auch wir Menschen können nur kurzzeitig die Luft anhalten. Meteoriten verglühen, aufgeheizt durch Reibung an den Teilchen der Luft. Auf Meeresspiegelhöhe wirkt ein Luftdruck von etwa 1 013 hPa. Auf eine Fläche von einem Quadratmeter wirkt dabei eine Kraft, die der Gewichtskraft einer Tonne entspricht. Dass der Luftdruck eine solch große Kraft hat, wies der Gelehrte OTTO VON GUERICKE (1602 bis 1686) 1657 in seinem Magdeburger Halbkugel-Versuch eindrucksvoll nach.

Schon gewusst?

Wind ist eine Erscheinung in der Lufthülle der Erde, die durch die Sonne erzeugt wird.

1 Selbst Pferde waren nicht in der Lage, zwei luftleer gepumpte Halbkugeln gegen den Widerstand des Luftdruckes zu trennen.

2 Meteorit verglüht in der Lufthülle.

Das Leben und das Wetter spielen sich in den unteren 12 km der Lufthülle, der Troposphäre, ab. Das vor der harten UV-Strahlung schützende Ozon befindet sich in der bis in 50 km Höhe reichenden Stratosphäre.

Lebensgrundlage Luft

Bestandteile der Luft. Luft besteht fast ausschließlich aus **Stickstoff** und **Sauerstoff**. Sauerstoff wird zur Atmung von Menschen, Tieren und Pflanzen benötigt.

Bei der Atmung nehmen die Lebewesen Sauerstoff auf und geben Kohlenstoffdioxid ab. Auch **Kohlenstoffdioxid** ist Bestandteil der Luft. Sein Volumenanteil beträgt 0,03 %. Kohlenstoffdioxid wird z. B. von grünen Pflanzen aufgenommen und zusammen mit Wasser mithilfe von Licht durch die Fotosynthese in Traubenzucker und Sauerstoff umgewandelt. Der Traubenzucker dient der Pflanze als Brenn-, Bau- und Speicherstoff. Der Sauerstoff wird in die Luft abgegeben.

Einen Volumenanteil von etwa 1 % nehmen die **Edelgase** ein. Das auch im Erdgas enthaltene **Helium** dient u. a. als Füllgas für Ballons und Luftschiffe. Autos mit blau-violettem Licht haben mit **Xenon** gefüllte Glühlampen. **Krypton** dient als Füllgas für Speziallampen. **Neon** ist als Füllung von Leuchtstoffröhren für farbige Leuchtreklamen im Einsatz. **Argon** dient im Gemisch mit Kohlenstoffdioxid als Schutzgas beim Schweißen. Es verhindert den Kontakt der glühenden Schweißnaht mit Sauerstoff.

Ein weiterer Luftbestandteil zeigt sich durch Tau und Reif auf Pflanzen und Dächern. Diese Erscheinungen sind auf **Wasserdampf** zurückzuführen, der nachts kondensiert bzw. gefriert. Luft kann Wasserdampf bis zu einem Volumenanteil von 4 % aufnehmen.

1 Argon verhindert Luftzutritt beim Schweißen.

2 Xenonfüllungen in Glühlampen für Autoscheinwerfer

3 Neon ist Füllgas für Leuchtstofflampen.

Neben diesen natürlichen Luftbestandteilen enthält die Luft auch **Luftschadstoffe**. Bei Verbrennungsvorgängen in Motoren und Heizanlagen entstehen z. B. Stickstoffoxide und Kohlenstoffmonooxid. Aus den Stickstoffoxiden kann durch starke Sonneneinstrahlung in einer chemischen Reaktion das so genannte bodennahe Ozon entstehen.

Ozon ist sehr reaktiv und greift beim Einatmen die Lunge an. Durch verstärkte Atmung wird bei hohem Volumenanteil an Ozon auch die Lunge stärker belastet. Darum sollten vor allem empfindliche Menschen bei erhöhter Ozonkonzentration Sport oder andere starke körperliche Belastungen im Freien vermeiden.

> Luft ist ein Stoffgemisch aus Stickstoff, Sauerstoff, Edelgasen und Kohlenstoffdioxid. Es kann weiterhin Wasserdampf und Luftschadstoffe enthalten.

AUFGABEN

1. Nenne die für das Leben von Pflanzen notwendigen Luftbestandteile.
2. Erläutere die Rolle des pflanzlichen Planktons und des Regenwaldes für die Sauerstoffbildung auf der Erde.
3. Beschreibe die Entstehung von Morgentau.

Dicke Luft macht krank

Durch Atmen krank? Sabine muss im Unterricht oft niesen und Peter bekommt häufig Hustenanfälle. Andere Mitschüler klagen über Augenreizungen, Hautausschläge und Kopfschmerzen. Alle Schüler wohnen in demselben Stadtviertel. Sabine und Peter wohnen im selben Haus. Auch andere Mieter dieses Hauses klagen über Reizungen von Augen und Nase, über Hustenanfälle, Kopfschmerzen und häufige Atemwegsinfektionen. Wodurch werden diese Symptome verursacht? Sabines Eltern erfuhren beim Gesundheitsamt: „Wenn mehrere Leute in einem Haus solche Beschwerden haben, so nennen wir das ein ‚Sick Building Syndrom'. Mit Schadstoffen belastete Luft wirkt auf Augen und Atemwege. Die Haut kann ebenfalls empfindlich reagieren." Woher kommen die Schadstoffe in der Wohnung? Was kann man dagegen tun?

1 Zigarettenrauch ist der häufigste Luftschadstoff in Räumen.

Gute Luft – schlechte Luft. Gute Luft in den Wohnungen ist für unser Wohlbefinden notwendig. In der Raumluft können aber mehr Luftschadstoffe als an einer stark befahrenen Straßenkreuzung enthalten sein. Nach dem Streichen einer Wohnung riecht es ganz typisch nach frischer Farbe. Neu verlegter Teppichboden und neu gekaufte Möbel haben ihren ganz eigenen Geruch. Beim Möbelbau und zum Herstellen von Spanplatten werden Holzschutzmittel und Bindemittel verwendet. Die Möbelhersteller verwenden nicht immer schadstofffreie Chemikalien. Sind Schadstoffe enthalten, können diese von den neu gekauften Möbeln an die Raumluft abgegeben werden. Auch Teppichbodenkleber, Dichtschäume in Fensterrahmen, Farben, Lacke, Tapetenimprägnierung und Reinigungsmittel können Verursacher von Schadstoffen in der Raumluft sein.

In Innenräumen ist Zigarettenrauch der häufigste Luftschadstoff. Er kann zu Lungenkrebs führen.

Wirkungen von Luftverunreinigungen. Schadstoffe werden mit der Luft eingeatmet und wirken auf die Schleimhäute von Mund, Nase und Augen (Bild 1, Seite 65). Gereizte Schleimhäute und Atemwege weisen oft auf Schadstoffe in der Luft hin. In Gebieten mit hoher Luftverschmutzung treten beim Menschen häufig Allergien, Asthma, Herz-Kreislauf-Erkrankungen, Konzentrationsstörungen, Schwindelgefühl, Rötungen der Haut bis hin zu Hautausschlägen und Störungen des Geruchs- und Geschmackssinns auf. Bei Kindern kommt es häufig zum so genannten „Pseudokrupp", einer lebensbedrohlichen Erkrankung. Sie äußert sich in Hustenanfällen und Atemnot.

Mögliche Schadstoffe in der Raumluft und ihre Wirkung	
Schadstoff	Wirkung
Formaldehyd aus Spanplatten und Zigarettenrauch	Allergien, Hautschäden, krebserzeugend
Asbestfasern aus Asbestzement	Asbestose, krebserzeugend
Pentachlorphenol (PCP) aus Holzschutzmitteln	giftig
polychlorierte Biphenyle (PCB) aus Fugendichtungen von Betonteilen	giftig, krebserzeugend

Wie lässt sich die Luftqualität beschreiben?	
unmittelbarer Eindruck	schwül, stickig, frisch, abgestanden, verbraucht, …
Trübung	klar, staubig, neblig, verraucht, diesig, …
Art des Geruchs	erdig, modrig, faulig, fischig, aromatisch, grasartig, jauchig, rauchig, …
Stoffgeruch	nach Ammoniak, nach Chlor, nach Teer, nach faulen Eiern, …
Stärke des Geruchs	ohne, schwach, stark

Wie lässt sich die Luftqualität messen?	
Luftfeuchte	mit dem Hygrometer (trocken, feucht)
Lufttemperatur	mit dem Thermometer (kalt, warm)
Luftdruck	mit dem Barometer
Staubgehalt	über den Staubniederschlag in Sammelgefäßen
Trübung	über die Sichtweite
Strömungsgeschwindigkeit	mit einem Windrad

Dicke Luft macht krank

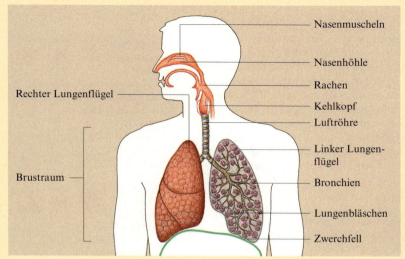

1 Atmungsorgane des Menschen

2 Regelmäßiges Lüften

Lässt sich die Qualität von Raumluft verbessern? Eine Verbesserung der Luftqualität tritt oft bereits ein, wenn Räume regelmäßig gelüftet werden und Luftbefeuchter für eine ausreichende Feuchtigkeit der Luft sorgen. Sind Schadstoffe die Ursache für schlechte Luft, müssen die Verursacher aufgespürt und die Ursachen möglichst beseitigt werden. Zimmer, in denen neuer Teppichboden verlegt wurde, in denen Türen oder Fenster frisch gestrichen wurden oder Zimmer mit neuen Möbeln sollte man besonders intensiv und lange lüften.

In großen Gebäuden wird oft eine Klimaanlage eingesetzt, um eine gute Luftqualität in allen Räumen und auf den Fluren zu gewährleisten. Auch in modernen Zügen sorgt eine Klimaanlage für gute Luft. Fenster müssen dann immer geschlossen bleiben. Durch die Anlage wird Außenluft angesaugt, über Filter von Schwebstoffen gereinigt, auf die erforderliche Raumtemperatur erwärmt oder gekühlt, angefeuchtet oder getrocknet. Es ist eine ständige Wartung der Anlage erforderlich, da nicht exakt arbeitende Klimaanlagen sogar die Luftqualität mindern können. Viele Menschen vertragen die Luft in klimatisierten Räumen nicht.

3 Disco mit „dicker" Luft

AUFGABEN

1. Wie viel Luft benötigt ein Mensch täglich zum Atmen? Plane ein Experiment, um diese Luftmenge zu bestimmen.
2. Untersuche die Luft verschiedener Räume (z. B. Klassenraum, Wohnzimmer, Schlafraum, Keller) über einen längeren Zeitraum sowie zu verschiedenen Tageszeiten. Beschreibe die Qualität der Luft nach dem angegebenen Muster (Tabelle).
3. Informiere dich bei Gesundheits- oder Umweltamt, TÜV oder Verbraucherzentrale über Raumluft und Schadstoffe.
4. Welche Schadstoffe gelangen beim aktiven oder passiven Rauchen in deinen Körper und was können sie bewirken?
5. Sauge mithilfe eines Staubsaugers Luft durch ein weißes Papierfilter und betrachte einen Ausschnitt davon unter dem Mikroskop.
   Zeichne das unter dem Mikroskop Erkennbare. Vergleiche deine Zeichnung mit mikroskopischen Abbildungen von Hausstaub, Blütenpollen und Ruß.
6. Luftfilter werden in Autos (Pollenfilter), in Staubsaugern, in Atemschutzmasken verwendet. Was bewirken diese Filter? Informiere dich über Bau und Funktionsweise solcher Filter.
7. Erkunde Aufbau und Arbeitsweise einer Klimaanlage. Welche Vor- und Nachteile haben Klimaanlagen?

Experimentieren mit Gasen

Um mit Gasen experimentieren zu können, werden Gasportionen benötigt, die frei von anderen Gasen also auch frei von Luft sind. Soll z. B. ein Reagenzglas vollständig mit einem gasförmigen Stoff gefüllt werden, wird häufig die Methode des pneumatischen Auffangens angewendet. Bei dieser Methode wird in eine mit Flüssigkeit gefüllte Wanne ein mit Flüssigkeit gefülltes Auffanggefäß mit der Öffnung nach unten gestellt. Das Gas wird in das Auffanggefäß geleitet. Dabei verdrängt es nach und nach die sich darin befindende Flüssigkeit. Die Methode kann nur angewendet werden, wenn sich das betreffende Gas kaum in der Flüssigkeit löst und nicht mit der Flüssigkeit reagiert. Meistens wird Wasser verwendet.

Arbeitsschritte des pneumatischen Auffangens von Gasen
1. Pneumatische Wanne etwa zu zwei Dritteln mit Wasser füllen. 2. Auffanggefäß so unter Wasser legen, dass die Luft ganz entweicht. 3. Auffanggefäß mit der Öffnung nach unten aufrichten und befestigen. 4. Gasableitungsrohr in das Auffanggefäß führen. 5. Nach dem Füllen das Auffanggefäß unter Wasser mit Deckplatte oder Stopfen verschließen.

Darstellen von Sauerstoff. Für viele Experimente wird Sauerstoff benötigt. Neben der Entnahme aus Druckgasflaschen lässt sich Sauerstoff im Labor durch verschiedene chemische Reaktionen darstellen. Eine Möglichkeit ist die Reaktion von Wasserstoffperoxid mit angefeuchtetem Braunstein. Eine weitere Möglichkeit ist das Erhitzen von Kaliumpermanganat. In beiden Experimenten kann nach Verdrängung der Luft aus den Reaktionsgefäßen der Sauerstoff pneumatisch aufgefangen werden.

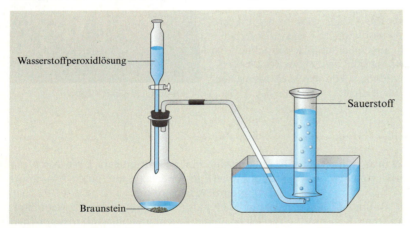

1 Apparatur zur Darstellung von Sauerstoff mit pneumatischer Wanne

Darstellen von Stickstoff. Für die Wirtschaft und die Industrie wird reiner Stickstoff durch Destillation verflüssigter Luft hergestellt. Stickstoff geringerer Reinheit lässt sich durch chemische Reaktion des Sauerstoffs gewinnen. Dabei wird glühendes Eisenpulver in ein abgeschlossenes Luftvolumen eingebracht. Das Eisen reagiert mit dem Sauerstoff zu Eisenoxid. Der feste Stoff Eisenoxid lässt sich einfach entfernen. Das auf diese Weise gewonnene Gasgemisch besteht fast nur aus Stickstoff.

EXPERIMENT 1 [L]

Darstellung von Sauerstoff.
10%ige Wasserstoffperoxidlösung (Xi) wird in einem Rundkolben auf angefeuchteten Braunstein (Xn) getropft (Bild 1).
Das entstehende Gas ist pneumatisch aufzufangen.

EXPERIMENT 2 [L]

Darstellung von Sauerstoff.
Kaliumpermanganat (O, Xn, N) wird im Reagenzglas erhitzt.
Das entstehende Gas ist pneumatisch aufzufangen.

EXPERIMENT 3 [L]
Ermitteln des Sauerstoffanteils der Luft.
Eine Gasmessglocke wird in einer pneumatischen Wanne auf drei Stopfen gestellt. Die Wanne ist bis zur Nullmarkierung der Gasmessglocke mit Wasser zu füllen. Ein Verbrennungslöffel mit Eisenpulver wird bis zur Rotglut erhitzt und in das Innere der Gasmessglocke gebracht. Nach 5 Minuten ist das Volumen der Restluft abzulesen.

Wir untersuchen Sauerstoff und Stickstoff

Sauerstoff und Stickstoff sind die Hauptbestandteile der Luft. Welche Eigenschaften haben Sauerstoff und Stickstoff? Wie können diese Gase experimentell nachgewiesen werden?

EXPERIMENT 1 [S]
Übe das pneumatische Auffangen von Luft.
Fülle ein Reagenzglas mithilfe eines Gummi-Handgebläses pneumatisch mit Luft. Verschließe das Reagenzglas unter Wasser mit einem passenden Stopfen. Beschrifte es mit der Ziffer 1.

EXPERIMENT 2 [S] [O] [Xn] [N]
Stelle Sauerstoff aus Kaliumpermanganat dar.
Baue die Apparatur entsprechend Bild 1 auf. Gib in das Reagenzglas zwei Spatellöffel Kaliumpermanganat (O, Xn, N). Erhitze das Kaliumpermanganat vorsichtig mit kleiner Brennerflamme und fülle nacheinander die Reagenzgläser 2 und 3 pneumatisch mit Gas. Verschließe die Reagenzgläser unter Wasser mit passenden Stopfen.
Achtung! Vor dem Entfernen der Brennerflamme den Stopfen mit der Gasableitung lösen!

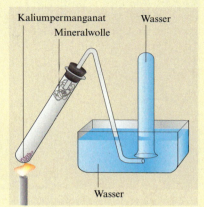

1 Darstellung von Sauerstoff aus Kaliumpermanganat

EXPERIMENT 3 [S]
Führe die Glimmspanprobe durch.
Entzünde einen längeren Holzspan und warte, bis er richtig brennt. Blase die Flamme aus. Tauche den Span mit der glimmenden Spitze in das Reagenzglas 1. Wiederhole diese Probe auch mit den Reagenzgläsern 2 und 3. Notiere deine Beobachtungen.

EXPERIMENT 4 [S] [Xn] [Xi]
Stelle Sauerstoff aus Wasserstoffperoxid dar.
Baue die Apparatur entsprechend Bild 2 auf. Gib in das Reagenzglas eine Spatelspitze Braunstein (Xn) und fülle die Pipette mit 10%iger Wasserstoffperoxidlösung (Xi). Tropfe 20 bis 30 Tropfen der Lösung auf den Braunstein. Fülle zwei Reagenzgläser pneumatisch mit Gas. Führe mit beiden Reagenzgläsern die Glimmspanprobe durch. Notiere deine Beobachtung.

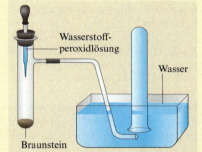

2 Sauerstoff aus Wasserstoffperoxid

EXPERIMENT 5 [S]
Prüfe die Brennbarkeit von Stickstoff.
Tauche einen brennenden Holzspan in einen bereitgestellten Standzylinder mit Stickstoff. Notiere deine Beobachtungen.

Entsorgung

Kaliumpermanganatreste in Sammelbehälter I. Wasserstoffperoxidlösung in Sammelbehälter für Abwasser, Braunstein in Sammelbehälter für Hausmüll. Holzspäne einsammeln, werden wieder verwendet.

AUFTRÄGE

1. Erstellt Steckbriefe für Stickstoff und Sauerstoff. Informiert euch dazu im Tafelwerk und in anderen Nachschlagewerken.

2. Informiert euch über die technische Herstellung von Sauerstoff und Stickstoff. Sucht dazu unter dem Stichwort „Lindeverfahren".

Sauerstoff und Stickstoff

1 Zum Schweißen oder Schneiden von Eisen benötigt man reinen Sauerstoff.

Sauerstoff – Eigenschaften. Sauerstoff ist ein farbloses und geruchloses Gas. Er hat eine etwas größere Dichte als Luft, ist wenig wasserlöslich und in zu hohen Konzentrationen auf Dauer gesundheitsschädigend. Obwohl Sauerstoff selbst nicht brennt, ist er für die Verbrennung anderer Stoffe notwendig.

Nachweis von Sauerstoff. Sauerstoff wird mit der **Glimmspanprobe** nachgewiesen. Dabei flammt ein glimmender Holzspan in einem mit Sauerstoff gefüllten Gefäß hell auf (Bild 2).

Verwendung und Bedeutung von Sauerstoff. Sauerstoff wird für die Atmung von Lebewesen benötigt. Der Volumenanteil des Sauerstoffs an der Luft beträgt etwa 21 %. In der Ausatemluft des Menschen ist noch ein Volumenanteil von etwa 16 % enthalten. Luft mit einem Volumenanteil an Sauerstoff unter 7 % führt zur Bewusstlosigkeit und unter 3 % zum Tod durch Ersticken.
Luftsauerstoff wird z. B. in Kraftwerken, Heizungen und Automotoren bei den dort ablaufenden Verbrennungsvorgängen verbraucht. Reiner Sauerstoff wird in der Industrie z. B. bei bestimmten Stahlherstellungsverfahren benötigt.
In der Raumfahrt ist er Bestandteil mancher Raketentreibstoffe und wird hier ebenso wie in U-Booten und Flugzeugen zur Aufrechterhaltung eines ausreichenden Sauerstoffanteils der Atemluft verwendet.
In der Medizin wird er bei Beatmungen zugesetzt und spezielle Sauerstofftherapien können Alterserscheinungen und Krankheiten mildern.
Reiner Sauerstoff wird durch Destillation verflüssigter Luft gewonnen. Dabei lassen sich auch Stickstoff und Argon gewinnen. Sauerstoff wird in Stahlflaschen mit blauer Flaschenschulter aufbewahrt.

Stickstoff – Eigenschaften. Stickstoff ist ein farbloses, geruchloses und ungiftiges Gas, das unter normalen Bedingungen nicht brennt. Stickstoff leitet den elektrischen Strom und die Wärme nicht. Er ist nahezu wasserunlöslich. Sein Volumenanteil an der Luft beträgt etwa 78 %.

Steckbrief

Sauerstoff
Farbe: farblos (flüssig: hellblau)
Geruch: geruchlos
Aggregatzustand: gasförmig
Siedetemperatur: –183 °C
Schmelztemperatur: –219 °C
Giftigkeit: ungiftig
Wasserlöslichkeit: gering
Brennbarkeit: nicht brennbar
Dichte: 1,43 g/l (bei $\vartheta = 0$ °C)

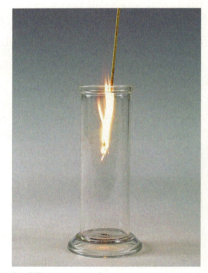

2 Glimmspanprobe

Sauerstoff und Stickstoff

Nachweis von Stickstoff. Der Nachweis von Stickstoff ist kompliziert. Ein Hinweis auf das Vorhandensein von reinem Stickstoff liegt vor, wenn ein farbloses, geruchloses Gas eine Flamme erstickt. Daher stammt der Name Stickstoff.

Verwendung und Bedeutung. Der reaktionsträge Stickstoff wird in reiner Form als Reifenfüllung und in flüssigem Aggregatzustand als Kühlmittel in Technik und Medizin eingesetzt. In Druckflaschen für Taucher wird er zusammen mit dem Sauerstoff gespeichert. Stickstoff kommt in gebundener Form in Eiweißen vor. Manche Bodenbakterien können Stickstoff der Luft binden und wandeln ihn in für Pflanzen aufnehmbare Stoffe um. Zur Herstellung von Ammoniak, u.a. ein Grundstoff für die Stickstoffdüngerherstellung, wird ebenfalls Stickstoff benötigt. Stickstoff dient bei der Verpackung von Lebensmitteln als Schutzgas, um Sauerstoff auszuschließen. Dadurch verlängert sich die Haltbarkeitsdauer der Lebensmittel. Stickstoff wird in Stahlflaschen mit schwarzer Schulter aufbewahrt.

Steckbrief

Stickstoff
Farbe: farblos
Geruch: geruchlos
Aggregatzustand: gasförmig
Siedetemperatur: $-196\,°C$
Schmelztemperatur: $-210\,°C$
Giftigkeit: ungiftig
Wasserlöslichkeit: fast unlöslich
Brennbarkeit: nicht brennbar
Dichte: $1{,}251\,g/l$ (bei $\vartheta = 0\,°C$)

> Sauerstoff mit einem Volumenanteil von 21 % und Stickstoff mit 78 % sind die Hauptbestandteile der Luft. Die Glimmspanprobe dient als Nachweis für Sauerstoff. Wird eine Flamme erstickt, ist dies ein Hinweis auf Stickstoff.

Sauerstoff und Stickstoff weisen eine Reihe gemeinsamer Eigenschaften auf. Sie haben niedrige Siedetemperaturen und sind bei Raumtemperatur gasförmig. Sie zeigen keine metallischen Eigenschaften. Solche Stoffe bezeichnet man als **nichtmetallische Elementsubstanzen**.

1 Tiefkühlen von Lebensmitteln mit flüssigem Stickstoff

2 Druckflaschen für Sauerstoff (blau) und Stickstoff (schwarz)

AUFGABEN

1. Beschreibe eine Möglichkeit zur Darstellung von Sauerstoff.
2. Erläutere die Bedeutung der Wasserlöslichkeit von Sauerstoff für Wasserlebewesen. Welche Probleme können sich dabei durch die geringe Löslichkeit ergeben?
3. Nenne Verwendungsmöglichkeiten für Sauerstoff in der Medizin.
4. Nenne die Kennzeichnung für Druckgasflaschen, in denen Sauerstoff bzw. Stickstoff gespeichert sind.
5. Stickstoff kann als Füllgas für Lkw-Reifen genutzt werden. Nenne Vorteile dieser Nutzung.

Moleküle

Bei der Fahrt eines Zuges wird die Luft leicht verdrängt, die stählernen Schienen werden dagegen trotz der großen Masse des Zuges nicht verformt. Der unterschiedliche Widerstand, den die Luft oder das Metall dem Zug entgegenbringen, liegt in der Art der Teilchenanordnung. Den Metallen gibt der Aufbau aus riesigen Teilchenverbänden aus Metallatomen die Festigkeit. Gase dagegen nehmen den ganzen ihnen zur Verfügung stehenden Raum ein. Wie sind diese Stoffe aufgebaut?

Bau von Sauerstoff und Stickstoff. Untersuchungen haben ergeben, dass Sauerstoff und Stickstoff aus frei beweglichen Teilchen bestehen. Immer zwei Sauerstoffatome bzw. zwei Stickstoffatome sind dabei fest miteinander verbunden. Teilchen, in denen zwei oder mehr Atome fest miteinander verbunden sind, werden **Moleküle** genannt. Wie wir uns die Atome bisher als Kugeln vorgestellt haben, können wir uns ein Sauerstoff- oder Stickstoffmolekül als „aneinanderklebende" Kugeln denken. Zwischen den Molekülen bestehen oft nur sehr geringe Anziehungskräfte, sodass manche dieser Stoffe bei Raumtemperatur Gase sind.

Wie bereits erwähnt, heißen solche Stoffe, die nur aus Atomen oder Molekülen eines nichtmetallischen Elementes bestehen, **nichtmetallische Elementsubstanzen** (↗ Seite 69).

Formeln als chemische Zeichen. Ein Element wird durch sein Symbol gekennzeichnet (↗ Seite 46), z. B. das Symbol N für Stickstoff (lat. nitrogenium – Salpeterbildner). Stickstoff ist eine Elementsubstanz, die aus zweiatomigen Stickstoffmolekülen aufgebaut ist. Die Anzahl der zu einem Molekül vereinigten Atome wird als tiefgestellte Zahl nach dem Symbol angegeben: N_2. Solche aus Symbolen und Zahlen zusammengesetzten chemische Zeichen werden wie bei den Metalloxiden (↗ Seite 54) **Formel** genannt. Die Formel kennzeichnet eine Substanz oder ein Molekül dieser Substanz. Aus der Formel lässt sich die Zusammensetzung des Moleküls ablesen.

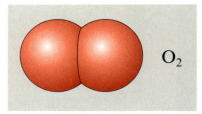

1 Modell und Formel eines Sauerstoffmoleküls

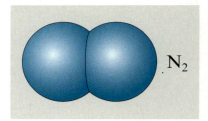

2 Modell und Formel eines Stickstoffmoleküls

> Moleküle sind Teilchen, die aus zwei oder mehr fest miteinander verbundenen Atomen zusammengesetzt sind.

Verbrennen von Stoffen

1 Verbrennen von Streichholz, Holz und Wunderkerze

Die Verbrennungsreaktion. Viele Stoffe werden verbrannt, sei es ein Streichholz beim Entzünden einer Kerze, sei es Holz bei einem Lagerfeuer oder sei es Müll in einer Müllverbrennungsanlage.
Was aber ist eine Verbrennung?
Bei einer Verbrennung handelt es sich um eine schnell ablaufende chemische Reaktion, bei der ein Stoff mit dem Stoff Sauerstoff unter Entwicklung hoher Temperatur und Lichterscheinungen reagiert. Eine Verbrennung ist eine schnell ablaufende Oxidation, dabei entstehen Oxide als Reaktionsprodukte.
Verrosten Teile des Fahrrades oder werden die Nährstoffe in unserem Körper in Energie und Stoffe, die der Organismus benötigt, umgewandelt, handelt es sich auch um Oxidationsreaktionen. Diese werden nicht zu den Verbrennungen gerechnet, da die Oxidationen vergleichsweise langsam ablaufen.

2 Verbrennen von Benzin

Bedeutung von Verbrennungsreaktionen. In der Technik spielen Verbrennungsprozesse eine wichtige Rolle. So dient die Verbrennung fossiler Brennstoffe, wie Kohle, Heizöl und Erdgas zur Gewinnung von elektrischem Strom und von Wärmeenergie zum Heizen von Gebäuden und Wohnungen. In Motoren von Kraftfahrzeugen werden Kraftstoffe, wie Benzin und Diesel zum Antrieb der Fahrzeuge verbrannt. Zum Antrieb von Flugzeugen und Raketen werden Verbrennungsreaktionen ebenso angewendet wie beim Schweißen oder Schneiden von Metallen mit Schweiß- oder Schneidbrenner (Bild 1, Seite 68).
Durch die Verbrennung von Klärschlamm und von Müll lassen sich Energie gewinnen und Deponieraum einsparen.

Verbrennung und Umweltschutz. Verbrennungsprozesse in der Technik müssen mit den Bedingungen des Umweltschutzes vereinbar sein. Deshalb müssen Verbrennungsmotoren zur Reinigung der Abgase mit Filtern und Katalysatoren ausgerüstet sein. In Kraftwerken müssen die Abgase, man bezeichnet sie als Rauchgase, ebenfalls gereinigt werden, bevor sie in die Atmosphäre treten dürfen. Auch zu Hause sind bestimmte Forderungen zu erfüllen. So ist es z. B. nicht oder nur zu ganz bestimmten Zeiten erlaubt, Gartenabfälle zu verbrennen.

AUFGABEN

1. Gib die Formel von Sauerstoff an. Nenne Bedeutungen dieser Formel.
2. Stelle in einer Tabelle verschiedene schnell und langsam verlaufende Oxidationen zusammen.

Brände – Brandschutz

1 Waldbrand

2 Feuerwehr beim Löschen eines brennenden Hauses

Unerwünschte Verbrennungsreaktionen können zu Bränden führen. Diese zerstören Wohnhäuser und Fabriken. Wälder und ganze Ernten auf den Feldern können vernichtet werden. Neben den materiellen Verlusten ist mit einem Brand immer großes menschliches Leid verbunden.
Deshalb ist es wichtig zu wissen, wie es zum Ausbruch eines Brandes kommen kann, wie Brände vermieden werden können und wie man sich bei einem Brand zu verhalten hat.

Planung. In einer Diskussion können alle Schülerinnen und Schüler Beiträge dazu leisten, welche Inhalte zu der Themenstellung interessieren. Die Inhalte werden in Fragen formuliert an die Tafel geschrieben oder an eine Pinnwand geheftet. Solche Fragestellungen könnten beispielsweise sein: Welche Stoffe brennen? Welche Stoffe brennen nicht?
Welche Bedingungen müssen erfüllt sein, damit ein Stoff brennen kann?
Wie entstehen Brände und wer sind die Verursacher von Bränden?
Wie viele Brände gab es in einem bestimmten Zeitraum in unserer Stadt bzw. in unserem Kreis? Welche Schäden haben diese Brände verursacht? Gab es Verletzte oder Tote bei diesen Bränden?
Was hat die Feuerwehr getan, um die Brände zu löschen?
Welche Möglichkeiten gibt es, um das Ausbrechen eines Feuers zu verhindern? Welche Brandschutzbestimmungen sollen eingehalten werden?
Wie verhält man sich bei Ausbruch bzw. nach dem Feststellen eines Brandes? Welche Möglichkeiten zum Löschen eines Feuers gibt es?

Arbeit am Projekt. Zur Beantwortung der euch interessierenden Fragen ist die Bildung verschiedener Arbeitsgruppen möglich. Legt genau fest, welche Fragen von den einzelnen Gruppen zu beantworten sind.
Um die Bedingungen für das Entstehen eines Feuers herauszufinden, können Experimente durchgeführt werden. Dazu lassen sich die auf der folgenden Seite angegebenen Experimente nutzen. Bereitet alle Experimente sorgfältig vor und lasst die Versuchsanordnung vor Beginn des Arbeitens stets von der Lehrerin oder dem Lehrer bestätigen.
Informationen über das Brandgeschehen in eurer Stadt bzw. eurem Kreis und über Möglichkeiten der Brandbekämpfung und Brandvorsorge lassen sich bei der Feuerwehr einholen. Auch die Polizei und Versicherungen können als Quelle interessanter Informationen genutzt werden.

Info

Ein brennbarer Stoff brennt ohne eine Fremdzündung in Gegenwart von Sauerstoff erst, wenn er auf eine bestimmte Temperatur gebracht worden ist. Diese Temperatur wird als Entzündungstemperatur bezeichnet.

Entzündungstemperatur brennbarer Stoffe	
Brennbarer Stoff	Entzündungstemperatur in °C
Vergaserkraftstoff	≈ 220
Heizöl	≈ 250
Holz (trocken)	≈ 320
Spiritus	≈ 425
Papier	≈ 440
Erdgas	≈ 650
Steinkohle	≈ 850

Brände – Brandschutz

EXPERIMENT 1 [S]
Erkunde, welche Stoffe brennbar sind.
Halte mit einer Tiegelzange kleine Proben verschiedener selbst ausgewählter Stoffe unter dem Abzug in die Brennerflamme. Beobachte, welche Stoffe brennen. Stelle fest, wie lange erhitzt werden musste, bis die Stoffe brennen.

EXPERIMENT 2 [S]
Ermittle Bedingungen für das Entstehen einer Flamme.
Versuche, ein Stück Papier, ein Stück dicke Pappe, ein Stück Holz und flüssiges Kerzenwachs mit einem Zündholz zu entzünden. Wiederhole den Versuch, indem du eine Brennerflamme statt des Zündholzes verwendest.
Erhitze Holzspäne in einem offenen Reagenzglas. Halte nach einiger Zeit einen brennenden Holzstab über die Öffnung des Reagenzglases.
Entzünde eine Kerze mit einem Zündholz. Beobachte dabei den Docht. Lösche die Kerze durch Auspusten und führe sofort wieder ein brennendes Zündholz in die Nähe des Dochtes.
Erhitze in einem offenen Reagenzglas etwas Kerzenmasse. Halte von Zeit zu Zeit an die Reagenzglasöffnung einen brennenden Holzspan.
Entzünde eine Kerze. Stülpe über die brennende Kerze einen Standzylinder oder ein großes Becherglas.
Plane weitere Experimente, mit denen Bedingungen für das Entstehen einer Flamme ermittelt werden können. Führe diese Experimente nach Rücksprache mit deiner Lehrerin bzw. mit deinem Lehrer durch.
Fertige ein Protokoll an. Welche Bedingungen müssen für das Entstehen einer Flamme erfüllt sein?

EXPERIMENT 3 [S]
Untersuche das Entzünden von Holz.
Lege ein Drahtnetz auf einen Dreifuß. Verteile Holzwolle, Holzspäne und Holzstückchen unterschiedlicher Größe jeweils im Abstand von 3 cm zur Drahtnetzmitte. Stelle einen Brenner mit kleiner Flamme unter die Mitte des Drahtnetzes.
Beobachte und stelle die Reihenfolge des Entzündens fest.

EXPERIMENT 4 [S]
Untersuche Eisenblech und Eisenwolle beim Erhitzen.
Wie kannst du das Erhitzen von Eisenblech und Eisenwolle in einer Brennerflamme untersuchen? Plane und führe das Experiment durch. Fertige ein Protokoll an. Suche nach Gründen für das Verhalten beim Erhitzen.

Präsentation der Ergebnisse. Als Abschluss des Projektes können die Arbeitsgruppen ihre Ergebnisse vorstellen. Dazu können mündliche Informationen gegeben und Poster, Arbeitsblätter und Übersichten über Bedingungen für das Entstehen von Bränden und über das Verhalten bei Bränden angefertigt werden. Experimente sollten den anderen Gruppen demonstriert werden.

1 Brandvorsorge in der Schule

Info

Die Temperatur, bei der der Dampf über einer brennbaren Flüssigkeit durch Fremdzündung entflammt werden kann, ist die Flammtemperatur. Die Temperatur, bei der eine bleibende Flamme auftritt, ist die Brenntemperatur.
Die Flammtemperatur wird zur Einteilung der Feuergefährlichkeit brennbarer Stoffe genutzt.
Hochentzündliche Stoffe: Flüssigkeiten mit einer Flammtemperatur $\vartheta < 0\,°C$, z. B. Ether; Gase, die bei Luftkontakt entzündlich sind, z. B. Kohlenstoffmonooxid, Methan, Butan, Ethan, Wasserstoff.
Leichtentzündliche Stoffe: Flüssigkeiten mit einer Flammtemperatur $0\,°C \leq \vartheta < 21\,°C$, z. B. Spiritus, Benzin;
feste Stoffe, die durch kurzzeitige Einwirkung einer Zündquelle leicht entzündet werden können und nach der Entfernung der Zündquelle weiter brennen, z. B. Natrium, Magnesium, Phosphor.
Entzündliche Stoffe: Flüssigkeiten mit einer Flammtemperatur $21\,°C \leq \vartheta < 55\,°C$, z. B. Terpentinöl, Petroleum.

Entstehung, Unterhaltung und Bekämpfung von Bränden

Bedingungen für das Entstehen von Bränden. Die äußere Erscheinungsform eines Brandes ist ein Feuer. Charakteristische Merkmale eines Feuers sind Glut, Rauch und vor allem Flammen, die bei Schwelbränden aber nicht auftreten.
Bedingungen für das Entstehen eines Feuers sind das Vorhandensein eines brennbaren Stoffes und das Vorhandensein von Sauerstoff, z. B. des Sauerstoffs der Luft. Die meisten brennbaren Stoffe entzünden sich aber erst bei Erreichen der **Entzündungstemperatur**. Erst wenn ein brennbarer Stoff auf seine Entzündungstemperatur gebracht worden ist, entzündet sich der Stoff in Gegenwart von Sauerstoff ohne Fremdzündung von selbst. Die Entzündungstemperatur ist vom brennbaren Stoff und vom **Zerteilungsgrad** des brennbaren Stoffes abhängig. Ein hoher Zerteilungsgrad des brennbaren Stoffes bewirkt eine gute Durchmischung des brennbaren Stoffes mit Sauerstoff und fördert das Entstehen eines Feuers.
Stoffe können verbrennen, wenn sie im gasförmigen Zustand vorliegen. Flüssige oder feste Stoffe müssen deshalb erhitzt werden, bis sie verdampfen oder Dämpfe entweichen. Das lässt sich beim Anzünden und Verbrennen einer Kerze beobachten: Wird ein Zündholz an den kalten Kerzendocht gehalten, bildet sich erst nach einer bestimmten Zeit eine Flamme, wenn das Wachs des Kerzendochtes geschmolzen und verdampft ist. Wurde dagegen die Kerze frisch ausgeblasen, flammt sie sofort wieder auf, wenn ein brennendes Zündholz in die Nähe des Dochtes gehalten wird.

1 Kerzenflamme

> Bedingungen für das Entstehen und Unterhalten eines Feuers:
> – Vorhandensein eines brennbaren Stoffes,
> – Vorhandensein von Sauerstoff, z. B. Sauerstoff der Luft,
> – Erreichen der Entzündungstemperatur.

Möglichkeiten für das Löschen von Feuer. Aus den Bedingungen für das Entstehen eines Feuers lassen sich die Möglichkeiten für das Löschen eines Brandes ableiten. Ein Brand erlischt, wenn mindestens eine Bedingung nicht mehr erfüllt ist.
Ein Brand lässt sich durch das Entfernen aller brennbaren Stoffe aus der Nähe des Feuers eindämmen. Bei einem Waldbrand wird das beispielsweise durch Schlagen von Schneisen oder Anlegen von Sandstreifen erreicht. Der Zutritt von Sauerstoff lässt sich bei kleineren Bränden durch Sand oder eine Decke unterbinden. Bei Bränden von Holz, Textilien, Kohle, Papier und Gummiartikeln kann die Sauerstoffzufuhr durch Wasser unterdrückt werden, weil der sich durch das Verdampfen des Wassers bildende Wasserdampf eine Schutzhülle um den brennenden Stoff bildet. Brennen Öl, Benzin oder elektrische Geräte, ist das Löschen mit Wasser lebensgefährlich. Hier werden „Kohlendioxid-Löscher" oder Pulverlöscher eingesetzt. Das Kohlenstoffdioxid bzw. das Löschpulver bildet eine Schutzschicht über dem brennenden Stoff und verhindert die Zufuhr von Sauerstoff. Gleichzeitig kühlt der brennende Stoff unter die Entzündungstemperatur ab.
Auch beim Löschen mit Wasser kann der brennende Stoff unter die Entzündungstemperatur abkühlen.
Feuerlöscher müssen zum Löschen eines Brandes immer aufrecht benutzt werden.

> **EXPERIMENT 4** [L]
> **Löschversuch von brennendem Öl.**
> *Vorsicht! Hinter einer Schutzscheibe arbeiten!* Etwas Speiseöl oder Paraffinöl wird in einem Porzellantiegel erhitzt und das erhitzte Öl entzündet. Aus einer Spritzflasche mit einem etwa 60 cm langen Glasrohr ist Wasser auf das brennende Öl zu spritzen.

> **EXPERIMENT 5** [L]
> **Löschversuch von brennendem Magnesium mit Wasser.**
> *Vorsicht! Schutzbrille! Hinter einer Schutzscheibe arbeiten! Nicht direkt in die Flamme sehen!* Auf einem Eisenblech wird ein kleines Häufchen Magnesiumpulver (F) entzündet. Aus einer Spritzflasche mit einem etwa 60 cm langen Glasrohr ist Wasser auf das brennende Magnesium zu spritzen.

> **EXPERIMENT 6** [L]
> **Löschversuch von brennendem Magnesium mit Kohlenstoffdioxid.**
> *Vorsicht! Hinter einer Schutzscheibe arbeiten! Nicht direkt in die Flamme sehen!* In einen mit Kohlenstoffdioxid gefüllten Standzylinder, dessen Boden mit Sand bedeckt ist, wird mit einer Tiegelzange ein brennendes Stück Magnesiumband (F) gehalten.

Entstehung, Unterhaltung und Bekämpfung von Bränden

Es brennt – was ist zu tun?

- Ruhe bewahren
- Anweisungen der Lehrkräfte befolgen
- Strom- und Gasversorgung ausschalten
- Sich aus der direkten Gefahrenzone entfernen
- Leicht brennbare Stoffe aus dem Gefahrenbereich entfernen
- Vorhandene Feuerlöscheinrichtungen nutzen (Löschdecke, Feuerlöscher, Sand)
- Über Feuermelder oder Notruf Feuerwehr (☎ 112) oder Polizei (☎ 110) benachrichtigen
- Meldung: Wo brennt es? Was brennt? Wie viele Verletzte? Wer meldet?

Brennende Metalle wie Magnesium oder Aluminium dürfen weder mit Wasser noch mit Feuerlöschern gelöscht werden, da diese heftig mit den Löschmitteln reagieren. Deshalb wird über diese brennenden Metalle Sand, Salz oder Zement gebracht. Die Stoffe verkrusten durch die hohen Temperaturen und verhindern somit weiteren Sauerstoffzutritt.

Brandschutz. Durch richtige Vorsorge können Brände und menschliches Leid vermieden werden. Viele Reinigungs- und Pflegemittel, Deos und Nagellacke enthalten leicht entzündliche Stoffe. Diese dürfen niemals in offene Flammen oder auf heiße Gegenstände gesprüht werden. Beim Arbeiten mit Lacken, Benzin, Brennspiritus und Lösemitteln muss gut gelüftet werden, damit sich keine brennbaren Gasgemische bilden können.
Brennbare Stoffe wie Papier, Holz und Kohle dürfen nicht dicht an Öfen oder Heizgeräten gelagert werden. Glimmende oder glühende Gegenstände wie Zigarettenglut oder Asche dürfen nicht offen und nicht in brennbaren Gefäßen aufbewahrt werden, brennende Kerzen nicht unbeaufsichtigt bleiben.
In öffentlichen Gebäuden sind spezielle Brandschutzmaßnahmen einzuhalten. Dazu gehören das Bereitstellen von Feuerlöschmitteln wie Feuerlöscher, Feuerlöschdecken, Feuerlöschduschen, Hydranten und Sprinkleranlagen. Auch die Markierung von Flucht- und Rettungswegen und das Installieren von Alarmanlagen sind Maßnahmen zum Brandschutz. Fluchtwege dürfen nicht verstellt, sie müssen frei gehalten werden.

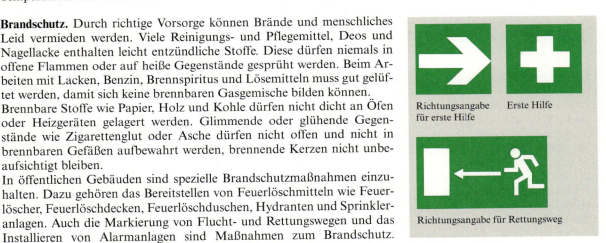

1 Rettungszeichen

AUFGABEN

1. Warum kann Wasser als Löschmittel zur Bekämpfung vieler Brände eingesetzt werden? Welche Brände dürfen nicht mit Wasser gelöscht werden?
2. In öffentlichen Gebäuden wie Kaufhäusern, Kinos oder Theatern sind häufig Sprinkleranlagen eingebaut. Informiere dich über die Arbeitsweise solcher Anlagen.
3. Waldbrände werden manchmal gelöscht, indem breite Schneisen in den Wald geschlagen werden. Was soll damit erreicht werden?
4. Folgende Stoffe brennen: a) Die Kleidung einer Person, b) 20 ml verschütteter Alkohol auf dem Labortisch, c) ein Holzschuppen im Garten, d) ein Gefäß mit Aluminiumpulver.
Gib Möglichkeiten des Löschens an.
5. Informiere dich über die Brandschutzmittel im Chemieraum.
6. Welche Telefonnummern haben Feuerwehr und Polizei. Welche Angaben sind bei einer Brandmeldung zu machen?

Verschmutzung und Reinhaltung der Luft

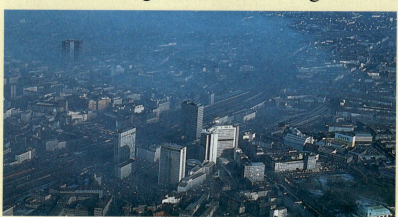

1 Blick auf eine Stadt mit starker Luftverschmutzung

Peter schimpft: „Wir konnten am Wochenende aus Leipzig nicht wegfahren, weil das Autofahren wegen zu viel Ozon verboten wurde."
Maik meint: „Ich denke, wir haben zu wenig Ozon. Es heißt doch immer ‚Ozonloch'. Jana seufzt: „Ich mach mir Sorgen. Mein kleiner Bruder leidet unter asthmatischen Anfällen bei Smog." Auch Carla ist nachdenklich. Ihr sind beim letzten Ausflug die toten und kranken Bäume im Wald aufgefallen. Was meint ihr dazu?

Planung. Stellt Überlegungen zur Arbeitsorganisation (Arbeitsgruppen, Einzelaufträge usw.), zur Durchführung, zur Dokumentation und zur Zeitdauer des Projekts an.
Um die Thematik in ihrer Vielschichtigkeit zu erfassen, solltet ihr erkunden, welche Problemstellungen ihr bearbeiten wollt.
Hier einige Anregungen: Welche Schadstoffe kommen in der Luft vor? Wie kann ich Schadstoffe feststellen? Welche Wirkungen haben die einzelnen Schadstoffe auf Pflanzen, Tiere, Menschen, Grundwasser, Boden oder Bauwerke? Welche Ämter, Firmen, Gruppen oder Fachleute können weitere Hinweise geben? Welche technischen Maßnahmen gibt es um Schadstoffe abzufangen oder gar nicht erst entstehen zu lassen? Wie kann jeder einzelne dazu beitragen Schadstoffe zu vermeiden? In welchen Gebieten treten besonders starke Belastungen auf? Zu welchen Tages- oder Jahreszeiten gibt es besondere Probleme?
Dies sind nur einige Vorschläge zu diesem Thema. Sicher findet ihr noch weitere Fragen oder örtliche Besonderheiten zu diesem Themenkomplex. Vielleicht findet ihr auch Experimente oder Untersuchungsaufgaben, die ihr selber durchführen könnt.

Ab einem Messwert von 360 µg/m^3 pro Stunde besteht für alle Menschen Gesundheitsgefährdung. Die Bevölkerung wird gewarnt.

Ab 240 µg/m^3 gelten Fahrverbote.

Ab 180 µg/m^3 pro Stunde wird an die Bevölkerung appelliert, Kraftfahrzeuge und andere Verbrennungsmotoren nicht zu benutzen.

2 Wichtige Ozonwerte

EXPERIMENT 1 [S]
Untersuche die Belastung der Luft durch verschiedene Luftschadstoffe.
Plane ein Experiment, mit dem du die Konzentration von verschiedenen Luftschadstoffen untersuchen kannst. Du kannst an unterschiedlichen Orten und zu unterschiedlichen Zeiten testen. Zum Beispiel sind dafür sogenannte Gasprüfröhrchen, durch die mit einer Pumpe ein genau definiertes Luftvolumen gesaugt wird, gut geeignet.

EXPERIMENT 2 [S]
Untersuche die Wirkung eines Luftschadstoffs auf das Keimen von Kresse.
Plane ein Experiment, mit dem du die Wirkung von Luftschadstoffen, z. B. Schwefeldioxid (T), auf das Keimen von Kressesamen und das Wachsen der Kressepflänzchen untersuchen kannst. Du kannst entweder die Wirkung der Gase oder die Wirkung der in Wasser gelösten Gase untersuchen. Stelle im Vorfeld Überlegungen zur Zeitdauer und zur Vergleichbarkeit der Ergebnisse an.

EXPERIMENT 3 [S]
Untersuche die Staubbelastung der Luft.
Plane ein Experiment, mit dem du die Menge der Staubpartikel der Luft an unterschiedlichen Orten untersuchen kannst. Beispielsweise eignet sich die Klebefläche von Klebeband zum Einfangen der Staubpartikel. Plane auch Vorkehrungen zum Schutz vor Wettereinflüssen.

EXPERIMENT 4 [S]
Untersuche die Wirkung von UV-Licht auf Kressekeimlinge.
Plane ein Experiment zur Untersuchung der Wirkung von UV-Licht auf Kressekeimlinge.

1 Solaranlage auf einem Hausdach

2 Windkraftanlagen

3 Waldschäden durch sauren Regen

Arbeiten am Projekt. Nach Abschluss der Vorüberlegungen solltet ihr euch auf wirklich realisierbare Aufgaben und Aufträge einigen. Bedenkt, dass ihr bei der Befragung von Experten meist Termine vereinbaren müsst. Nutzt Bibliotheken und das Internet zur Informationsrecherche. Dokumentiert regelmäßig eure Ergebnisse, passt euren Zeitplan möglichen Veränderungen an und besprecht diese mit allen Projektteilnehmern. Spätestens in der Arbeitsphase müsst ihr euch Gedanken über die Ergebnisdarstellung machen, damit ihr z. B. Fotos, Videofilme, Interviewmitschnitte direkt anfertigen könnt.

Präsentation der Ergebnisse. Die Ergebnisse sollten so aufbereitet werden, dass alle Mitschüler, aber auch Freunde, Eltern oder andere Interessierte schnell das Wichtigste erkennen können, aber auch vertiefende Informationen finden. Trennt dabei Fakten von subjektiven Ansichten. Mögliche Präsentationsarten können Vorträge, Wandzeitungen, Rollenspiele, Internetseiten oder Zeitungsartikel sein.

ZUSAMMENFASSUNG

Luft	Stoffgemisch aus mehreren Gasen. Hauptbestandteile sind Stickstoff (Volumenanteil $\varphi = 78\,\%$) und Sauerstoff (Volumenanteil $\varphi = 21\,\%$). Weitere Luftbestandteile sind die Edelgase und Kohlenstoffdioxid. Luftverunreinigungen wie Schwefeldioxid, Stickstoffoxide, Kohlenstoffmonooxid und Ozon können Pflanzen, Tiere und Menschen schädigen.
Sauerstoff	Nichtmetallische Elementsubstanz, die im Labor aus Wasserstoffperoxid oder durch Erhitzen von Kaliumpermanganat dargestellt wird. Sauerstoff ist ein farbloses und geruchloses Gas, das für die Verbrennung anderer Stoffe notwendig ist. Als Nachweis für Sauerstoff dient die Glimmspanprobe: Ein glimmender Holzspan flammt in reinem Sauerstoff hell auf.
Stickstoff	Nichtmetallische Elementsubstanz, die durch Destillation verflüssigter Luft dargestellt wird. Stickstoff ist ein farbloses und geruchloses Gas, das unter normalen Bedingungen nicht brennt und Flammen erstickt.
Molekül	Teilchen, das aus zwei oder mehr fest miteinander verbundenen Atomen zusammengesetzt ist.
Formel	Chemisches Zeichen, das z. B. eine Substanz oder ein Molekül dieser Substanz kennzeichnet. Aus einer Formel lässt sich die Zusammensetzung des Moleküls ablesen.
Nichtmetallische Elementsubstanz	Stoff, der nur aus Atomen oder Molekülen eines nichtmetallischen Elements besteht.

	Bedingungen für das Entstehen von Feuer	Möglichkeiten zum Löschen von Feuer
Entzünden und Löschen von Feuer	Brennbarer Stoff muss vorhanden sein.	Entfernen brennbarer Stoffe.
	Sauerstoff muss vorhanden sein, z. B. Sauerstoff der Luft.	Unterbrechen der Luftzufuhr.
	Entzündungstemperatur muss erreicht sein.	Abkühlen des Brandherdes.

Wasser – ein besonderes Oxid

Kaum ein Stoff ist für das Leben auf der Erde so bedeutsam wie das Wasser. Es begegnet uns als salziges Meerwasser, als Fluss- und Regenwasser, aber auch als Trinkwasser. Wasser ist auch Ausgangsstoff für die Herstellung vieler weiterer Stoffe.

→ Was ist Trinkwasser?
→ Wie kann es gewonnen werden?
→ Warum gibt es so viele Wasserarten?
→ Welche Zusammensetzung hat Wasser?
→ Hat Wasserstoff, der als Treibstoff für Raketen genutzt wird, etwas mit Wasser zu tun?

Umwelt

Wasser – ein lebensnotwendiger Stoff

Wasserkreislauf. Wir leben auf einem Planeten, von dessen Oberfläche mehr als 70 % mit Wasser bedeckt ist. Ein großer Teil der Wasservorkommen ist in einen weltumspannenden Wasserkreislauf einbezogen (Bild 1). Der Wasserkreislauf beginnt über den Ozeanen. Durch Verdunstung geht Wasserdampf in die Atmosphäre über und wird weltweit verbreitet. Niederschläge bringen das Wasser wieder auf die Erde zurück. Zum Teil verdunstet es hier erneut, wird vorübergehend als Eis oder Schnee gespeichert oder fließt wieder den Meeren zu.

1 Wasserkreislauf

„Wasser, du hast weder Geschmack noch Farbe noch Aroma. Man kann dich nicht beschreiben. Man schmeckt dich, ohne dich zu kennen. Es ist nicht so, dass man dich zum Leben braucht: du selber bist das Leben."
SAINT-EXUPÉRY

Wassernutzung. Seit der Mensch existiert, nutzt er Wasser. Zuerst war es Wasser aus Flüssen, Seen, Quellen und Regenwasser. Schon frühzeitig erschloss sich der Mensch über Brunnen das Grundwasser. Wasser wurde auch über große Entfernungen transportiert. Die erste Fernwasserleitung wurde etwa 500 v. Chr. in Rom gebaut. 600 Jahre später lieferten neun Aquädukte täglich 700 000 m³ Wasser nach Rom.
Teile alter römischer Wasserleitungen sind heute noch bei Köln und Nîmes zu besichtigen (Bild 2).
Im Mittelalter erlangte die Wassernutzung große Bedeutung für die Gewinnung mechanischer Energie in Wassermühlen, seit dem 20. Jahrhundert auch von elektrischer Energie. Weltweit wird heute Wasser in Industrie, Landwirtschaft und Haushalten genutzt (Bild 3). Die Anteile und Mengen schwanken zwischen Ländern und Erdteilen erheblich.

■ Landwirtschaft 73 %
■ Industrie 22 %
■ Haushalte 5 %

3 Weltweite Wassernutzung

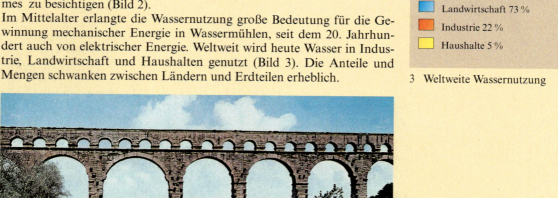

2 Römische Wasserleitung bei Nîmes

Wasser – ein lebensnotwendiger Stoff

Wie gelangt Trinkwasser in jedes Haus? Etwa 6 300 Wasserversorgungsunternehmen fördern in Deutschland Rohwasser aus geeigneten Wasservorkommen, bereiten es im Wasserwerk auf und leiten es durch ein Rohrnetz bis in jedes einzelne Haus.
Um jederzeit die Wasserversorgung zu gewährleisten, ist es erforderlich, Wasservorräte in Trinkwasserspeichern zu lagern und Wasserhochbehälter, so genannte Wassertürme, zu bauen. Diese sorgen auch für den notwendigen Druck in den Leitungen.

Trinkwasser für alle. Der größte Teil der Erde ist zwar mit Wasser bedeckt, aber erst das Süßwasser ist die notwendige Lebensgrundlage für alle Landlebewesen. Der Süßwasseranteil an den Wasservorräten ist gering und sehr ungleichmäßig auf der Erde verteilt. Hunderte von Millionen Menschen haben Schwierigkeiten, auch nur 5 l nutzbares Wasser je Tag zu bekommen. Dies ist das Minimum, welches zum Überleben notwendig ist. Der Durchschnittsverbrauch an Wasser pro Person und Tag reicht von 5,4 l auf Madagaskar bis zu 500 l in den USA. Der weltweite Wasserverbrauch beläuft sich zurzeit auf etwa 2 880 km^3 je Tag.
Im Zusammenhang mit der wachsenden Weltbevölkerung und dem zunehmenden Einsatz von Trinkwasser für andere Zwecke nehmen die Probleme bei der Bereitstellung sauberen Trinkwassers weltweit zu. In vielen Gebieten ist der Bedarf an Trinkwasser größer als das Wasserangebot. Gegenwärtig steht deshalb etwa der Hälfte der Menschheit nicht genügend und vor allem nicht entsprechend sauberes Trinkwasser zur Verfügung. Nach Angaben der WHO leiden etwa 900 Mio. Menschen an Krankheiten, die durch verschmutztes Trinkwasser verursacht wurden.

1 Wasserturm

2 Wasserträgerinnen in Indien

3 Dürstende Menschen in Afrika

AUFGABEN

1. Es wird immer schwieriger, genügend Trinkwasser herzustellen. Woran könnte das liegen? Erkundige dich in einem Wasserwerk.
2. Frage deine Eltern nach der Wasserrechnung für das vergangene Jahr und bitte um eine Erklärung der Kosten.
3. Lasse einen Wasserhahn tropfen und bestimme die ungenutzt ablaufende Wassermenge in einer Stunde. Welche Kosten könnten dadurch je Woche (Monat, Jahr) zusätzlich entstehen?
4. Diskutiert, durch welche Maßnahmen den armen Ländern bei der Trinkwasserversorgung geholfen werden könnte.
5. Überlege, warum in armen Ländern nur abgekochtes Wasser zur Speisezubereitung und zum Trinken verwendet werden sollte.
6. Du gehst an einem See spazieren und liest auf einem Hinweisschild: „Wasserschutzgebiet. Das Abstellen von Autos und Baden sind verboten!" Begründe dieses Verbot.

Wir untersuchen Wasser

In einem Gebirgsbach fließt kristallklares Wasser, das Wasser in einem Dorfteich ist häufig trüb und braun. Etwa drei Viertel der Erdoberfläche sind mit dem salzigen Wasser der Ozeane bedeckt. Wasser aus der Wasserleitung nehmen wir zum Trinken und zum Zubereiten von Speisen, aber auch zum Waschen der Wäsche oder zum Spülen des Geschirrs. Wodurch unterscheiden sich die verschiedenen Wasserarten?

EXPERIMENT 1 [S]
Untersuche verschiedene Wasserarten.
Gib jeweils 50 ml verschiedener Wasserarten wie destilliertes Wasser, Trinkwasser, Bachwasser, Flusswasser, Tümpelwasser, Mineralwasser, Meerwasser und Regenwasser in Bechergläser. Prüfe den Geruch. Halte eine Lampe hinter die Gläser und betrachte die Wasserproben im Gegenlicht. Notiere deine Beobachtungen.
Vergleiche die Eigenschaften der Wasserarten.

EXPERIMENT 2 [S]
Destilliere verschiedene Wasserarten.
Gib jeweils 4 ml der Proben verschiedener Wasserarten in Reagenzgläser und destilliere so lange, bis du etwa 1 ml Destillat erhalten hast. Vergleiche Geruch und Aussehen der Destillate mit denen der Ausgangsproben. Gib von jeder Ausgangsprobe und von dem jeweils dazu gehörenden Destillat jeweils 2 Tropfen auf einen Objektträger und erhitze vorsichtig, bis die Flüssigkeit verdampft ist.
Vergleiche deine Beobachtungen miteinander.

EXPERIMENT 3 [S]
Erkunde das Verhalten von Stoffen in Wasser.
Fülle vier Reagenzgläser mit jeweils 5 ml destilliertem Wasser. Gib zu dem Wasser in den Reagenzgläsern jeweils etwa 1 ml Brennspiritus (F), Speiseöl, Glycerin und Petroleumbenzin (F). Verschließe die Gläser mit einem Stopfen und schüttle sie kräftig.
Notiere deine Beobachtungen.
Gib in vier Reagenzgläser mit je 5 ml destilliertem Wasser jeweils einige Körnchen Kochsalz, Zucker, Kreidepulver und Kalk. Verschließe die Reagenzgläser mit einem Stopfen und schüttle sie kräftig. Notiere deine Beobachtungen.
Vergleiche deine Beobachtungen miteinander.

Löslichkeit von Gasen in Wasser bei 1 013 hPa

Sauerstoff		Kohlenstoffdioxid	
Temperatur in °C	Löslichkeit in $\frac{mg}{l}$	Temperatur in °C	Löslichkeit in $\frac{mg}{l}$
0	69,9	0	3 386
10	54,3	10	2 367
20	44,1	20	1 735
30	37,5	30	1 314
40	33,0	40	1 046

Entsorgung
Reste von Petroleumbenzin, Brennspiritus, Speiseöl und Glycerin in Sammelbehälter II. Flüssigkeiten in Sammelbehälter für Abwasser. Feste Stoffe in Sammelbehälter für Hausmüll.

AUFTRÄGE

1. *Erkundet den Einfluss der Temperatur auf das Lösen von Gasen in Wasser.*
Entwickelt eine einfache Möglichkeit zum experimentellen Nachweis der Temperaturabhängigkeit des Lösens von Kohlenstoffdioxid und Sauerstoff in Wasser. Denkt dabei an einfache Beispiele aus dem Haushalt, z. B. an Mineralwasser.

Leitet aus der obenstehenden Tabelle Aussagen über die Löslichkeit von Sauerstoff und Kohlenstoffdioxid in Wasser ab. Beschreibt die Abhängigkeit der Löslichkeit von der Temperatur.
Fertigt ein Diagramm zur grafischen Darstellung der Temperaturabhängigkeit der Löslichkeit von Sauerstoff und Kohlenstoffdioxid in Wasser an.

Wasser – reiner Stoff oder Stoffgemisch?

1 Bachlauf mit sauberem Wasser

Eigenschaften von Wasser. Wasser ist eine farblose und geruchlose Flüssigkeit. Bei Normdruck ($p = 1\,013$ hPa) siedet Wasser bei 100 °C und erstarrt bei 0 °C zu Eis.
Wasser hat bei 4 °C eine größere Dichte als bei 0 °C. Diese Eigenschaft wird als **Anomalie des Wassers** bezeichnet.
Wasser leitet den elektrischen Strom und die Wärme nur wenig. Da in natürlichen Gewässern und im Trinkwasser viele Stoffe gelöst sind, leiten Proben dieser Wasserarten den elektrischen Strom. Die Verwendung elektrischer Geräte mit Netzbetrieb in der Nähe der Badewanne ist deshalb für den Badenden lebensgefährlich.
Zu den im Wasser gelösten Stoffen gehören auch Calcium- und Magnesiumverbindungen. Enthält das Wasser viele Calcium- und Magnesiumverbindungen, wird es als **hartes Wasser** bezeichnet. Hartes Wasser erschwert den Waschprozess. Die Seife schäumt weniger. Auch verkalken die Heizstäbe von Waschmaschinen, Wasserkochern und Geschirrspülmaschinen schneller. Die **Härte des Wassers** wird oft in °d (Grad deutscher Härte, früheres Einheitenzeichen: °dH) angegeben. 1 °d entspricht einer Lösung von 10,00 mg Calciumoxid bzw. von 7,19 mg Magnesiumoxid in einem Liter Wasser. Wasser wird nach dem Anteil gelöster Calcium- und Magnesiumverbindungen in verschiedene Härtebereiche eingeteilt.
Wasser ist ein gutes Lösemittel für zahlreiche weitere feste, flüssige und gasförmige Stoffe. Gelöste Stoffe sind eine Voraussetzung für den Ablauf vieler Stoffwechselvorgänge bei Pflanzen, Tieren und Menschen.

Reines Wasser – Wasser als reiner Stoff. Trinkwasser wird im Alltag oft als reines Wasser bezeichnet, weil es keine chemischen Schadstoffe oder biologische Verunreinigungen enthält. Da im Trinkwasser lebenswichtige Mineralstoffe enthalten sind, ist dieses Wasser kein reiner Stoff, sondern ein Stoffgemisch. Auch Meerwasser ist ein Stoffgemisch.
Der reine Stoff Wasser dagegen besteht nur aus Wasserteilchen. Der reine Stoff Wasser kann durch Destillieren von Leitungswasser oder durch Behandlung von Leitungswasser mit Entmineralisierungsgeräten erhalten werden. Destilliertes bzw. entmineralisiertes Wasser wird zum Herstellen von Lösungen genauer Zusammensetzung z. B. zur Durchführung von Analysen in Laboren von Krankenhäusern benötigt. Im Haushalt findet es u. a. in Dampfbügeleisen Verwendung. Als Trinkwasser sind destilliertes und entmineralisiertes Wasser ungeeignet.

2 Kalkablagerungen an Trommel und Heizschlange einer Waschmaschine

Härtebereiche des Wassers		
Härtebereich	Wasserhärte in °d	β(Calciumoxid) in $\frac{mg}{l}$
1 (weich)	< 7	< 70
2 (mittelhart)	7 ··· 14	70 ··· 140
3 (hart)	14 ··· 21	140 ··· 210
4 (sehr hart)	> 21	> 210

AUFGABEN

1. Erkundige dich bei deinem zuständigen Wasserwerk, welche Wasserhärte das Trinkwasser in deinem Wohnort hat. Berechne, welche Masse Calciumoxid in deinem Trinkwasser enthalten ist.
2. Überlege weshalb es bei hartem Wasser günstig ist, einen Wasserenthärter in die Waschmaschine zu geben.

Trinkwasser und Abwasser

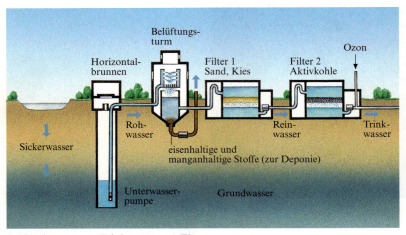

1 Gewinnung von Trinkwasser aus Flusswasser

2 Herkunft des Trinkwassers in Deutschland

Trinkwassergewinnung und Trinkwasseraufbereitung. Trinkwasser als unser wichtigstes Lebensmittel soll klar, farblos und geruchlos sein. Außerdem soll es gut schmecken und keine Krankheitserreger enthalten.
Am besten erfüllen Quellwasser und Grundwasser diese Anforderungen. Da sie aber nicht überall in ausreichendem Maße zur Verfügung stehen, wird auch Oberflächenwasser zur Trinkwassergewinnung verwendet.
Grundwasser wird in Tiefbrunnen gewonnen. Oberflächenwasser aus Flüssen und Seen wird in mit Kies und Sand gefüllten Becken gefiltert, um grobe Verunreinigungen zu entfernen.
Das so erhaltene Rohwasser wird in Wasserwerken zu Trinkwasser aufbereitet. Nach der Belüftung werden in Kies-, Sand- und Aktivkohlefiltern Verunreinigungen entfernt, die das Wasser trüben oder färben. Durch Zusatz von Ozon oder Chlor werden Krankheitskeime abgetötet.

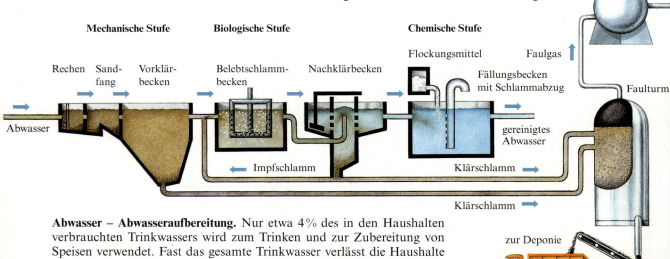

Abwasser – Abwasseraufbereitung. Nur etwa 4% des in den Haushalten verbrauchten Trinkwassers wird zum Trinken und zur Zubereitung von Speisen verwendet. Fast das gesamte Trinkwasser verlässt die Haushalte nach der Verwendung zur Körperreinigung und -pflege, zur Toilettenspülung, zum Waschen der Wäsche oder zum Spülen des Geschirrs als trübe Brühe. Das Abwasser wird in der Kanalisation gesammelt und in Kläranlagen weiter geleitet.

3 Schema einer Kläranlage

Trinkwasser und Abwasser

In den Kläranlagen erfolgt die Reinigung des Abwassers durch mechanische, biologische und chemische Reinigungsverfahren. In der mechanischen Reinigungsstufe werden grobe Verunreinigungen bis zu einer Größe von etwa 15 mm entfernt. Feste feinkörnige Stoffe wie Gemüsereste, Kot und Textilreste setzen sich am Boden des Vorklärbeckens als Klärschlamm ab.

In der biologischen Reinigungsstufe zersetzen Bakterien die organischen Verunreinigungen. Dazu benötigen die Bakterien Sauerstoff. Nach der biologischen Reinigung sind etwa 90 % der Verunreinigungen aus dem Abwasser entfernt.

In der anschließenden chemischen Reinigungsstufe werden gelöste, das Wasser gefährdende Stoffe abgetrennt. In den Fällungsbecken bilden sich mit dem Flockungsmittel in Wasser schwer lösliche Stoffe, die durch Filtration aus dem Wasser entfernt werden.

Nach der Abwasserreinigung in einer Kläranlage darf das gereinigte Abwasser in Oberflächengewässer eingeleitet werden. Der bei der Abwasserreinigung in allen Reinigungsstufen anfallende Klärschlamm kann zur Herstellung von Faulgas (Biogas) oder zur Düngung von Äckern und Wiesen verwendet werden. Gegenwärtig werden etwa 90 % der Abwässer in kommunalen und industriellen Kläranlagen gereinigt.

Gewässerschutz. Unsere Gewässer werden durch eine Vielzahl von Prozessen verschmutzt. Bei natürlichen Verschmutzungen der Gewässer durch Laub, Bodenbestandteile, Tierausscheidungen und tierische Zersetzungsprodukte reinigt sich das Gewässer meist durch biologische Vorgänge, Versickern und Verdunsten selbst. Auch durch den Menschen hervorgerufene Verschmutzungen reinigt ein Gewässer in gewissen Grenzen selbst. Stärkere Verschmutzungen oder der Eintrag von schädlichen Stoffen über einen langen Zeitraum führen zu einer Verringerung dieser **Selbstreinigungskraft der Gewässer**.

Das Ökosystem des Gewässers kann dauerhaft geschädigt werden. Das wiederum hat auch Folgen für die Bereitstellung von Trinkwasser. Die Aufbereitung solchen Wassers zu Trinkwasser ist deutlich schwieriger und teurer. Damit auch weiterhin ausreichend Trinkwasser bereitgestellt werden kann und die Ökosysteme intakt bleiben, müssen die Gewässer vor vermeidbaren Belastungen geschützt werden.

1 Gesunde Elblandschaft

Schon gewusst?

Zur Sanierung geschädigter Gewässer werden nationale und internationale Programme aufgelegt.

Seit 1990 wird die Elbe saniert, was zu einer deutlichen Verbesserung der Wasserqualität der Elbe geführt hat. Die Belastung der Elbe mit Phosphaten und Stickstoff aus Ammoniumsalzen wurde deutlich verringert.

Element	Massenkonzentration	
	1990	1996
Phosphor	0,53 mg/l	0,24 mg/l
Stickstoff	1,6 mg/l	0,05 mg/l

Damit bildet die Elbe wieder für viele Pflanzen- und Tierarten wie Elbe-Biber und Fischotter ein Ausbreitungsgebiet. Darüber hinaus ist sie Rastbiotop für den Vogelzug.

AUFGABEN

1. Weise nach, dass Wasser lebensnotwendig ist.
2. Überlege, wie mit einfachen Mitteln aus Salzwasser Trinkwasser gewonnen werden kann.
3. Düngemittel sind unentbehrlich für die Steigerung der Erträge in Garten und Landwirtschaft. Weshalb können sie aber das Grundwasser gefährden?
4. Überlege Sparmöglichkeiten für Trinkwasser bei dir zu Hause.
5. Gelangen 10 Tropfen (etwa 1 ml) Motorenöl in das Grundwasser, werden 1 000 l Wasser ungenießbar gemacht.
Welcher Schaden tritt ein, wenn ein Autofahrer verbotenerweise sein Motorenöl von etwa 5 l in den Boden versickern lässt?
6. In manchen Haushalten werden Essenreste in die Toilette gegeben. Setze dich mit dieser Verhaltensweise auseinander.

Lösen von festen Stoffen in Wasser

Wasser wird sehr vielseitig verwendet. Wir baden und waschen Wäsche mit Wasser. Wir geben Düngemittel in das Blumenwasser und gießen damit die Pflanzen. Wir bereiten Speisen und Getränke mit Wasser zu. Werden beispielsweise Kartoffeln, Reis oder Nudeln gekocht, gibt man in das Wasser etwas Kochsalz, das auch als Natriumchlorid bezeichnet wird. Bei allen genannten Anwendungen von Wasser spielen Lösevorgänge eine Rolle. Wie läuft das Lösen fester Stoffe in Wasser ab? Welche Bedingungen beeinflussen das Lösen fester Stoffe in Wasser? Welche Eigenschaften hat eine Natriumchloridlösung im Vergleich zum festen Natriumchlorid?

EXPERIMENT 1 [S]
Erkunde die Löslichkeit verschiedener fester Stoffe in Wasser.
Gib in drei Reagenzgläser mit je 5 ml destilliertem Wasser jeweils eine Spatelspitze Calciumchlorid (Xi), Natriumchlorid und Silberchlorid. Verschließe die Reagenzgläser mit einem Stopfen und schüttle sie kräftig. Wiederhole den Vorgang, wenn sich der zugesetzte Stoff in Wasser gelöst hat. Notiere deine Beobachtungen.
Vergleiche deine Beobachtungen miteinander.

1 Natriumchloridkristalle

EXPERIMENT 2 [S]
Erkunde den Einfluss der Temperatur auf die Löslichkeit verschiedener fester Stoffe in Wasser.
Gib in zwei Reagenzgläser mit je 5 ml destilliertem Wasser jeweils eine Spatelspitze Ammoniumchlorid (Xn) und Kaliumnitrat (O). Verschließe die Reagenzgläser mit einem Stopfen und schüttle sie kräftig. Wiederhole den Vorgang so lange, bis ein Bodensatz zurück bleibt. Erwärme die Lösungen mit dem Bodensatz in einem Wasserbad. Notiere deine Beobachtungen.
Welchen Einfluss hat die Temperatur auf die Löslichkeit dieser Stoffe.

2 Durch Verdampfen des Wassers erhaltene Natriumchloridkristalle

EXPERIMENT 3 [S]
Prüfe destilliertes Wasser, festes Natriumchlorid und eine Natriumchloridlösung auf elektrische Leitfähigkeit.
Gib in ein Becherglas etwa 10 g trockenes, festes Natriumchlorid, in ein anderes Becherglas einen großen trockenen Natriumchloridkristall und in ein drittes Becherglas 100 ml destilliertes Wasser. Prüfe mit einem Leitfähigkeitsprüfer die elektrische Leitfähigkeit des festen Natriumchlorids und des destillierten Wassers.
Gib die 10 g Natriumchlorid in das Becherglas mit dem destillierten Wasser. Rühre um, bis eine klare Natriumchloridlösung entstanden ist. Prüfe die Lösung ebenfalls auf elektrische Leitfähigkeit.
Vergleiche die Ergebnisse miteinander.

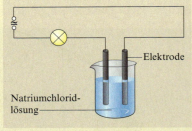

3 Prüfen einer Lösung auf elektrische Leitfähigkeit

EXPERIMENT 4 [S]
Gewinne in Wasser gelöste Stoffe zurück.
Gib etwa 2 ml der bei Experiment 1 erhaltenen Lösungen in eine Abdampfschale und erhitze so lange, bis das Wasser verdampft ist. Betrachte den Rückstand mit der Lupe.

Entsorgung

Silberchloridreste getrennt einsammeln. Wässrige Lösungen in Sammelbehälter für Abwasser.

Wasser als Lösemittel

Wir stellen fest, dass sich einige Stoffe in Wasser lösen. Nach dem Lösen sind die Stoffe zwar nicht mehr zu sehen, aber verschwunden sind sie nicht. Nach dem Verdampfen des Wassers einer Kochsalzlösung wird wieder ein fester, kristalliner Stoff erhalten. Die **Lösungen** sind homogene Stoffgemische (↗ Seite 25) des **Lösemittels** Wasser mit den **gelösten Stoffen**, z. B. dem Natriumchlorid.

Löslichkeit. Stoffe wie Natrium- und Calciumchlorid sind in Wasser gut löslich, andere wie Silberchlorid sind dagegen in Wasser schwer löslich. Aber auch die gut löslichen Stoffe können von einer Lösemittelportion nur in einer bestimmten Menge gelöst werden. Ist diese Menge überschritten, setzt sich jede weitere zugegebene Stoffportion als **Bodenkörper** ab. Die Lösung über dem Bodenkörper nennt man **gesättigte Lösung**.
In einer bestimmten Masse eines Lösemittels löst sich nur eine bestimmte Masse eines Stoffes. Diese Größe wird als **Löslichkeit** bezeichnet. Die Löslichkeit ist von Temperatur und Druck abhängig.

> Die Löslichkeit gibt an, welche Masse eines festen Stoffes bei 20 °C und 1 013 hPa von 100 g eines Lösemittels höchstens gelöst wird.

Natriumchlorid – Natriumchloridlösung. Eine Natriumchloridlösung leitet den elektrischen Strom, festes Natriumchlorid dagegen nicht. Die elektrische Leitfähigkeit beruht auf dem Vorhandensein frei beweglicher, elektrisch geladener Teilchen. In Metallen fließt elektrischer Strom aufgrund sich gerichtet bewegender Elektronen. Welche elektrisch geladenen Teilchen fungieren in einer Natriumchloridlösung als Ladungsträger? Festes Natriumchlorid enthält offensichtlich keine frei beweglichen, elektrisch geladene Teilchen. Wie lassen sich diese Eigenschaften erklären?

Bau von Natriumchlorid. Natriumchlorid ist aus positiv elektrisch geladenen Natriumteilchen und negativ elektrisch geladenen Chlorteilchen aufgebaut. Diese Teilchen sind aus den Atomen der Stoffe entstanden, unterscheiden sich aber durch ihre elektrische Ladung von diesen. Sie werden als **Ionen** bezeichnet (griech. ion – wandernd).
Die positiv elektrisch geladenen Natriumteilchen im Natriumchlorid sind Natrium-Ionen, die negativ elektrisch geladenen Chlorteilchen heißen Chlorid-Ionen. Natrium-Ionen und Chlorid-Ionen bilden im Natriumchlorid große Teilchenverbände.

Löslichkeit je 100 g Wasser bei 20 °C und 1 013 hPa	
Stoff	Löslichkeit in g
Natriumchlorid	36
Kaliumchlorid	34
Calciumchlorid	75
Bariumchlorid	36
Bleichlorid	1
Silberchlorid	0,0002

Schon gewusst?

Natürliches Wasser mit einem Massenanteil gelöster Salze kleiner als 0,02 % wird als Süßwasser bezeichnet.
Meerwasser enthält gelöste Salze mit größeren Massenanteilen, weshalb es auch oft als Salzwasser bezeichnet wird.

Massenanteil gelöster Salze in verschiedenen Meeren und Ozeanen	
Meer/Ozean	Massenanteil in Prozent
östliches Mittelmeer	3,8
westliches Mittelmeer	3,7
Atlantik	3,5 – 3,7
Indischer Ozean	3,4
Schwarzes Meer	1,5 – 1,8
östliche Ostsee	0,2
westliche Ostsee	2,0
Totes Meer	28

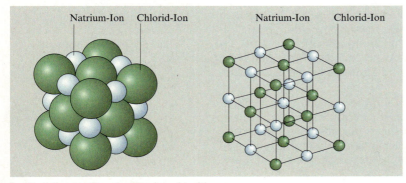

1 Modelle vom Bau des Natriumchlorids

AUFGABEN

1. Berechne die Masse an Natriumchlorid, die sich vollständig in 1,5 kg Wasser lösen kann.
2. Beschreibe den Aufbau eines Natriumatoms und eines Chloratoms. Erkläre, warum Atome elektrisch neutral sind.
3. Informiere dich, welche Teilchen elektrische Ladungsträger sein können.

Ionen. Atome sind elektrisch neutral, weil die Anzahl der positiv elektrisch geladenen Protonen im Atomkern gleich der Anzahl der negativ elektrisch geladenen Elektronen in der Atomhülle ist.

Ionen sind Teilchen in der Größenordnung von Atomen. Sie sind elektrisch geladen, da die Anzahl der Protonen nicht gleich der Anzahl der Elektronen ist.

Bei positiv elektrisch geladenen Ionen ist die Anzahl der Elektronen kleiner als die Anzahl der Protonen. Bei negativ elektrisch geladenen Ionen ist die Anzahl der Elektronen größer als die Anzahl der Protonen.

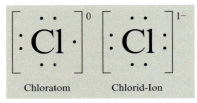

1 Außenelektronen bei Chloratomen und Chlorid-Ionen

Teilchen	Natriumatom	Natrium-Ion	Chloratom	Chlorid-Ion
Protonenanzahl	11	11	17	17
Elektronenanzahl	11	10	17	18
Ladung des Teilchens	keine	einfach positiv elektrisch geladen	keine	einfach negativ elektrisch geladen

> Ionen sind positiv oder negativ elektrisch geladene Teilchen in der Größenordnung von Atomen.

Elektrische Ladung und Ionenwertigkeit. Die Anzahl und die Art der elektrischen Ladung der Ionen wird am Symbol des Ions hochgestellt angegeben. Hat das Ion mehr als eine elektrische Ladung, wird die Anzahl als Ziffer vor dem hochgestellten Plus- bzw. Minuszeichen eingefügt.
Natrium-Ion: Na^+, Magnesium-Ion: Mg^{2+}, Chlorid-Ion: Cl^-.
Die Anzahl der elektrischen Ladungen wird als **Ionenwertigkeit** bezeichnet. Die Wertigkeit eines Ions wird durch Ziffern mit nachgestelltem Plus- oder Minuszeichen angegeben, z.B. ein Magnesium-Ion ist +2-wertig.

Name, Symbol und Wertigkeit einiger Ionen

Name des Ions	Symbol	Wertigkeit
Natrium-Ion	Na^+	+1
Kalium-Ion	K^+	+1
Magnesium-Ion	Mg^{2+}	+2
Calcium-Ion	Ca^{2+}	+2
Aluminium-Ion	Al^{3+}	+3
Oxid-Ion	O^{2-}	−2
Chlorid-Ion	Cl^-	−1
Bromid-Ion	Br^-	−1

Ionenkristall – Ionengitter – Ionenbindung. Die Festigkeit und der kristalline Bau von Natriumchlorid ergeben sich aus der regelmäßigen Anordnung der Ionen im Natriumchlorid. Es bildet einen **Ionenkristall**.
Diese regelmäßige Anordnung von positiv elektrisch geladenen und negativ elektrisch geladenen Ionen in Ionenkristallen wird als **Ionengitter** bezeichnet. Die Ionen befinden sich im Ionengitter an festen Plätzen. Sie sind dadurch nicht frei beweglich. Natriumchlorid und alle weiteren Stoffe, die Ionenkristalle bilden, enthalten die Ionen als elektrische Ladungsträger. Da die Ionen fest im Ionengitter angeordnet sind, können diese Stoffe den elektrischen Strom aber nicht leiten.
Natriumchlorid ist ein fester, harter Stoff mit einer hohen Schmelztemperatur. Diese Eigenschaften sind auf die starken Anziehungskräfte zwischen den ungleichnamig elektrisch geladenen Ionen zurückzuführen. Die Anziehung zwischen den Ionen bewirkt die chemische Bindung im Natriumchlorid. Diese chemische Bindung wird als **Ionenbindung** bezeichnet.

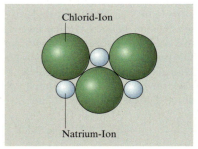

2 Modell der Ionen im Natriumchlorid

> Stoffe, die aus Ionen bestehen, bilden Ionenkristalle. Die regelmäßige Anordnung von Ionen in Ionenkristallen wird als Ionengitter bezeichnet. Die Ionen im Ionengitter werden durch Ionenbindung zusammengehalten. Die Ionenbindung ist eine chemische Bindung, die durch Anziehungskräfte zwischen ungleichnamig elektrisch geladenen Ionen bewirkt wird.

Wasser als Lösemittel

1 Das wohl salzigste Gewässer der Erde ist der Assalsee mit einem Salzgehalt von 34,8%. In einem entlegenen Wüstengebiet Ostafrikas 173 m unter dem Meeresspiegel gelegen, bedeckt er eine Fläche von 54 km². An seinen Ufern verkrusten Salzkristalle zu meterdicken Platten.

2 Lösen eines Salzes

Lösen von Natriumchlorid in Wasser. Beim Lösen von Natriumchlorid in Wasser lagern sich Wasserteilchen an die Oberfläche der Ionenkristalle an. Die Anziehungskräfte zwischen den Ionen werden überwunden und die Ionen gehen in Lösung. Der Vorgang wiederholt sich, bis die Ionenkristalle vollständig gelöst sind. Der Ionenkristall wird beim Lösen zerstört. Die elektrisch geladenen Ionen ziehen Wasserteilchen (↗ Seite 93, 138f.) an und umgeben sich jeweils mit einer Hülle aus Wasserteilchen. Die von einer Hülle aus Wasserteilchen umgebenen Ionen werden **hydratisierte Ionen** genannt. Sie sind in der Lösung frei beweglich. Deshalb leitet eine Lösung von Natriumchlorid im Gegensatz zum festen Natriumchlorid den elektrischen Strom.

Dissoziation von Natriumchlorid. Das Lösen von Natriumchlorid in Wasser kann als chemische Reaktion aufgefasst werden. Die Natriumchloridlösung hat andere Eigenschaften als das Wasser und als das feste Natriumchlorid. Lösevorgänge von festen Stoffen in Wasser sind von der Temperatur abhängig. Meist begünstigt eine Erwärmung den Lösevorgang. Die Stoffumwandlung beim Lösen von Natriumchlorid ist von einer Energieumwandlung begleitet.
Ionenkristalle zerfallen in einem Lösemittel wie Wasser. Die entstandene Lösung enthält frei bewegliche positiv und negativ elektrisch geladene Ionen. Dieser Vorgang wird als **Dissoziation** (lat. dissociare – trennen) bezeichnet. Die Dissoziation von Natriumchlorid in Wasser lässt sich durch eine Wortgleichung darstellen.

Natriumchlorid + Wasser ⟶ Natriumchloridlösung

Wird der Natriumchloridlösung das Lösemittel Wasser entzogen, z. B. beim Verdampfen, bilden sich wieder feste Salzkristalle.

> Ionenkristalle eines Stoffes, z. B. Natriumchlorid, zerfallen in einem Lösemittel wie Wasser in frei bewegliche positiv und negativ elektrisch geladene Ionen. Dieser Vorgang wird als Dissoziation bezeichnet.

AUFGABEN

1. Erkläre, warum eine Kochsalzlösung den elektrischen Strom leitet, festes Kochsalz aber nicht.
2. Nenne Unterschiede und Gemeinsamkeiten des Lösens und des Schmelzens von Natriumchlorid.
3. Erläutere den Vorgang der Dissoziation am Beispiel der Zugabe von Kochsalz beim Kochen von Kartoffeln.
4. Überlege, warum es lebensgefährlich ist, beim Baden in der Badewanne mit elektrischen Geräten z. B. mit einem Föhn zu hantieren.

Veränderung der Zusammensetzung des Wassers durch Umwelteinflüsse

1 Gesundes Gewässer mit Schilfgürtel

2 Gewässer mit starkem Algenwachstum

Natürliche Gewässer enthalten neben dem Wasser eine Vielzahl weiterer Stoffe. Können natürliche Umwelteinflüsse und Einflüsse durch die menschliche Tätigkeit die Zusammensetzung des Wassers verändern?

Planung. Zur Bearbeitung des Themas könnt ihr die verschiedensten Fragen zusammentragen, die euch bei dieser Thematik interessieren und die von den Projektgruppen untersucht werden sollen. Für solche Fragen hier einige Anregungen.

Welche Zusammensetzung hat das Wasser eines natürlichen Gewässers (eines Baches, eines Teiches, eines Sees, …)?

Wie lassen sich die Inhaltsstoffe im Wasser eines Gewässers ermitteln oder experimentell erkunden? Welche Inhaltsstoffe beeinflussen die Qualität eines Gewässers negativ?

Wie wird die Güte eines Gewässers beschrieben und experimentell bestimmt?

Welche natürlichen Einflüsse gibt es auf die Wasserzusammensetzung und die Wasserqualität?

Welche Einflüsse haben Haushalt, Industrie und Landwirtschaft auf die Zusammensetzung des Wassers?

Welche Einwirkungsmöglichkeiten auf die Wassergüte hat der Einzelne?

Wie kommt es, dass bei einigen Gewässern sehr schöne und gesunde Schilfgürtel vorhanden sind, bei anderen Gewässern die Schilfgürtel zerstört sind?

Was wird unter „Blühen" eines Gewässers verstanden? Wie kommt es zu dieser Erscheinung? Was kann dagegen unternommen werden?

Arbeiten am Projekt. Zur Bearbeitung des Projektes könnt ihr verschiedene Arbeitsgruppen bilden. Zwischen diesen Gruppen solltet ihr die Aufgaben, die zu bearbeiten sind, aufteilen.

Umweltverbände und Umweltämter können euch sicherlich umfangreiches Material zu dieser Thematik zur Verfügung stellen. Neben experimentellen Untersuchungen von Wasserproben bietet sich auch eine Exkursion in ein Wasserwerk oder eine Kläranlage an.

Gewässergüte der Fließgewässer

Güteklasse I
unbelastet
Sauerstoffgehalt: 8,4 bis 8,8 mg/l
mäßig dicht besiedelt

Güteklasse II
mäßig belastet
Sauerstoffgehalt: 6,2 bis 7,5 mg/l
sehr große Artenvielfalt, viele Fischarten vorhanden

Güteklasse III
stark verschmutzt
Sauerstoffgehalt: 2,2 bis 4,4 mg/l
mit periodischem Fischsterben ist zu rechnen

Güteklasse IV
übermäßig verschmutzt
Sauerstoffgehalt: 0,0 bis 0,9 mg/l
Fäulnisprozesse herschen vor, vorrangige Bakterienbesiedlung, keine Fische

Veränderung der Zusammensetzung des Wassers durch Umwelteinflüsse

EXPERIMENT 1 [S]
Untersuche verschiedene Wasserproben.
Ermittle die Temperatur von Gewässern deiner Wohnumgebung. Stelle die Sichttiefe fest. Prüfe Geruch und Färbung des Wassers. Betrachte jeweils einen Tropfen der Gewässer unter einem Mikroskop.
Notiere die Ergebnisse und vergleiche die Gewässer miteinander.

EXPERIMENT 2 [S]
Ermittle die gelösten Feststoffe in verschiedenen Wasserproben.
Wie kann der Massenanteil gelöster fester Stoffe in einer Wasserprobe ermittelt werden? Entwickle eine Vorschrift für die Durchführung des Experiments. Verwende jeweils 20 ml der Gewässerproben.
Vergleiche den Massenanteil gelöster fester Stoffe in den verschiedenen Gewässerproben.

EXPERIMENT 3 [S]
Bestimme den Anteil gelöster Gase in verschiedenen Wasserproben.
Die Wasserproben lassen sich mithilfe einer Versuchsanordnung entsprechend der Abbildung untersuchen. Bestimme den Anteil gelöster Gase in jeweils 100 ml der Wasserproben. Erhitze die Wasserproben auf einem Drahtnetz langsam auf 90 °C und halte diese Temperatur etwa 5 min.
Vergleiche die Ergebnisse.

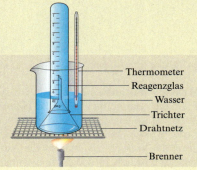

EXPERIMENT 4 [S]
Bestimme die Wasserhärte und den Massenanteil der Nitrat-Ionen und Phosphat-Ionen in verschiedenen Wasserproben.
Ermittle die Wasserhärte, den Massenanteil an Nitrat-Ionen und den Massenanteil an Phosphat-Ionen mithilfe von Teststäbchen entsprechend der Vorschriften, die auf den Verpackungen stehen.
Vergleiche das Wasser der verschiedenen Gewässer.

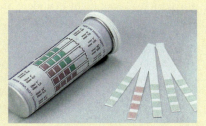

1 Teststäbchen zur Bestimmung der Wasserhärte

EXPERIMENT 5 [S]
Untersuche die Verschmutzung von Wasser durch Öl.
Gib zu 100 ml Wasser einen Tropfen gefärbtes Gewürznelkenöl. Rühre mit einem Glasstab um und prüfe Aussehen und Geruch. Gib 10 ml der Lösung zu 90 ml frischem Wasser. Prüfe erneut Geruch und Aussehen. Wiederhole den Vorgang solange, bis du keinen Geruch mehr wahrnimmst. Stelle fest, welches Volumen an Wasser erforderlich war, um das Öl unwirksam zu machen.
Überlege die Folgen, wenn Kraftstoffe bzw. Motorenöl in Gewässer gelangen.

Präsentation der Ergebnisse. Stellt eure Ergebnisse und Schlussfolgerungen den anderen Arbeitsgruppen vor. Überlegt, welche Ergebnisse ihr vielleicht in Form eines Posters einem größeren Publikum präsentieren möchtet. In einem Vortrag könnte auch zusammen mit den entsprechenden Experimenten dargelegt werden, wie eine einfache Wasseranalyse durchgeführt werden kann.

2 Schülerinnen und Schüler bei der Untersuchung von Wasserproben

Wasser – „nasses Element" oder chemische Verbindung?

1 Taucher mit Magnesiumfackel

EXPERIMENT 2 [L]
Reaktion von Magnesium und Wasser.
In einem schwer schmelzbaren Reagenzglas werden zuerst das Magnesiumpulver (F) und dann der feuchte Sand mit starker Brennerflamme erhitzt. Mit dem entweichenden Gas ist die Knallgasprobe durchzuführen. Nachdem die Knallgasprobe negativ ausfällt, wird das entweichende Gas entzündet.

Wasser – das „nasse Element". Im Alltag wird Wasser oft als das „nasse Element" bezeichnet. Dies ist eine aus der Antike überlieferte Bezeichnung, da angenommen wurde, dass alle Stoffe aus den vier „Elementen" Erde, Wasser, Luft und Feuer gebildet werden können. Aus der Bezeichnung des Wassers als „nasses Element" ergibt sich natürlich die Frage, ob Wasser wirklich zu den Elementsubstanzen gehört. Wenn das der Fall ist, dürfte sich Wasser nicht in andere Stoffe zerlegen lassen.

EXPERIMENT 1 [S]
Verhalten von Wasser beim Anlegen einer Gleichspannung.
Baue die Versuchsanordnung entsprechend der Abbildung auf. Verwende als Gefäß für das Wasser das Unterteil einer abgeschnittenen Kunststoffflasche. Setze in den Boden des Gefäßes zwei Kohlestäbe ein und verbinde die Kohlestäbe durch Kabel mit einem Netzgerät. Die Reagenzgläser sollen zu Beginn des Experimentes vollständig mit Wasser gefüllt sein. Lege an die Kohlestäbe eine Gleichspannung von 8 V an. Beobachte beide Kohlestäbe. Fülle am Pluspol und am Minuspol jeweils zwei Reagenzgläser mit Gas. Führe mit beiden Gasen die Glimmspanprobe durch. Prüfe beide Gase auf Brennbarkeit.
Notiere eine Vermutung, welche Gase gebildet wurden.
Entsorgung: Wasser in Sammelbehälter für Abwasser.

Verhalten von Wasser beim Anlegen einer Gleichspannung. Beim Anlegen einer elektrischen Spannung wird Wasser in zwei Gase zerlegt. Diese Gase wurden als Sauerstoff und Wasserstoff nachgewiesen. Daraus lässt sich ableiten, dass Wasser keine Elementsubstanz, sondern eine chemische Verbindung ist. Der Schluss wurde durch die Ergebnisse des Experiments 2 bestätigt. Wasser wurde in die Elementsubstanzen Sauerstoff und Wasserstoff zerlegt. Der Sauerstoff reagierte mit dem Magnesium zum Magnesiumoxid, einem weißen, festen Stoff. Der Wasserstoff konnte nach dem Auffangen verbrannt werden.

Wasser $\longrightarrow$ Wasserstoff + Sauerstoff

Wasser – „nasses Element" oder chemische Verbindung?

EXPERIMENT 3 [S]
Nachweisen von Wasser.
Gib auf 3 Uhrgläser je eine Spatelspitze weißgraues Kupfersulfat (Xn, N). Tropfe 3 Tropfen Wasser zur ersten Probe, 3 Tropfen Speiseöl zur zweiten und 3 Tropfen Propanol (F, Xi) zur dritten Probe.
Notiere deine Beobachtungen.
Entsorgung: Kupfersulfat in Wasser lösen, Wasser verdunsten, Kupfersulfat in Sammlung geben und wieder verwenden.

EXPERIMENT 4 [L]
Verbrennen von Wasserstoff.
Wasserstoff (F+) wird im Sauerstoffstrom verbrannt. Die kondensierte Flüssigkeit ist mit weißgrauem Kupfersulfat (Xn, N) zu prüfen.

Bildung von Wasser. Wenn sich die Verbindung Wasser in die Elementsubstanzen Sauerstoff und Wasserstoff zerlegen lässt, müsste sich Wasser aus den beiden Elementsubstanzen wieder bilden lassen. Beim Verbrennen von Wasserstoff entsteht ein flüssiges Reaktionsprodukt, das weißgraues Kupfersulfat blau färbt. Nur Wasser färbt weißgraues Kupfersulfat blau, wodurch das Reaktionsprodukt als Wasser nachgewiesen wurde.

Wasserstoff + Sauerstoff $\longrightarrow$ Wasser

Die Reaktion von Wasserstoff und Sauerstoff erfolgt explosionsartig, wenn beide Stoffe im Volumenverhältnis von 2 : 1 vorliegen. Deshalb ist beim Arbeiten mit Wasserstoff äußerste Vorsicht geboten (↗ Seite 94 f.).

> Wasser ist eine chemische Verbindung. Wasser lässt sich in die Elementsubstanzen Wasserstoff und Sauerstoff zerlegen. Aus den Elementsubstanzen Wasserstoff und Sauerstoff kann Wasser wieder gebildet werden.

EXPERIMENT 5 [L]
Zünden eines Gemisches aus Wasserstoff und Sauerstoff.
Achtung! Schüler vor Entzünden warnen! Mund öffnen! Schutzscheibe!
In eine Tensidlösung in einer Sandbadschale aus Stahlblech wird ein Gemisch aus Wasserstoff (F+) und Sauerstoff im Volumenverhältnis 2 : 1 eingeleitet. An die Blasen ist ein brennender Holzspan zu halten.

Bau des Wassers. Wasser ist aus Molekülen aufgebaut. Jedes Wassermolekül besteht aus einem Atom Sauerstoff, an das zwei Atome Wasserstoff gebunden sind. Wasser hat deshalb die Formel H_2O.
Im Eis bilden die Moleküle Kristalle, die Moleküle sind fest angeordnet. Im flüssigen Aggregatzustand sind die Moleküle nicht mehr fest angeordnet, sie können sich bewegen. Im gasförmigen Zustand bewegen sich die Wassermoleküle frei und regellos.

> Der reine Stoff Wasser besteht aus Wassermolekülen. In einem Wassermolekül sind zwei Wasserstoffatome und ein Sauerstoffatom miteinander verbunden. Die Formel für Wasser ist H_2O.

1 Modell eines Wassermoleküls

AUFGABEN

1. Die Reaktion von Wasser mit Magnesium ist ein Hinweis darauf, dass Wasser eine Verbindung ist.
   a) Begründe diese Aussage.
   b) Formuliere für die Reaktion die Wortgleichung.
   c) Erläutere den Bau des Wassers.
2. Warum reicht die Durchführung eines einzigen Experimentes zur Analyse von Wasser nicht zur Bestätigung dafür aus, dass Wasser eine chemische Verbindung ist?
3. Zeichne mithilfe des Teilchenmodells eine Darstellung für das Sieden von Wasser und für das Zerlegen von Wasser. Vergleiche beide Vorgänge miteinander.
4. Warum muss beim Experimentieren mit Wasserstoff äußerst vorsichtig gearbeitet werden?
5. Welche Aussagen über Wasser sind aus der Formel H_2O möglich und welche Aussagen lassen sich daraus über Wasser nicht ableiten?

Wasserstoff

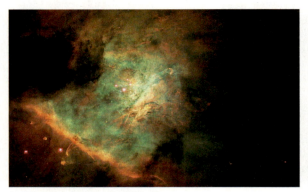

1 Wasserstoffwolke im Weltall

2 Explosion des Luftschiffs LZ 129 bei New York

Ein startender Spaceshuttle (↗ Seite 61), eine Gaswolke im Weltall und die Tragödie 1937, als ein Luftschiff bei New York in Flammen aufging, scheinen auf den ersten Blick keine Gemeinsamkeiten aufzuweisen. Näher betrachtet haben sie aber alle mit der Elementsubstanz Wasserstoff zu tun. Was ist das für ein Stoff, der Katastrophen auslösen kann und doch gleichzeitig als Energieträger der Zukunft gilt (↗ Seite 96 f.)?

EXPERIMENT 6 [S]
Stelle Wasserstoff dar und entzünde ihn.
Baue die Apparatur zum pneumatischen Auffangen eines Gases gemäß Bild 2 (Seite 67) auf. In das Reagenzglas mit seitlichem Ansatzrohr werden 2 Körner Zink gegeben. Mit der Pipette werden tropfenweise vorsichtig etwa 2 ml 10%ige Salzsäure (Xi) aufgetropft. Fülle 4 Reagenzgläser mit dem entstehenden Gas. Halte nach dem Füllen die ersten drei Reagenzgläser an eine kleine Brennerflamme. *Vorsicht! Nicht erschrecken!* Halte das vierte Reagenzglas 10 s unverschlossen mit der Öffnung nach oben. Führe danach das Reagenzglas ebenfalls an die kleine Brennerflamme.
Beschreibe deine Beobachtungen. Welche Eigenschaften des Wasserstoffs lassen sich ableiten?
Entsorgung: Salzsäurereste in Sammelbehälter für Abwasser, Zinkreste abspülen, werden wieder verwendet.

Darstellung und Vorkommen von Wasserstoff. Wasserstoff wird im Labor aus Gasflaschen mit roter Schulter (Bild 2, Seite 96) entnommen oder in kleinen Mengen durch die Reaktion von Salzsäure mit Zink im *Kipp'schen Gasentwickler* (Experiment 7) dargestellt. Großtechnisch wird Wasserstoff zu über 90% aus Erdöl hergestellt. Während Wasserstoff in der unteren Erdatmosphäre nur in Spuren vorkommt, besteht die in einigen 100 km Höhe sehr dünne Atmosphäre fast ausschließlich aus Wasserstoff.

Eigenschaften von Wasserstoff. Wasserstoff ist ein farbloses, geruchloses und ungiftiges Gas. Er hat die geringste Dichte aller Stoffe, löst sich in Wasser fast nicht, aber in einigen Metallen. Wasserstoff bildet mit Anteilen zwischen 4% und 75% mit Luft oder Sauerstoff hoch explosive Gemische, die **Knallgas** genannt werden. In reiner Form verbrennt er ruhig mit schwach bläulicher, sehr heißer Flamme.

EXPERIMENT 7 [L]
Wasserstoffdarstellung.
In einen Kipp'schen Gasentwickler werden gekörntes Zink und 20%ige Salzsäure (Xi) gefüllt.

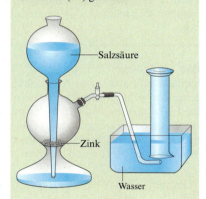

EXPERIMENT 8 [L]
Verbrennen von Wasserstoff.
In einen mit Wasserstoff (F+) gefüllten Zylinder wird von unten eine brennende Kerze eingeführt und die Flamme beobachtet.

Wasserstoff

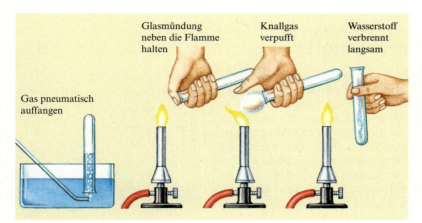

1 Durchführung der Knallgasprobe

Steckbrief

Wasserstoff
Farbe: farblos
Geruch: geruchlos
Aggregatzustand: gasförmig
Schmelztemperatur: −259 °C
Siedetemperatur: −253 °C
Dichte: 0,0899 g/l (bei $\vartheta = 0$ °C)
Giftigkeit: ungiftig
Brennbarkeit: brennt an der Luft mit schwach bläulicher Flamme.
Wasserlöslichkeit: sehr gering

Nachweis von Wasserstoff. Reiner Wasserstoff brennt ruhig mit schwach bläulicher Flamme. Knallgas verbrennt dagegen explosionsartig. Beim Experimentieren mit Wasserstoff muss deshalb sichergestellt sein, dass z. B. in Versuchsaufbauten keine hochexplosiven Knallgas-Gemische vorliegen. Die **Knallgasprobe** (Experiment 6 und Bild 1) liefert einen Hinweis auf solche explosiven Gemische. Ein knallendes oder pfeifendes Geräusch deutet auf ein explosives Gemisch. Wenn z. B. bei der Herstellung von Wasserstoff die Luft aus der Apparatur vollständig verdrängt wurde, weist ein ruhiges Abbrennen mit schwach bläulicher Flamme auf reinen Wasserstoff hin. Beim Verbrennen von Wasserstoff entsteht Wasser. Das Wasser kondensiert im Reagenzglas in Form winziger Tröpfchen.
Zusammen mit der bläulichen Flammenfarbe dient das Entstehen von Wasser als Nachweis für Wasserstoff.

Verwendung von Wasserstoff und Sicherheit. Neben dem Einsatz als Raketentreibstoff dient Wasserstoff als Traggas für Wetterballons. Damit werden Messgeräte in große Höhen befördert. Beim autogenen Schweißen lassen sich zusammen mit Sauerstoff Flammentemperaturen bis 3 300 °C erreichen. Wasserstoff wird in der chemischen Industrie zur Produktion von Grundchemikalien, z. B. Ammoniak, und in der Lebensmittelindustrie z. B. zur Härtung von Fetten eingesetzt. Die Petrochemie benötigt Wasserstoff bei der Herstellung von Benzin und Methanol.
Wasserstoff ist bei richtiger Handhabung ungefährlich. Kommt es zu Unfällen, sind diese aufgrund der hohen Explosivität von Wasserstoff-Luft-Gemischen oft verheerend. Im Januar 1986 starben die sieben Besatzungsmitglieder der Challenger-Raumfähre, als kurz nach dem Start die Treibstofftanks explodierten. Trotz der Risiken könnte Wasserstoff aufgrund seiner vielen Vorteile der Energieträger der Zukunft sein.

EXPERIMENT 9 [L]
Böllerbüchse.
Eine mit Wasserstoff (F+) gefüllte, nach unten offene Blechdose wird auf einen Dreifuß mit Tondreieck gestellt. Das aus dem Loch (Durchmesser 1 bis 2 mm) im Kopf der Dose ausströmende Gas wird mit einem Holzspan gezündet.

Schon gewusst?

Wasserstoff ist im Weltall das häufigste Element. Auch unsere Sonne besteht mit einem Anteil von 84 % hauptsächlich aus Wasserstoff. Die im Innern der Sonne stattfindende Verschmelzung von Atomkernen (Kernfusion) des Wasserstoffs liefert die Energie für das Leben auf der Erde.

AUFGABEN

1. Nenne Risiken, die beim Experimentieren mit Wasserstoff auftreten können. Erläutere, wie diesen Risiken begegnet wird.
2. Ein Kubikmeter Wasserstoff trägt etwa eine Masse von 1,2 kg. Berechne, welches Volumen an Wasserstoff benötigt wird, um die Masse deines Körpers zu tragen. Suche einen Raum oder einen Gegenstand mit vergleichbarem Volumen.
3. Begründe den Einsatz von Wasserstoff als Traggas, Raketentreibstoff und Schweißgas.
4. Wie muss Wasserstoff gewonnen werden, um als Energieträger der Zukunft geeignet zu sein?

Wasserstoff – saubere Energie für die Zukunft?

Fossile und erneuerbare Energieträger. Im Laufe von Millionen Jahren bildeten sich auf der Erde große Vorräte an Kohle, Erdöl und Erdgas. Täglich werden von diesen fossilen Brennstoffen so viel verbraucht, wie in 1 000 Jahren der Erdgeschichte entstanden sind. Dieser enorme Verbrauch bewirkt ein Ansteigen des Kohlenstoffdioxidanteils in der Atmosphäre, was zu einer Verstärkung des Treibhauseffektes führt. Die Vorräte an Kohle, Erdöl und Erdgas auf der Erde sind begrenzt, eines Tages werden sie erschöpft sein. In Zukunft wird die Bedeutung regenerativer, d. h. erneuerbarer Energiequellen zunehmen. Wasserkraft, Wind, Erdwärme und Solarenergie sind solche Energiequellen. Diese Energieträger stehen aber an den Orten des Energieverbrauchs häufig nicht in ausreichendem Maße zur Verfügung. Sie sind bisher auch nur eingeschränkt speicher- und transportierbar.

Der Energieträger Wasserstoff weist diese Nachteile nicht auf. Wasserstoff lässt sich mithilfe des elektrischen Stromes aus Wasser, das unbegrenzt verfügbar ist, herstellen. Auch das Speichern und der Transport von Wasserstoff sind technisch gelöst.

Herstellen von Wasserstoff. Wasserstoff wird bisher überwiegend aus fossilen Energieträgern, z. B. Erdgas, gewonnen. Außerdem lässt sich Wasserstoff durch die Zerlegung von Wasser mithilfe des elektrischen Stroms gewinnen. Die benötigte elektrische Energie kann man durch Nutzung von Wasserkraft, Wind und Solarenergie erhalten.

Verschiedene andere Techniken wie thermochemische, fotochemische oder fotobiologische Verfahren zur Wasserstoffgewinnung befinden sich in der Erprobung.

Speichern von Wasserstoff. Im Gegensatz zu elektrischer Energie ist Wasserstoff leicht speicherbar, entweder gasförmig, flüssig oder in chemisch gebundener Form.

Wegen des geringen technischen Aufwands erfolgt die Speicherung heute fast ausschließlich in Druckbehältern aus Stahl. Größere Mengen Wasserstoff werden in Drucktanks oder als Flüssigwasserstoff gespeichert.

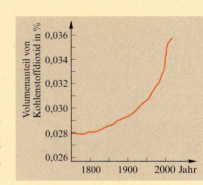

1 Volumenanteil Kohlenstoffdioxid in der Atmosphäre

2 Druckgasflaschen mit Wasserstoff

3 Roboterbetankung eines Autos mit Flüssigwasserstoff

Wasserstoff – saubere Energie für die Zukunft?

1   Dornier 328 und Airbus mit Flüssigwasserstoffantrieb

3   Nutzung von Solar-Wasserstoff

Die Brennstoffzelle – das lautlose Kraftwerk. Bei der Energiegewinnung aus Wasserstoff spielt die Brennstoffzelle eine wesentliche Rolle. Mithilfe von Brennstoffzellen können aus Wasserstoff und Sauerstoff elektrischer Strom und Wärme erzeugt werden. Bei dieser Reaktion entsteht in der völlig lautlos arbeitenden Brennstoffzelle reines Wasser ohne schädliche Abgase.
Brennstoffzellen werden in der Raumfahrt, bei Unterwasserfahrzeugen und zunehmend auch in Kraftfahrzeugen eingesetzt bzw. erprobt. In der Erprobung befinden sich auch Brennstoffzellenheizungen.

Wasserstoffmotoren. Eine weitere Nutzung des Wasserstoffs ist in Kraftfahrzeugen, Flugzeugen und Schiffen möglich. Bei dieser Technik wird Wasserstoff im flüssigen Aggregatzustand gespeichert und in einem Verbrennungsmotor gasförmig im Gemisch mit Luft verbrannt. Als „Abgas" entstehen neben dem Hauptprodukt der Verbrennung, dem Wasser, auch wie bei allen Verbrennungsvorgängen Spuren von Stickstoffoxiden.

2   Mithilfe von Brennstoffzellen angetriebener Pkw „necar 4"

AUFGABEN

1. Nenne alle dir bekannten fossilen Brennstoffe.
2. Gib dir bekannte Energiequellen an.
3. Notiere Möglichkeiten Solarenergie zu speichern.
4. Erläutere das Kreislaufkonzept von Solar-Wasserstoff.
5. Benenne die Stoffe, die sich im Abgas einer Brennstoffzelle und eines Wasserstoffmotors befinden.
6. Gib Vorteile der Nutzung der Wasserstofftechnologie für die Umwelt an.
7. In welche Energieart wird die Energie der Sonne in Solarzellen umgewandelt?
8. Welcher Unterschied in der Energieformwandlung besteht zwischen Windmühlen und Windkraftwerken?

Chemische Reaktion und Reaktionsgleichung

1 Start eines Spaceshuttles

Stoff- und Teilchenumsatz bei chemischen Reaktionen. Beim Start einer Rakete wird Wasserstoff mit Sauerstoff zu Wasser verbrannt, um die nötige Schubkraft zu erzeugen. Die Wortgleichung für diese chemische Reaktion lautet:

Wasserstoff + Sauerstoff ⟶ Wasserstoffoxid (Wasser).

Bei dieser Reaktion ordnen sich die Teilchen der Ausgangsstoffe Wasserstoff und Sauerstoff um und verändern sich. Es bilden sich die Teilchen des Reaktionsproduktes Wasser. Bei Anwendung des Teilchenmodells auf diese Reaktion, lässt sich der kleinstmögliche Teilchenumsatz für diese Reaktion erkennen.

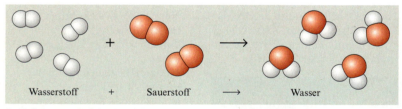

2 Teilchenmodell der Reaktion von Wasserstoff und Sauerstoff

Die Reaktionsgleichung. Die Stoffe und die Teilchen eines Stoffes können durch Formeln und Symbole gekennzeichnet werden. H_2, O_2 und H_2O sind die Formeln für Wasserstoff, Sauerstoff und Wasser.
Die kleinstmögliche Teilchenanzahl der miteinander reagierenden Stoffe wird als Faktor vor die jeweilige Formel oder das jeweilige Symbol geschrieben.

$$2\,H_2 + O_2 \longrightarrow 2\,H_2O$$

Diese Darstellung einer chemischen Reaktion wird als Reaktionsgleichung bezeichnet. Sie gibt an, welche und wie viele Teilchen der Ausgangsstoffe bei einer chemischen Reaktion miteinander reagieren und welche und wie viele Teilchen der Reaktionsprodukte dabei entstehen.

Schon gewusst?

Das Haupttriebwerk des amerikanischen Spaceshuttles wird mit Wasserstoff angetrieben. Beim Start reagieren 1,4 Millionen Liter flüssiger Wasserstoff mit Sauerstoff. Dazu werden Wasserstoff und Sauerstoff getrennt in Tanks bei sehr tiefer Temperatur in flüssiger Form mitgeführt (Wasserstoff liegt bei –253 °C und Sauerstoff bei –183 °C im flüssigen Aggregatzustand vor). Während der Startphase verdampfen beide Stoffe und werden mit hohem Druck in die Brennkammer eingespritzt. Der bei der Reaktion entstehende Wasserdampf strömt mit sehr hoher Geschwindigkeit aus der Düse und erzeugt so die benötigte Schubkraft für den Shuttle.

Chemische Reaktion: Verbrennen von Wasserstoff

Stoffliche Deutung:
Wasserstoff und Sauerstoff reagieren zu Wasserstoffoxid (Wasser).

Teilchenmäßige Deutung:
Je 2 Moleküle Wasserstoff und 1 Molekül Sauerstoff reagieren zu 2 Molekülen Wasser.

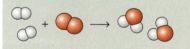

Bilanz der Teilchen der Elemente:
Die Anzahl der Wasserstoffatome im Ausgangsstoff Wasserstoff ist gleich der Anzahl der Wasserstoffatome im Reaktionsprodukt Wasser. Die Anzahl der Sauerstoffatome im Ausgangsstoff Sauerstoff ist gleich der Anzahl der Sauerstoffatome im Reaktionsprodukt Wasser.

Reaktionsgleichung:
$2\,H_2 + O_2 \longrightarrow 2\,H_2O$

Chemische Reaktion und Reaktionsgleichung

Reaktionsgleichung		2 Ca	+ O$_2$	⟶ 2 CaO
Wortgleichungen in der Landessprache	deutsch	Calcium	+ Sauerstoff	⟶ Calciumoxid
	englisch	calcium	+ oxygen	⟶ calcium oxide
	italienisch	calcio	+ ossigeno	⟶ ossido di calcio
	russisch	кальций	+ кислород	⟶ оксид кальция

Regeln für das Ermitteln der Faktoren in Reaktionsgleichungen

– Die Anzahl der Atome und/oder Ionen eines Elementes muss bei den Ausgangsstoffen und den Reaktionsprodukten gleich sein.
– Ist das nicht der Fall, müssen entsprechende Faktoren vor die jeweiligen chemischen Zeichen der Stoffe geschrieben werden.
– Die chemischen Zeichen (Symbole, Formeln) der Stoffe dürfen dabei nicht verändert werden.

Aus einer Reaktionsgleichung sind nicht die Eigenschaften der reagierenden Stoffe und nicht die für die Reaktion erforderlichen Bedingungen ableitbar.
Reaktionsgleichungen sind im Unterschied zu Wortgleichungen international verständlich und deshalb ein wichtiges Arbeits- und Verständigungsmittel in der Naturwissenschaft Chemie.

> Eine Reaktionsgleichung beschreibt eine chemische Reaktion mithilfe chemischer Zeichen. Sie kennzeichnet die an einer chemischen Reaktion beteiligten Stoffe, die Teilchen der Stoffe und das Zahlenverhältnis, in dem die Teilchen reagieren.

Entwickeln von Reaktionsgleichungen. Beim Entwickeln von Reaktionsgleichungen hat es sich bewährt, nach einer bestimmten Schrittfolge vorzugehen.

Schrittfolge beim Entwickeln einer Reaktionsgleichung			
1. Formulieren der Wortgleichung	Calcium + Sauerstoff		⟶ Calciumoxid
2. Einsetzen der chemischen Zeichen	Ca	O$_2$	CaO
3. Ermitteln der Faktoren	2 Ca	1 O$_2$	2 CaO
4. Überprüfen der Anzahl der Atome und Ionen jedes Elementes in den Ausgangsstoffen und Reaktionsprodukten	Ausgangsstoffe		Reaktionsprodukte
	Calcium: 2·1	=	2·1
	Sauerstoff: 1·2	=	2·1
5. Reaktionsgleichung	2 Ca	+ O$_2$	⟶ 2 CaO

AUFGABEN

1. Deute die folgenden Reaktionsgleichungen stofflich und teilchenmäßig.
   a) $2\,Mg + O_2 \longrightarrow 2\,MgO$
   b) $4\,Na + O_2 \longrightarrow 2\,Na_2O$
   c) $4\,Fe + 3\,O_2 \longrightarrow 2\,Fe_2O_3$

2. Bei einer chemischen Reaktion entstehen aus einer Million Wasserstoffmolekülen und einer Million Sauerstoffmolekülen eine Million Wassermoleküle.
   a) Prüfe die Richtigkeit der Aussage.
   b) Stelle für diese Reaktion den kleinstmöglichen Teilchenumsatz zeichnerisch im Teilchenmodell dar.
   c) Entwickle für diese chemische Reaktion die Wort- und die Reaktionsgleichung.

3. Ermittle die fehlenden Faktoren und kontrolliere die Übereinstimmung der Teilchenanzahlen der einzelnen Elemente.
   a) $\ldots Al + 3\,O_2 \longrightarrow \ldots Al_2O_3$
   b) $\ldots Cu + O_2 \longrightarrow \ldots CuO$

4. Begründe, warum Reaktionsgleichungen international wichtige Arbeits- und Verständigungsmittel sind?

5. Entwickle schrittweise die Reaktionsgleichungen
   a) für die chemische Reaktion von Kalium mit Sauerstoff und
   b) für die Bildung von Zinkoxid ZnO.
   Interpretiere die Reaktionsgleichungen.

ZUSAMMENFASSUNG

Wasser

Wasser ist ein lebensnotwendiger Stoff.
Wasser ist ein sehr gutes Lösemittel im Haushalt und in der Industrie.
Wasser ist eine chemische Verbindung, die aus Molekülen aufgebaut ist. In einem Wassermolekül sind zwei Atome Wasserstoff mit einem Atom Sauerstoff verbunden. Wasser hat die Formel H_2O.

Wasserstoff

Wasserstoff ist ein brennbares Gas mit der kleinsten Dichte aller Stoffe. Es bildet mit Luft und Sauerstoff ein Gasgemisch, das explosionsartig mit lautem Knall verbrennt. Der Nachweis solcher Gasgemische wird als Knallgasprobe bezeichnet.
Wasserstoff besteht aus Molekülen. In jedem Wasserstoffmolekül sind zwei Atome Wasserstoff miteinander verbunden. Wasserstoff hat die Formel H_2.

Reaktionsgleichung

Beschreibung einer chemischen Reaktion mithilfe chemischer Zeichen. Sie kennzeichnet die an einer chemischen Reaktion beteiligten Stoffe und das Zahlenverhältnis, in dem die Teilchen reagieren.

Ionen

Ionen sind positiv oder negativ elektrisch geladene Teilchen in der Größenordnung von Atomen.

Ionenkristall

Stoffe, die aus Ionen aufgebaut sind, bilden Ionenkristalle. Die regelmäßige Anordnung der Ionen in Ionenkristallen wird als Ionengitter bezeichnet. Die Ionen im Ionengitter werden durch Anziehungskräfte zwischen den ungleichnamig elektrisch geladenen Ionen zusammengehalten.

Natriumchloridkristalle

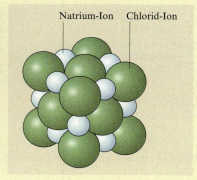
Modell vom Bau des Natriumchlorids

Ionenbindung

Chemische Bindung, die durch Anziehung zwischen entgegengesetzt elektrisch geladenen Ionen bewirkt wird.

Dissoziation

Der Zerfall von Ionenkristallen in einem Lösemittel wie Wasser in frei bewegliche Ionen wird als Dissoziation bezeichnet. Natriumchlorid dissoziiert z. B. in Wasser in einfach positiv elektrisch geladene Natrium-Ionen und einfach negativ elektrisch geladene Chlorid-Ionen.

Natriumchlorid + Wasser ⟶ Natriumchloridlösung

Nichtmetalle – Nichtmetalloxide

Schwefel ist den Menschen schon seit dem Altertum bekannt.
Im Zusammenhang mit Vulkanen kamen die Menschen mit ihm und seinem Oxid, dem Schwefeldioxid, in Kontakt.

➔ Welche Eigenschaften hat Schwefel, welche Schwefeldioxid?
➔ Wie wird Schwefel gewonnen?
➔ Warum sollen Brenn- und Treibstoffe möglichst schwefelarm sein?

Schwefel – ein Nichtmetall

1 Rhombischer Schwefel

2 Monokliner Schwefel

3 Plastischer Schwefel

Schwefel war bereits in der Antike bekannt. Die Römer gewannen ihn in Schwefelminen auf Sizilien. Heute sind außerdem Schwefelvorkommen in Polen, Irak, Louisiana, Texas und Mexiko bekannt.
Auch Erdöl und Kohle enthalten Schwefel. Daneben ist er Bestandteil verschiedener Verbindungen, z. B. Schwefelkies (Pyrit), Kupferglanz und Marienglas (Gips).
Schwefel wird im Tagebau abgebaut oder auch nach dem Frasch-Verfahren aus schwefelführenden Schichten herausgeschmolzen.

Eigenschaften und Verwendung. Schwefel ist ein meist gelber, wasserunlöslicher Feststoff. Er verbrennt an der Luft mit charakteristischer blauer Flamme. Schwefel ist wie Sauerstoff, Stickstoff und Wasserstoff eine Elementsubstanz. Alle diese Stoffe besitzen keine metallischen Eigenschaften (↗ Seite 40), sie werden als nichtmetallische Elementsubstanzen bzw. **Nichtmetalle** bezeichnet.
Schwefel wird zum größten Teil zur Herstellung der Schwefelsäure, einem wichtigen chemischen Grundstoff, verwendet. Außerdem wird er zum Vulkanisieren von Kautschuk und zur Herstellung von Zündhölzern, Feuerwerkskörpern, Schießpulver und Farbstoffen benötigt. In der Medizin findet er in Cremes und Salben zur Bekämpfung von Hautkrankheiten, wie z. B. Schuppenflechte, Anwendung. Im Wein- und Gartenbau dient er zur Bekämpfung von Spinnmilben und Mehltau.

4 Schwefelförderung nach dem Frasch-Verfahren

Schwefel gehört zu den Nichtmetallen. Nichtmetallische Elementsubstanzen zeigen keine metallischen Eigenschaften.

EXPERIMENT 1 [S]
Untersuche das Verhalten des Schwefels beim Erhitzen.
Erwärme ein Reagenzglas, das zu einem Drittel mit Schwefel gefüllt ist, vorsichtig über der Brennerflamme bis der Schwefel zu sieden beginnt.
Gieße die siedende Schmelze in ein Becherglas mit kaltem Wasser.
Beobachte sorgfältig die Änderungen der Farbe und der Viskosität des Schwefels.
Vergleiche die Eigenschaften des Schwefels zu Beginn des Experiments mit den Eigenschaften des Schwefels im Becherglas.
Entsorgung: Schwefel sammeln und weiterverwenden.

Schon gewusst?

Zwischen dem 6. und 9. Jahrhundert fanden Mönche in China bei der Suche nach dem Elixier der Unsterblichkeit ein Gemisch, das dem späteren Schwarzpulver entsprach. Zuerst wurde diese Entdeckung militärisch genutzt. Bereits im 10. Jahrhundert kannte man Bomben und Granaten. Das erste friedliche Feuerwerk in China wird aus dem Jahre 1103 überliefert, in Europa wurde das erste „Lustfeuerwerk" zu Pfingsten 1379 in Vincenza abgebrannt.

Schwefel – ein Nichtmetall

Modifikationen des Schwefels. Natürlich vorkommender Schwefel bildet zitronengelbe, spröde, rhombische Kristalle (α-Schwefel). Bei langsamer Erwärmung auf über 95,6 °C wandelt er sich in β-Schwefel (monoklinen Schwefel) um. In dieser Erscheinungsform bildet Schwefel hellgelbe, nadelförmige, monokline Kristalle.

Solche unterschiedlichen Erscheinungsformen werden **Modifikationen** genannt. Die Modifikationen des Schwefels unterscheiden sich in ihren Eigenschaften. Zum Beispiel beträgt die Dichte des rhombischen Schwefels 2,07 g/cm^3, die des monoklinen Schwefels nur 1,96 g/cm^3.

Modifikation	Eigenschaften
Rhombischer Schwefel	einzige bei Zimmertemperatur stabile Form; zitronengelb, spröde, fest
Monokliner Schwefel	oberhalb 95,6 °C stabile Form des Schwefels; hellgelb, bildet nadelförmige Kristalle
λ-Schwefel	entsteht bei Erwärmung des Schwefels auf über 119,6 °C, hellgelb, dünnflüssig
μ-Schwefel	entsteht bei Erwärmung des Schwefels auf über 159 °C; braune, zähe Flüssigkeit, wird bei 400 °C wieder dünnflüssig
plastischer Schwefel	entsteht beim Gießen von flüssigem Schwefel in kaltes Wasser; gelbbraun, fest, zäh, elastisch

2 Schwefelkies (Pyrit)

3 Marienglas (Gips)

Bau der Schwefelmoleküle. Die Modifikationen des Schwefels unterscheiden sich auch im Bau ihrer Moleküle. Rhombischer Schwefel bildet ringförmige Moleküle, die aus acht Schwefelatomen bestehen. Die gleiche Anzahl an Atomen pro Molekül besitzt monokliner Schwefel. Allerdings ist die räumliche Anordnung eine andere. Bei einer Temperatur über 119,6 °C entstehen daraus langsam Moleküle, die zwischen 6 und 1 000 000 Schwefelatome enthalten. Auch plastischer Schwefel besteht aus langen Ketten von Schwefelatomen. Ein Molekül kann dabei aus 2 000 bis 5 000 Atomen bestehen. Bei einer Temperatur von 444,6 °C verdampft Schwefel. Der Schwefeldampf besteht aus Molekülen, die aus unterschiedlicher Anzahl von Atomen gebildet werden.

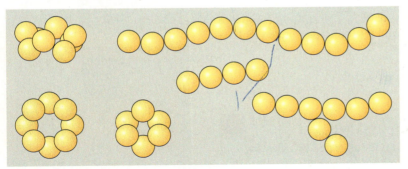

1 Modelle vom Bau von Schwefelmolekülen

> Schwefel kann verschiedene Modifikationen bilden. Modifikationen sind unterschiedliche Erscheinungsformen einer Elementsubstanz, die sich im Bau und in den Eigenschaften unterscheiden.

AUFGABEN

1. Informiere dich über das Frasch-Verfahren zur Förderung von Schwefel. Nutze dazu Fachbücher und das Internet.
2. Notiere die Formeln der genannten Schwefelmodifikationen.
3. Informiere dich, welche Beziehung früher zwischen dem Schwefel und dem „Teufel" hergestellt wurde.

Schwefeldioxid

1 Ausbruch eines Vulkans

Schon gewusst?

Beim Ausbruch des Vulkans El Chichón gelangten 1982 etwa 20 Millionen Tonnen Schwefeldioxid in die Stratosphäre. 1991 wurde beim Ausbruch des philippinischen Vulkans Pinatubo sogar dreimal soviel Schwefeldioxid ausgeworfen.

Eigenschaften und Bedeutung. Schwefeldioxid ist ein giftiges Gas und lässt sich unter Druck oder bei einer Temperatur von –10 °C verflüssigen. Das Gas löst sich gut in Wasser. Es riecht charakteristisch stechend und reizt die Schleimhäute.

Schwefeldioxid wirkt bleichend und Insekten tötend. Außerdem hemmt es das Wachstum von Mikroorganismen. Beim Menschen führen schon relativ geringe Anteile in der Atemluft zu Vergiftungserscheinungen. Größere Anteile können sogar tödlich wirken.

Schwefeldioxid dient zur Herstellung vieler Chemikalien, Medikamente und Farbstoffe. Aufgrund seiner keimtötenden Wirkung wird es als Desinfektionsmittel, z. B. beim „Ausschwefeln" von Weinfässern, verwendet. Als Konservierungsmittel für Lebensmittel, z. B. Rosinen, wird Schwefeldioxid als Lebensmittelzusatzstoff eingesetzt. Auch wird es beim Bleichen von Papier und Textilien und bei der Abwasserreinigung genutzt.

EXPERIMENT 2 [S]
Prüfe die Wirkung von Schwefeldioxid.
Vorsicht! Unter dem Abzug arbeiten! Stelle Iod-Papier her. Tränke dazu Filterpapier mit Iod-Kaliumiodidlösung, trockne es und schneide es in Streifen. Entzünde ein Stück Schwefelschnur. Führe die Schnur mit einer Tiegelzange in einen Erlenmeyerkolben (200 ml) ein und lege einen Stopfen leicht auf. Gib angefeuchtetes Iod-Papier in den Kolben und verschließe ihn wieder. Beobachte.
Notiere deine Ergebnisse.
Entsorgung: Geräte unter dem Abzug gut lüften.

EXPERIMENT 3 [S]
Untersuche die Zusammensetzung eines Zündholzkopfes.
Entzünde drei Zündhölzer gleichzeitig und fange den „weißen Rauch" in einem darüber gehaltenen Erlenmeyerkolben (50 ml) auf. Prüfe anschließend den Inhalt des Erlenmeyerkolbens wie in Experiment 2 mit angefeuchtetem Iod-Papier.
Vergleiche deine Beobachtungsergebnisse mit denen aus dem Experiment 2. Welche Aussage kannst du ableiten?
Entsorgung: Geräte unter dem Abzug gut lüften.

EXPERIMENT 4 [L]
Wirkung von Schwefeldioxid auf Pflanzenfarbstoffe.
Vorsicht! Unter dem Abzug arbeiten!
In einen Erlenmeyerkolben mit einer farbigen Rose wird Schwefeldioxid geleitet.

Schwefeldioxid

Bau von Schwefeldioxid. Schwefeldioxid ist eine chemische Verbindung. Es besteht aus Molekülen. In einem Molekül Schwefeldioxid ist ein Atom Schwefel durch starke Anziehungskräfte mit zwei Sauerstoffatomen verbunden. Die Formel für Schwefeldioxid ist SO_2.

Bildung von Schwefeldioxid. Ein Teil des in der Atmosphäre enthaltenen Schwefeldioxids wird durch Vulkanausbrüche freigesetzt. Außerdem entsteht Schwefeldioxid als Ergebnis biologischer Prozesse. Ein großer Teil ist aber durch den Menschen verursacht. Schwefeldioxid entsteht bei der Verbrennung schwefelhaltiger Brennstoffe wie Heiz- und Dieselöl sowie Kohle. Die wichtigsten Entstehungsorte sind Heizungen, Wärmekraftwerke und Dieselmotoren. Bei großtechnischen Prozessen wie der Gewinnung von Metallen oder der Herstellung von Zellstoff fällt ebenfalls Schwefeldioxid als Reaktionsprodukt an.

1 Modell und Formel eines Schwefeldioxidmoleküls

EXPERIMENT 5
Verbrenne Schwefel in Sauerstoff. [S]
Vorsicht! Unter dem Abzug arbeiten!
Bohre vorsichtig einen Eisendraht durch einen Stopfen. Erwärme den Draht und tauche ihn in Schwefelpulver. Entzünde den Schwefeltropfen am Draht und tauche den Draht in einen kleinen Standzylinder oder einen Erlenmeyerkolben. Verschließe das Gefäß mit dem Stopfen. Wiederhole das Experiment mit einem sauerstoffgefüllten Glasgefäß.
Beobachte und deute deine Beobachtungsergebnisse.
Entsorgung: Geräte unter dem Abzug gut lüften.

Schwefeldioxid entsteht durch die chemische Reaktion der nichtmetallischen Elementsubstanzen Schwefel und Sauerstoff. Diese chemische Reaktion ist eine Oxidation. Sie verläuft wie die Oxidation von Metallen unter Wärmeabgabe. Bei der Oxidation des Nichtmetalls Schwefel entsteht das **Nichtmetalloxid** Schwefeldioxid. Die Reaktion verläuft in reinem Sauerstoff deutlich heftiger und schneller als in Luft. Für die Bildung von Schwefeldioxid kann folgende Wort- und Reaktionsgleichung formuliert werden:

Schwefel + Sauerstoff $\longrightarrow$ Schwefeldioxid
S   + O_2 $\longrightarrow$ SO_2

Steckbrief
Schwefeldioxid
Farbe: farblos
Geruch: stechend
Aggregatzustand
bei 20 °C: gasförmig
Siedetemperatur: –10 °C
Dichte: 2,926 g/l (bei $\vartheta = 0\,°C$)
Löslichkeit in Wasser: 113 l Gas in 1 l Wasser (bei $\vartheta = 20\,°C$)

Neben der Verbrennung von Schwefel ist das Rösten von Pyrit (Formel FeS_2) im Weltmaßstab das wichtigste Verfahren zur Herstellung von Schwefeldioxid.

Pyrit   + Sauerstoff $\longrightarrow$ Schwefeldioxid + Eisenoxid
$4\,FeS_2$ + $11\,O_2$ $\longrightarrow$ $8\,SO_2$ + $2\,Fe_2O_3$

AUFGABEN

1. Die Herstellung von Schwefeldioxid ist eine chemische Reaktion. Begründe.
2. Stelle in einer Tabelle Gefahren und Nutzungsmöglichkeiten von Schwefeldioxid gegenüber.
3. Vergleiche den Bau des Sauerstoffmoleküls mit dem des Schwefeldioxidmoleküls.
4. Auf Verpackungen von Rosinen findet man die Aufschrift „Geschwefelt". Was soll mit diesem Vorgehen erreicht werden?
5. Erkunde für Schwefeldioxid die Kennzeichnung als Lebensmittelzusatzstoff (E-Nummer). Suche Lebensmitteletiketten mit dieser Kennzeichnung.

Schwefeldioxid als Luftschadstoff

1 Blick auf eine Stadt mit starker Luftverschmutzung

Durch menschliche Aktivitäten wird weltweit mehr Schwefeldioxid in die Atmosphäre abgegeben als durch natürliche Quellen. Vor allem bei der Verbrennung fossiler Treib- und Brennstoffe entsteht Schwefeldioxid.

> **EXPERIMENT 6** [S]
> **Untersuche Kraftfahrzeugabgase auf Schwefeldioxid.**
> *Vorsicht! Abgase nicht einatmen!* Teste mit einem Gastester und Teströhrchen für Schwefeldioxid Abgase von Kraftfahrzeugen, z. B. einem Mofa. Beachte dabei genau die Gebrauchsanleitung. Ermittle die Massenkonzentration an Schwefeldioxid. Notiere deine Ergebnisse.
> *Entsorgung:* Teströhrchen sammeln und zur Entsorgung der Lehrerin bzw. dem Lehrer geben.

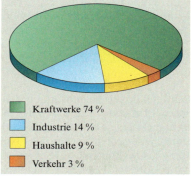

2 Anteil der Verursacher am anthropogenen Schwefeldioxidausstoß
- Kraftwerke 74 %
- Industrie 14 %
- Haushalte 9 %
- Verkehr 3 %

Schwefeldioxid – eine umweltschädliche Verbindung. Schwefeldioxid führt schon bei einer Massenkonzentration von 1 g/m³ zu Vergiftungserscheinungen. Bei längerem Einatmen wird zuerst der Geschmackssinn beeinträchtigt, in der Folge kann es zu Herz-Kreislauf-Versagen und Atemstillstand kommen. Pflanzen reagieren oft entschieden empfindlicher auf die Einwirkung von Schwefeldioxid als Menschen. Selbst bei unempfindlicheren Pflanzen wird schnell der Ablauf der Fotosynthese gestört. Es kommt zu einer Schädigung oder sogar zum Absterben der Pflanze.
Die Einwirkung von Schwefeldioxid auf Gebäude, Stahlbauten und ähnlichem verursacht in Deutschland pro Jahr Kosten von mehr als eine Milliarde Euro. Baumaterialien werden angegriffen und die Korrosion von Metallen verläuft deutlich schneller.

Smog. Smog ist eine besonders unangenehme Form der Luftverschmutzung. Der Begriff wurde aus den englischen Worten **sm**oke (Rauch) und **fo**g (Nebel) gebildet. Smog tritt auf, wenn Nebel bei starker Inversionswetterlage die Abgase in der Stadt festhält.
Anfangs wurde versucht, die Entstehung von Smog durch den Bau sehr hoher Schornsteine zu vermeiden. Dies erwies sich als nicht wirksam. Die einzige Möglichkeit der Verhinderung ist die drastische Reduzierung der Emission von Luftschadstoffen.

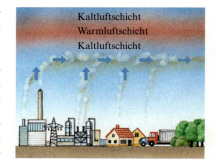

3 Inversionswetterlage

Schwefeldioxid als Luftschadstoff

Emissionswerte. In Deutschland sind die Emissionswerte in den letzten Jahren stark zurückgegangen. Ein wesentlicher Grund ist eine Umstellung der bei der Energieumwandlung eingesetzten Brennstoffe. Die stark schwefelhaltige einheimische Braunkohle wurde weitgehend durch schwefelärmere Brennstoffe ersetzt. Der Hauptrückgang vollzog sich dabei in den neuen Bundesländern. Dort liegt die Förderung der Braunkohle nur noch bei ca. 20% des Niveaus von 1990. Darüber hinaus wird Kohle nur noch in Kraftwerken mit modernen Entschwefelungsanlagen eingesetzt.

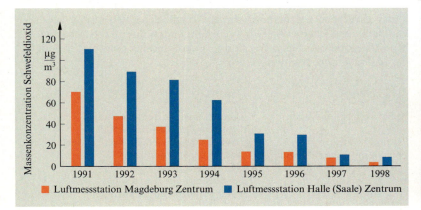

2 Rauchgasentschwefelung in einem modernen Kraftwerk

Entschwefelung. Die Entschwefelung ist ein wichtiger Bestandteil der Rauchgasreinigung. Rauchgase sind die heißen Abgase industrieller Feuerungsanlagen. Die Rauchgasreinigung ist ein Verfahren zur Entfernung von festen und gasförmigen Luftschadstoffen in den Rauchgasen.
Die Reinigung umfasst zunächst die Entstaubung mit Elektrofiltern. Wichtiger Bestandteil ist dann die Entschwefelung, d. h. die Entfernung von Schwefeldioxid. Als letzter Schritt schließt sich noch die Entstickung, d. h. die Entfernung von Stickstoffoxiden an.
Die Entschwefelung von Verbrennungsabgasen ist ein technisch wichtiger Prozess, der seit den achtziger Jahren zu einer sehr starken Verringerung der Schwefeldioxid-Emissionen geführt hat.
Um Rauchgase zu entschwefeln, werden Kalklaugen auf die Gase gesprüht. Dabei reagiert das Schwefeldioxid mit Luftsauerstoff und den Kalklaugen zu Gips. Die Wirksamkeit der Entschwefelung liegt bei modernen Anlagen etwa bei 95%.

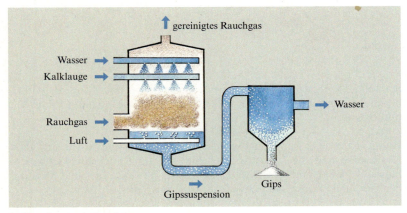

1 Rauchgasentschwefelung

AUFGABEN

1. Erkunde aktuelle Daten über die Schwefeldioxid-Emission in deiner Heimatregion. Nutze dazu das Internet.
2. Interpretiere das Diagramm mit den Emissionswerten für Schwefeldioxid. Stelle mögliche Ursachen für die erkennbaren Veränderungen zusammen.
3. Informiere dich über weitere luftverschmutzende Gase.

ZUSAMMENFASSUNG

Nichtmetalle

Stoffklasse von Elementsubstanzen, deren Vertreter keine metallischen Eigenschaften haben. Schwefel gehört ebenso wie Sauerstoff, Wasserstoff und Stickstoff zu den Nichtmetallen. Sie werden auch als nichtmetallische Elementsubstanzen bezeichnet.

Modifikationen

Unterschiedliche Erscheinungsformen einer Elementsubstanz. Modifikationen unterscheiden sich in ihrem Bau und in ihren Eigenschaften. Modifikationen des Schwefels sind z. B. rhombischer Schwefel, monokliner und plastischer Schwefel.

Eigenschaften und Verwendung von Schwefel

Eigenschaften	Verwendung
gelb, auch rot und braun	Herstellung von Schwefelsäure
ungiftig	Vulkanisieren von Kautschuk
schlecht wasserlöslich	Herstellung von Zündhölzern, Schießpulver
brennt mit blauer Flamme	und Feuerwerkskörpern
	Herstellung von Farbstoffen
	Herstellung von Cremes und Salben
	im Wein- und Gartenbau

Schwefeldioxid

Chemische Verbindung mit der Formel SO_2. Schwefeldioxid ist aus Molekülen aufgebaut. In einem Schwefeldioxidmolekül sind ein Schwefelatom und zwei Sauerstoffatome gebunden.

Bildung von Schwefeldioxid

Schwefeldioxid entsteht bei der Verbrennung von Schwefel und schwefelhaltigen Stoffen. Dabei wird das Nichtmetall Schwefel zum Nichtmetalloxid Schwefeldioxid oxidiert.

Schwefel + Sauerstoff ⟶ Schwefeldioxid
S + O_2 ⟶ SO_2

Jeweils ein Schwefelatom und ein Sauerstoffmolekül reagieren unter Bildung eines Schwefeldioxidmoleküls.

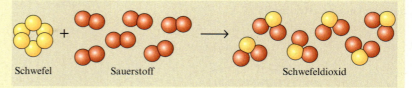

Schwefel   Sauerstoff   Schwefeldioxid

Eigenschaften von Schwefeldioxid

Schwefeldioxid ist bei Raumtemperatur gasförmig und giftig. Es wirkt bleichend, reizt die Atemwege, wirkt keimtötend und schädigt Pflanzen und Bauwerke.

Schwefeldioxid als Luftschadstoff

Hauptverursacher der Belastung der Luft mit Schwefeldioxid sind die Kraftwerke und die Industrie. Der Einsatz von Rauchgasentschwefelungsanlagen und die Entschwefelung fossiler Energieträger sind Methoden zur Verringerung der Schwefeldioxid-Emissionen.

Säuren

Zitronen schmecken sauer. Verschiedene Säuren bewirken ihren sauren Geschmack.
Die Citronensäure ist die bekannteste.
Auch in anderen Pflanzen kommen Säuren vor, z. B. in Brennnesseln.
Warum gehen selbst diese Pflanzen ein, wenn sie ständig
saurem Regen ausgesetzt sind?

➜ Warum ist der Regen oft sauer?
➜ Was sind Säuren?
➜ Wo überall kommen Säuren vor?
➜ Wie lassen sich Säuren nachweisen?

Vom Schwefeldioxid zum sauren Regen

1 Hier entsteht „saurer Regen".

2 Saurer Regen – eine Ursache des Waldsterbens

„Saurer Regen" ist in den Medien ein Thema, das immer wieder auftaucht. Saurer Regen muss in der Luft aus Regenwasser und Luftbestandteilen (↗ Seite 64 f.) entstehen. Sauerstoff, Stickstoff und die Edelgase reagieren nicht mit Wasser. Wie reagieren die Nichtmetalloxide Kohlenstoffdioxid und Schwefeldioxid mit Wasser?

> **EXPERIMENT 1** [S]
> **Untersuche die Reaktion von Kohlenstoffdioxid und Wasser.**
> Gib in zwei Reagenzgläser je etwa 2 ml Wasser und wenige Tropfen einer Lackmus-Farbstofflösung. Eine der Lösungen wird in ein mit Kohlenstoffdioxid gefülltes Reagenzglas gegeben, verschlossen und kräftig geschüttelt.
> Vergleiche beide Lösungen. Notiere deine Beobachtungen.
> Wiederhole das Experiment mit der Farbstofflösung Universalindikator.
> *Entsorgung:* Lösungen in Sammelbehälter für Abwasser.

3 Saurer Regen zerstört auch Metalle.

> **EXPERIMENT 2** [S]
> **Untersuche die Reaktion von Schwefeldioxid und Wasser.**
> *Abzug! Dämpfe nicht einatmen!* In einem Reagenzglas werden 4 ml Wasser mit 8 Tropfen Universalindikatorlösung versetzt. Mit dieser Lösung wird eine Tropfpipette gefüllt, die sich in einem durchbohrten Stopfen befindet.
> Entzünde einen Schwefeltropfen an einem Draht, der sich an einem Stopfen befindet. Verschließe mit dem Stopfen schnell ein zweites Reagenzglas. Tausche nach Erlöschen der Flamme den Stopfen schnell gegen den Stopfen mit Tropfpipette aus. Tropfe die Lösung in das Reagenzglas, halte den Stopfen fest und schüttle kräftig.
> Vergleiche die Farben vorher und nachher. Notiere deine Beobachtungen.
> *Entsorgung:* Lösungen in Sammelbehälter für Abwasser.

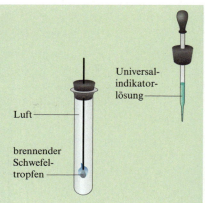

Saure Lösungen. Bei den Experimenten zeigte sich eine Farbänderung. Durch eine chemische Reaktion sind neue Stoffe entstanden. Die Nichtmetalloxide Kohlenstoffdioxid und Schwefeldioxid reagierten mit Wasser zu **sauren Lösungen**. Diese auch in unserer Atmosphäre entstehenden sauren Lösungen bilden den **sauren Regen**.

Vom Schwefeldioxid zum sauren Regen

In diesen Lösungen sind Stoffe enthalten, die zur Stoffklasse der **Säuren** gehören. Diese können fest, flüssig oder gasförmig sein. Säuren bilden mit Wasser saure Lösungen. Kohlenstoffdioxid reagiert dabei mit Wasser zu **Kohlensäure**. Schwefeldioxid mit Wasser zu **schwefliger Säure**.

Kohlenstoffdioxid + Wasser ⟶ Kohlensäure
CO_2 + H_2O ⟶ H_2CO_3

Schwefeldioxid + Wasser ⟶ schweflige Säure
SO_2 + H_2O ⟶ H_2SO_3

Nachweis saurer Lösungen. Schon im Altertum wurde beobachtet, dass manche der zum Färben von Textilien eingesetzten Farbstoffe in sauren Lösungen ihre Farbe ändern. Solche Farbstoffe können zum Nachweis saurer Lösungen benutzt werden und werden **Indikatoren** (lat. indicator – Anzeiger) genannt. Jeder Indikator zeigt eine typische Farbänderung. Bei Zugabe saurer Lösungen zu **Lackmus**-Farbstoff lässt sich ein Farbumschlag von Violett nach Rot beobachten. **Universalindikator** ist ein Farbstoffgemisch. Gelbe, orange und rote Farben zeigen hier saure Lösungen an. Zur leichteren Handhabung gibt es auch Papierstreifen, die mit der Indikatorlösung getränkt und getrocknet worden sind. Diese Indikatorpapiere müssen vor ihrer Verwendung angefeuchtet werden.

1 Lackmus- und Universalindikator, Lösungen und Papierstreifen

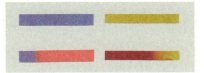

2 Lackmuspapier und Universalindikatorpapier vor und nach Auftropfen einer sauren Lösung.

EXPERIMENT 3 [S]
Untersuche Regenwasser.
Gib in 3 Reagenzgläser destilliertes Wasser und 2 verschiedene Proben Regenwasser, die an unterschiedlichen Orten oder zu unterschiedlichen Zeiten aufgefangen wurden. Tropfe jeweils 3 Tropfen Universalindikatorlösung zu. Notiere die Farben. Entscheide, welche Lösung sauer reagiert.
Entsorgung: Flüssigkeiten in Sammelbehälter für Abwasser.

EXPERIMENT 4 [L] Xi
Wirkungen von schwefliger Säure.
In einen Standzylinder wird auf einige Blätter und Blüten etwas schweflige Säure (Xi) gegeben.
Auf ein kleines geschliffenes Stück Marmor werden wenige Tropfen schweflige Säure (Xi) gegeben.

Säuren bilden in Wasser saure Lösungen.
Indikatoren für Säuren sind Farbstoffe, die bei Zugabe einer sauren Lösung ihre Farbe ändern.

Wirkungen des sauren Regens. Saurer Regen kann zu erheblichen Schäden in unserer Umwelt führen. So werden beispielsweise Pflanzen in ihrer Entwicklung behindert, weil die Blätter geschädigt werden und die Aufnahme von Mineralstoff-Ionen aus dem Boden verändert wird. Aber auch die Entwicklung von Amphibien kann beeinträchtigt werden. Die Schäden an Bauwerken sind in unserer Umgebung ebenfalls auffällig.

AUFGABEN

1. Warum darf im Chemieunterricht nicht geprüft werden, ob ein Stoff sauer schmeckt?
2. Überlege, wie du nachweisen könntest, ob Autoabgase für den sauren Regen mitverantwortlich sind?
3. Erläutere die Wirkungen des sauren Regens. Erkundige dich über Folgen für Tiere, Pflanzen, Boden und Bauwerke.
4. Nenne die Ausgangsstoffe für die Bildung von saurem Regen und gib an, woher diese stammen.
5. Erkunde Möglichkeiten, wie die Bildung von saurem Regen verringert werden kann.
6. Beschreibe den Nachweis von sauren Lösungen.
7. Informiere dich über die frühere Verwendung des Lackmusfarbstoffes.

Saure Lösungen schnell erkannt

Tagtäglich begegnen wir im Alltag vielen Säuren, ohne dass uns dies immer bewusst wird. Bei sauren Früchten erkennen wir schnell, dass sie eine saure Lösung enthalten. Bei anderen Lebensmitteln oder auch Putzmitteln zeigt sich dies nicht so einfach. Hier können Indikatoren zum Nachweis eingesetzt werden. Welche sauren Lösungen begegnen uns im Alltag? Welche Farbstoffe eignen sich als Indikatoren?

EXPERIMENT 1 [S]
Prüfe Lebensmittel auf saure Lösungen.
Gib in 6 Reagenzgläser jeweils 1 ml Wasser und dann einige Tropfen Tee, Zitronensaft, Milch, Honig, Essig und Jogurt.
Versetze jede Probe mit 4 Tropfen Universalindikatorlösung.
Notiere deine Beobachtungen. Welche Lösungen reagieren sauer?

EXPERIMENT 2 [S] [Xi]
Verwende Indikatorpapier zum Nachweis von sauren Lösungen.
Löse in wenig Wasser einen sauren Bonbon. Verdünne etwas Kalkentferner (Xi). Prüfe beide Lösungen, indem jeweils mit einem Glasstab ein Tropfen der Lösung auf einen Streifen Universalindikatorpapier gegeben wird.
Fertige ein Protokoll an. Klebe den getrockneten Papierstreifen dort ein.

EXPERIMENT 3 [S]
Weise saure Lösungen mit Lackmus nach.
Gib in ein Reagenzglas etwa 2 ml Wasser. Versetze dieses mit 5 Tropfen Lackmus-Lösung. Betrachte die Lösung und beschreibe die Farbe.
Prüfe dann die Stoffe von Experiment 1. Deute dein Ergebnis.

EXPERIMENT 4 [S]
Stelle Rotkohlsaft her und prüfe seine Wirkung als Indikator.
Schneide ein Rotkohlblatt in kleine Stückchen. Gib in einem Becherglas zum Rotkohl so viel Wasser, dass die Blätter gerade bedeckt sind. Erhitze etwa 3 Minuten zum Sieden. Dekantiere den entstandenen Saft nach dem Abkühlen ab.
Gib in 4 Reagenzgläser jeweils 1 ml Wasser und in je eines wenige Tropfen Essig bzw. drei saure Lösungen aus der Schulsammlung.
Versetze die Lösungen mit einigen Tropfen Rotkohlsaft.
Notiere die Farbänderungen.

1 Der blaue Farbstoff der Vergissmeinnichtblüten ist bei saurem Zellsaft rosa.

2 Auch der Farbstoff der Radieschen eignet sich als Indikator.

Entsorgung
Lösungen in Sammelbehälter für Abwasser geben.

AUFTRÄGE

1. Prüft mit Universalindikatorpapier verschiedene Lösungen aus dem Haushalt.
   Gebt jeweils nur einen Tropfen der Lösung mit einem Stäbchen darauf und notiert, welche Lösungen ihr verwendet habt.
   Wertet eure Beobachtungen aus.

2. Feuchtet einen Streifen Universalindikatorpapier an. Streut vorsichtig einige Körnchen Brausepulver darauf. Was beobachtet ihr? Deutet das Ergebnis.

3. Untersucht zu Hause, ob sich die Farbstoffe von Schwarztee und Hagebuttentee als Indikator eignen. Verwendet als saure Lösung Zitronensaft.

Saure Lösungen im Alltag

1 Angenehm sauer schmeckende Früchte

3 Sauerklee

Viele Pflanzenteile enthalten saure Lösungen. Seit uralter Zeit ist den Menschen die Wirkung von Säuren auf den Geschmackssinn bekannt. Sie nutzten deshalb viele Früchte wegen ihres erfrischenden, sauren Geschmacks. Besonders bekannt ist die Zitrone, aber auch Johannisbeeren, Sauerkirschen oder unreife Früchte enthalten Säuren. Auch in den Blättern und Stängeln vieler Pflanzen, z. B. im Sauerklee, Sauerampfer oder Rhabarber, kommen Säuren vor.

Essig und andere saure Lösungen. Essigsäurebakterien wandeln Wein leicht in Essig um. Schon im Altertum würzten damit die Menschen wegen des sauren Geschmacks ihre Speisen und verbesserten durch den Zusatz von etwas Essig den Geschmack und die Qualität des Trinkwassers. Heute dient Essig auch zum Konservieren oder zum Würzen verschiedener Lebensmittel sowie zum Entfernen von Kalk in Kaffeemaschinen, Kochtöpfen oder von Kalkflecken an Gläsern.
Jogurt, Sauermilch, Kefir, Quark oder Sauerkraut enthalten ebenfalls saure Lösungen. Bei ihrer Herstellung wandeln bestimmte Bakterien andere Stoffe in Säuren um.
Beim genauen Betrachten von Lebensmittelverpackungen oder Haushaltschemikalien fällt oft das Wort „Säure" auf. Saure Lösungen werden dabei zur Konservierung oder als Hilfsstoffe eingesetzt. Die feste Citronensäure wird gelöst zunehmend im Haushalt zur Kalkentfernung eingesetzt.

4 Mit sauren Lösungen konservierte Lebensmittel

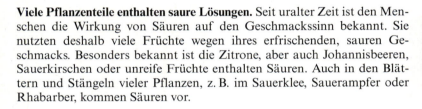

2 Etiketten im Haushalt und Citronensäure

AUFGABEN

1. Prüfe die Beschriftung von Arzneimitteln auf die Bezeichnung „Säure".
2. Gib fünf Lebensmittel an, die eine Säure enthalten.
3. Auch bei unserer Verdauung sind saure Lösungen beteiligt. Informiere dich, wo diese zu finden sind und welche Funktion sie haben.
4. Erkunde den Unterschied zwischen Essigessenz und Speiseessig. Nenne die jeweiligen Verwendungen.

Weitere wichtige Säuren

1 Vor Säuren muss man sich schützen.

Umgang mit Säuren. Warum muss sich der Chemiearbeiter beim Umgang mit Säuren so nachhaltig schützen? Viele Säuren wirken stark ätzend und einige sind auch giftig. Damit beim Umgang mit diesen Stoffen die Gefahren möglichst gering gehalten werden, müssen die folgenden Hinweise unbedingt beachtet werden:
- Immer Schutzbrille tragen!
- Säuredämpfe nicht einatmen!
- Säurespritzer, die auf die Haut oder Kleidung gelangt sind, sofort mit viel Wasser abwaschen!
- Beim Verdünnen von Säuren oder Säurelösungen stets zuerst das Wasser und danach die Säure zugeben.
- Unfälle der Lehrerin oder dem Lehrer melden.

Konzentration von Säurelösungen. Eine bestimmte Stoffportion einer sauren Lösung kann verschiedene Massen der Säure enthalten. Ist viel Säure in der sauren Lösung gelöst, handelt es sich um eine **konzentrierte Säurelösung**, ist wenig Säure gelöst, um eine **verdünnte Säurelösung**. Der **Massenanteil** w wird in Prozent angegeben. Die Angabe des Massenanteils w(Schwefelsäure) = 25% bedeutet, dass 100 g Säurelösung 25 g reine Schwefelsäure enthalten.

Schwefelsäure. Schwefelsäure hat die Formel **H_2SO_4**. Die in reiner Form geruchlose, farblose, ölige Flüssigkeit wird konzentrierte Schwefelsäure genannt. Ihre Dichte ist mit 1,84 g/ml fast doppelt so groß wie die von Wasser. Sie reagiert mit vielen Stoffen und ist stark ätzend. Konzentrierte Schwefelsäure wirkt stark anziehend auf Wasser. Der Umgebung wird beispielsweise Luftfeuchtigkeit entzogen. Dieses Verhalten wird **hygroskopisch** genannt. Das Bestreben der konzentrierten Schwefelsäure, Wasser an sich zu ziehen, ist so groß, dass sie organischen Stoffen gebundenen Wasserstoff und Sauerstoff als Wasser entzieht.
Beim Verdünnen der konzentrierten Schwefelsäure tritt eine sehr starke Erwärmung ein. Dabei können Wasser und Säure aus dem Gefäß spritzen. Verwendet wird die konzentrierte Schwefelsäure z. B. zum Trocknen von Gasen, die nicht mit Schwefelsäure reagieren. Die verdünnte Schwefelsäurelösung wird in Autobatterien, bei der Produktion von Arzneimitteln, Farbstoffen, künstlichen Textilfasern und Waschmitteln verwendet.

EXPERIMENT 5 [L]
Temperaturänderung beim Verdünnen von konzentrierter Schwefelsäure.
Vorsicht! Schutzscheibe! In ein ausreichend großes Becherglas werden 100 ml Wasser gegeben. Mit einem Thermometer ist die Temperatur des Wassers zu bestimmen.
Aus einer Bürette wird langsam und unter ständigem Rühren z. B. mit einem Magnetrührer 96%ige Schwefelsäure (C) zugetropft. Die Temperatur wird laufend gemessen.

Massenanteil

$$w(B) = \frac{m(B)}{m(Gem)}$$

$w(B)$ = Massenanteil des Stoffes B
$m(B)$ = Masse des Stoffes B
$m(Gem)$ = Masse des Stoffgemischs

EXPERIMENT 6 [L]
Einwirkung von konzentrierter Schwefelsäure auf Zucker.
Abzug! In einem hohen Becherglas wird etwas Zucker mit 96%iger Schwefelsäure (C) versetzt.

Weitere wichtige Säuren

Chlorwasserstoffsäure. Die Chlorwasserstoffsäure, auch **Salzsäure** genannt, ist eine farblose Flüssigkeit, die sich durch das Lösen des Gases Chlorwasserstoff in Wasser bildet. Für Chlorwasserstoff und für Chlorwasserstoffsäure wird die Formel **HCl** verwendet.

Chlorwasserstoffsäure wird in verschiedenen Konzentrationen verwendet. „Konzentrierte Salzsäure" ist etwa 38%ig, verdünnte etwa 10%ig, der Magensaft enthält eine etwa 0,5%ige saure Lösung. Chlorwasserstoffsäure kann recht preisgünstig hergestellt werden und wird deswegen vielfach verwendet. Sie dient unter anderem zum Beseitigen von Kesselstein, Entfernen von Oxidschichten auf Metallen oder von Mörtelresten und zum Herstellen von Medikamenten, Farben oder von Traubenzucker aus Stärke.

1 Entfernen von Oxidschichten und Mörtelresten mit Salzsäure

2 Mit stickstoffhaltigen Düngemitteln gedüngtes Weizenfeld

Salpetersäure. Der Name Salpeter geht auf Ausblühungen an Steinen (lat. sal petrae – Felsensalz) zurück, aus denen früher Salpetersäure hergestellt wurde. Salpetersäure mit der Formel **HNO₃** ist ein farblose Flüssigkeit, die stark ätzend wirkt. Salpetersäure reagiert mit vielen Metallen. Nur besonders edle Metalle wie Gold oder Platin werden nicht angegriffen. Sie wird daher in der Industrie als 50%ige Lösung zur Trennung dieser Metalle von anderen relativ edlen Metallen wie Silber und Kupfer verwendet. Salpetersäure dient unter anderem zur Herstellung von Düngemitteln, Sprengstoffen, Farbstoffen und Kosmetikartikeln.

Phosphorsäure. Phosphorsäure mit der Formel **H₃PO₄** ist eine farblose, ölige Flüssigkeit. Sie wirkt in konzentrierter Form ätzend, ist aber nicht giftig. In verdünnter Form wirkt sie erfrischend und wird deswegen auch als Zusatzstoff in colahaltigen Erfrischungsgetränken verwendet. Als Lebensmittelzusatzstoff hat Phosphorsäure die EU-Nummer E 338. Phosphorsäure ist auch Bestandteil von Rostumwandlern. Der Rost reagiert mit ihr zu einer Schicht, die lackiert werden kann. Phosphorsäure ist Ausgangsstoff für wichtige Düngemittel. Diese fördern bei den Pflanzen besonders die Ausbildung von Blüten und Früchten.

3 Cola-Getränke enthalten Phosphorsäure.

AUFGABEN

1. Informiere dich, woher die Namen Schwefelsäure, Salzsäure und Kohlensäure stammen.
2. Warum darf im Chemieraum nicht getrunken oder gegessen werden?
3. Säuren dürfen niemals in Getränkeflaschen gefüllt und aufbewahrt werden? Begründe.
4. Notiere Lebensmittel aus deinem Haushalt, die Phosphorsäure als Zusatzstoff enthalten.

Warum reagieren saure Lösungen sauer?

Auf dem Bild oben sind drei verschiedene Stoffe abgebildet. Chlorwasserstoffgas, flüssige Phosphorsäure und feste Ascorbinsäure (Vitamin C). Ihre wässrigen Lösungen reagieren alle sauer und ändern die Farbe eines Indikators in gleicher Weise. Die Untersuchung der Stoffe ergibt, dass alle keine elektrische Leitfähigkeit zeigen. Wie verhalten sich dagegen ihre wässrigen Lösungen?

> **EXPERIMENT 7** [S]
> **Prüfe saure Lösungen auf elektrische Leitfähigkeit.**
> 10%ige Chlorwasserstoffsäure (Xi), 10%ige Phosphorsäure (Xi) und eine Lösung von einer Spatelspitze Ascorbinsäure in 20 ml Wasser werden auf elektrische Leitfähigkeit untersucht.
> Deute das Ergebnis. Nenne mögliche Ursachen.

> **EXPERIMENT 8** [L]
> **Elektrische Leitfähigkeit von reinen Säuren.**
> Trockener Chlorwasserstoff (T, C), 85%ige Phosphorsäure (C) und trockene Ascorbinsäure werden auf elektrische Leitfähigkeit geprüft.

Teilchen in saurer Lösung. Die Säuren bestehen aus Molekülen und leiten deshalb den elektrischen Strom nicht. Werden die Säuren in Wasser gelöst, lässt sich eine elektrische Leitfähigkeit feststellen. Die elektrische Leitfähigkeit eines Stoffes setzt aber das Vorhandensein frei beweglicher Ladungsträger voraus. In Lösungen sind das die Ionen (↗ Seite 87).
Wie kommen Ionen in die Säurelösung?
Diese Frage lässt sich am Beispiel der Chlorwasserstoffsäure untersuchen, weil deren Zusammensetzung besonders einfach ist.
Ein Molekül Chlorwasserstoff mit der Formel HCl besteht aus einem Wasserstoffatom, das mit einem Chloratom verbunden ist. Chlorwasserstoffmoleküle reagieren mit Wassermolekülen in einer chemischen Reaktion. Dabei dissoziieren die Chlorwasserstoffmoleküle in Ionen.

Chlorwasserstoffmolekül ⟶ Wasserstoff-Ion + Chlorid-Ion
HCl ⟶ H^+ + Cl^-

Für diese Reaktion lässt sich eine Reaktionsgleichung formulieren, die als **Dissoziationsgleichung** bezeichnet wird. Das Wasser, in dem die Dissoziation stattfindet, wird oft in der Gleichung weggelassen. Da bei diesem Vorgang Ionen entstehen, wird diese Art der Reaktionsgleichung auch als Ionengleichung bezeichnet.

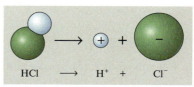

1 Modell der Dissoziation und Dissoziationsgleichung

Warum reagieren saure Lösungen sauer?

Wie ist das saure Verhalten einer Lösung zu erklären? In der sauren Chlorwasserstofflösung sind nur drei verschiedene Teilchenarten vorhanden. Dies sind Wassermoleküle, Chlorid-Ionen und Wasserstoff-Ionen. Auf welche dieser Teilchen ist das saure Verhalten zurückzuführen?

> **EXPERIMENT 9** [S]
> **Prüfe Wasser mit Universalindikator und Lackmus.**
> Versetze in einem Reagenzglas 1 ml Wasser mit 4 Tropfen Universalindikatorlösung. Wiederhole das Experiment mit Lackmuslösung.
> Notiere deine Beobachtungen. Überlege dir Alltagserfahrungen, die dein Ergebnis bestätigen.
> *Entsorgung:* Reste in Sammelbehälter für Abwasser.

Eine Natriumchloridlösung enthält ebenso wie die Lösung von Chlorwasserstoff in Wasser Chlorid-Ionen (↗ Seite 87). Sollten die Chlorid-Ionen für das saure Verhalten verantwortlich sein, müsste dies auch in einer Natriumchloridlösung feststellbar sein.

> **EXPERIMENT 10** [S]
> **Prüfe Natriumchloridlösung und Chlorwasserstoffsäure mit Universalindikator und Lackmus.**
> Löse wenig Natriumchlorid in Wasser und verteile die Lösung auf zwei Reagenzgläser. Gib je 4 Tropfen Universalindikatorlösung in das eine und Lackmuslösung in das andere Reagenzglas.
> Wiederhole dieses Experiment mit 5%iger Chlorwasserstoffsäure.
> Vergleiche deine Beobachtungen.
> *Entsorgung:* Lösungen in Sammelbehälter für Abwasser.

> **EXPERIMENT 11** [L]
> **Lösen von Chlorwasserstoff in Wasser.**
> In ein mit Wasser gefülltes hohes Becherglas wird 1 ml Universalindikatorlösung gegeben und nach dem Verrühren ruhig stehen gelassen. Chlorwasserstoff (T, C) wird über einen umgedrehten Trichter auf die wässrige Indikatorlösung geleitet.
>
>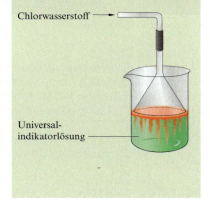

Die ausbleibende Farbänderung der Indikatoren ergibt, dass weder Wasser noch eine Natriumchloridlösung sauer reagieren. Daraus lässt sich ableiten, dass weder die Wassermoleküle noch die Chlorid-Ionen das saure Verhalten der Chlorwasserstoffsäure bedingen.

Somit ist das saure Verhalten einer Lösung offensichtlich auf das Vorhandensein von Wasserstoff-Ionen zurückzuführen.

Dieses Ausschlussverfahren ist ein Hinweis aber noch kein Beweis für die Richtigkeit dieser Behauptung. Um diese Annahme zu sichern, müssen noch weitere Beweise erbracht werden.

AUFGABEN

1. Die elektrische Leitfähigkeit nimmt beim Verdünnen von Chlorwasserstoffsäure erst zu und dann wieder ab. Was lässt sich daraus schlussfolgern?
2. Begründe die elektrische Leitfähigkeit einer Natriumchloridlösung.
3. Stelle die Ionengleichung des Lösens von Natriumchlorid in Wasser und der Reaktion von Chlorwasserstoff und Wasser auf.
4. Feste Ascorbinsäure leitet im Gegensatz zu ihrer Lösung den elektrischen Strom nicht. Begründe.
5. Beschreibe die Teilchenveränderung bei der Reaktion von Chlorwasserstoffgas mit Wasser.
6. Ein Zuckerwürfel zerfällt, wenn er in Wasser gegeben wird. Ist das eine Dissoziation? Plane ein Experiment, mit dem du dies untersuchen kannst. Stelle gegebenenfalls die Dissoziationsgleichung auf.
7. Wie verändert sich die Farbe von Universalindikator in Chlorwasserstoffsäure, wenn die saure Lösung immer weiter verdünnt wird?
8. Trockenes Indikatorpapier zeigt in reinem, trockenem Chlorwasserstoffgas keine Farbänderung. Wie ist dies zu erklären?
9. Erläutere, warum Indikatorpapier vor seiner Verwendung angefeuchtet werden sollte.

1 Labor im 18. Jahrhundert

2 ROBERT BOYLE (1627 bis 1691)

EXPERIMENT 12 [S]
Untersuche die Reaktion von Säuren mit Universalindikator.
Tropfe auf je einen kurzen Streifen Universalindikatorpapier jeweils einen kleinen Tropfen 5%iger Schwefelsäure (Xi), Phosphorsäure, Salpetersäure (C), Chlorwasserstoffsäure, schweflige Säure (Xi) und Kohlensäure.
Vergleiche die Reaktionen, notiere deine Beobachtungen.
Entsorgung: Reste in Sammelbehälter für Hausmüll geben.

Was ist eine Säure? Schon im Altertum erkannte man Säuren als Stoffe, die sauer schmecken. Die Reaktion von Säuren mit Lackmus war ebenfalls bekannt.
1663 bestimmte der englische Wissenschaftler ROBERT BOYLE Säuren als Stoffe, die sauer schmecken und bestimmte Farbstoffe rot färben. Außerdem fiel die zerstörende Wirkung von Säuren auf Marmor und Metalle auf. Im Laufe der Zeit lernte man immer mehr Säuren kennen und auch selbst herzustellen. Zufällig enthielten diese neben anderen Elementen auch Sauerstoff. Der Franzose ANTOINE L. LAVOISIER formulierte, dass alle Säuren Sauerstoff enthalten und bei der Reaktion von Nichtmetalloxiden mit Wasser entstehen. Offensichtlich kannte er die Zusammensetzung der Chlorwasserstoffsäure nicht.
Wir kennen Säuren bisher als Stoffe, die in wässriger Lösung mit Indikatoren eine bestimmte Farbänderung zeigen (Experiment 12) und den elektrischen Strom leiten. Genauer wird die Erklärung, wenn nicht nur die Wirkungen, sondern die entstehenden Teilchen in der wässrigen Lösung betrachtet werden. Die Formeln geben die Zusammensetzung der Säuremoleküle an:

- Schwefelsäure H_2SO_4
- schweflige Säure H_2SO_3
- Kohlensäure H_2CO_3
- Phosphorsäure H_3PO_4
- Salpetersäure HNO_3
- Chlorwasserstoffsäure HCl

Aus der übereinstimmenden Reaktion mit dem Indikator und der elektrischen Leitfähigkeit kann gefolgert werden, dass alle Säurelösungen einen gemeinsamen Bestandteil haben. Einziges gemeinsames Teilchen ist, wie zuvor schon vermutet, das Wasserstoff-Ion.

Schon gewusst?

Die Namen von Säuren wurden früher oft nach den Stoffen gebildet, in denen sie entdeckt oder aus denen sie hergestellt wurden. Zum Beispiel fand man Essigsäure im Essig, Milchsäure in saurer Milch und Citronensäure in Zitronen. Aus Kochsalz kann Salzsäure, aus Schwefel Schwefelsäure und aus Salpeter Salpetersäure hergestellt werden.

Warum reagieren saure Lösungen sauer?

Der Schwede SVANTE A. ARRHENIUS (1859 bis 1927) bezog sich 1884 bei seiner Definition des Begriffs Säure auf die Dissoziation einer Säure in wässriger Lösung. Er definierte Säuren wie folgt:

> Säuren sind Stoffe, die in einer wässrigen Lösung positiv elektrisch geladene Wasserstoff-Ionen bilden.

Dissoziationsgleichungen. Analog zur Dissoziation von Chlorwasserstoff in Wasser lassen sich für die Dissoziation von Säuren in Wasser Dissoziationsgleichungen schreiben.
Wie schon erwähnt, wird das Wasser in der Reaktionsgleichung, da es bei dieser chemischen Reaktion rechts und links des Reaktionspfeils unverändert steht, weggelassen.
Die Dissoziation ist eine umkehrbare Reaktion. Bei Wasserentzug treten die Ionen wieder zu den Säuremolekülen zusammen. Das drückt man in der Reaktionsgleichung durch einen Doppelpfeil $\rightleftharpoons$ aus.
Zum Beispiel:

Schwefelsäuremoleküle $\rightleftharpoons$ Wasserstoff-Ionen + Sulfat-Ionen
H_2SO_4 $\rightleftharpoons$ $2\,H^+$ + SO_4^{2-}

Kohlensäuremoleküle $\rightleftharpoons$ Wasserstoff-Ionen + Carbonat-Ionen
H_2CO_3 $\rightleftharpoons$ $2\,H^+$ + CO_3^{2-}

Phosphorsäuremoleküle $\rightleftharpoons$ Wasserstoff-Ionen + Phosphat-Ionen
H_3PO_4 $\rightleftharpoons$ $3\,H^+$ + PO_4^{3-}

Werden mehrere Wasserstoffatome der Säuremoleküle in positiv geladene Wasserstoff-Ionen umgewandelt, dann trägt das übrig bleibende Ion genau die gleiche Anzahl negativer elektrischer Ladungen.

Säurerest-Ionen. Neben den Wasserstoff-Ionen werden bei der Dissoziation der Säuren Säurerest-Ionen gebildet. Das Sulfat-Ion (SO_4^{2-}) ist z. B. das Säurerest-Ion der Schwefelsäure, das Nitrat-Ion (NO_3^-) das der Salpetersäure, das Chlorid-Ion (Cl^-) das der Chlorwasserstoffsäure. Jede Säure hat ein anderes Säurerest-Ion. Deshalb lassen sich saure Lösungen durch Bestimmen ihrer Säurerest-Ionen unterscheiden.
Die meisten von ihnen bestehen aus Atomen unterschiedlicher Elemente. In diesem Falle spricht man von **zusammengesetzten Ionen**.
Ihre Benennung erfolgt, indem man vom verkürzten lateinischen Namen des Nichtmetalls ausgeht. Schwefel, lat. sulphur, wird auf „Sulf" verkürzt und mit einer Endung, z. B. „at" bzw. „it" versehen.

1 SVANTE A. ARRHENIUS

Säure		Säurerest-Ion	
Name	Formel	Formel	Name
Schwefelsäure	H_2SO_4	SO_4^{2-}	Sulfat-Ion
schweflige Säure	H_2SO_3	SO_3^{2-}	Sulfit-Ion
Salzsäure	HCl	Cl^-	Chlorid-Ion
Salpetersäure	HNO_3	NO_3^-	Nitrat-Ion
Phosphorsäure	H_3PO_4	PO_4^{3-}	Phosphat-Ion

AUFGABEN

1. Notiere die Wort- und Dissoziationgleichung für die Dissoziation von Salpetersäure und schwefliger Säure.
2. Vergleiche die Dissoziation der Chlorwasserstoffsäure mit der des Natriumchlorids.
3. Ermittle im Tafelwerk Namen und Formel weiterer Säuren.
4. Erläutere den Vorgang der Dissoziation am Beispiel der Salpetersäure.
5. Chlorwasserstoffsäure heißt auch Salzsäure. Warum wohl?
6. Nenne Namen und Formel von Säuren, die das Element Schwefel enthalten.

Der pH-Wert

1 Verdünnungsreihe einer sauren Lösung mit Universalindikator

4 Eine Universalindikator-Vergleichsskala

Wie sauer ist eine Lösung? Bisher können wir von einer Lösung nur sagen, ob sie sauer ist oder nicht. Wir können jedoch keine Aussage darüber machen, wie sauer die Lösung ist.

Der pH-Wert. Der pH-Wert ist eine Zahlenangabe zur genauen Kennzeichnung saurer Lösungen. Er kann mit einem pH-Meter gemessen werden. Damit lässt sich ermitteln, wie stark sauer eine saure Lösung wirkt. Dies wird bei den Geräten mit einem Zahlenwert ausgedrückt, dem **pH-Wert**. Ein Universalindikator zeigt durch unterschiedliche Farbänderungen den pH-Wert an. Über den Vergleich mit einer Farbskala lässt sich der Zahlenwert zuordnen.

Der pH-Wert einer sauren Lösung ist kleiner als 7. Lösungen mit dem pH-Wert 7 wirken nicht sauer, diese Lösungen sind neutral. Eine Erhöhung des pH-Wertes einer sauren Lösung um 1 bedeutet eine Verringerung der Konzentration der Wasserstoff-Ionen in der Lösung auf ein Zehntel. Das kann z. B. durch Verdünnen geschehen.

5 pH-Meter

Die praktische Bedeutung des pH-Werts. Die meisten Pflanzen benötigen einen bestimmten pH-Wert des Bodens. Weizen wächst nur auf beinahe neutralen Böden, Roggen dagegen auf Böden bis pH = 4,8. Kartoffeln können sogar auf noch saureren Böden angebaut werden. An manchen wild wachsenden Pflanzen kann der pH-Wert des Bodens erkannt werden. So wachsen Heidelbeeren oder Sauerampfer nur auf stark sauren Böden, die echte Kamille auf sauren und die Kastanie nur auf schwach sauren Böden. Auch an und in uns selber spielt der richtige pH-Wert eine wichtige Rolle. So produziert unsere Haut einen Säureschutzmantel mit einem pH unter 6, die Eiweißverdauung im Magen erfolgt bei einem pH-Wert unter 4.

2 Kulturpflanze Weizen

3 Heidelbeere auf saurem Boden

AUFGABEN

1. Weise verschiedenen pH-Werten die Begriffe schwach sauer, sauer und stark sauer zu.
2. Prüfe den pH-Wert von Gewässern der Umgebung.

Der pH-Wert | Schwefelsäure – das „Blut der Chemie"

Aus der Welt der Chemie

Schwefelsäure – das „Blut der Chemie"

Schwefelsäure und Chemieindustrie.
Die Bezeichnung „Blut der Chemie" stammt aus der Zeit der gewaltigen Entwicklung der chemischen Industrie im 19. Jahrhundert.
Die Schwefelsäureproduktion nimmt in der Wirtschaft eines Landes eine Schlüsselstellung ein.
Außerordentlich viele Erzeugnisse werden unter Verwendung von Schwefelsäure hergestellt.
Schwefelsäure wird z. B. verwendet als

Ausgangsstoff zur Herstellung von Waschmitteln

„Akkusäure" in Kraftfahrzeugakkumulatoren

Ausgangsstoff zur Herstellung von Düngemitteln, z. B. Superphosphat

Hilfsmittel bei der Herstellung von Sprengstoffen ...

... und Farbstoffen

ZUSAMMENFASSUNG

Saurer Regen

Saurer Regen ist ein Gemisch verschiedener saurer Lösungen, das sich mit dem Regenwasser vor allem aus Schwefeldioxid und Kohlenstoffdioxid bildet.

Säuren

Säuren sind Stoffe, in deren wässriger Lösung positiv elektrisch geladene **Wasserstoff-Ionen** vorliegen.

Dissoziationsgleichung

Säuremoleküle $\rightleftarrows$ Wasserstoff-Ionen + Säurerest-Ion
$H_2SO_4 \rightleftarrows 2\,H^+ + SO_4^{2-}$

Einige wichtige Säuren und ihre Säurerest-Ionen

Säure		Säurerest-Ion	
Name	Formel	Name	Formel
Salzsäure	HCl	Chlorid-Ion	Cl^-
Salpetersäure	HNO_3	Nitrat-Ion	NO_3^-
Kohlensäure	H_2CO_3	Carbonat-Ion	CO_3^{2-}
schweflige Säure	H_2SO_3	Sulfit-Ion	SO_3^{2-}
Schwefelsäure	H_2SO_4	Sulfat-Ion	SO_4^{2-}
Phosphorsäure	H_3PO_4	Phosphat-Ion	PO_4^{3-}

Saure Lösungen

Saure Lösungen entstehen bei der Reaktion einiger Nichtmetalloxide in Wasser. Aus Schwefeldioxid und Wasser entsteht z. B. eine Lösung von schwefliger Säure. Saure Lösungen zeigen mit Indikatoren eine typische Farbänderung und leiten den elektrischen Strom. Für das saure Verhalten sind die in allen sauren Lösungen vorhandenen Wasserstoff-Ionen verantwortlich.

pH-Wert

Der pH-Wert ist eine Zahlenangabe zur genaueren Kennzeichnung saurer Lösungen.

pH-Wert: 0   1   2   3   4   5   6   7
sauer   neutral

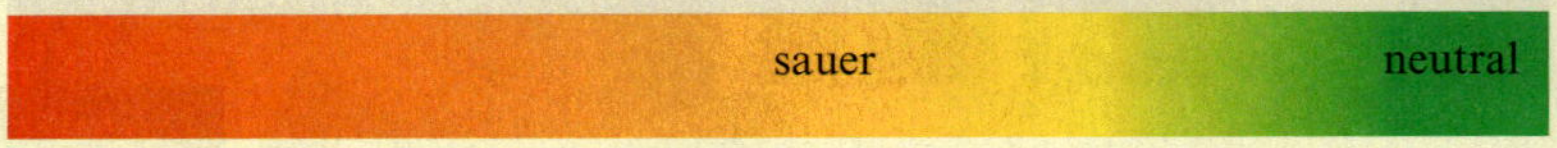

Indikatoren

Indikatoren sind Farbstoffe, die z. B. in sauren Lösungen eine typische Farbänderung zeigen.

Indikator	Farbe im Wasser	Farbe in sauren Lösungen
Lackmus	violett	rot
Rotkohlfarbstoff	violett	rot
Universalindikator	gelbgrün	gelb – orange – rot

Atombau – Periodensystem der Elemente

Die Welt der kleinsten Teilchen beflügelte die Fantasie des Architekten, der eines der Wahrzeichen von Brüssel – das Atomium – entwarf.
Atome sind sehr viel winziger als ein Staubkorn. Forschungslabore zur Aufklärung des Baus der Atome haben gegenwärtig die Ausmaße gigantischer Industrieanlagen.

→ Welche Vorstellungen vom Bau der Atome helfen uns, Eigenschaften von Stoffen besser zu verstehen?
→ Welche Beziehungen gibt es zwischen dem Periodensystem der Elemente und der Welt der kleinsten Teilchen?

Vom Bau der Stoffe

Stoffprobe und Teilchenmodell

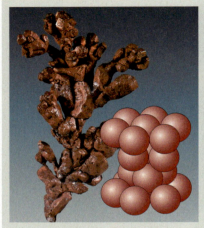

1 Kupfer

2 Natriumchlorid

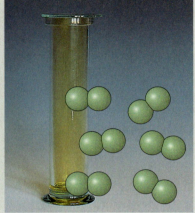

3 Chlor

Atome, Ionen, Moleküle – Teilchen in Stoffen. Atome sind die Teilchenart, die chemische Elemente kennzeichnen. Jedes der über 100 bekannten chemischen Elemente besteht aus einer Atomsorte: das Element Kupfer aus Kupferatomen, das Element Schwefel aus Schwefelatomen und das Element Sauerstoff aus Sauerstoffatomen.
Atome sind auch die Grundbausteine von Stoffen, seien es Elementsubstanzen oder Verbindungen. In den Stoffen halten die Atome auf ganz unterschiedliche Weise zusammen. Zwischen ihnen wirken verschiedene Kräfte. Den Bau der Metalle, z. B. von Kupfer, Eisen und Magnesium, stellt man sich als Atomverband aus einer Vielzahl von Atomen vor (Bild 1). Andererseits gibt es Stoffe, die aus Molekülen aufgebaut sind. Mindestens zwei Atome werden in einem Molekül zusammengehalten. So ist das bei Sauerstoff-, Chlor- oder Wassermolekülen (Bild 3).
Im Gegensatz dazu sind Edelgase aus einzelnen ungebundenen Atomen aufgebaut. Zu den Edelgasen gehören Helium, Neon, Argon, Krypton, Xenon und Radon.
In Stoffen wie Natriumchlorid, Kaliumiodid, Magnesiumoxid und Calciumoxid liegen Ionen vor. Der wesentliche Unterschied zwischen einem Atom und einem Ion des selben Elements besteht darin, dass Ionen im Gegensatz zu Atomen elektrisch geladenene Teilchen sind. Positiv und negativ elektrisch geladenene Ionen bilden in großer Zahl einen **Teilchenverband aus Ionen**, einen Ionenkristall (Bild 2). Ungleichnamig elektrisch geladene Ionen sind durch ihre Ionenbindung aneinander gebunden.

Unterschiedliche Stoffe – unterschiedlicher Bau? Auf die Frage, warum Stoffe verschiedenartig aufgebaut sein können, geben bisherige Modellvorstellungen von Atomen noch keine Antwort. Warum leiten Metalle den elektrischen Strom? Wie ist zu begründen, dass es Stoffe mit ausgesprochen niedriger Schmelz- und Siedetemperatur gibt? Um Eigenschaften der Stoffe, die sich aus deren Bau herleiten, erklären zu können, ist es erforderlich, den Atombau etwas genauer zu betrachten und die Modellvorstellungen zu erweitern.

4 Gold hauchdünn

5 Mit Helium gefüllter Ballon

Atome

Atome bestehen aus einem positiv elektrisch geladenen Atomkern, der von einer negativ elektrisch geladenen Atomhülle umgeben ist.

Atomkern – Kernladung. Die Anzahl der positiven elektrischen Ladungen im Atomkern, die **Kernladung**, ergibt sich aus der Anzahl der sich im Atomkern befindenden Protonen (↗ Seite 45). Bei einem chemischen Element haben alle Atome die gleiche Anzahl von Protonen im Atomkern, zum Beispiel Wasserstoffatome 1 Proton, Kohlenstoffatome 6 Protonen und Chloratome 17 Protonen.

Neben den Protonen ist eine weitere Art von Elementarteilchen am Aufbau des Atomkerns beteiligt, die **Neutronen**. Das erst 1932 entdeckte Neutron ist ein elektrisch neutrales Teilchen von etwa gleicher Masse wie ein Proton. Neutronen haben somit keinen Einfluss auf die Kernladung, wohl aber auf die Atommasse.

Isotope. Die Atome eines Elements können bei gleicher Protonenanzahl eine unterschiedliche Anzahl von Neutronen enthalten. Kohlenstoffatome können 6, 7 oder 8 Neutronen im Atomkern besitzen. Es sind aber immer Kohlenstoffatome, da sich jeweils 6 Protonen im Atomkern befinden.
Solche Atome eines Elements mit unterschiedlicher Neutronenanzahl werden **Isotope** (griech. iso – gleich; topos – Ort) genannt. Dieser Name leitet sich vom „gleichen Ort" im Periodensystem der Elemente ab.

Elementar- teilchen	Symbol und Modell	Masse in u
Proton	p⁺ ⊕	1
Neutron	n ○	1
Elektron	e⁻ ●	0,000 5

2 Mammuthaar, gefunden im Dauerfrostboden Sibiriens

1 Atomkerne beim Element Kohlenstoff

Modell des Atomkerns eines Kohlenstoffatoms C-12 — Anzahl der Protonen: 6, Anzahl der Neutronen: 6

Modell des Atomkerns eines Kohlenstoffatoms C-13 — Anzahl der Protonen: 6, Anzahl der Neutronen: 7

Modell des Atomkerns eines Kohlenstoffatoms C-14 — Anzahl der Protonen: 6, Anzahl der Neutronen: 8

Isotope eines Elements treten unterschiedlich häufig auf. Ungefähr 98,9 % aller Kohlenstoffatome sind Kohlenstoffatome mit 6 Protonen und 6 Neutronen im Atomkern, Isotop C-12 genannt. Ungefähr 1,1 % der Atomkerne besitzen 7 Neutronen (Isotop C-13) und nur jeder billionste Atomkern gehört zum Kohlenstoffisotop C-14 mit 8 Neutronen.
Nicht alle Isotope sind stabil. Manche Isotope können unter Aussendung radioaktiver Strahlung zerfallen wie das Kohlenstoffisotop C-14. Die Hälfte seiner Atomkerne in einer Stoffportion zerfällt in etwa 5 730 Jahren. Dieser Sachverhalt wird bei der Radiokarbon-Methode zur Altersbestimmung genutzt.
Radioaktive Isotope anderer Elemente werden zur Behandlung und Diagnose verschiedener Krankheiten in der Medizin eingesetzt. Beispielsweise kann die Funktionsfähigkeit der Schilddrüse mithilfe künstlich erzeugter Iodisotope überprüft werden.

AUFGABEN

1. Das in Bild 2 abgebildete Mammuthaar konnte mithilfe der Radiokarbon-Methode auf ein Alter von etwa 11 000 Jahren datiert werden. Informiere dich über das Funktionsprinzip dieser Methode.
2. Chlor hat zwei Isotope, Cl-35 (75,5 %) und Cl-37 (24,5 %).
   a) Ermittle die Anzahl der unterschiedlichen Elementarteilchen für jedes Isotop.
   b) Berechne die durchschnittliche absolute Atommasse in u für Chlor aus den Anteilen der beiden Chlorisotope.

Schalenmodell der Atomhülle

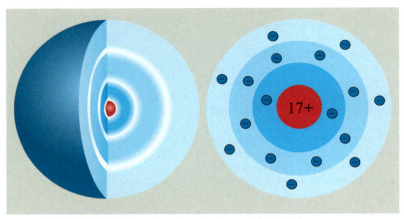

1 Räumliches und zweidimensionales Schalenmodell des Chloratoms

Elektronenanordnung. Im Durchmesser etwa 10 000-mal größer als der Atomkern, so stellt man sich die ihn umgebende kugelförmige Atomhülle vor. In ihr bewegen sich die Elektronen. Im Ergebnis experimenteller Arbeiten wurde erkannt, dass die Elektronen sich nicht beliebig in der Atomhülle verteilen. Es gibt Gruppen von Elektronen mit annähernd gleichem Abstand vom Atomkern. Im Modell besetzt jede dieser Gruppen eine **Elektronenschale**, einen kugelschalenförmigen Raum mit dem Atomkern im Zentrum. Die Elektronenschalen werden vom Kern beginnend nummeriert. Im Modell des Chloratoms verteilen sich 17 Elektronen auf drei Elektronenschalen (Bild 1).
Die Elektronen in der Elektronenschale, die den größten Abstand vom Kern hat, werden als **Außenelektronen** bezeichnet. Sie sind dafür entscheidend, wie die Teilchen der Stoffe miteinander reagieren.

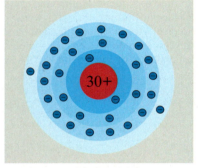

2 Schalenmodell eines Zinkatoms

> Die Atomhülle ist in Elektronenschalen gegliedert. In einer Elektronenschale halten sich Elektronen mit annähernd gleichem Abstand vom Atomkern auf.

Wie viele Elektronen haben „Platz" in den Elektronenschalen? In jeder einzelnen Elektronenschale kann sich stets nur eine begrenzte Anzahl an Elektronen aufhalten.
Die dem Atomkern nächste, die 1. Elektronenschale, ist bereits mit 2 Elektronen voll besetzt. Die 2. Elektronenschale kann maximal 8 Elektronen aufnehmen. Die jeweilige maximale Elektronenanzahl gibt nebenstehende Tabelle wieder.

Die 1. und 2. Elektronenschale. Das eine Elektron eines Wasserstoffatoms bzw. die zwei Elektronen eines Heliumatoms bilden jeweils die 1. Elektronenschale ihres Atoms.
Die zusätzlichen Elektronen der Atome der nach der Ordnungszahl folgenden acht Elemente Lithium bis Neon bilden die 2. Elektronenschale. Die zehn Elektronen eines Neonatoms besetzen sowohl die 1. als auch die 2. Elektronenschale vollständig. Die 2. Elektronenschale wird durch eine Gruppe von acht Elektronen mit annähernd gleicher Energie und gleichem Abstand vom Atomkern gebildet.

Besetzung der Elektronenschalen	
Elektronen-schale	Maximal mögliche Elektronenanzahl
1	2
2	8
3	18
4	32
⋮	⋮
n	$2n^2$

Schalenmodell der Atomhülle

Die 3. Elektronenschale und höhere Elektronenschalen. Die 3. Elektronenschale wird von maximal 18 Elektronen gebildet (↗ Tabelle S. 126). Das 11. Elektron des Natriumatoms befindet sich in ihr. Die äußeren acht der insgesamt 18 Elektronen des Argonatoms halten sich in der 3. Elektronenschale auf. Argon ist wie Helium und Neon ein Edelgas.

Die Elektronenanordnung von Atomen mit acht Außenelektronen ist besonders stabil. Diese Anordnung wird als **Elektronenoktett** bezeichnet. Die Atome der Edelgase Neon, Argon, Krypton, Xenon und Radon haben diese Anordnung. Bei Heliumatomen wird eine stabile Elektronenanordnung bereits mit zwei Elektronen erreicht.

Mit den Kaliumatomen beginnt der Aufbau der 4. Elektronenschale. Zwischen die Elemente Calcium mit zwei und Gallium mit drei Elektronen in der 4. Elektronenschale ihrer Atome sind Scandium bis Zink angeordnet. Bei den Atomen dieser Elemente wird die 3. Elektronenschale aufgefüllt. Bei Scandiumatomen befinden sich 9 und bei Zinkatomen 18 Elektronen in der 3. und jeweils zwei Elektronen in der 4. Elektronenschale.

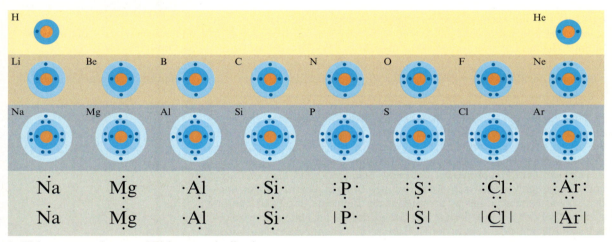

1 Elektronenanordnung und Elektronenschreibweise

Elektronenanordnung bei Edelgasatomen							
Chemisches Element	Symbol	Anzahl der Elektronen in der Elektronenschale					
		1.	2.	3.	4.	5.	6.
Helium	He	2					
Neon	Ne	2	8				
Argon	Ar	2	8	8			
Krypton	Kr	2	8	18	8		
Xenon	Xe	2	8	18	18	8	
Radon	Rn	2	8	18	32	18	8

Elektronenschreibweise. Für die chemischen Eigenschaften eines Stoffes sind die Elektronen in der jeweiligen Außenschale eines Atoms ausschlaggebend. In der vom Amerikaner GILBERT N. LEWIS (1875 bis 1946) eingeführten Schreibweise werden diese besonders hervorgehoben.

Am Symbol des Elements kennzeichnen Punkte die Außenelektronen. Hat ein Atom mehr als 4 Außenelektronen, können jeweils zwei von ihnen – ein Elektronenpaar – durch einen Strich am Symbol angegeben werden (Bild 1).

AUFGABEN

1. Erläutere die Unterschiede zwischen einem Natriumatom, einem Kohlenstoffatom und einem Schwefelatom?
2. Erkunde die Verwendung von Edelgasen im Alltag.
3. Gib an, welche Teilchen die chemischen Zeichen Cl, Cl_2, und Cl^- symbolisieren. Notiere Gemeinsamkeiten und Unterschiede zwischen den Teilchen.
4. Erläutere den Unterschied zwischen dem einfachen Atommodell und dem Schalenmodell.
5. Zeichne ein Schalenmodell für ein Kaliumatom.
6. Wie viele Elektronenschalen hat ein Schwefelatom?

Periodensystem der Elemente

Ordnungszahl. Im Periodensystem der Elemente sind die Elemente aufsteigend nach der Anzahl der Protonen in ihren Atomen angeordnet (↗ Seite 47). Die **Ordnungszahl** entspricht der Anzahl der Protonen, die gleich der Kernladungszahl ist. Aufgrund des Ausgleichs der elektrischen Ladungen im Atom ist die Ordnungszahl auch gleich der Anzahl der Elektronen.

> Ordnungszahl ≙ Anzahl der Protonen = Anzahl der Elektronen

Anordnung der Elemente. Jedes Element hat seinen Platz im Periodensystem in einer der sieben waagerechten **Perioden**. Die Zugehörigkeit eines Elements zu einer Periode ist davon abhängig, auf wie viele Elektronenschalen sich die Elektronen seiner Atome verteilen. Die Atome aller Elemente einer Periode haben die gleiche Anzahl besetzter Elektronenschalen. Jede Periode endet mit einem Edelgas, dessen Atome die besonders stabile Elektronenanordnung von acht Außenelektronen aufweisen (Ausnahme: Helium mit zwei Außenelektronen).

> Nummer der Periode ≙ Anzahl der Elektronenschalen des Atoms

In den **Gruppen** des Periodensystems stehen die Elemente senkrecht untereinander, deren Atome jeweils die gleiche Anzahl an Außenelektronen aufweisen. Gleiche Anzahl an Außenelektronen führt zu Ähnlichkeiten in den chemischen Eigenschaften der Elementsubstanzen.
In jeder der acht **Hauptgruppen** steht eine Elementfamilie, die sich durch enge chemische Verwandtschaft auszeichnet. Einigen dieser Familien wurden eigene Namen gegeben. So werden die Elemente der VIII. Hauptgruppe als Edelgase und die der VII. Hauptgruppe als Halogene bezeichnet. Die Elemente der I. bzw. der II. Hauptgruppe nennt man Alkali- bzw. Erdalkalimetalle.

> Nummer der Hauptgruppe ≙ Anzahl der Außenelektronen

Die Anordnung der Elemente nach steigender Protonenanzahl in ihren Atomkernen zeigt eine regelmäßige periodische Wiederkehr von Elementen mit ähnlichem Bau der Atomhülle.
Die Atome der links im Periodensystem stehenden Elemente besitzen nur wenige Außenelektronen und bilden mit Ausnahme des Wasserstoffs Metalle. Die wenigen Außenelektronen können leicht abgegeben werden und bewirken beispielsweise in den Metallen als Ladungsträger den Transport des elektrischen Stromes. Aus Metallatomen können positiv elektrisch geladene Metall-Ionen entstehen (↗ Tabelle).
Hingegen neigen Atome der Elemente der V. bis VII. Hauptgruppe dazu, weitere Elektronen aufzunehmen, um zusammen mit ihren 5 bis 7 Außenelektronen eine stabile Elektronenanordnung zu erreichen.
Nicht nur alle Halogene sind nichtmetallische Elementsubstanzen; auch unter den Elementen der V. und VI. Hauptgruppe finden sich solche. Die nichtmetallischen Elementsubstanzen sind oft aus Molekülen aufgebaut. In Verbindungen liegen diese Elemente häufig in Form von negativ elektrisch geladenen Ionen vor (↗ Seite 88).

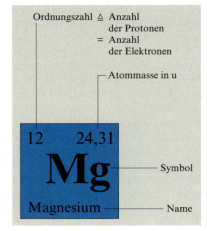

1 Ein Feld aus dem Periodensystem der Elemente

Elektronenverteilungen im Vergleich

Teilchen, chemisches Zeichen	Elektronen in der Elektronenschale		
	1.	2.	3.
Aluminiumatom, Al	2	8	3
Aluminium-Ion, Al^{3+}	2	8	
Chloratom, Cl	2	8	7
Chlorid-Ion, Cl$^-$	2	8	8

AUFGABEN

1. Gib die Elemente mit den Ordnungszahlen 12, 35 und 56 an.
2. Ein Element steht in der II. Hauptgruppe und in der 4. Periode. Notiere den Namen dieses Elementes und Angaben zum Bau seiner Atome.
3. Die Elektronen eines Atoms sind auf drei Elektronenschalen verteilt. In der 3. Elektronenschale bewegen sich 4 Elektronen. Zeichne das Schalenmodell dieses Atoms und gib an, um welches Atom es sich handelt.

So entstand das Periodensystem –
Die „Entdeckung" von Elementen am Schreibtisch?!

Mitte des 19. Jahrhunderts sind über 60 chemische Elemente bekannt. Viele Chemiker suchen nach weiteren Elementen und zugleich nach deren „chemischen Verwandtschaften", um „Prinzipien der Chemie" (Titel eines damaligen Lehrbuchs) zu erkunden.

Im Jahre 1829 stellt JOHANN-WOLFGANG DOEBEREINER (1780 bis 1849) Elemente in Dreiergruppen zusammen.
JOHN A. R. NEWLANDS (1837 bis 1898) ordnet 1865 Elemente nach der Atommasse. Er erkennt periodisch wiederkehrende Eigenschaften beim jeweils achten Nachfolger. Edelgase sind noch unbekannt.

Die Naturwissenschaftler LOTHAR MEYER (1830 bis 1895) und DMITRI I. MENDELEJEW (1834 bis 1907) entwickeln im Jahr 1869 unabhängig voneinander das Periodensystem der Elemente. Sie erkennen das Gesetzmäßige in der „Verwandtschaft" der Elemente, ihre Zugehörigkeit zu unterschiedlichen Elementfamilien. D. I. MENDELEJEW schreibt: „*Die nach der Größe ihres Atomgewichts geordneten Elemente zeigen eine deutliche Periodizität ihrer Eigenschaften …*"

1   LOTHAR MEYER (1830 bis 1895)

2   DMITRI I. MENDELEJEW (1834 bis 1907), Professor in St. Petersburg

Von genialer Voraussicht zeugen absichtliche „Lücken" in ihrem Periodensystem. Noch nicht entdeckte Elemente werden vorhergesagt und ihre wahrscheinlichen Eigenschaften schon sehr genau beschrieben.

Eine erste glänzende Bestätigung der Vorhersagen stellt die wirkliche Entdeckung des Elements *Gallium* im Jahre 1876 dar. Die Lücke nach dem Aluminium ist gefüllt. Eine weitere wissenschaftliche Sensation ist die Entdeckung des *Germaniums* durch CLEMENS WINKLER (1838 bis 1904). Der Professor an der Bergakademie Freiberg fand dieses Element 1886 bei der Analyse von sächsischem Silbererz. D. I. MENDELEJEW hatte dieses Element als nach dem Silicium stehend vorausgesagt.

3   Notizen von D. I. MENDELEJEW

ZUSAMMENFASSUNG

Atombau

Kern-Hülle-Modell des Atoms

Atomkern
Zentrum des Atoms

Elementarteilchen:

Protonen
Symbol: p$^+$
positiv elektrisch geladene Teilchen;
Ladung: +1

Neutronen
Symbol: n
neutrale Teilchen;
Ladung: keine

Atomhülle
in Elektronenschalen gegliederter kugelschalenförmiger Raum um den Atomkern;
Elementarteilchen:

Elektronen
Symbol: e$^-$
negativ elektrisch geladene Teilchen;
Ladung: –1

Isotope eines Elements

Atome mit gleicher Anzahl an Protonen, aber unterschiedlicher Anzahl an Neutronen.

Periodensystem der Elemente

Anordnung aller bekannten chemischen Elemente nach steigender Anzahl der Protonen in ihren Atomen. Es zeigt sich eine regelmäßige periodische Wiederkehr von Elementen mit ähnlichem Bau ihrer Atome.

Periodensystem der Elemente und Atombau

Angabe im Periodensystem	Bau der Atome
Ordnungszahl	≙ Anzahl der Protonen = Anzahl der Elektronen
Nummer der Hauptgruppe	≙ Anzahl der Außenelektronen
Nummer der Periode	≙ Anzahl der Elektronenschalen

Elektronenoktett

Besonders stabile Elektronenanordnung von 8 Außenelektronen.

Elektronenschreibweise

Kennzeichnung der Außenelektronen am Symbol des Elements durch Punkte für einzelne Elektronen bzw. durch Striche für Elektronenpaare.

Beziehungen im Periodensystem der Elemente

In einer Periode	In einer Hauptgruppe
– ist die Anzahl der Elektronenschalen gleich, – nimmt die Anzahl der Außenelektronen von 1 bis 8 zu, – nehmen die metallischen Eigenschaften ab, die nichtmetallischen dagegen zu, – nimmt die Neigung der Atome zur Elektronenabgabe ab, die zur Elektronenaufnahme zu.	– steigt die Anzahl der Elektronenschalen von eins bis sieben, – ist die Anzahl der Außenelektronen gleich, – haben Verbindungen der Elemente übereinstimmende Zusammensetzung.

Unedle Metalle – Metalloxide – Metallhydroxide

Metalle sind wichtige Stoffe in unserem Alltag. Neben den bekannten Edelmetallen gibt es weit mehr unedle Metalle. Diese begegnen uns im Alltag häufig in Form ihrer Verbindungen. So müssen z. B. die technisch wichtigen unedlen Metalle Eisen und Aluminium erst aus ihren Verbindungen gewonnen werden.

➜ Wodurch unterscheiden sich unedle von edlen Metallen?
➜ Welche typischen Reaktionen zeigen unedle Metalle?
➜ Wie lassen sich unedle Metalle aus ihren Verbindungen gewinnen?
➜ Was sind Metallhydroxide und wo begegnen sie uns?

Reaktionen unedler Metalle

1 Das Kupferdach dieses Schlosses zeigt nach einigen Jahren eine schöne grüne Patina. Goldene oder vergoldete Oberflächen verlieren dagegen ihren Glanz nicht.

2 Frisch mit Kupferblechen verkleidetes Türmchen

Edle und unedle Metalle. Wie dir bereits bekannt ist, bilden die Metalle eine Stoffklasse mit charakteristischen Eigenschaften. Zu diesen Eigenschaften zählen der charakteristische Glanz, die gute elektrische Leitfähigkeit und die gute Wärmeleitfähigkeit. Unterschiedliche Eigenschaften der Metalle (↗ Seite 40) werden genutzt, um die Metalle einzuteilen.

> **EXPERIMENT 1** [S] [Xi] ✖
> **Prüfe das Verhalten von Metallen gegenüber Säuren.**
> *Vorsicht! Schutzbrille!* Gib einige Späne der Metalle Aluminium, Zink und Kupfer jeweils in ein Reagenzglas. Gib nun in jedes Reagenzglas 2 ml 10%ige Essigsäure (Xi). Beobachte.
> Wiederhole den Versuch mit 10%iger Salzsäure (Xi) und 10%iger Schwefelsäure (Xi) anstelle der Essigsäure. Beobachte.
> Welche Gemeinsamkeiten und Unterschiede gibt es?
> *Entsorgung:* Lösungen in den Sammelbehälter für Abwasser. Metallreste in Sammelbehälter für Hausmüll.

Metalle wie Kupfer reagieren nicht mit Säurelösungen. Neben Kupfer zeigen auch Silber, Gold und Platin diese Eigenschaft. Aluminium und Zink reagieren wie die meisten Metalle mit Säurelösungen unter Bildung von Wasserstoff.
Aufgrund der chemischen Reaktion der Metalle mit Säurelösungen können die Metalle in zwei Gruppen eingeteilt werden: Metalle, die mit Säurelösungen unter Bildung von Wasserstoff reagieren, nennt man **unedle Metalle**. Metalle, die dagegen nicht mit Säurelösungen reagieren, gehören zur Gruppe der **Edelmetalle**.

> Unedle Metalle reagieren mit verdünnten Säurelösungen unter Bildung von Wasserstoff. Edelmetalle reagieren nicht mit Säurelösungen.

3 Große Mengen Gold lagern in Form von Barren in den Tresoren auf der ganzen Welt.

Reaktionen unedler Metalle

Chemische Reaktionen unedler Metalle mit Wasser. Unedle Metalle reagieren zum Teil sehr heftig mit Säurelösungen. Welches Verhalten zeigen unedle Metalle gegenüber Wasser?

> **EXPERIMENT 2** [S]
> **Untersuche das Verhalten von Calcium in Wasser.**
> *Vorsicht! Schutzbrille!* Fülle eine Kristallisierschale mit Wasser. Drücke mit einem Klemmsieb einige Calciumstückchen (F) in das Wasser. Fange das eventuell entstehende Gas (F+) pneumatisch in einem Reagenzglas auf und identifiziere es.
> Notiere deine Beobachtungen. Stelle die Reaktionsgleichung auf.
> *Entsorgung:* Lösungen in Sammelbehälter für Abwasser.

1 Natrium reagiert mit Wasser. Bei dieser stark exothermen Reaktion entsteht Wasserstoff, der sich oft selbst entzündet.

Kommen Calcium und Natrium mit Wasser in Kontakt, so findet eine exotherme Reaktion statt. Bei dieser chemischen Reaktion bildet sich ein Gas, das als Wasserstoff nachgewiesen werden kann.
Bei einigen Metallen kann die chemische Reaktion derart heftig verlaufen, dass sich der gebildete Wasserstoff entzündet.

> Unedle Metalle reagieren mit Wasser in einer exothermen Reaktion. Dabei bildet sich Wasserstoff.

Chemische Reaktionen unedler Metalle mit Sauerstoff. Neben dem Verhalten gegenüber Säurelösungen und Wasser ist das Verhalten gegenüber Sauerstoff eine weitere wichtige Eigenschaft von Stoffen.

> **EXPERIMENT 3** [S]
> **Untersuche das Verhalten unedler Metalle gegenüber Sauerstoff.**
> *Vorsicht! Schutzbrille! Nicht in die Flamme sehen!*
> Entzünde einen Magnesiumspan (F) und halte ihn mit einer Tiegelzange über eine Porzellanschale.
> Wiederhole das Experiment mit einem Streifen Aluminiumfolie.
> Notiere die Beobachtungen.
> *Entsorgung:* Reste in Sammelbehälter für Hausmüll.

> **EXPERIMENT 4** [L]
> **Reaktion verschiedener Metalle mit Sauerstoff.**
> *Schutzbrille!* Pulver verschiedener Metalle (z. B. Eisen, Zink, Magnesium (F)) werden aus einem Glasrohr in die nicht leuchtende Brennerflamme geblasen. Der Brenner wird dazu schräg eingespannt.

Die unedlen Metalle Magnesium, Aluminium, Eisen und Zink reagieren mit Sauerstoff unter Bildung ihres Oxids in einer exothermen Reaktion. Diese Oxidationen verlaufen meist sehr heftig unter Freisetzung von Licht. An der Luft finden diese Oxidationen wesentlich langsamer statt. Zuerst bildet sich auf der Metalloberfläche eine dünne Oxidschicht. Bei einigen Metallen ist diese Oxidschicht sehr dicht und verhindert den weiteren Kontakt des Metalls mit dem Sauerstoff der Luft. Dadurch unterbindet die Oxidschicht eine weitere Oxidation des Metalls. Erst wenn die Oxidschicht verletzt wird, kann tiefer liegendes Metall reagieren. Daher zählt z. B. das unedle Metall Aluminium zu den beständigsten Baustoffen und oxidiert nicht einmal in der Brennerflamme vollständig. Demgegenüber bildet Eisen eine sehr poröse Oxidschicht und das gesamte Metall ist der weiteren Oxidation und weiteren Umwelteinflüssen ungeschützt ausgesetzt.

> Unedle Metalle reagieren mit Sauerstoff unter Bildung von Metalloxiden in exothermer Reaktion.

AUFGABEN

1. Erläutere, warum das Metall Natrium besonders aufbewahrt werden muss..
2. Entwickle die Reaktionsgleichung für die Bildung von Calciumoxid, Zinkoxid und rotem Eisenoxid.
3. Entwickle die Reaktionsgleichung für die chemische Reaktion von Natrium und von Magnesium mit Wasser.

Oxidation – Reduktion – Redoxreaktion

1 Rosten ist eine chemische Reaktion von Eisen und Sauerstoff in Gegenwart von Wasser.

2 Heißes Eisenpulver reagiert heftig mit dem Sauerstoff der Luft.

Oxidation. Chemische Reaktionen von Metallen mit Sauerstoff aber auch chemische Reaktionen von Nichtmetallen mit Sauerstoff werden als Oxidationen bezeichnet (↗ Seite 53 und 105). Bei solchen Oxidationen handelt es sich um exotherme Reaktionen.
Reaktionsprodukte der Oxidation von Metallen mit Sauerstoff sind Metalloxide, die auch in der Natur z. B. in Form von Erzen vorkommen. Viele Metalle können aus ihren Erzen gewonnen werden. Die wirtschaftliche Bedeutung der Metallgewinnung aus den Erzen ist enorm.

Reduktion. Um reine Metalle aus Metalloxiden gewinnen zu können, muss man den darin gebundenen Sauerstoff entziehen. Metalloxide, z. B. Quecksilber(II)-oxid und Silber(I)-oxid geben den Sauerstoff bereits beim Erhitzen ab.

Silber(I)-oxid ⟶ Silber + Sauerstoff | endotherm
$2\,Ag_2O \longrightarrow 4\,Ag + O_2$

Wird braunes Silber(I)-oxid erhitzt, so bildet sich weißes, fein verteiltes Silber (Bild 2, Seite 55). Silber(I)-oxid reagiert zu Silber und Sauerstoff, dieser entflammt einen glimmenden Holzspan.

Die Metalloxide geben in beiden Fällen den Sauerstoff ab, die Metalle werden in den elementaren Zustand „zurückgeführt". Eine solche chemische Reaktion bezeichnet man als **Reduktion** (lat. reducere – zurückführen). Metalloxide werden zu Metallen reduziert. Alle Metalle lassen sich durch Erhitzen aus ihren Oxiden gewinnen. Wie beim Kupfer(II)-oxid sind die notwendigen Temperaturen allerdings meist so hoch, dass sie mit dem Brenner im Labor nicht erreicht werden können.

> Eine Reduktion ist eine chemische Reaktion, bei der einem Stoff Sauerstoff entzogen wird.
> Die Reduktion ist die Umkehrung der Oxidation.

EXPERIMENT 5 [L]
Erhitzen von Silber(I)-oxid und Kupfer(II)-oxid.
In je einem Reagenzglas werden Silber(I)-oxid und Kupfer(II)-oxid mit einer Brennerflamme stark erhitzt. In die Reagenzgläser wird ein glimmender Holzspan geführt.

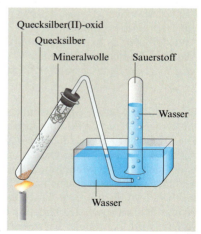

3 Erhitzen von Quecksilber(II)-oxid

Oxidation – Reduktion – Redoxreaktion

Reduktions- und Oxidationsmittel. Nicht bei jeder Reduktion wird eine Verbindung in die Elemente zerlegt. Es können auch Verbindungen gebildet werden. Bei der Reaktion von Magnesium mit Wasserdampf (Wasserstoffoxid) entsteht neben Magnesiumoxid auch elementarer Wasserstoff. Das Magnesium hat sich offenbar mit dem Sauerstoff des Wassers verbunden.
Der Wasserdampf kann auch von anderen Metallen wie Eisen oder Aluminium reduziert werden. Stoffe, die in einer chemischen Reaktion anderen Verbindungen den Sauerstoff entziehen, werden als **Reduktionsmittel** bezeichnet.
Den Stoff, der in einer chemischen Reaktion Sauerstoff abgibt, in diesem Beispiel Wasser, nennt man **Oxidationsmittel**.

Redoxreaktion. Wasser wird durch das Magnesium zu Wasserstoff reduziert, gleichzeitig wird Magnesium zu Magnesiumoxid oxidiert. Reduktion und Oxidation sind bei dieser chemischen Reaktion voneinander abhängig und laufen gleichzeitig ab. Solche Reaktionen werden als **Redoxreaktionen** bezeichnet.

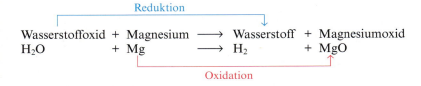

EXPERIMENT 7 [L]
Reaktion von Magnesium mit Wasserdampf.
Vorsicht! Wasserdampf ist über heiße Magnesiumspäne (F) zu leiten. Das entstehende Gas (F+) wird aufgefangen und die Knallgasprobe wird durchgeführt.

EXPERIMENT 6 [S]
Erhitze Kupfer(II)-oxid mit Eisen.
Vorsicht! Schutzbrille! Mische in einer Porzellanschale 2 g Kupfer(II)-oxid und 1 g Eisenpulver. Gib die Mischung in ein Reagenzglas und erhitze kräftig mit dem Brenner. Entferne den Brenner, sobald das Gemisch aufglüht. Gib den Inhalt des Reagenzglases nach dem Abkühlen in die Porzellanschale.
Notiere deine Beobachtungen. Welche Reaktionsprodukte sind entstanden? Entwickle die Reaktionsgleichung.
Entsorgung: Feste Stoffe in Sammelbehälter für Hausmüll.

Auch die exotherme Reaktion von Kupfer(II)-oxid und Eisen ist eine Redoxreaktion. Das Reduktionsmittel Eisen wird zu Eisen(II)-oxid oxidiert. Das Kupfer(II)-oxid liefert für diese Oxidation den Sauerstoff, es ist das Oxidationsmittel und wird selbst zu Kupfer reduziert.

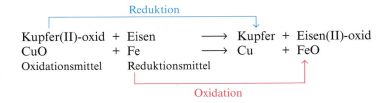

AUFGABEN

1. Schlägt ein Blitz in Quarzsand (Siliciumdioxid) ein, so bildet sich teilweise elementares Silizium. Erkläre dieses Phänomen.
2. Erkläre, warum die Teilreaktionen bei einer Redoxreaktion voneinander abhängig sind.
3. Formuliere für die Reaktion von Kupfer(II)-oxid mit Magnesium die Reaktionsgleichung. Kennzeichne Reduktion und Oxidation sowie das Reduktions- und das Oxidationsmittel.

Redoxreaktionen sind chemische Reaktionen, bei denen Reduktion und Oxidation gleichzeitig ablaufen. Dabei wird das Oxidationsmittel reduziert und das Reduktionsmittel oxidiert.

EXPERIMENT 8 [S]
Untersuche, ob Magnesium mit Eisen(II)-oxid reagiert.
Stelle Überlegungen an, ob Magnesium (F) mit Eisen(II)-oxid reagiert. Welche Reaktionsprodukte wären zu erwarten? Plane das Experiment und beachte dabei die Sicherheitsbestimmungen. Führe das Experiment nach Rücksprache mit deiner Lehrerin bzw. deinem Lehrer durch. Notiere deine Beobachtungen. Werte das Versuchsergebnis in Bezug auf deine Überlegungen aus. Stelle gegebenenfalls die Reaktionsgleichung auf. Kennzeichne die Teilreaktionen und Oxidations- und Reduktionsmittel entsprechend Seite 135.
Entsorgung: Feste Stoffe in Sammelbehälter für Hausmüll.

EXPERIMENT 10 [L]
Kupfer(II)-oxid mit Zink und Zinkoxid mit Kupfer.
Je ein Spatel Kupfer(II)-oxid- und Zinkpulver bzw. Kupferpulver und Zinkoxidpulver werden gemischt und auf einer Magnesiarinne erhitzt.

Wer reagiert mit wem? Kupfer(II)-oxid reagiert mit Eisen zu Eisen(II)-oxid und Kupfer. Zinkoxid reagiert nicht mit Kupferpulver. Bisher konnten nur Vorüberlegungen über mögliche Reaktionsprodukte im Falle einer Reaktion gemacht werden. Eine Abfolge der Metalle bezüglich der Stärke als Reduktionsmittel sollte sich mit einfachen Reaktionen ermitteln lassen.

EXPERIMENT 9 [S]
Führe Reaktionen mit Eisen, Kupfer, Aluminium und ihren Oxiden durch.
Mische in je 2 Bechergläsern jeweils einen Spatel Metallpulver mit einem Spatel Oxid der beiden anderen Metalle. Gib die Gemische nacheinander auf eine Magnesiarinne und erhitze diese in der Brennerflamme. Notiere deine Beobachtungen, stelle das Ergebnis in einer Tabelle dar. Erstelle eine Rangfolge der Reduktionswirkung der drei Metalle.
Entsorgung: Feste Stoffe in Sammelbehälter für Hausmüll.

Gemisch, z. B. aus Eisen und Kupfer(II)-oxid

Die einzelnen Metalle haben ein unterschiedlich starkes Bestreben, eine Bindung mit Sauerstoff einzugehen. Z. B. gibt Silberoxid den gebundenen Sauerstoff schon beim leichten Erhitzen ab. Andere Metalloxide wie Kupferoxid können den gebundenen Sauerstoff in einer exothermen Reaktion an einen Partner abgeben. Dieser Partner muss aber ein stärkeres Reduktionsmittel sein als das Kupfer. Ein Vergleich der Metalle untereinander liefert eine Rangfolge der Reduktionswirkung.

stark	Reduktionsmittel	schwach
Magnesium ⟶ Aluminium ⟶ Zink ⟶ Eisen ⟶ Kupfer ⟶ Silber ⟶ Gold		

Danach reduziert Zink Eisen(II)-oxid, jedoch nicht Magnesiumoxid. Metalle, die ein großes Bestreben haben, mit Sauerstoff eine Bindung einzugehen, werden **unedle Metalle** genannt. Dagegen gehören Gold, Silber und Kupfer zu den **edlen Metallen**. Sie kommen in der Natur gediegen vor.

AUFGABEN

1. Gib für die Reaktionen in Experiment 9 Oxidations- und Reduktionsmittel an.
2. Vergleiche Oxidation und Reduktion miteinander.
3. Zink reagiert mit Silber(I)-oxid. Stelle die Reaktionsgleichung auf und bestimme die Teilreaktionen.
4. Lässt sich mit einem Gemisch aus Silber(I)-oxid und Kupfer(II)-oxid Goldpulver oxidieren? Begründe.
5. Titan(IV)-oxid kann durch Aluminium, aber nicht durch Zink reduziert werden. Stelle eine Rangfolge der Reduktionswirkung für diese Metalle auf.

Oxidation – Reduktion – Redoxreaktion | Verhalten von Metalloxiden

Gruppenarbeit

Wir untersuchen das Verhalten von Metalloxiden mit Wasser

Der Maurer muss seine Hände beim Umgang mit Kalkmörtel schützen, denn Kalkmörtel wirkt ätzend. Kalkmörtel besteht aus Calciumoxid und Sand. Die Vermutung liegt nahe, dass Metalloxide ebenso wie Nichtmetalloxide mit Wasser ätzende Lösungen bilden. Beachte, es gelten die gleichen Sicherheitsbestimmungen wie für den Umgang mit Säuren!

EXPERIMENT 1 [S]
Untersuche das Verhalten von Metalloxiden und Wasser.
Versetze in vier Reagenzgläsern jeweils eine Spatelspitze Calciumoxid (Xi), Magnesiumoxid, schwarzes Kupferoxid und rotes Eisenoxid mit etwa 4 ml Wasser und schüttle. Filtriere die Lösungen und bestimme den pH-Wert. Notiere deine Beobachtungen. Deute das Ergebnis.

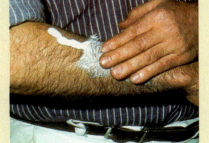

1 Maurer schützen ihre Haut mit Hautschutzcreme.

EXPERIMENT 2 [S]
Ermittle die Farbänderung bei verschiedenen Indikatoren.
Gib in 3 Reagenzgläser zu je 3 ml Wasser 4 Tropfen der Lösungen der Indikatoren Universalindikator und Lackmus sowie des für dich neuen Indikators Phenolphthalein. Gib nun jeweils eine kleine Spatelspitze Calciumoxid (Xi) in die 3 Reagenzgläser und schüttle vorsichtig. Welche Vor- und Nachteile hat der neue Indikator?

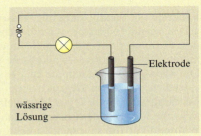

2 Prüfen der elektrischen Leitfähigkeit einer Lösung

EXPERIMENT 3 [S]
Prüfe das Verhalten von Stoffen aus dem Haushalt mit Phenolphthalein.
Versetze die verdünnten Lösungen von Seife, Waschpulver und Duschgel mit wenigen Tropfen Phenolphthaleinlösung. Bestimme den pH-Wert. Notiere deine Beobachtungen.

EXPERIMENT 4 [S]
Untersuche die elektrische Leitfähigkeit wässriger Lösungen von Metalloxiden.
Gib destilliertes Wasser in ein Becherglas und prüfe mithilfe eines Leitfähigkeitsprüfers die elektrische Leitfähigkeit (Bild 2). Gib nun Calciumoxid (Xi) hinzu, schüttle und prüfe die elektrische Leitfähigkeit erneut. Wiederhole das Experiment mit Magnesiumoxid und rotem Eisenoxid. Notiere deine Beobachtungen.

Entsorgung
Lösungen in Sammelbehälter für Abwasser geben.

AUFTRÄGE

1. Erstellt Regeln für den Umgang mit Metalloxiden und ihren Reaktionsprodukten mit Wasser.
2. Erstellt eine Tabelle, die die Namen der Indikatoren, ihre Farben in Wasser, in einer sauren Lösung und in einer Lösung von Calciumoxid enthält.
3. Eignet sich der Indikator Phenolphthalein auch als Indikator für saure Lösungen?
4. Auf den Verpackungen von Haushaltsreinigern gibt es Hinweise zum vorsichtigen Umgang mit ihnen. Bei einigen wird vor Säuren gewarnt. Findet ihr auch Warnungen vor anderen gefährlichen Stoffen?
5. Informiert euch und begründet, welche Schutzbestimmungen Maurer einhalten müssen.

Darstellung von Metallhydroxidlösungen

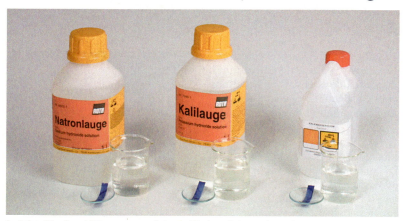

1 Metallhydroxidlösungen und deren Farbreaktion mit Universalindikatorpapier

Reaktion von Metalloxiden mit Wasser. Werden Metalloxide zu Wasser gegeben, zeigen Indikatoren in den gebildeten wässrigen Lösungen eine andere Färbung als in einer Säurelösung. Wässrige Lösungen, die dieses Verhalten zeigen, werden als **alkalische** oder **basische** Lösungen bezeichnet. Die wässrigen Lösungen, die bei der Zugabe von Metalloxiden zu Wasser entstehen, zeigen im Gegensatz zum destilliertem Wasser eine elektrische Leitfähigkeit. Dies bedeutet, dass elektrisch geladene Teilchen, also frei bewegliche Ionen, in der Lösung vorhanden sein müssen.

Während für die sauren Lösungen das Wasserstoff-Ion H^+ typisch ist (↗ Seite 119), ist für basische Lösungen das **Hydroxid-Ion OH^-** kennzeichnend. Es entsteht durch die exotherme chemische Reaktion von Metalloxid mit Wasser. Dabei gibt das Wassermolekül ein Wasserstoff-Ion ab, welches sich mit dem Metalloxid verbindet. Die Metall-Ionen und die Hydroxid-Ionen sind in der entstehenden wässrigen Lösung von einer **Hydrathülle** umgeben.

Calciumoxid	+ Wasser	⟶ Calciumhydroxidlösung
CaO	+ H_2O	⟶ Ca^{2+} + $2\,OH^-$

> **EXPERIMENT 11** [L]
> **Reaktion von Calciumoxid mit Wasser.**
> *Vorsicht! Schutzbrille!*
> 2 bis 3 Stücke Calciumoxid (C) werden in eine Abdampfschale gegeben. Nun wird tropfenweise Wasser dazugegeben und die Temperatur gemessen.

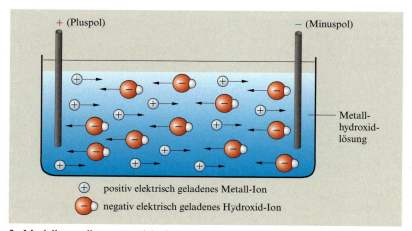

2 Modellvorstellung vom elektrischen Leitungsvorgang in wässrigen Lösungen durch Ionen

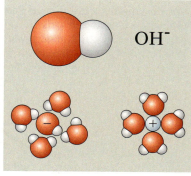

3 Modell und Formel des Hydroxid-Ions sowie Modelle eines hydratisierten Hydroxid- und eines hydratisierten Metall-Ions

Darstellung von Metallhydroxidlösungen

EXPERIMENT 12 [S] [Xi]
Dampfe eine Calciumhydroxidlösung ein.
Vorsicht! Schutzbrille! Fülle ein Reagenzglas mit etwa 2 ml Calciumhydroxidlösung. Erwärme die Lösung über der Brennerflamme bis zum Sieden. Halte das Reagenzglas stark geneigt und schüttle es leicht in der Flamme, bis das Lösemittel Wasser vollständig verdampft ist.
Notiere die Beobachtungen.
Entsorgung: Rückstand (Xi) in Wasser lösen, Lösung in Sammelbehälter für Abwasser.

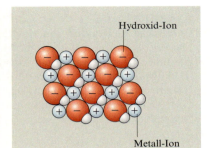

1 Metallhydroxid – Modell des Ionengitters

Metallhydroxide. Beim Eindampfen einer Metallhydroxidlösung verdampft das Wasser und die Metall-Ionen sowie die Hydroxid-Ionen ordnen sich in einem regelmäßigen Gitter an. Es bilden sich feste Ionenkristalle von Metallhydroxiden, z. B. von Calciumhydroxid $Ca(OH)_2$. In der Formel werden bei mehr als einem Hydroxid-Ion je Metall-Ion die Hydroxid-Ionen in Klammern geschrieben. Die tief gestellte Zahl gibt die Anzahl der Hydroxid-Ionen an.

$$Ca^{2+} + 2\,OH^- \longrightarrow Ca(OH)_2$$

Werden Metallhydroxide in Wasser gelöst, so dissoziieren (lat. dissociato – Trennung) die Ionen und der Ionenkristall löst sich. Hierbei werden die positiv elektrisch geladenen Metall-Ionen und die negativ elektrisch geladenen Hydroxid-Ionen von Wassermolekülen umhüllt. Es bilden sich hydratisierte Metall- und Hydroxid-Ionen (Bild 3, Seite 138).

Formeln und Dissoziationsgleichungen einiger Metallhydroxide		
Metallhydroxid	Formel	Dissoziationsgleichung
Natriumhydroxid	NaOH	$NaOH \longrightarrow Na^+ + OH^-$
Kaliumhydroxid	KOH	$KOH \longrightarrow K^+ + OH^-$
Aluminiumhydroxid	$Al(OH)_3$	$Al(OH)_3 \longrightarrow Al^{3+} + 3\,OH^-$

Die Löslichkeit der Metallhydroxide in Wasser ist unterschiedlich gut. Natriumhydroxid löst sich sehr gut in Wasser, Calciumhydroxid ist dagegen nur schlecht wasserlöslich. Auch das im Rost enthaltene rotbraune Eisenhydroxid $Fe(OH)_3$ löst sich kaum in Wasser.

2 Natriumhydroxid

Die Oxide unedler Metalle reagieren mit Wasser unter Bildung einer Metallhydroxidlösung.

AUFGABEN

1. Interpretiere die Gleichung zur Reaktion des Calciumoxids mit Wasser hinsichtlich der beteiligten Stoffe und Teilchen.
2. Wie lassen sich alkalische Lösungen nachweisen?
3. Entwickle die Reaktionsgleichung für die Reaktion von Magnesiumoxid mit Wasser.
4. Entwickle Ionengleichungen für die Bildung von Barium- und Lithiumhydroxidlösung.
5. Vergleiche die Zusammensetzung von verschiedenen Hydroxidlösungen.
6. Das Hydroxid-Ion ist ein zusammengesetztes Ion. Erläutere diesen Sachverhalt.

Unedle Metalle – Metalloxide – Metallhydroxide

> **EXPERIMENT 13** [S]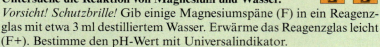
> **Untersuche die Reaktion von Magnesium und Wasser.**
> *Vorsicht! Schutzbrille!* Gib einige Magnesiumspäne (F) in ein Reagenzglas mit etwa 3 ml destilliertem Wasser. Erwärme das Reagenzglas leicht (F+). Bestimme den pH-Wert mit Universalindikator.
> Notiere deine Beobachtungen. Deute das Ergebnis.
> *Entsorgung:* Feste Stoffe in Sammelbehäler für Hausmüll, Lösung in Sammelbehälter für Abwasser.

Schon gewusst?

Einige unedle Metalle wie z. B. Magnesium bilden auf ihrer Oberfläche eine sehr dichte Oxidschicht. Diese verhindert sowohl die weitere Oxidation des Metalls durch den Luftsauerstoff als auch die chemische Reaktion mit Wasser. Daher können aus diesen Metallen haltbare Gebrauchsgegenstände, z. B. Bleistiftanspitzer, hergestellt werden.

Chemische Reaktion von unedlen Metallen mit Wasser. Unedle Metalle wie Natrium und Magnesium reagieren mit Wasser (↗ Seite 133). Die Farbänderung eines Indikators zeigt an, dass sich bei dieser chemischen Reaktion eine alkalische (basische) Lösung bildet.
Die chemische Reaktion von Natrium mit Wasser verläuft sehr heftig. Dabei bilden sich eine Natriumhydroxidlösung und Wasserstoff.

Natrium + Wasser ⟶ Natriumhydroxidlösung + Wasserstoff
$2\,Na + 2\,H_2O \longrightarrow 2\,Na^+ + 2\,OH^- + H_2$

Die chemische Reaktion von Magnesium mit Wasser verläuft deutlich weniger heftig. Für den Beginn der Reaktion muss sogar erwärmt werden.
Beim Eindampfen der basischen Lösungen bilden sich Ionenkristalle fester Metallhydroxide.

> Unedle Metalle reagieren mit Wasser unter Bildung einer alkalischen (basischen) Metallhydroxidlösung und Wasserstoff.
>
> unedles Metall + Wasser ⟶ Metallhydroxidlösung + Wasserstoff

>
> **EXPERIMENT 14** [L]
> **Reaktion von Natrium mit Wasser.**
> *Vorsicht! Schutzbrille!* Ein kleines Stück entrindetes Natrium (F, C) wird in einer Kristallisierschale auf Wasser gegeben, dem einige Tropfen Spülmittel zugesetzt wurden. Die entstandene Lösung ist mit einem Indikator zu prüfen.

Basen. Bei der chemischen Reaktion von unedlen Metallen oder deren Oxiden mit Wasser entstehen Lösungen, die positiv elektrisch geladene Metall-Ionen und negativ elektrisch geladene Hydroxid-Ionen enthalten. Lösungen, die Hydroxid-Ionen enthalten, heißen alkalische (basische) Lösungen.
Die Stoffe, die gelöst alkalische Lösungen ergeben, werden **Basen** genannt. Alkalische Lösungen lassen sich mit verschiedenen Indikatoren durch eine typische Farbänderung nachweisen.

> Basen sind Stoffe, die gelöst alkalische Lösungen ergeben. Alkalische Lösungen enthalten Hydroxid-Ionen und lassen sich mit Indikatoren durch eine typische Farbänderung nachweisen.

Farbe von Indikatoren in wässrigen Lösungen

Indikator	Farbe in saurer Lösung	Farbe im Wasser	Farbe in alkalischer Lösung
Universalindikator	rot – orange – gelb	grün	blau
Lackmus	rot	violett	blau
Phenolphthalein	farblos	farblos	rotviolett

Einige wichtige Metallhydroxide

1 Laugengebäck

2 Kalksandsteine beim Hausbau

Natriumhydroxid NaOH. Natriumhydroxid ist ein fester weißer Stoff, der auch „Ätznatron" genannt wird und meist in Form von Plätzchen in den Handel kommt. Diese sind hygroskopisch und zerlaufen an der Luft durch Aufnahme von Luftfeuchtigkeit.
Die wässrige Natriumhydroxidlösung heißt **Natronlauge**. Der Begriff Lauge bezeichnet meist die wässrigen Lösungen starker Basen. Natronlauge ist stark ätzend. Sie ist oft ein wesentlicher Bestandteil von Reinigungsmitteln. Auch Seife wird durch eine chemische Reaktion aus Natronlauge und Fett hergestellt. Verdünnte Natronlauge wird bei der Herstellung von Laugengebäck, z. B. von Salzstangen oder Brezeln, verwendet. In der Landwirtschaft dient sie zur Desinfektion der Ställe bei Tierseuchen.
Natriumhydroxid wird auch bei der Herstellung von Aluminium benötigt.

Kaliumhydroxid KOH. Kaliumhydroxid ähnelt im Aussehen und vielen Eigenschaften stark dem Natriumhydroxid. Festes Kaliumhydroxid wird auch „Ätzkali", die wässrige Lösung **Kalilauge** genannt.
Verwendung findet dieser Stoff in Industriereinigern, z. B. für die Flaschenreinigung bei Getränkeabfüllanlagen, und bei der Herstellung von Schmierseife. Auch in bestimmten Akkumulatoren, z. B. den oft verwendeten Nickel-Cadmium-Akkumulatoren, wird Kalilauge benötigt.

Calciumhydroxid Ca(OH)$_2$. Das Calciumhydroxid kann aus dem preisgünstigen Branntkalk CaO durch Reaktion mit Wasser gewonnen werden. Deswegen wird der weiße, pulverförmige Stoff auch „Löschkalk" oder „Kalkhydrat" genannt.
In der Bauindustrie dient er zur Herstellung von Kalkmörtel. Aus ihm werden mit Sand und Wasser auch die beim Hausbau oft eingesetzten Kalksandsteine hergestellt. Mit der weißen Aufschlämmung können Wände, z. B. in Kellern, Garagen oder Ställen, gestrichen werden. In der Landwirtschaft wird Calciumhydroxid als Düngemittel verwendet. Für die Zuckerherstellung wird es ebenfalls benötigt.
Durch Filtration oder Sedimentation einer Aufschlämmung von Calciumhydroxid in Wasser wird **Kalkwasser** hergestellt. Kalkwasser ist die klare, wässrige Lösung des Calciumhydroxids. Es bildet mit Kohlenstoffdioxid einen Niederschlag und wird deshalb zu dessen Nachweis verwendet.

AUFGABEN

1. Formuliere die Reaktionsgleichungen der Reaktionen von Lithium und Magnesium mit Wasser.
2. Beschreibe drei Möglichkeiten, wie eine Calciumhydroxidlösung hergestellt werden kann.
3. Informiere dich, wo Kalkmörtel verwendet wird. Wodurch wird Kalkmörtel fest?
4. Womit kann Kohlenstoffdioxid nachgewiesen werden?
5. Welche Eigenschaft der Natronlauge wird in Reinigungsmitteln genutzt? Begründe angegebene Vorsichtsmaßnahmen.
6. Seife bildet mit Wasser eine alkalische Lösung. An welchen Eigenschaften merkst du das?
7. Begründe, warum beim Umgang mit alkalischen Lösungen die gleichen Schutzmaßnahmen gelten wie bei sauren Lösungen.
8. Alkalische oder saure Lösungen dürfen niemals in Getränkeflaschen gefüllt werden. Begründe.
9. In Großküchen werden Kartoffelschalen mit verdünnter Natronlauge „aufgeweicht" und dann mit einem scharfen Wasserstrahl weggespritzt. Warum funktioniert das?

142 Unedle Metalle – Metalloxide – Metallhydroxide

Projekt

Reiniger im Haushalt von A bis Z

Abflussreiniger, Backofenreiniger, …, Waschmittel, Zahncreme – das ganze überreichliche Angebot eines Drogeriemarktes.
Steht nicht auch eine Reihe dieser Produkte in euren Haushalten?
Reinigungsmittel für Küche und Bad, für die Wäsche und den Körper werden vielseitig verwendet. Ist diese Vielfalt wirklich nötig?
Worauf beruht die Reinigungswirkung der Reinigungsmittel?

„… putzt so sauber, dass man sich drin spiegeln kann", „… und in Bad und WC ist alles o. k.", „… an meine Haut lass ich nur Wasser und …" so oder ähnlich werden wir als Verbraucher umworben.
Was ist dran an der Werbung?
Aber noch wichtiger ist die Antwort auf die Frage: Was ist drin in den Reinigern?

Planung. Die aufgeworfenen Fragen lassen sich ergänzen:
Was für verschiedene Reinigerarten gibt es eigentlich?
Kaliumhydroxidlösung wird als Industriereiniger eingesetzt zum maschinellen Spülen von Gläsern und Flaschen. Enthält Geschirrspülmittel ebenfalls alkalische Lösungen?
Gibt es Unterschiede zwischen dem Reiniger für den Geschirrspüler und dem für den Handabwasch?
Warum enthalten manche Reiniger alkalische und manche saure Lösungen?
Natronlauge wird zur Seifenherstellung verwendet. Wie entsteht Seife?
Warum „brennen" Spritzer von Seifenlösung in den Augen oder auf empfindlicher Haut?
Welche Inhaltsstoffe haben Shampoos, Duschgels, Schaumbäder, Seifen und Waschmittel?
Welchen Zweck haben die einzelnen Inhaltsstoffe in den Reinigern?
Warum haben die Etiketten von Rohr- und Sanitärreinigern häufig eine Gefahrstoffkennzeichnung?
Was ist beim Gebrauch solcher Reiniger zu beachten?
Wie können Reinigungsmittel umweltschonend eingesetzt werden? Was zeichnet umweltschonende Reinigungsmittel besonders aus?
Sicherlich fallen euch weitere Fragen ein, die ihr sammeln und ordnen solltet, um die Arbeit am Projekt zu planen und zu organisieren.

Info

Grundstoffe in Haushaltreinigern und ihre Wirkung
Tenside (z. B. Seifen): Lösen Schmutz von der Unterlage ab, halten ihn in der Lösung und schwemmen ihn aus.
Laugen (z. B. Natronlauge): Bauen organische Stoffe, Fette und Eiweiße ab.
Säuren (z. B. Citronensäure): Entfernen Kalkablagerungen.
Salze (z. B. Soda): Lösen Schmutz leichter ab.
Lösemittel (z. B. Alkohol): Lösen Fette, Wachs- und Farbflecken.
Bleichmittel: Zersetzen Farbstoffe und töten Bakterien ab.
Abrieb- bzw. Scheuermittel (z. B. Quarz- oder Marmormehl): Bewirken die mechanische Entfernung von Schmutz.

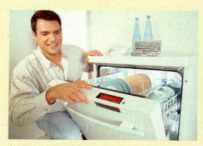

1 Zum Geschirrspülen werden Reinigungsmittel verwendet.

Reiniger im Haushalt von A bis Z

Arbeiten am Projekt. Zur Bearbeitung der Fragen könntet ihr Arbeitsgruppen bilden und die Aufträge und die Bearbeitungszeit für die einzelnen Gruppen genau festlegen.
Um Informationen über die Art und Zusammensetzung einzelner Reiniger zu erhalten, könntet ihr z. B. einen Drogeriemarkt aufsuchen. Versäumt nicht, das Verkaufspersonal über euer Anliegen zu informieren, um Missverständnissen vorzubeugen.
Eine Arbeitsgruppe könnte Verbrauchergewohnheiten im Umgang mit Reinigungsmitteln erkunden. Befragungen von Mitschülern, Eltern und Nachbarn sind dazu denkbar. Wie werden Verbrauchergewohnheiten beeinflusst?
Ihr könnt den Inhalt von Produktinformationen analysieren. Welche der formulierten Aussagen sind für Verbraucher wichtig? Welche Gesichtspunkte würdet ihr für einen Vergleich von Reinigern auswählen?
Zur Untersuchung der Produkte müssen Experimente durchgeführt werden. Legt eurer Chemielehrerin bzw. eurem Chemielehrer vor Beginn des Experimentierens einen Plan für die Experimente vor. Informiert euch über mögliche Gefahren beim Experimentieren und die fachgerechte Entsorgung der Stoffe. Für die Bearbeitung des Projektes könnt ihr hier angegebene Experimente einbeziehen.

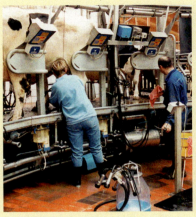

1 Eine Melkanlage muss sehr sauber gehalten werden.

EXPERIMENT 1 [S]
Untersuche die Wirkung eines Rohrreinigers.
Vorsicht! Schutzbrille!
Ermittle die Temperaturänderung beim Lösen von Rohrreiniger (C) in Wasser. Prüfe das Stoffgemisch mit Universalindikatorpapier.
Untersuche die Wirkung von Rohrreiniger auf z. B. Haare, verschiedene Stofffasern und Speiseöl. Prüfe den Geruch und beobachte Veränderungen.
Lass die Probe des Rohrreinigers auch einige Zeit in einer Kristallisierschale offen an der Luft stehen.
Denke über die Folgen des Gebrauchs von Rohrreinigern für die Umwelt und eine Alternative für die Rohrreinigung nach.

2 Schachtelhalm wurde früher zum Scheuern von Zinngeschirr zusammen mit heißer Sodalösung eingesetzt.

EXPERIMENT 2 [S]
Prüfe verschiedene Reiniger auf saure oder alkalische Reaktion.
Wähle jeweils 2 Reiniger aus, bei denen in der Produktbeschreibung auf saure oder alkalische Inhaltsstoffe hingewiesen wird.
Gib zu den Lösungen jeweils wenige Tropfen Indikatorlösung.
Untersuche zusätzlich einige Reiniger, für die keine entsprechende Angabe erfolgte.

EXPERIMENT 3 [S]
Untersuche die Wirkung verschiedener Reiniger auf Kalk.
Plane ein Experiment, mit dem du die Wirkung verschiedener Reiniger auf Kalkpulver untersuchen kannst. Mache dir auch Gedanken zur Vergleichbarkeit der Experimentansätze.

Vorstellen der Ergebnisse der Projektarbeit. Da ihr mit Produkten aus dem Alltag gearbeitet habt, wäre eine Ausstellung mit Postern und grafisch aufbereiteten Informationen möglich. Auch könntet ihr Experimente demonstrieren und selbst hergestellte Erzeugnisse ausstellen, um eure Arbeitsergebnisse angemessen zu präsentieren. Eure Mitschüler, aber auch Eltern würden interessierte Zuhörer bei einem Vortrag sein, in dem ihr chemisches Hintergrundwissen verarbeitet. An einen solchen Vortrag könnte sich auch eine Diskussion zum sinnvollen, umweltschonenden Einsatz von Haushaltreinigern anschließen. Ein kleines Reinigungshandbuch würde bestimmt Interessenten finden.

ZUSAMMENFASSUNG

Unedle Metalle — Unedle Metalle reagieren mit verdünnten Säurelösungen unter Bildung von Wasserstoff.

Oxidation — Eine Oxidation ist eine chemische Reaktion, bei der ein Stoff mit der Elementsubstanz Sauerstoff reagiert. Bei der Oxidation einer Elementsubstanz entsteht ein Oxid.

Reduktion — Eine Reduktion ist eine chemische Reaktion, bei der einem Stoff Sauerstoff entzogen wird.

Redoxreaktion — Chemische Reaktion, bei der Oxidation und Reduktion gleichzeitig ablaufen. Dabei wird das Oxidationsmittel reduziert und das Reduktionsmittel oxidiert.

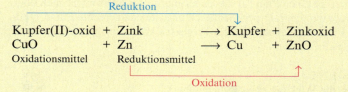

Oxidationsmittel — Stoff, der an andere Stoffe Sauerstoff abgeben kann und dabei selbst reduziert wird.

Reduktionsmittel — Stoff, der anderen Stoffen Sauerstoff entziehen kann und dabei selbst oxidiert wird.

Base — Stoff, der in Wasser gelöst eine alkalische (basische) Lösung bildet. Die wässrige Lösung einer Base enthält einfach negativ elektrisch geladene Hydroxid-Ionen.

Alkalische (basische) Lösungen entstehen durch

– das Lösen von einigen Metallhydroxiden in Wasser.

   Metallhydoxid + Wasser ⟶ Metallhydroxidlösung

– die Reaktion der Oxide einiger Metalle mit Wasser.

   Metalloxid + Wasser ⟶ Metallhydroxidlösung

– die Reaktion einiger Metalle mit Wasser.

   Metall + Wasser ⟶ Metallhydroxidlösung + Wasserstoff

Alkalische Lösungen leiten den elektrischen Strom. Für die alkalische Reaktion sind Hydroxid-Ionen verantwortlich. Hydroxid-Ionen bewirken bei Indikatoren eine typische Farbänderung.

Neutralisation

Die meiste Zeit ihres Lebens halten sich Lachse im Salzwasser der Meere auf. Heute ziehen wieder Lachse aus der Nordsee zum Laichen die Elbe aufwärts und in deren Nebenflüsse. Das war lange nicht so. In vielen Flussabschnitten war das Wasser sauer, in einigen auch alkalisch. Außerdem enthielt es auch zu wenig Sauerstoff. Die empfindlichen Lachse konnten dort nicht leben.

→ Was wird getan, damit das Elbwasser jetzt nicht mehr zu sauer oder zu alkalisch ist?
→ Wie kann die Wasserqualität gemessen werden?
→ Wie können gelöste Verunreinigungen nachgewiesen werden?
→ Was sind Salze?
→ Welche Eigenschaften haben sie?
→ Wie gelangen Salze in das Meerwasser?
→ Woraus können Salze hergestellt werden?

$HCl + NaOH \rightarrow NaCl + H_2O$

Saure, alkalische und neutrale Lösungen

1 Untersuchung von Wasser- und Bodenproben

Unterschiedliches Verhalten von Lösungen. Zur Kontrolle der Wasserqualität werden Gewässern in bestimmten Zeitabständen Wasserproben entnommen und untersucht. Eine wichtige Prüfung ist die Feststellung, ob das Wasser etwa zu sauer oder zu alkalisch ist. Auch in der Landwirtschaft werden solche Untersuchungen zur Kontrolle dieser Eigenschaft des Boden durchgeführt.

EXPERIMENT 1 [S]
Prüfe verschiedene Lösungen mit Lackmus.
Gib in 4 Reagenzgläser je 2 ml Wasser. Gib in das zweite außerdem 5 Tropfen 7%ige Salzsäure, in das dritte 5 Tropfen 5%ige Natronlauge (C) und in das vierte eine Spatelspitze Natriumchlorid. Versetze anschließend alle Proben mit 5 Tropfen violetter Lackmuslösung. Notiere deine Beobachtungen.
Entsorgung: Lösungen in Sammelbehälter für Abwasser.

EXPERIMENT 2 [S]
Prüfe verschiedene Lösungen mit Universalindikator.
Wiederhole Experiment 1 mit Universalindikator statt Lackmuslösung. Überlege dir vorher, was du an Beobachtungen erwartest. Notiere deine Vermutungen und die Beoachtungen.
Entsorgung: Lösungen in Sammelbehälter für Abwasser.

Schon gewusst?
Universalindikatoren sind Indikatorgemische, die verschiedene Farbumschläge zeigen. Verbreitet ist die Mischung von Lösungen der Farbstoffe Methylrot, Phenolphthalein, Thymolblau und Bromthymolblau.

Farbe des Indikators in Lösungen		
Lösungen	Lackmus	Universalindikator
saure Lösung	rot	rot | orange | gelb
neutrale Lösung	violett	grün
alkalische Lösung	blau	blau

Bei der Untersuchung von Lösungen lässt sich ein unterschiedliches Verhalten gegenüber Indikatoren feststellen. Bestimmte Farben der Indikatoren zeigen bei sauren Lösungen die Wasserstoff-Ionen und bei alkalischen Lösungen die Hydroxid-Ionen an. In Lösungen, die weder sauer noch alkalisch sind, zeigt die Farbe der Indikatoren die Übergangsfarbe zwischen sauren und alkalischen Lösungen an.
Lösungen, die weder sauer noch alkalisch sind, werden als **neutrale Lösungen** (lat. neutrum – keins von beiden) bezeichnet.

Saure, alkalische und neutrale Lösungen

1 Saure, neutrale und alkalische Lösungen mit Universalindikator

Der pH-Wert neutraler und alkalischer Lösungen. Bisher können wir von einer Lösung nur sagen, ob sie sauer, alkalisch oder neutral ist. Mithilfe des pH-Wertes können wir bei sauren Lösungen auch eine Aussage darüber machen, wie sauer die Lösung ist. Der pH-Wert kann mit einem pH-Meter oder mit Universalindikator ermittelt werden. Auch bei neutralen und alkalischen Lösungen können diese Verfahren zur Bestimmung des pH-Wertes angewendet werden.
Der pH-Wert einer sauren Lösung ist kleiner als 7 und der einer alkalischen größer als 7. Der pH-Wert pH = 7 bedeutet, dass eine Lösung neutral ist. Die Erhöhung des pH-Wertes einer sauren Lösung um 1 bedeutet eine Verringerung der Konzentration der Wasserstoff-Ionen auf ein Zehntel. Das kann z. B. durch Verdünnen der sauren Lösung auf ihr 10-faches Volumen geschehen. So wird durch Verdünnen von 100 ml einer Säurelösung mit dem pH-Wert pH = 2 auf ein Volumen V = 1000 ml eine Säurelösung mit dem pH-Wert pH = 3 erhalten.

Bedeutung des pH-Wertes. Die Kenntnis des pH-Wertes hat z. B. in der Landwirtschaft große praktische Bedeutung. Die meisten Pflanzen benötigen einen Boden mit einem bestimmten pH-Wert. Weizen wächst nur auf beinahe neutralen Böden bei einem pH-Wert nicht unter 6,5. Roggen und Kartoffeln gedeihen auch auf sauren Böden. Bei Kulturpflanzen wird der pH-Wert des Bodens durch eine sachgemäße Düngung reguliert.
An manchen wild wachsenden Pflanzen, den so genannten Zeigerpflanzen, kann der pH-Wert des Bodens erkannt werden (↗ Seite 120). Eine Zeigerpflanze für schwach alkalische Böden ist die Ackerkratzdistel.
Auch für die Haltung und Züchtung von Nutz- und Zierfischen ist der richtige pH-Wert des Wassers von großer Bedeutung.
Bei der Atmung der Fische und Wasserpflanzen entsteht Kohlenstoffdioxid, das mit dem Wasser Kohlensäure bildet. Ist ein Aquarium mit sehr weichem Wasser gefüllt, kann das zu einer Versauerung des Aquariumwassers führen, wodurch empfindliche Fische geschädigt werden.
Besonders empfindlich bezüglich des pH-Wertes des Wassers sind Meeresfische. Diese benötigen schwach alkalisches Aquarienwasser. Die Ausscheidungen der Fische enthalten Ammonium-Ionen (↗ Seite 183 f.), die in alkalischem Wasser das Fischgift Ammoniak (↗ Seite 176 f.) bilden. Aus dem Wasser eines Aquariums mit Meeresfischen müssen deshalb die Ammonium-Ionen aufwändig heraus gefiltert werden.

2 Die Ackerdistel ist eine Zeigerpflanze für schwach alkalische Böden.

3 Meeresfische benötigen einen pH-Wert des Wassers von 8 bis 8,5.

> Der pH-Wert ist eine Zahlenangabe zur genauen Kennzeichnung des sauren oder alkalischen Verhaltens einer Lösung. Der pH-Wert einer sauren Lösung ist kleiner als 7 und der einer alkalischen Lösung größer als 7. Der pH-Wert pH = 7 bedeutet, dass eine Lösung neutral ist.

AUFGABEN

1. Die meisten Süßwasserfische können nicht in saurem Wasser mit einem pH-Wert unter 5 leben. Das Wasser in einem 80-l-Aquarium hat den pH-Wert 5. Wie viel Wasser müsste gewechselt werden, um den pH-Wert 6 zu erreichen.

pH-Werte des menschlichen Körpers

Haut
pH-Wert bei Frauen = 5,6,
pH-Wert bei Männern = 4,9.
Dieser „Säureschutzmantel" verhindert die Vermehrung von Bakterien und Pilzen auf der Haut. Gebildet wird dieser durch den Schweiß pH = 4,0 bis 6,8, der neben etwa 1% Salzen auch Harnstoff und Säuren enthält.
Der Säureschutzmantel kann von alkalisch reagierenden Stoffen, z. B. Seifen, oder durch zu häufiges Waschen beeinträchtigt werden.

Mund
Mundspeichel: pH = 6,8 bis 7,2. Bei diesen pH-Werten funktioniert die Spaltung der Stärke in den Zucker Maltose durch das Speichelenzym Amylase am besten.

Magen
pH-Wert ≤ 2 (Magenwand) bis 6,8 (Mageninneres).
Magensaft enthält Salzsäure mit einem Massenanteil von 0,5% (pH = 1,0–1,5). Eiweiße gerinnen und quellen, sodass sie leichter verdaut werden können. Viele mit der Nahrung aufgenommene Bakterien und andere mögliche Krankheitserreger werden abgetötet.

Dünndarm
pH-Wert 5,6 nimmt bis 8,3 zu. Der saure Speisebrei aus dem Magen wird leicht alkalisch gemacht. Dadurch können die Enzyme der Bauchspeicheldrüse und des Dünndarms wirksam werden.

Dickdarm
pH-Wert zwischen 6,5 und 7,8.

Blut
Der pH-Wert wird sehr konstant bei 7,37 (venös) und 7,40 (arteriell) gehalten, da schon kleinste Abweichungen zum Tod führen. Die normale Säurezufuhr mit der Nahrung oder die Bildung von sauren Lösungen im Verdauungs- oder Atmungsprozess werden durch Regulationssysteme im Blut ausgeglichen.

Harn
pH-Wert 4,8 bis 7,7. Abweichungen deuten auf ernste Erkrankungen hin.

Aus der Welt der Chemie

pH-Werte des menschlichen Körpers | Reaktionen wässriger Lösungen

Reaktionen wässriger Lösungen

Unsere Gewässer dürfen nicht durch saure oder alkalische Lösungen belastet werden. Einleiter von Abwasser sind gesetzlich dazu verpflichtet, dass ihre Abwässer dieser Forderung entsprechen. Nicht zuletzt deshalb sind unsere Flüsse und Seen wieder von Tieren und Pflanzen besiedelt, die dort lange Zeit nicht leben konnten.
Auf welche Weise gelingt es, z. B. saure Flüssigkeiten so zu behandeln, dass sie als neutrale Abwässer entsorgt werden können? Wie werden alkalische Lösungen vorbehandelt?
Saure und alkalische Lösungen werden im Chemieunterricht in einem gemeinsamen Behälter gesammelt und dann entsorgt. Ist das richtig? Wie gelingt es in der Schule, die Anforderungen an Abwasser zu erfüllen?

EXPERIMENT 1 [S] Xi
Untersuche das Verhalten einer sauren Lösung beim Zugeben einer alkalischen Lösung.
Vermische in einem kleinen Becherglas 5 ml Wasser mit 5 Tropfen 7 %iger Salzsäure (Xi). Gib 4 Tropfen Universalindikatorlösung zu. Tropfe mit einer Tropfpipette 1 %ige Natronlauge (Xi) zu. Mische die Lösungen nach jedem Tropfen durch vorsichtiges Umschwenken des Becherglases.
Beschreibe das Verhalten des Indikators. Welche Teilchen liegen zu den verschiedenen Zeitpunkten in der Lösung vor?

EXPERIMENT 2 [S]
Untersuche das Verhalten einer alkalischen Lösung beim Zugeben einer sauren Lösung.
Wiederhole Experiment 1 unter Verwendung von Calciumhydroxidlösung und 2 %iger Salpetersäure. Gib als Indikator 4 Tropfen Phenolphthaleinlösung zu.
Beschreibe das Verhalten des Indikators. Welche Teilchen liegen zu den verschiedenen Zeitpunkten in der Lösung vor?

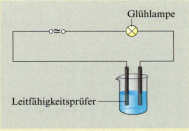

1 Apparatur zur Prüfung der elektrischen Leitfähigkeit

EXPERIMENT 3 [S]
Untersuche die elektrische Leitfähigkeit in Abhängigkeit von der Konzentration einer sauren bzw. alkalischen Lösung.
Gib in ein kleines Becherglas 10 ml destilliertes Wasser und prüfe die elektrische Leitfähigkeit. Nun tropfe vorsichtig unter Umrühren 7 %ige Salzsäure zu.
Wiederhole das Experiment. Verwende aber 1 %ige Natronlauge statt der Salzsäure.
Notiere deine Beobachtungen. Erläutere das Experimentergebnis.

Entsorgung
Lösungen in Sammelbehälter für Abwasser.

AUFTRÄGE

1. Sucht im Internet oder in eurer Umgebung nach Betrieben, in denen saure oder alkalische Abwässer anfallen. Welche Möglichkeiten der Aufbereitung werden dort genutzt?

2. Informiert euch, wer die Qualität der Gewässer eurer Umgebung kontrolliert. Welche Ergebnisse wurden in der letzten Zeit ermittelt? Versucht mögliche Unterschiede zu erklären.

Die Neutralisation

1 Geschirrspülmaschine – alkalisches Spülmittel, saurer Klarspüler

Schon gewusst?

Für sauberes Geschirr ohne agressive Spülmittelablagerungen wird in der Geschirrpülmaschine das alkalische Spülmittel im Klarspülgang mit der sauren Lösung des Klarspülers versetzt. Es entsteht eine neutrale Lösung. Die darin gelösten Salze werden mit dem Spülwasser vom Geschirr entfernt.

Reaktion einer alkalischen mit einer sauren Lösung. Bei Zugabe von alkalischer Natronlauge zu der sauren Lösung der Salzsäure zeigt die Farbänderung des Indikators an, dass sich die Konzentration der Wasserstoff-Ionen verändert. Nachdem entsprechend viele Hydroxid-Ionen zugesetzt wurden, liegt kein Überschuss an Wasserstoff-Ionen mehr vor. Das könnte zwei Ursachen haben:
Erstens könnten die Wasserstoff-Ionen der sauren Lösung mit den Hydroxid-Ionen der alkalischen Lösung reagiert haben.
Zweitens könnten gleich viele Hydroxid- und Wasserstoff-Ionen vorliegen.

> **EXPERIMENT 3** [S]
> **Untersuche die elektrische Leitfähigkeit der Mischung aus einer sauren und einer alkalischen Lösung.**
> Versetze in einem 50-ml-Becherglas 10 ml destilliertes Wasser unter Umrühren solange langsam mit 7 %iger Salzsäure, bis die Glühlampe einer Apparatur zur Prüfung der Leitfähigkeit gerade aufleuchtet.
> Stelle dir auf gleiche Weise aus 2 %iger Natronlauge (C) eine verdünnte Natronlauge her. Gieße unter Rühren und Prüfen der Leitfähigkeit die Lösungen zusammen.
> Notiere die Ionen der Ausgangsstoffe sowie deine Beobachtungen. Was kannst du aus dem Verhalten der Glühlampe schließen?
> *Entsorgung:* Lösungen in Sammelbehälter für Abwasser.

2 Mit einer Bürette kann das Volumen der zugetropften Lösung genau bestimmt werden.

Ionen bedingen in wässrigen Lösungen die elektrische Leitfähigkeit. Aus der Abnahme der elektrischen Leitfähigkeit nach dem Mischen lässt sich schließen, dass die Konzentration an Ionen in der Lösung abgenommen hat. In den Ausgangslösungen waren Wasserstoff-Ionen H^+ und Chlorid-Ionen Cl^- sowie Natrium-Ionen Na^+ und Hydroxid-Ionen OH^- vorhanden. Nur ungleichnamig elektrisch geladene Ionen reagieren miteinander.
Da die Bildung fester Natriumchloridkristalle nicht beobachtet werden konnte, müssen die Wasserstoff-Ionen mit den Hydroxid-Ionen zu Wassermolekülen reagiert haben.

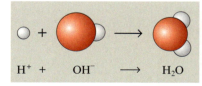

3 Modell der Reaktion von Wasserstoff-Ionen und Hydroxid-Ionen

$$H^+ + OH^- \longrightarrow H_2O$$

Die Neutralisation

Die Neutralisation – eine chemische Reaktion. Beim Mischen einer sauren mit einer alkalischen Lösung entsteht eine neutrale Lösung. Die dabei ablaufende exotherme chemische Reaktion wird **Neutralisation** genannt. Bei der Neutralisation reagieren positiv elektrisch geladene Wasserstoff-Ionen einer sauren Lösung mit negativ elektrisch geladenen Hydroxid-Ionen einer alkalischen Lösung zu Wassermolekülen.
Die Ionengleichung für die chemische Reaktion von Natronlauge und Salzsäure lautet

$$Na^+ + OH^- + H^+ + Cl^- \longrightarrow Na^+ + Cl^- + H_2O \mid exotherm$$

Da die Natrium-Ionen und die Chlorid-Ionen an der Neutralisation nicht beteiligt sind, brauchen diese Ionen nicht in die Ionengleichung aufgenommen zu werden. In dieser Form lautet die Ionengleichung

$$H^+ + OH^- \longrightarrow H_2O \mid exotherm$$

> Beispiel: Schwefelsäure reagiert mit Kaliumhydroxidlösung
>
> $H_2SO_4 + 2\ KOH \longrightarrow K_2SO_4 + 2\ H_2O \mid$ exotherm
> $2\ H^+ + SO_4^{2-} + 2\ K^+ + 2\ OH^- \longrightarrow 2\ K^+ + SO_4^{2-} + 2\ H_2O \mid$ exotherm
> $2\ H^+ \qquad\qquad + 2\ OH^- \longrightarrow \qquad\qquad 2\ H_2O \mid$ exotherm

> Die Neutralisation ist eine chemische Reaktion, bei der Wasserstoff-Ionen und Hydroxid-Ionen zu Wassermolekülen reagieren.

Bedeutung von Neutralisationsreaktionen. Saure oder alkalische Abwässer müssen so aufbereitet werden, dass sie gefahrlos entsorgt werden können. Zur Neutralisation werden häufig Salzsäure oder Schwefelsäure bzw. Natronlauge oder Calciumhydroxidlösung verwendet.
Durch den sauren Regen und auch durch Stoffwechselvorgänge der Lebewesen selbst kann Boden sauer werden. Pflanzen können wichtige Mineralstoffe dann nicht mehr aufnehmen. Kalkdünger neutralisieren die Bodensäuren und schaffen einen für die Pflanzen günstigen pH-Wert.
Bei der Rauchgasentschwefelung wird Schwefeldioxid mit einer Calciumhydroxidlösung ausgewaschen und neutralisiert. Mit Arzneimitteln, die verschiedene Hydroxide enthalten, kann das Sodbrennen, das durch überschüssige Magensäure verursacht wird, verhindert werden.

> **EXPERIMENT 4** [L]
> **Reaktionswärme bei einer Neutralisation.**
> 10%ige Natronlauge (C) wird mit 10%iger Salzsäure (Xi) neutralisiert. Dabei wird mit einem Thermometer die Temperatur gemessen.

1 Ausbringen von Kalk im Wald zur Neutralisation

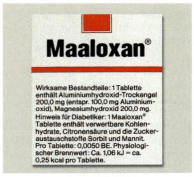

2 Dieses Arzneimittel gegen Sodbrennen enthält u. a. Aluminium- und Magnesiumhydroxid.

AUFGABEN

1. Erläutere den Begriff Neutralisation. Entwickle die Wort- und Reaktionsgleichung.
2. Beschreibe die Neutralisation von Salzsäure mit Natronlauge und entwickle dafür die ausführliche und verkürzte Ionengleichung.
3. Petra behauptet, eine Neutralisation kann auch stattfinden ohne dass eine neutrale Lösung entsteht. Diskutiere diese Aussage.
4. Entwickle die Reaktionsgleichungen für die Neutralisation von Kalilauge mit Salpetersäure und Kalilauge mit Phosphorsäure.
5. Woran ist erkennbar, dass eine vollständige Neutralisation stattgefunden hat?
6. Entwickle die Reaktionsgleichungen für die Neutralisation von Kalkwasser mit Schwefelsäure und Kalkwasser mit Salzsäure.
7. Natronlauge wird mit Salzsäure teilweise neutralisiert. Beim Eindampfen der entstandenen Lösung bleibt eine weiße Kruste zurück. Erkläre diesen Sachverhalt.
8. Erkunde die Herstellung von Suppenwürfeln.
9. Erkunde weitere Anwendungen der Neutralisation.

Bau und Eigenschaften von Salzen

1 Durch Verdunsten von Meerwasser wird Meersalz gewonnen.

Zusammensetzung der Salze. Durch Neutralisation entstehen Salzlösungen. Die durch vollständige Neutralisation von Natronlauge mit Salzsäure entstandene neutrale Lösung enthält Natrium-Ionen und Chlorid-Ionen. Durch Eindampfen kann festes Natriumchlorid gewonnen werden. Im Alltag wird es wegen seiner seit uralten Zeiten wichtigen Verwendung „Kochsalz" genannt. Davon ausgehend wird heute eine ganze Stoffgruppe als **Salze** bezeichnet.

> Salze sind Stoffe, die aus positiv elektrisch geladenen Metall-Ionen und negativ elektrisch geladenen Säurerest-Ionen bestehen.

Die Namen der Salze werden aus den Namen der Metalle und den Namen der Säurerest-Ionen gebildet. Die Zusammensetzung der Salze gibt ihre Formel wieder. Sie beschreibt die Baueinheit eines Salzkristalls. Die Anzahl der positiven elektrischen Ladungen der Metall-Ionen und die der negativen elektrischen Ladungen der Säurerest-Ionen ist dabei immer ausgeglichen.

So gibt die Formel des Magnesiumsulfats $MgSO_4$ an, dass ein Magnesium-Ion mit einem Sulfat-Ion eine Baueinheit bildet. Das Magnesium-Ion trägt zwei positive elektrische Ladungen und das Sulfat-Ion zwei negative elektrische Ladungen.

Der Kristall des Magnesiumchlorids wird durch Magnesium-Ionen und Chlorid-Ionen gebildet. Eine Baueinheit besteht aus einem zweifach positiv elektrisch geladenen Magnesium-Ion und zwei einfach negativ elektrisch geladenen Chlorid-Ionen. Die Formel lautet $MgCl_2$.

2 Salz entsteht beim Eindampfen von Sole.

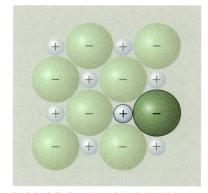

3 Modell einer Baueinheit NaCl im Natriumchloridkristall

Name des Salzes	Ionen im Ionenkristall		Formel des Salzes
Kaliumnitrat	K^+	NO_3^-	KNO_3
Magnesiumchlorid	Mg^{2+}	$2\ Cl^-$	$MgCl_2$
Calciumsulfat	Ca^{2+}	SO_4^{2-}	$CaSO_4$
Calciumnitrat	Ca^{2+}	$2\ NO_3^-$	$Ca(NO_3)_2$
Aluminiumsulfat	$2\ Al^{3+}$	$3\ SO_4^{2-}$	$Al_2(SO_4)_3$

Bau und Eigenschaften von Salzen

1 Apatit

2 Fluorit

4 Calcit

Ionenkristalle. Salze bilden Ionenkristalle. Diese bestehen aus sich gegenseitig anziehenden Metall- und Säurerest-Ionen. Die unterschiedliche Anzahl der Ladungen führt zu den in den Formeln ausgedrückten einfachen Zahlenverhältnissen der Ionen. Die verschiedenen Formen der Kristalle beruhen u. a. auf der unterschiedlichen Anordnung der Ionen in den jeweiligen Ionenkristallen.

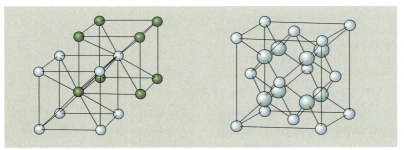
3 Modelle von Caesiumchlorid CsCl und Calciumfluorid CaF$_2$

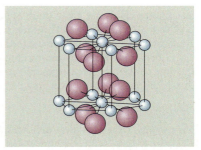
5 Modell von Cadmiumiodid CdI$_2$

Eigenschaften von Salzen. Salze weisen aufgrund gemeinsamer Strukturmerkmale eine Reihe übereinstimmender Eigenschaften auf. Salze sind stets feste, kristalline Stoffe. Die Schmelztemperaturen sind infolge der sich relativ stark anziehenden Ionen in den Ionenkristallen in der Regel recht hoch. Die Schmelzen leiten wegen der frei beweglichen Ionen ebenso den elektrischen Strom wie die Lösungen der Salze.

$$KNO_3 \longrightarrow K^+ + NO_3^- \qquad MgCl_2 \longrightarrow Mg^{2+} + 2\,Cl^-$$

Manche Salze sind in Wasser sehr schwer löslich. Die Bindungskräfte im Kristall können durch die Wassermoleküle nicht überwunden werden.

AUFGABEN

1. Erläutere die Zusammensetzung der Salze an zwei Beispielen.
2. Beschreibe die Vorgänge beim Schmelzen und Erstarren sowie beim Lösen eines Ionenkristalls.
3. Gib die Namen folgender Salze an: MgSO$_4$, FeCl$_3$, CuCl$_2$, AgBr und Ca$_3$(PO$_4$)$_2$.
   Vergleiche ihre Schmelztemperaturen. Was lässt sich daraus folgern?
4. Erkläre die meist hohen Schmelztemperaturen von Salzen.
5. Entwickle die Reaktionsgleichungen für das Lösen von NaCl, CaCl$_2$ und Mg(NO$_3$)$_2$ in Wasser. Gib die Namen der Stoffe an.
6. Begründe, warum die Schmelze eines Salzes den elektrischen Strom leitet.
7. Warum kann es keinen Indikator für Salze geben?

Salze können auch so entstehen

1 Verzinktes Eisenblech – neu und nach einigen Jahren im Regen

Eisen oder viele Stähle sind nicht wetterbeständig, sie rosten und werden dadurch zerstört. Dies ist aus dem Alltag gut bekannt. Stahlbleche werden deshalb oft mit einer Zinkschicht überzogen, um sie korrosionsbeständig zu machen. Zink ist zwar unedler als Eisen, es ist aber in trockener Luft beständig. In feuchter Luft bilden sich Schutzschichten aus verschiedenen Zinkverbindungen, die eine weitere Reaktion des Zinks verhindern.
Trotz dieser Korrosionsschutzschicht zeigen auch verzinkte Eisenbleche, die dem sauren Regen ausgesetzt sind, relativ schnell Roststellen. Wird dies durch die saure Lösung verursacht?

> **EXPERIMENT 5** [S]
> **Untersuche das Verhalten von Metallen mit sauren Lösungen.**
> Gib in 4 Reagenzgläser einige Zink-, Magnesium-, Eisen- und Kupferspäne. Versetze diese mit je 1 ml 10%iger Salzsäure (Xi). Dampfe die Flüssigkeiten anschließend vorsichtig ein.
> Gib zu den genannten Metallen jeweils 1 ml 5%ige Schwefelsäure (Xi) und jeweils 4 Tropfen Universalindikatorlösung.
> Notiere deine Beobachtungen und versuche sie zu deuten.
> *Entsorgung:* Flüssigkeiten in Sammelbehälter für Abwasser, feste Stoffe wieder verwenden.

> **EXPERIMENT 6** [L]
> **Reaktion von Zink mit Salzsäure.**
> Einige Zinkgranalien werden in einem Kipp'schen Gasentwickler mit 20%iger Salzsäure (Xi) versetzt. Das entstehende Gas (F+) wird pneumatisch aufgefangen und zur Identifizierung die Glimmspan- und die Knallgasprobe durchgeführt.

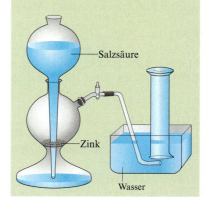

Reaktion von Metallen mit sauren Lösungen. Das Experiment bestätigt die Vermutung. Einige Metalle, darunter auch Zink, reagieren mit sauren Lösungen. Bei gleicher Oberfläche reagieren die Metalle aber unterschiedlich heftig bzw. gar nicht mit der sauren Lösung. Die Heftigkeit ist ein Maß dafür, wie edel bzw. unedel ein Metall ist. Unedle Metalle reagieren sehr heftig mit sauren Lösungen, edle Metalle reagieren dagegen nicht.
Bei der Reaktion von Zink mit Salzsäure entsteht ein Gas, das sich als Wasserstoff nachweisen lässt. Die Farbe des Universalindikators zeigt nach dem Experiment einen größeren pH-Wert der Lösung an. Das ist ein Hinweis dafür, dass bei dieser Reaktion Wasserstoff-Ionen reagiert haben. Das Verschwinden des Zinks zeigt, dass das Metall reagiert hat. Die nach dem Eindampfen zurückbleibende weiße Salzkruste weist darauf hin, dass bei der Reaktion von Salzsäure mit Zink eine Salzlösung entstanden ist.

$$Zn + 2\,H^+ + 2\,Cl^- \longrightarrow Zn^{2+} + 2\,Cl^- + H_2$$
$$Zn + 2\,H^+ \longrightarrow Zn^{2+} + H_2$$

Salze können auch so entstehen

Die Reaktion von Zink und Salzsäure wird im Labor eingesetzt um kleine Volumen Wasserstoff herzustellen.
Auch Magnesium und Eisen reagieren mit verdünnter Salzsäure. Analog der Reaktion mit Zink entstehen dabei Salzlösungen und Wasserstoff. Kupfer reagiert nicht mit verdünnter Salzsäure. Kupfer gehört zu den edlen Metallen.

$Mg + 2 H^+ + 2 Cl^- \longrightarrow Mg^{2+} + 2 Cl^- + H_2$
$Cu + H^+ + Cl^- \longrightarrow$ keine Reaktion

> Unedle Metalle reagieren mit sauren Lösungen. Es entstehen Salzlösungen und Wasserstoff.

1 Warum werden Autokarosserien vor dem Verzinken in Säure getaucht?

2 Saure Böden können auch mit Branntkalk CaO gedüngt werden.

Reaktion von Metalloxiden mit Säurelösungen. Wie euch bereits bekannt ist, enthalten manche Metalloxide Metall-Ionen. Könnten auch diese mit den Säurerest-Ionen der Säurelösungen Salze bilden?

> EXPERIMENT 7 [S]
> **Untersuche das Verhalten von Metalloxiden mit sauren Lösungen.**
> *Schutzbrille!* Schlämme je eine kleine Spatelspitze Magnesiumoxid, rotes Eisenoxid und schwarzes Kupferoxid in 1 ml Wasser auf. Versetze die Proben mit 1 ml 10%iger Salzsäure (Xi). Erhitze die Lösungen vorsichtig. Wiederhole die Experimente mit 5%iger Schwefelsäure (Xi) unter Zusatz von 4 Tropfen Universalindikatorlösung. Notiere deine Beobachtungen. Entwickle im Falle einer Reaktion die Reaktionsgleichungen.
> *Entsorgung:* Flüssigkeiten in Sammelbehälter für Abwasser, Kupfersalze in SammerbehälterI, andere Stoffe in Sammelbehälter für Hausmüll.

Viele Metalloxide reagieren mit sauren Lösungen. Es entstehen dabei Salzlösungen. Dabei reagieren Wasserstoff-Ionen mit Sauerstoff-Ionen zu Wassermolekülen.

$MgO + 2 H^+ + 2 Cl^- \longrightarrow Mg^{2+} + 2 Cl^- + H_2O$

> Metalloxide reagieren mit sauren Lösungen zu Salzlösungen und Wasser.
> Metalloxid + saure Lösung $\longrightarrow$ Salzlösung + Wasser

AUFGABEN

1. Erkläre, warum saurer Regen verzinkte Dachrinnen angreift.
2. Zum Füllen von Ballons wurden früher oft Reaktionsgefäße mit Salzsäure und Zink bestückt. Nenne dafür Gründe.
3. Entwickle die Reaktionsgleichung für die beim Entfernen von Rost (Fe_2O_3) mit verdünnter Schwefelsäure ablaufende chemische Reaktion.
4. Gib 3 Möglichkeiten zur Bildung von Calciumchlorid an. Entwickle die Reaktionsgleichungen.

Nachweis von Säurerest-Ionen

In einer Chemikaliensammlung ist etwas passiert, was eigentlich nicht passieren sollte. Die Etiketten von drei Flaschen mit Säurelösungen sind abgefallen. Die Essigsäure lässt sich an ihrem Geruch erkennen. Wie lässt die Salzsäure sich aber eindeutig von der Schwefelsäure unterscheiden?

Salzsäure oder Schwefelsäure? Durch einen Test mit Indikatorpapier lassen sich die sauren Lösungen nicht unterscheiden. Die Farbänderung nach rot zeigt nur das Vorhandensein von Wasserstoff-Ionen an. Wasserstoff-Ionen sind bei allen sauren Lösungen vorhanden. Die Lösungen unterscheiden sich jedoch durch die Art ihrer Säurerest-Ionen. Folglich ist es notwendig, solche chemischen Reaktionen zu finden, die mit diesen Ionen zu beobachtbaren, charakteristischen Reaktionsprodukten führen.

EXPERIMENT 13
Prüfe Lösungen mit Barium- und Silber-Ionen.
Gib in 2 Reagenzgläser je 1 ml 5%ige Salzsäure und 5%ige Schwefelsäure (Xi). Tropfe je 3 Tropfen 3%ige Silbernitratlösung zu.
Wiederhole das Experiment, tropfe aber statt Silbernitratlösung jeweils vier Tropfen 3%ige Bariumchloridlösung (Xn) zu.
Notiere deine Beobachtungen, beschreibe die Reaktionsprodukte.
Entsorgung: Reste in den Sammelbehälter I geben.

1 Ein Niederschlag bildet sich.

Fällungsreaktionen. Wird verdünnte Chlorwasserstoffsäure mit Silbernitratlösung versetzt, bildet sich eine schwerlösliche, käsige, weiße Verbindung, die in einer Flüssigkeit zu Boden sinkt. Es entsteht ein **Niederschlag** von Silberchlorid. Dieser Niederschlag ist charakteristisch und kann als Nachweis von Chlorid-Ionen verwendet werden. Chemische Reaktionen, bei denen sich ein Niederschlag bildet, werden als **Fällungsreaktionen** bezeichnet. In der Ionengleichung für Nachweisreaktionen werden nur die Ionen angegeben, die zum Niederschlag in der Lösung führen.

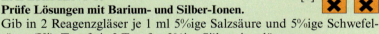

Silber-Ionen + Chlorid-Ionen ⟶ Silberchlorid
Ag^+ + Cl^- ⟶ AgCl

Sulfat-Ionen SO_4^{2-} können ebenfalls durch eine charakteristische Fällungsreaktion nachgewiesen werden. Barium-Ionen bilden mit den Sulfat-Ionen einen charakteristischen weißen kristallinen Niederschlag.

Barium-Ionen + Sulfat-Ionen ⟶ Bariumsulfat
Ba^{2+} + SO_4^{2-} ⟶ $BaSO_4$

AUFGABEN

1. Stelle einen Plan auf, wie du Schwefel-, Salpeter- und Chlorwasserstoffsäure erkennen könntest.
2. Du sollst eine Kochsalzlösung von verdünnter Schwefelsäure unterscheiden. Gib möglichst viele Möglichkeiten an, wie du vorgehen könntest.

Wir weisen Ionen nach

Der Mensch sollte täglich nicht mehr als 3 g Natriumchlorid zu sich nehmen. Meist wird diese Menge weit überschritten. Die Schwierigkeit besteht im Erkennen der sich in den Lebensmitteln befindenden Ionen. Ein Zuviel an Chlorid-Ionen ist z. B. selbst für viele Pflanzen schädlich.

EXPERIMENT 1 [S]
Untersuche Wasserproben auf Chlorid- und Sulfat-Ionen.
Gib in 3 Reagenzgläser je etwa 2 ml destilliertes, frisches und abgekochtes Leitungswasser. Setze je 4 Tropfen 3%ige Silbernitratlösung zu.
Wiederhole das Experiment mit 3%iger Bariumchloridlösung (Xn).
Notiere die Beobachtungen. Formuliere die Ionengleichungen.

EXPERIMENT 2 [S]
Untersuche Mineralwasser auf Chlorid- und Sulfat-Ionen.
Untersuche wie in Experiment 1 verschiedene Wasserproben auf Chlorid- und Sulfat-Ionen. Verwende dazu Proben verschiedener frischer und abgekochter Mineralwässer.
Notiere die Beobachtungen. Beschreibe auftretende Niederschläge genau. Wodurch unterscheiden sich die Mineralwässer vor und nach dem Erhitzen? Vergleiche mit den Angaben auf den Etiketten.

1 Die Inhaltsstoffe eines Mineralwassers werden genau angegeben.

EXPERIMENT 3 [S]
Untersuche Lebensmittel auf Chlorid-Ionen.
Zerkleinere verschiedene Lebensmittel und Gewürze, z. B. Brot, Wurst, frisches und konserviertes Gemüse, Gummibärchen, Pfeffer, Paprika, Geschmacksverstärker, Sojasoße. Versetze die Stoffproben mit Wasser und schüttle kräftig. Filtriere oder dekantiere anschließend das Stoffgemisch. Prüfe die Lösungen auf Chlorid-Ionen. Notiere deine Ergebnisse. Lassen sich Schlussfolgerungen für deine Ernährung ableiten?

2 In welchem Lebensmittel sind Chlorid-Ionen enthalten?

EXPERIMENT 4 [S]
Untersuche Blumendünger.
Verschiedene feste oder flüssige Blumendünger werden gelöst bzw. verdünnt und je 3 ml in je zwei Reagenzgläser gegeben. In jeweils eines der Reagenzgläser werden wenige Tropfen 5%ige Salpetersäure (C) zugegeben und dann auf Chlorid-Ionen geprüft. In jeweils das zweite werden wenige Tropfen 5%ige Chlorwasserstoffsäure zugegeben und auf Sulfat-Ionen geprüft.
Notiere deine Beobachtungen. Vergleiche mit den Angaben auf den Packungen.

Entsorgung

Silbernitrathaltige Reste in Sammelbehälter für das Recycling geben, die übrigen Rückstände in Sammelbehälter für Abwasser geben.

AUFTRÄGE

1. Informiert euch, welche Ionen für die Ernährung der Pflanzen besonders wichtig sind.
2. Erkundet, welche Ionen im Mineralwasser für den Menschen bedeutsam sind.
3. Gelöstes Kohlenstoffdioxid stört den Nachweis von Chlorid- und Sulfat-Ionen durch ähnliche Reaktionen. Nennt verschiedene Möglichkeiten dies zu verhindern.

Düngemittel

1 Intensives Wachstum von Pflanzen im tropischen Regenwald

Wenn Pflanzen in der Natur ohne den Eingriff der Menschen wachsen und vergehen, wird der Nährstoffgehalt des Bodens in einem Kreislauf immer wieder aufgefüllt. Die abgestorbenen Pflanzen verrotten an Ort und Stelle, die in den Pflanzen gebundenen Mineralstoffe werden freigesetzt und dem Boden wieder zugeführt. Gleiches bewirkt auch die entstehende Asche bei Wald- oder Steppenbränden.

Dieses Gleichgewicht ändert sich jedoch durch das Eingreifen der Menschen grundlegend. Durch das Ernten von Feldfrüchten oder von Holz, das aus den Wäldern abgefahren wird, werden auch die in ihnen gebundenen Mineralstoffe weggeführt. Auf Dauer würde der Boden an Mineralstoffen verarmen. Dies kann durch gezielte Düngung vermieden werden.

Unter **Düngung** wird heute die Zufuhr von Mineralstoffen verstanden, um den Ertrag und die Qualität von Nutzpflanzen zu verbessern.

3 Justus von Liebig (1803 bis 1873) entwickelte die Theorie der mineralischen Düngung.

2 Mist ist ein seit langem angewandter wichtiger Dünger.

4 Gülle darf nur unter Beachtung gesetzlicher Bestimmungen ausgebracht werden.

Durch die Einführung der Fruchtwechselwirtschaft, bei der Getreide mit Hack- oder Hülsenfrüchten abwechselnd angebaut wurde, versuchte Daniel Thaer (1752 bis 1828) den einseitigen Verbrauch von Mineralstoffen durch bestimmte Nutzpflanzen zu verlangsamen.

In der Mitte des 19. Jahrhunderts begann die Verwendung von Mineraldünger. Der berühmte deutsche Chemiker Justus von Liebig entwickelte die Mineralstofftheorie, deren Grundgedanke darin besteht, dass die Pflanzen dem Boden Mineralstoffe zu ihrer Ernährung entziehen.

Düngemittel

1 Maispflanzen – gegossen mit Vollnährlösung, Teilnährlösung ohne Nitratsalze und mit destilliertem Wasser.

2 Weizenbestand nach einem Gewittersturm

Über die Mineral- oder „Kunst"dünger werden den Pflanzen wichtige Elemente wie Kalium, Calcium, Magnesium, Stickstoff und Phosphor zugeführt. Sie nehmen diese in Form verschiedener Ionen vor allem über die Wurzeln und teilweise auch über die Blätter auf.

Das Element **Stickstoff** ist ein wichtiger Bestandteil der Eiweiße und des Chlorophylls. Als Düngemittel werden verschiedene Stickstoffverbindungen eingesetzt. Eine Unterversorgung führt zu verringertem Wachstum und gelbgrün verfärbten Blättern. Allerdings werden die Pflanzen auch bei einer Überdüngung geschädigt. Sie sind z. B. besonders anfällig für Krankheiten oder ungünstige Witterung. Auch für die Menschen und Tiere kann der Verzehr von Pflanzen, die überdüngt wurden, gefährlich werden. Besonders hoch können Nitratgehalte in Blattgemüsen sein, z. B. in Salat und bei Gewächshauskultur. Mit Nitrat-Ionen können sich Krebs erregende Stoffe bilden. Durch Umwandlung in Nitrit-Ionen kann das für den Sauerstofftransport wichtige Hämoglobin zerstört werden. Besonders gefährdet sind Kleinkinder, bei denen es in der Vergangenheit zu schweren, sogar zu tödlichen Vergiftungen gekommen ist. Deswegen gelten für Säuglingsnahrung besonders niedrige Grenzwerte für den Nitratgehalt. In einigen Gegenden ist das Grundwasser durch eine übertriebene, nicht sachgerechte Stickstoffdüngung so stark mit Nitrat-Ionen belastet, dass es für die Zubereitung von Säuglingsnahrung nicht mehr geeignet ist.

An den Stoffwechselvorgängen und in den Erbanlagen der Pflanzen ist das Element **Phosphor** in vielen Verbindungen beteiligt. Phorsphordünger fördern das Wurzelwachstum sowie die Blüten- und Samenbildung.
Kalium-Ionen regulieren den Wasserhaushalt der Pflanzen. Sie bewirken, dass die Zellen ausreichend viel Wasser enthalten. Die Pflanzen werden widerstandsfähiger. Kartoffeln brauchen besonders viel Kalium-Ionen.
Calcium-Ionen bewirken die Festigung der Pflanzengewebe. Außerdem binden sie überschüssige Säuren. Viele Böden enthalten ausreichend viele Calciumsalze, sodass eine Düngung mit Calcium-Ionen nicht notwendig ist. Bei der Neutralisation saurer Böden werden jedoch Calciumdünger ausgebracht.
Magnesium-Ionen benötigt die Pflanze zur Bildung des Chlorophylls. Bei Mangel bilden sich gelbe, weitgehend funktionsuntüchtige Blätter. Eine „Blattdüngung" mit Magnesiumsulfat wirkt besonders schnell.

„Pflanzen wachsen nur so gut, wie es der am wenigsten vorhandene Mineralstoff zulässt."
(GESETZ VOM MINIMUM)

AUFGABEN

1. Begründe, warum überhaupt Düngemittel verwendet werden.
2. Manche Menschen glauben, die Pflanzen würden durch die Verwendung der in der chemischen Industrie hergestellten Dünger für die menschliche Ernährung beeinträchtigt. Überlege dir das Für und Wider.
3. Informiere dich, welche Gefahren durch eine falsche Anwendung von Düngemitteln entstehen können.
4. Informiere dich über „Mikronährstoffe".
5. Auch die Wälder werden heute oft gedüngt. Sammle dazu Informationen.
6. In den letzten Jahren wurde die Gemüse- und Zierpflanzenproduktion in Gewächshäusern teilweise auf Hydrokultur umgestellt. Informiere dich über deren Durchführung sowie ihre Vor- und Nachteile. Erkundige dich, welche Erfahrungen bei der Haltung von Zimmerpflanzen damit gemacht werden.

Chemische Zusammenhänge durchschaut – Systematisierung

Ihr wisst schon Vieles über Stoffe, kennt **Metalle** und **Nichtmetalle** als chemische Elemente, **Oxide**, **Hydroxide**, **Säuren** und **Salze** als chemische Verbindungen.

Calciumcarbonat ist ein aus dem Alltag bekannter Stoff mit vielen Gesichtern. Felsen, ganze Gebirge aus ihm prägen Landschaften. Er beeindruckt uns in Tropfsteinhöhlen. Für Gebäude und Denkmäler ist er Baustoff. In Düngemitteln enthalten, benötigen ihn Pflanzen für ihr Wachstum. Muscheln und Schnecken verdanken ihm ihre „Häuser". Ärgernisse und Schäden verursacht Calciumcarbonat als Kesselstein, abgeschieden aus hartem Wasser.
Eure erworbenen Kenntnisse sollen euch auf dem „chemischen Weg" vom Calcium zum Calciumcarbonat führen.

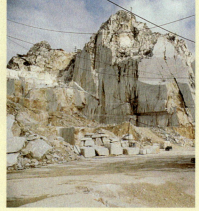
1 Carrara – ein Steinbruch in Italien

Metalle und Nichtmetalle. Calcium, Kohlenstoff und Sauerstoff sind die chemischen Elemente, aus denen Calciumcarbonat zusammengesetzt ist. Wodurch unterscheiden sich diese Elemente?

EXPERIMENT 1 [S]
Erkenne Stoffe an ihren Eigenschaften.
Weise charakteristische Eigenschaften der Stoffe für je ein Stück Kupfer- und Eisenblech, einen Magnesiumspan (F), ein Stück einer Kohlenstoffelektrode und einen Schwefelbrocken nach.
Plane Experimente und führe diese nach Rücksprache mit deiner Lehrerin bzw. mit deinem Lehrer durch.
Notiere deine Beobachtungen tabellarisch.
Unterscheide die Stoffproben.

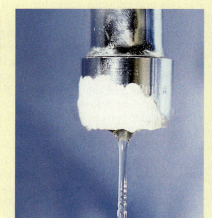
2 Kalkablagerung an einer Armatur

EXPERIMENT 2 [S]
Stelle Sauerstoff dar und weise das Gas nach.
Plane das Experiment. Orientiere dich dabei an der Skizze zum Experiment. Notiere Geräte und Chemikalien.

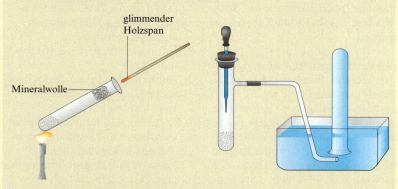

Vorsicht! Schutzbrille! Gefahrstoffe könnten eingesetzt werden. Stelle Sauerstoff nach deinem bestätigten Plan dar. Führe den Nachweis aus. Welche Eigenschaften des Sauerstoffs konntest du feststellen? Beschreibe den Nachweis des Sauerstoffs.

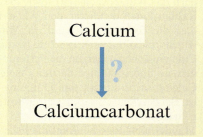
3 Welcher „chemische Weg" führt zum Calciumcarbonat?

Oxide von Metallen und Nichtmetallen. In der Natur vorkommende Erze sind oft Metalloxide, z. B. Ausgangsstoffe für die Roheisengewinnung. Andere Metalloxide sind Farbpigmente in Künstlerfarben. Calciumoxid wird zur Mörtelbereitung verwendet. Oxide der Nichtmetalle Kohlenstoff, Stickstoff und Schwefel in der Luft können Umweltschäden verursachen. Erkundet nun die Bildung von Calciumoxid und Kohlenstoffdioxid sowie Eigenschaften dieser Oxide.

EXPERIMENT 3
Stelle Calciumoxid und Magnesiumoxid dar.
Vorsicht! Schutzbrille! Feuerfeste Unterlage benutzen! Erhitze jeweils einen Metallspan in der rauschenden Brennerflamme. Zum Erhitzen kann das Metall je nach Beschaffenheit mit einer Tiegelzange gefasst bzw. in einen Verbrennungslöffel gegeben werden. Gib nach dem Abkühlen etwas vom Reaktionsprodukt in ein Reagenzglas. Das Reaktionsprodukt könnte z. B. auf seine Löslichkeit in Wasser weiter untersucht werden (↗ Experiment 5, S.162).
Notiere deine Beobachtungen. Entwickle Reaktionsgleichungen.

1 Eine Schülergruppe untersucht ein „Nichtmetalloxid".
Welche Aufgaben könnte sich die Schülergruppe gestellt haben?

EXPERIMENT 4
Untersuche das Verhalten von Kohlenstoff und Schwefel beim Erhitzen.
Vorsicht! Abzug! Verbrennungsprodukt von Schwefel (T) ist giftig!
Erhitze in einem Verbrennungslöffel etwas Schwefel und gib sofort nach dem Anbrennen des Schwefels den Verbrennungslöffel in den Erlenmeyerkolben. (Soll das Verbrennungsprodukt weiter untersucht werden, z. B. auf Löslichkeit in Wasser, ist der Erlenmeyerkolben vorher mit 20 ml Wasser und einigen Tropfen Indikatorlösung zu füllen.)
Wiederhole das Experiment mit Kohlenstoff anstelle von Schwefel.
Notiere deine Beobachtungen. Entwickle Reaktionsgleichungen.

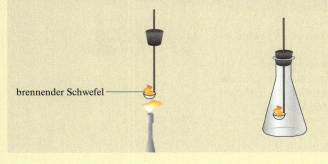
brennender Schwefel

Entsorgung

Reste der festen Metalle bzw. Nichtmetalle getrennt sammeln, werden gegebenenfalls wiederverwendet. Aufschlämmungen der Metalloxide mit Wasser verdünnen in Sammelbehälter für Abwasser.
Erlenmeyerkolben mit Schwefeldioxid unter dem Abzug zum Reinigen abstellen.

AUFTRÄGE

1. Entwickelt Steckbriefe für Calcium, Kupfer, Eisen, Magnesium, Kohlenstoff, Sauerstoff und Schwefel. Benutzt Ergebnisse der Experimente 1 und 2 sowie Angaben zu den chemischen Elementen aus dem Periodensystem und einem Tabellenwerk.
2. Erläutert die Stoffumwandlungen und die Teilchenveränderungen anhand der chemischen Reaktionen der Experimente 3 und 4.
3. Stellt Oxide als Stoffproben zusammen.
Sucht aus der Chemikaliensammlung Oxide heraus. Notiert die Namen und Formeln der gefundenen Stoffe.
Ermittelt die Stellung der zugehörigen Metalle bzw. Nichtmetalle im Periodensystem der Elemente. Begründet, weshalb die Chemikaliensammlung wesentlich mehr Metall- als Nichtmetalloxide enthält.

Wässrige Lösungen von Oxiden. Was geschieht, wenn sich Oxide in Wasser lösen? Sind die Lösungen von Oxiden saure, alkalische oder neutrale Lösungen? Um die Frage experimentell zu beantworten, sollte das Oxid des Wasserstoffs, das zum Experimentieren verwendete Wasser, auf seine Eigenschaften geprüft werden. Erst dann wird eine eindeutige Aussage über das Verhalten wässriger Lösungen anderer Oxide möglich sein. Auch hier hilft das Periodensystem der Elemente.
Ist die wässrige Lösung von Calciumoxid ein weiterer Schritt auf dem Weg zum Calciumcarbonat?

EXPERIMENT 5 [S]
Prüfe, ob und wie Calciumoxid und Magnesiumoxid mit Wasser reagieren.
Versetze jeweils eine Spatelspitze Magnesiumoxid und Calciumoxid (C) in Reagenzgläsern mit 5 ml Wasser. Prüfe die Lösungen mit Universalindikatorpapier.
Notiere die charakteristische Eigenschaft der entstandenen Lösungen. Entwickle Reaktionsgleichungen. Gib die nachgewiesenen Teilchen an.
Ermittle vergleichsweise, ob auch das Metall Calcium selbst mit Wasser reagiert. Prüfe die entstehende wässrige Lösung ebenfalls mit Universalindikator.
Notiere die Reaktionsgleichung und kennzeichne die nachgewiesenen Teilchen.

EXPERIMENT 6 [S]
Prüfe die wässrige Lösung von Schwefeldioxid mit Indikatoren.
Eine Möglichkeit zur Durchführung enthält Experiment 4, S.161. Du musst nur geringfügige Änderungen vornehmen, um das experimentelle Problem zu lösen. Du könntest auch eine andere Möglichkeit vorschlagen. Diese müsstest du in jedem Fall von deiner Lehrerin oder deinem Lehrer bestätigen lassen, um danach geeignete Geräte und Chemikalien anzufordern.
Führe das Experiment durch. Beachte, dass Schwefeldioxid (T) ein Gefahrstoff ist.
Vorsicht! Abzug bzw. dichtes Verschließen des Reaktionsgefäßes!
Notiere deine Beobachtungen. Entwickle die Reaktionsgleichung für die chemische Reaktion von Schwefeldioxid mit Wasser. Gib die Teilchen an, die in der wässrigen Lösung nachgewiesen werden können.

EXPERIMENT 7 [S]
Untersuche die wässrige Lösung von Kohlenstoffdioxid mit einem Indikator.
Wähle im Einverständnis mit deiner Lehrerin oder deinem Lehrer eine der Experimentieranordnungen (Bild 1 a, b, c) aus. Notiere benötigte Geräte und Chemikalien. Beschreibe die Durchführung des Experiments und übernimm die entsprechende Anordnung in dein Protokoll.
Vorsicht! Schutzbrille!
Führe das Experiment durch. Notiere deine Beobachtungen.
Entwickle die Reaktionsgleichung für die chemische Reaktion von Kohlenstoffdioxid mit Wasser. Welche Teilchen sind in der Lösung nachweisbar?

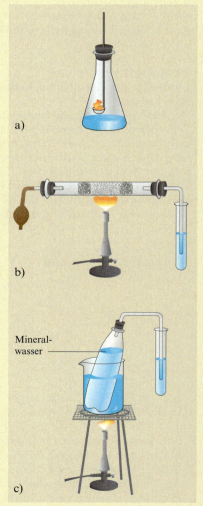

1 Experimentieranordnungen zur Untersuchung der wässrigen Lösung von Kohlenstoffdioxid mit einem Indikator

Chemische Zusammenhänge durchschaut – Systematisierung

EXPERIMENT 8 [S]
Untersuche die chemische Reaktion zwischen Kohlenstoffdioxid und der wässrigen Lösung von Calciumoxid.
Vorsicht! Schutzbrille! Leite Kohlenstoffdioxid in eine klare Lösung von Calciumhydroxid (C) (Kalkwasser) ein.
Du könntest dazu eine der Apparaturen nach Bild 1 a, b oder c (Seite 162) nutzen. Notiere deine Beobachtungen. Erläutere, welche chemische Reaktion vermutlich zu der beobachteten Erscheinung geführt hat. Entwickle eine Reaktionsgleichung.

EXPERIMENTBESCHREIBUNG
Interpretiere beschriebene Beobachtungen als chemische Reaktionen.
Eine farblose Flüssigkeit (A) wirkt in einer Apparatur auf kleine weiße „Steinchen" ein. Die Flüssigkeit schäumt dabei auf, das Reaktionsgefäß erwärmt sich etwas.
Ein Reaktionsprodukt wird in eine ebenfalls farblose Flüssigkeit (B) eingeleitet. Diese beginnt sich zu trüben, ein weißer Niederschlag bildet sich.
Die Flüssigkeit (A) hat die Eigenschaft, eine in wenigen Tropfen zugegebene grüne Lösung rot zu färben. Die gleiche grüne Lösung färbt sich in der Flüssigkeit (B) hingegen blau.
Welche Stoffe reagieren miteinander?
Zeichne eine Apparatur, in der das Experiment durchgeführt werden könnte.
Entwickle Wortgleichungen und Reaktionsgleichungen für die abgelaufenen chemischen Reaktionen.
Begründe, dass chemische Reaktionen ablaufen.

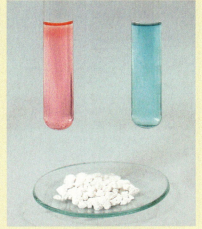

1 Stoffproben zum beschriebenen Experiment

Überblick. Planmäßiges, überlegtes und selbständiges Experimentieren half euch, Kenntnisse zu festigen und zu ordnen. Entwickelt eine schematische Übersicht, in der ihr zeigt, dass ihr die chemischen Zusammenhänge zwischen den untersuchten Stoffen erfasst habt. Tragt in das Schema folgende zu ordnende Begriffe und ihre Beziehungen zueinander ein:
Unedles Metall, Nichtmetalloxid, Salz, Nichtmetall, Metallhydroxid, Metalloxid, Säure, saure Lösung, alkalische Lösung
Ein spezielles Nichtmetall und ein besonderes Nichtmetalloxid ist an den chemischen Reaktionen der Stoffe untereinander beteiligt.

Entsorgung
Reste der festen Stoffe in den Sammelbehälter für Hausmüll, Lösungen mit Wasser verdünnt in den Sammelbehälter für Abwasser.

AUFTRÄGE

1. Gebt an, welche Stoffe oder Teilchen durch Indikatoren angezeigt werden. Notiert in einer Tabelle die Farbe, die der jeweilige Indikator in verschiedenen wässrigen Lösungen annimmt. Notiert die Bereiche des pH-Wertes, die für saure, alkalische und neutrale Lösungen gelten.
2. Stellt den Zusammenhang zwischen Calcium und Calciumcarbonat her. Übernehmt, vervollständigt und kommentiert das lückenhafte Schema (Bild 3, Seite 160).
3. Deckt die „chemischen Hintergründe" zur Werbung für ein Medikament auf. Ein Medikament soll gegen akute Magenbeschwerden wirken. Es enthält ein Gemisch der Reaktionsprodukte von Magnesiumoxid und von Aluminiumoxid mit Wasser. (Ihre Namen sind zum Teil in den Handelsnamen des Medikaments eingegangen.) Informiert euch, worauf die Wirkung des Medikaments beruht.
Nutzt zu Eurer Recherche auch das Internet oder fragt einen Apotheker.

ZUSAMMENFASSUNG

Neutrale Lösung

Eine neutrale Lösung enthält genauso viele Wasserstoff-Ionen wie Hydroxid-Ionen. Sie ist weder sauer noch alkalisch. Ihr pH-Wert beträgt 7.

pH-Wert

Der pH-Wert ist eine Zahlenangabe zur genauen Kennzeichnung des sauren, neutralen oder alkalischen Verhaltens einer Lösung.

pH-Wert: 0 1 2 3 4 5 6 7 8 9 10 11 12 13 14
Farbe des Universalindikators: sauer   neutral   alkalisch

Neutralisation

Die Neutralisation ist eine chemische Reaktion, bei der Wasserstoff-Ionen mit Hydroxid-Ionen zu Wassermolekülen reagieren.
$$H^- + OH^- \longrightarrow H_2O$$

Salze

Salze bestehen aus positiv elektrisch geladenen Metall-Ionen und negativ elektrisch geladenen Säurerest-Ionen.

Möglichkeiten der Salzbildung

Unedles Metall + saure Lösung ⟶ Salzlösung + Wasserstoff
z.B. $Mg + 2H^+ + 2Cl^- \longrightarrow Mg^{2+} + 2Cl^- + H_2$

Metalloxid + saure Lösung ⟶ Salzlösung + Wasser
z.B. $MgO + 2H^+ + 2Cl^- \longrightarrow Mg^{2+} + 2Cl^- + H_2O$

Metallhydroxid + saure Lösung ⟶ Salzlösung + Wasser
z.B. $NaOH + H^+ + Cl^- \longrightarrow Na^+ + Cl^- + H_2O$

Fällungsreaktion

Eine chemische Reaktion, bei der Ionen in Lösung zu einem schwer löslichen Stoff reagieren. Dieser fällt als Niederschlag aus der Lösung aus.

Nachweisreaktionen von Ionen

Nachzuweisendes Ion	Nachweismittel	Reaktion
Chlorid-Ion Cl^-	Silbernitratlösung	$Ag^+ + Cl^- \longrightarrow AgCl\downarrow$ weißer, käsiger Niederschlag von Silberchlorid AgCl
Sulfat-Ion SO_4^{2-}	Bariumchloridlösung	$Ba^{2+} + SO_4^{2-} \longrightarrow BaSO_4\downarrow$ weißer, kristalliner Niederschlag von Bariumsulfat $BaSO_4$

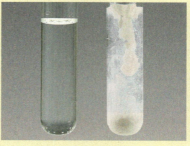

Nachweis von Chlorid-Ionen

Nachweis von Sulfat-Ionen

Quantitative Betrachtungen

Medikamente werden durch komplizierte chemische Reaktionen hergestellt. Dabei müssen die Reaktionspartner in genau bestimmten Verhältnissen miteinander reagieren. Mögliche Abweichungen können zu falschen Zusammensetzungen des Medikaments führen und schwere gesundheitliche Schäden zur Folge haben.

→ Wie lassen sich die erforderlichen Massen der Ausgangsstoffe für eine chemische Reaktion ermitteln?
→ Gibt es Beziehungen zwischen den Massen der Stoffe, die an einer chemischen Reaktion beteiligt sind?

Molare Masse

1 Verschiedene Stoffportionen mit $n = 1$ mol

Schon gewusst?

Die Masse eines Atoms bzw. eines Moleküls ist zwar unvorstellbar klein, lässt sich aber bestimmen. Ein Kohlenstoffatom z. B. wiegt etwa 0,00000000000000000000001993 g = $1{,}993 \cdot 10^{-23}$ g.
Da bei Massenangaben in Gramm die Zahlenwerte für Berechnungen ungünstig sind, wurde die atomare Masseneinheit unit (Einheitenzeichen u) geschaffen.
1 u entspricht einem Zwölftel der Masse eines Kohlenstoffatoms.

Stoffe reagieren bei einer chemischen Reaktion in einem bestimmten Massenverhältnis. Aus ökonomischen und ökologischen Aspekten ist es wichtig, dieses Verhältnis zu kennen, um möglichst wenig Ausgangsstoffe ungenutzt einzusetzen. Wie kann aber das richtige Verhältnis der reagierenden Stoffe ermittelt werden, wenn die Teilchen einer Stoffportion nicht gezählt werden können. Dazu müssen die Beziehungen zwischen der Masse einer Stoffportion und deren Stoffmenge betrachtet werden.

Jeder Stoff hat eine molare Masse. Mithilfe der AVOGADRO-Konstante N_A und der Masse eines Atoms bzw. der Masse eines Moleküls lässt sich die **molare Masse** eines Stoffes berechnen. Das Zeichen für die molare Masse ist M, die Einheit g/mol. Jeder Stoff hat eine charakteristische molare Masse. Aus der molaren Masse ist die Masse von einem Mol dieses Stoffes ableitbar.
Ist die molare Masse eines Stoffes bekannt, lässt sich durch Wägen der Masse der Stoffportion und durch Bildung des Quotienten Masse zu molarer Masse auch die Stoffmenge einer Stoffportion bestimmen.

AVOGADRO-Konstante N_A

$N_A = 6{,}022\,136\,7 \cdot 10^{23}$ mol^{-1}

Massen und Stoffmengen für Stoffportionen des Stoffes Schwefel					
$m(S)$	8 g	16 g	32 g	48 g	64 g
$M(S)$	32 g/mol	32 g/mol	32 g/mol	32 g/mol	32 g/mol
$n(S) = \dfrac{m(S)}{M(S)}$	0,25 mol	0,5 mol	1 mol	1,5 mol	2 mol

Berechnung der molaren Masse von Kohlenstoff

$M(C) = m(1 \text{ Kohlenstoffatom}) \cdot N_A$
$= 1{,}994 \cdot 10^{-23}$ g
$\quad \cdot 6{,}022\,136\,7 \cdot 10^{23}$ mol^{-1}
$= 12$ g/mol

Zwischen der Masse und der Stoffmenge einer Stoffportion besteht direkte Proportionalität. Wird die Masse des Schwefels z. B. verdoppelt, so verdoppelt sich auch die Stoffmenge. Wird die Masse des Schwefels halbiert, halbiert sich auch die Stoffmenge. Der Quotient aus der Masse und der Stoffmenge einer Stoffportion ist eine Konstante – die molare Masse.

> Die molare Masse eines Stoffes ist der Quotient aus der Masse und der Stoffmenge einer Stoffportion. Die Einheit ist g/mol.
>
> $M(\text{Stoff}) = \dfrac{m(\text{Stoffportion})}{n(\text{Stoffportion})}$

Molare Masse einiger Stoffe

Stoff	molare Masse in g/mol
Eisen	56
Eisensulfid	88
Kohlenstoffdioxid	44
Sauerstoff	32
Schwefeldioxid	64
Stickstoff	28
Wasser	18

Molare Masse

Die molare Masse der Stoffe lässt sich aus Tafelwerken und Formelsammlungen entnehmen.
Die molare Masse einer Verbindung kann aber auch mithilfe des Periodensystems der Elemente aus den Atommassen aller an der Verbindung beteiligten Elemente ermittelt werden. Die Definitionsgleichung der molaren Masse kann z. B. für die Berechnung von Masse und Stoffmenge verschiedener Stoffportionen genutzt werden.

> **Masse – Stoffmenge – Molare Masse**
>
> $m(\text{Stoffportion}) = M(\text{Stoff}) \cdot n(\text{Stoffportion})$
>
> $M(\text{Stoff}) = \dfrac{m(\text{Stoffportion})}{n(\text{Stoffportion})}$
>
> $n(\text{Stoffportion}) = \dfrac{m(\text{Stoffportion})}{M(\text{Stoff})}$

Berechnen der Masse einer Stoffportion. Die Masse einer für ein Experiment einzusetzenden Stoffportion lässt sich bei bekannter Stoffmenge mithilfe der Definitionsgleichung der molaren Masse berechnen.

> Aufgabe: Aluminium mit der Stoffmenge $n(\text{Al}) = 2$ mol wird für eine Synthese benötigt. Welche Masse an Aluminium muss abgewogen werden?
>
> Gesucht: $m(\text{Al})$ Gegeben: $n(\text{Al}) = 2$ mol; $M(\text{Al}) = 27$ g/mol
>
> Lösung: $M(\text{Al}) = \dfrac{m(\text{Al})}{n(\text{Al})}$
>
> $m(\text{Al}) = M(\text{Al}) \cdot n(\text{Al})$
> $m(\text{Al}) = 27 \text{ g/mol} \cdot 2 \text{ mol}$
> $m(\text{Al}) = 54 \text{ g}$
>
> Ergebnis: Um für eine Synthese Aluminium mit der Stoffmenge $n(\text{Al}) = 2$ mol bereitzustellen, muss eine Masse $m(\text{Al}) = 54$ g abgewogen werden.

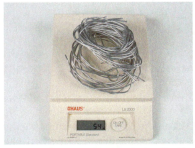

1 Ein Aluminiumdraht mit der Stoffmenge $n(\text{Al}) = 2$ mol hat eine Masse $m(\text{Al}) = 54$ g.

Berechnen der Teilchenanzahl einer Stoffportion. Bei bekannter Masse oder Stoffmenge einer Stoffportion, kann mithilfe der AVOGADRO-Konstante die Anzahl der in der Stoffportion enthaltenen Teilchen berechnet werden.

> Aufgabe: Eine Goldmünze enthält 2 g reines Gold. Berechne die in der Münze enthaltene Anzahl Goldatome.
>
> Gesucht: $N(\text{Au})$ Gegeben: $m(\text{Au}) = 2$ g; $N_A = 6 \cdot 10^{23} \text{ mol}^{-1}$; $M(\text{Au}) = 197$ g/mol
>
> Lösung: $N(\text{Au}) = n(\text{Au}) \cdot N_A$ $n(\text{Au}) = \dfrac{m(\text{Au})}{M(\text{Au})}$
>
> $N(\text{Au}) = \dfrac{m(\text{Au})}{M(\text{Au})} \cdot N_A$
>
> $N(\text{Au}) = \dfrac{2 \text{ g}}{197 \text{ g/mol}} \cdot 6 \cdot 10^{23} \text{ mol}^{-1}$
>
> $N(\text{Au}) = 6{,}1 \cdot 10^{21}$
>
> Ergebnis: Die Goldmünze aus 2 g reinem Gold enthält $6{,}1 \cdot 10^{21}$ Goldatome.

2 Eine Goldmünze, die 2 g reines Gold enthält, besteht aus $6{,}1 \cdot 10^{21}$ Goldatomen.

AUFGABEN

1. Die Teilchenanzahl verschiedener Stoffportionen beträgt a) $N(\text{Mg}) = 30 \cdot 10^{23}$, b) $N(\text{Cl}_2) = 6 \cdot 10^{22}$, c) $N(\text{CaO}) = 3 \cdot 10^{23}$, d) $N(\text{SO}_2) = 12 \cdot 10^{21}$. Berechne die jeweilige Masse der Stoffportionen.
2. Berechne die Masse und Teilchenanzahl der Stoffportionen aus den angegebenen Stoffmengen. $n(\text{Au}) = 2{,}2$ mol, $n(\text{NH}_3) = 7$ mol, $n(\text{N}_2) = 0{,}1$ mol.
3. Der Chemielehrer einer Schule wird 60 Jahre alt. Die Schüler beschließen, ihm für jede Tausendstel Sekunde seines Lebens 1 Milliarde Goldatome zu schenken. Wie viel Geld müssen die Schüler bei einem Goldpreis von 10 Euro je Gramm sammeln?
4. Berechne die Stoffmenge, die in einer Stoffportion Eisen der Masse 84 g enthalten ist.

Masseberechnungen bei chemischen Reaktionen

Quantitative Aussagen aus einer Reaktionsgleichung. Aus der Reaktionsgleichung für die Bildung von Wasser kann man ablesen, dass Wasserstoff und Sauerstoff zu Wasser reagieren.

$$2\,H_2 + O_2 \longrightarrow 2\,H_2O$$

Aus der Reaktionsgleichung lassen sich die folgenden quantitativen Aussagen ableiten.

2 Moleküle Wasserstoff + 1 Molekül Sauerstoff ⟶ 2 Moleküle Wasser

$2 \cdot (6 \cdot 10^{23})$ Moleküle Wasserstoff + $1 \cdot (6 \cdot 10^{23})$ Moleküle Sauerstoff ⟶ $2 \cdot (6 \cdot 10^{23})$ Moleküle Wasser

2 mol Wasserstoff + 1 mol Sauerstoff ⟶ 2 mol Wasser

Außerdem können aus einer Reaktionsgleichung Aussagen über das Anzahlverhältnis der miteinander reagierenden Teilchen und über das Stoffmengenverhältnis der miteinander reagierenden Stoffe abgeleitet werden.

Teilchenanzahlverhältnis
$N(H_2) : N(O_2) = 2 : 1$

Stoffmengenverhältnis
$n(H_2) : n(O_2) = 2 : 1$

> Aus Reaktionsgleichungen lassen sich quantitative Aussagen über die kleinstmögliche Anzahl der reagierenden Teilchen, über die Stoffmengen aller Stoffe sowie über das Stoffmengenverhältnis der Stoffe untereinander ableiten.

1 Start eines Spaceshuttles. Die Rakete wird mit Wasserstoff und Sauerstoff angetrieben. Beide Stoffe reagieren im Stoffmengenverhältnis $n(H_2) : n(O_2) = 2 : 1$.

Massenverhältnisse der Stoffe bei einer chemischen Reaktion. Für ein Experiment wird eine ganz bestimmte Masse eines Stoffes, z. B. 50 g Magnesiumoxid benötigt. Das Magnesiumoxid soll selbst synthetisiert werden. Welche Masse Magnesium muss zur Herstellung der 50 g Magnesiumoxid verbrannt werden?

> **EXPERIMENT 1** [S]
> **Ermittle die Masse Magnesiumoxid, die bei der Reaktion von Magnesium mit Luftsauerstoff entsteht.**
> *Achtung! Nicht in die grelle Flamme sehen!*
> Wiege Stoffproben von Magnesiumspänen (F) mit 0,25 g, 0,5 g, 0,75 g und 1 g in je einem Porzellantiegel ab. Erhitze jeden Tiegel so lange, bis das Magnesium brennt. Decke dann den Tiegel mit einem Drahtnetz zu. Wiege die Tiegel nach dem Erkalten wiederum.
> Berechne jeweils das Massenverhältnis $m(Mg)$ zu $m(MgO)$. Vergleiche die Massenverhältnisse miteinander.
> *Entsorgung:* Feste Stoffe in den Sammelbehälter für Hausmüll.

Porzellantiegel mit Magnesium

Aus dem Experiment ergibt sich, dass das Massenverhältnis immer nahezu identisch ist. Damit könnte nun auch die Masse an Magnesium für die Synthese von 50 g Magnesiumoxid berechnet werden.

Masseberechnungen bei chemischen Reaktionen

Masseberechnungen bei chemischen Reaktionen. Die Ermittlung des Massenverhältnisses durch Vorversuche ist aufwendig und meist ungenau. Gibt es auch noch eine andere Möglichkeit, die entstehenden Massen der Reaktionsprodukte zu berechnen oder die Massen der Ausgangsstoffe zu ermitteln, um eine ganz bestimmte Masse an Reaktionsprodukten herzustellen?

Da die Massenverhältnisse der Stoffe bei einer chemischen Reaktion konstant sind, lassen sich bei bekannter Reaktionsgleichung die Massen der einzelnen Stoffe berechnen.

Die Berechnung kann nach einer bewährten Schrittfolge erfolgen.

Aufgabe: Berechne die Masse an Magnesium, die für die Synthese von 50 g Magnesiumoxid erforderlich ist.

Gesucht: $m(Mg)$

Gegeben: $m(MgO) = 50$ g; $M(MgO) = 40$ g/mol; $M(Mg) = 24$ g/mol

Reaktionsgleichung: $2\,Mg + O_2 \longrightarrow 2\,MgO$

daraus folgt: $n(Mg) = 2$ mol; $n(MgO) = 2$ mol

Lösung:
$$\frac{m(Mg)}{m(MgO)} = \frac{n(Mg) \cdot M(Mg)}{n(MgO) \cdot M(MgO)}$$

$$m(Mg) = \frac{n(Mg) \cdot M(Mg) \cdot m(MgO)}{n(MgO) \cdot M(MgO)}$$

$$m(Mg) = \frac{2\text{ mol} \cdot 24\text{ g/mol} \cdot 50\text{ g}}{2\text{ mol} \cdot 40\text{ g/mol}}$$

$$m(Mg) = 30\text{ g}$$

Ergebnis: Für die Synthese von 50 g Magnesiumoxid ist eine Masse von 30 g Magnesium erforderlich.

Schrittfolge für Masseberechnungen bei chemischen Reaktionen

1. Analysieren der Aufgabe: Erfassen der gesuchten und gegebenen Größen, z. B. $m(A)$ gesucht, $m(B)$ gegeben. Molare Massen mithilfe des Tafelwerkes oder des Periodensystems der Elemente ermitteln.
2. Entwickeln der Reaktionsgleichung.
3. Ermitteln der Stoffmengen der Stoffe aus der Reaktionsgleichung.
4. Formulieren des Massenverhältnisses der gesuchten zu einer gegebenen Größe. Aufstellen der Gleichung unter Nutzung der allgemeinen Größengleichung $m = n \cdot M$.

$$\frac{m(A)}{m(B)} = \frac{n(A) \cdot M(A)}{n(B) \cdot M(B)}$$

5. Umformen dieser Gleichung nach der gesuchten Größe.

$$m(A) = \frac{n(A) \cdot M(A) \cdot m(B)}{n(B) \cdot M(B)}$$

6. Einsetzen der bekannten Größen und Berechnen des Ergebnisses.
7. Formulieren eines Antwortsatzes.

AUFGABEN

1. Entwickle die Reaktionsgleichung für die Reaktion von Kohlenstoff mit Sauerstoff zu Kohlenstoffdioxid. Leite aus der Gleichung alle möglichen quantitativen Aussagen ab.
2. Berechne die Massenverhältnisse, die die Elemente in folgenden Verbindungen haben: Kohlenstoffdioxid, Kupferoxid, Magnesiumchlorid, Natriumoxid, Schwefeldioxid.
3. Berechne die Massen der Elemente, die zur Synthese von 83 g Magnesiumoxid benötigt werden.
4. Ein Heizkraftwerk verbrennt schwefelhaltige Kohle. Dabei entstehen täglich 212 kg Schwefeldioxid. Berechne die Masse an Schwefel, die in der Kohle enthalten ist.
5. 1 mol Schwefel und 1 mol Sauerstoff reagieren zu 1 mol Schwefeldioxid. Ein Schüler folgert daraus, dass 10 g Schwefel mit 10 g Sauerstoff zu 20 g Schwefeldioxid reagieren. Überprüfe, ob die Folgerung richtig ist.
6. Zum Herstellen von Farbpigmenten für Malerfarben und Kunststoffe werden 3 kg Eisen mit Sauerstoff zu Eisenoxid umgesetzt (Reaktionsgleichung: $4\,Fe + 3\,O_2 \longrightarrow 2\,Fe_2O_3$).
   a) Berechne die entstehende Masse an Eisenoxid.
   b) Welche Anzahl an Sauerstoffmolekülen und Eisenatomen wird umgesetzt?
7. 15 ml Salpetersäure wurden durch 12 ml Kalilauge neutralisiert. 1 l Kalilauge enthält 56 g Kaliumhydroxid. Berechne die verbrauchte Masse Salpetersäure.
8. Bei der Produktion eines Chemiebetriebes fallen täglich 1000 m^3 säurehaltiges Abwasser an. Je Liter sind in diesem Abwasser 1,32 g Salzsäure enthalten. Bevor dieses Abwasser in die öffentliche Abwasseranlage eingeleitet werden darf, muss es neutralisiert werden. Berechne die Masse an Natriumhydroxid, die täglich zur Neutralisation des Abwassers zugesetzt werden muss.

Volumenverhältnisse bei chemischen Reaktionen

Beim Start einer Rakete werden Wasserstoff und Sauerstoff verbrannt, um den Schub zu erzeugen. Das ideale Stoffmengenverhältnis ist aus der Reaktionsgleichung bekannt und die richtigen Massen lassen sich berechnen. Das Betanken ist in diesem Fall einfach, da die Stoffe stark gekühlt als Flüssigkeiten eingefüllt und dabei die Massen bestimmt werden können. Bei der Reaktion von Wasserstoff und Sauerstoff bei Raumtemperatur ist es schon schwieriger das richtige Stoffmengenverhältnis zu finden, da das Wiegen von größeren gasförmigen Stoffportionen schwierig ist. Volumina lassen sich bei Gasen aber relativ leicht bestimmen.

Gibt es auch eine Beziehung zwischen dem Volumen eines gasförmigen Stoffes und seiner Stoffmenge?

Volumen von Stoffportionen. Experimente mit Knallgas lassen sich ungefährlich mit einem Eudiometer durchführen. Dabei wird ein graduiertes, unzerbrechliches Kunststoffrohr mit Wasser gefüllt und nacheinander werden Wasserstoff und Sauerstoff mit jeweils verschiedenen Volumina eingefüllt. Nach der Reaktion der beiden Stoffe durch Zündung bleibt bei nicht idealer Mischung ein bestimmtes Volumen eines Gases zurück. Mithilfe einer Versuchsreihe lässt sich das Volumenverhältnis bestimmen, bei dem die Ausgangsstoffe vollständig reagieren.

Experiment	1	2	3	4	5
Wasserstoff in ml	3	6	2	4	2
Sauerstoff in ml	3	2	6	3	1
Restgas nach Reaktion					
– Wasserstoff in ml	–	1,6	–	–	–
– Sauerstoff in ml	1,4	–	5	0,9	–
Volumenverhältnis	1,9 : 1	2,2 : 1	2 : 1	1,9 : 1	2 : 1

Teilchenanzahl, Stoffmenge und molares Volumen. Aus den Ergebnissen der Experimente lässt sich ableiten, dass das Volumenverhältnis Wasserstoff zu Sauerstoff bei der Reaktion 2 : 1 beträgt. Dies entspricht dem Teilchenanzahlverhältnis bei dieser Reaktion. Daraus folgt, dass gleiche Volumina verschiedener Gase jeweils die gleiche Teilchenanzahl enthalten. Dies erkannte schon der Italiener AMADEO AVOGADRO (1776 bis 1856).

> Gleiche Volumina aller Gase enthalten bei gleicher Temperatur und gleichem Druck die gleiche Anzahl von Teilchen (Gesetz von AVOGADRO).

Der Quotient aus den Volumina und der darin enthaltenen Stoffmenge ist bei Gasen bei einheitlichem Druck und gleicher Temperatur immer identisch. Diese Größe wird als **molares Volumen** V_m bezeichnet. Es beträgt bei Normbedingungen 0 °C und 1 013 hPa immer etwa 22,4 l/mol.

> Das molare Volumen V_m ist der Quotient aus dem Volumen und der Stoffmenge einer Stoffportion eines Gases. Unter Normbedingungen beträgt das molare Volumen $V_m \approx 22{,}4$ l/mol.

EXPERIMENT 2 [L]
Ermitteln des Volumenverhältnisses bei der Knallgasreaktion.
Ein Eudiometer wird in einer hohen Wanne mithilfe einer Wasserstrahlpumpe vollständig mit Wasser gefüllt und das Ventil geschlossen. Nachdem die Luft aus den Zuleitungen verdrängt wurde, werden nacheinander Sauerstoff und Wasserstoff (F+) eingeleitet. Mit einem Zündfunkenerzeuger wird das Knallgas mehrmals gezündet. Das verbleibende Restvolumen ist abzulesen.

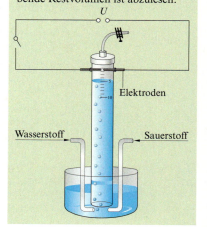

Das molare Volumen von Gasen

$$V_m = \frac{V(\text{Stoffportion})}{n(\text{Stoffportion})}$$

$V(\text{Stoffportion}) = n \cdot V_m$

Aufgabe:
Welches Volumen hat eine Stoffmenge von $n = 4{,}5$ mol Wasserstoff?
$V(H_2) = n(H_2) \cdot V_m$
$V(H_2) = 4{,}5$ mol $\cdot$ 22,4 l/mol
$V(H_2) = 100{,}8$ l

Eine Stoffmenge von $n = 4{,}5$ mol Wasserstoff hat ein Volumen von $V = 100{,}8$ l.

Volumenverhältnisse bei chemischen Reaktionen

Volumenberechnungen bei chemischen Reaktionen. Wenn bei chemischen Reaktionen gasförmige Stoffe beteiligt sind, ist es erforderlich, deren benötigte oder deren entstehende Volumina zu kennen. Davon ist z. B. die Größe der erforderlichen Laborgeräte abhängig. Auch für eine Gefahrenabschätzung, ob die Räumlichkeiten oder eingesetzten Geräte dem Druck standhalten können, sind Informationen über die Volumina der entstehenden Gase wichtig. Zur Berechnung wird der proportionale Zusammenhang zwischen der Masse eines Stoffes und dem Volumen eines anderen Stoffes bei einer chemischen Reaktion ausgenutzt.

Allgemeine Größengleichungen zu Volumenberechnungen bei chemischen Reaktionen

(A) Stoff der gesuchten Größe
(B) Stoff der gegebenen Größe

$$\frac{V(A)}{m(B)} = \frac{n(A) \cdot V_m}{n(B) \cdot M(B)}$$

$$\frac{m(A)}{V(B)} = \frac{n(A) \cdot M(A)}{n(B) \cdot V_m}$$

$$\frac{V(A)}{V(B)} = \frac{n(A)}{n(B)}$$

Aufgabe: Berechne das erforderliche Volumen an Sauerstoff, um eine Masse von 1,2 g Magnesium vollständig zu oxidieren.

Gesucht: $V(O_2)$

Gegeben: $m(Mg) = 1{,}2$ g; $M(Mg) = 24$ g/mol; $V_m = 22{,}4$ l/mol

Reaktionsgleichung: $2\,Mg + O_2 \longrightarrow 2\,MgO$

Lösung:
$$\frac{V(O_2)}{m(Mg)} = \frac{n(O_2) \cdot V_m}{n(Mg) \cdot M(Mg)}$$

$$V(O_2) = \frac{n(O_2) \cdot V_m \cdot m(Mg)}{n(Mg) \cdot M(Mg)}$$

$$V(O_2) = \frac{1\,\text{mol} \cdot 22{,}4\,\text{l/mol} \cdot 1{,}2\,\text{g}}{2\,\text{mol} \cdot 24\,\text{g/mol}}$$

$$V(O_2) = 0{,}56\,\text{l}$$

Ergebnis: Zur vollständigen Oxidation von 1,2 g Magnesium wird ein Volumen von $V = 0{,}56$ l Sauerstoff benötigt.

Sind bei einer chemischen Reaktion nur gasförmige Stoffe beteiligt, wird zur Berechnung der bestehende proportionale Zusammenhang zwischen den Volumina der reagierenden Stoffe genutzt.

Aufgabe: Berechne das Volumen an Wasserstoff, das sich mit Chlor vollständig zu 100 l Chlorwasserstoff umsetzt.

Gesucht: $V(H_2)$

Gegeben: $V(HCl) = 100$ l; $V_m = 22{,}4$ l/mol

Reaktionsgleichung: $H_2 + Cl_2 \longrightarrow 2\,HCl$

Lösung:
$$\frac{V(H_2)}{V(HCl)} = \frac{n(H_2) \cdot V_m}{n(HCl) \cdot V_m}$$

$$V(H_2) = \frac{n(H_2) \cdot V(HCl)}{n(HCl)}$$

$$V(H_2) = \frac{1\,\text{mol} \cdot 100\,\text{l}}{2\,\text{mol}}$$

$$V(H_2) = 50\,\text{l}$$

Ergebnis: Zur vollständigen Umsetzung von Chlor mit Wasserstoff zu 100 l Chlorwasserstoff wird ein Volumen von 50 l Wasserstoff benötigt.

AUFGABEN

1. Wie viele Moleküle sind im Normzustand in folgenden Gasen enthalten?
   a) 0,5 mol Wasserstoff
   b) 3 mol Kohlenstoffdioxid
   c) 2 mol Chlorwasserstoff
2. Berechne die Masse und das Volumen von
   a) $n(H_2) = 3$ mol
   b) $n(HCl) = 0{,}5$ mol
   c) $n(CO_2) = 0{,}02$ mol.
3. Im Labor sollen 100 g Wasser bei Normbedingungen vollständig durch elektrischen Strom zersetzt werden. Berechne die Volumina der entstehenden Gase.
4. Für die Durchführung eines Experimentes wird ein Volumen von 100 ml Kohlenstoffdioxid benötigt. Welche Masse an Kohlenstoff müsste dafür vollständig verbrannt werden?
5. In einem Reaktionsapparat werden täglich 2 240 m³ Ammoniak durch Synthese aus Wasserstoff und Stickstoff hergestellt. Welches Volumen Wasserstoff ist dafür erforderlich?

ZUSAMMENFASSUNG

Molare Masse

Quotient aus der Masse und der Stoffmenge einer Stoffportion. Sie ist für jeden Stoff charakteristisch, die Einheit ist g/mol.
Aus der molaren Masse eines Stoffes lässt sich die Masse eines Mols dieses Stoffes ableiten.

$$M = \frac{m}{n}$$

Masse einer Stoffportion

Produkt aus der Stoffmenge einer Stoffportion und der molaren Masse des Stoffes.

$$m = n \cdot M$$

Molares Volumen

Quotient aus dem Volumen und der Stoffmenge einer Stoffportion eines Gases.
Unter Normbedingungen beträgt das molare Volumen V_m = 22,4 l/mol.

$$V_m = \frac{V}{n}$$

Volumen einer gasförmigen Stoffportion

Produkt aus der Stoffmenge einer Stoffportion eines Gases und dem molaren Volumen.

$$V = n \cdot V_m$$

Gesetz von AVOGADRO

Gleiche Volumina aller Gase enthalten bei gleicher Temperatur und gleichem Druck die gleiche Anzahl von Teilchen.

AVOGADRO-Konstante

Gibt an, wie viele Teilchen in einem Mol eines Stoffes enthalten sind.

$$N_A = 6{,}022\,136\,7 \cdot 10^{23} \text{ mol}^{-1}$$

Stoffmenge einer Stoffportion

Quotient aus der Masse einer Stoffportion und der molaren Masse des Stoffes bzw. Quotient aus dem Volumen einer Stoffportion eines Gases und dem molaren Volumen.

$$n = \frac{m}{M}$$

$$n = \frac{V}{V_m}$$

Allgemeine Größengleichungen

Für Massen- und Volumenberechnungen bei chemischen Reaktionen können allgemeine Größengleichungen genutzt werden.

$$\frac{m(A)}{m(B)} = \frac{n(A) \cdot M(B)}{n(B) \cdot M(B)}$$

$$\frac{V(A)}{m(B)} = \frac{n(A) \cdot V_m}{n(B) \cdot M(B)} \qquad \frac{m(A)}{V(B)} = \frac{n(A) \cdot M(A)}{n(B) \cdot V_m}$$

$$\frac{V(A)}{V(B)} = \frac{n(A)}{n(B)}$$

Anorganische Stickstoffverbindungen

Stickstoff ist mit einem Volumenanteil von etwa 78 % Hauptbestandteil der Atmosphäre. Chemisch gebunden kommt er u. a. in Eiweißen vor, den wesentlichen Aufbaustoffen aller Lebewesen. Einige Pflanzenarten, z. B. Lupinen, leben in Symbiose mit speziellen Bakterien, die in der Lage sind, den Stickstoff der Luft chemisch zu binden. In den zu Knöllchen verdickten Wurzeln der Lupinen stellen die Bakterien der Pflanze den gebundenen Stickstoff zur Aufnahme zur Verfügung. Lupinen werden als natürlicher Dünger auf den Feldern angebaut. Nachdem sie untergepflügt und verrottet sind, kann der gebundene Stickstoff von den später auf dem Feld angebauten Nutzpflanzen aufgenommen werden.

➜ Welche Eigenschaften haben Stickstoff und Verbindungen des Stickstoffs, wie Ammoniak, Stickstoffoxide und Salpetersäure?
➜ Wie lässt sich Stickstoff aus der Luft gewinnen?
➜ Wie werden Ammoniak und weitere Stickstoffverbindungen hergestellt?
➜ Welche Bedeutung besitzen Stickstoffverbindungen für das menschliche Leben?

Stickstoff als Element der V. Hauptgruppe

1 Flüssiger Stickstoff wird in Tankwagen transportiert.

Eigenschaften und Bedeutung von Stickstoff. Stickstoff ist ein farbloses, geruchloses und ungiftiges Gas. Er kondensiert bei einer Temperatur von −195,79 °C zu einer farblosen Flüssigkeit. Flüssiger Stickstoff dient als Kältemittel in der Lebensmitteltechnologie, Medizin und Pharma-Industrie, z. B. zum Schockgefrieren und zur Gefriertrocknung von empfindlichen Nahrungsmitteln und biologischen Materialien, wie Zellen, Gewebe und Blut. In der Technik wird er zur Kaltmahlung von sonst zähelastischen Materialien wie Kunststoffen und Kautschuk, z. B. Altreifen, eingesetzt. Stickstoff ist unter Normalbedingungen sehr reaktionsträge. Deshalb besitzt er technische Bedeutung als Schutzgas, z. B. in der Elektro- und Metall-Industrie, zum Abpressen und Aufbewahren brennbarer Flüssigkeiten, als Treibmittel für Sprays, zum Verdünnen leicht entzündlicher Gase sowie als Gasfüllung von Glühlampen. Stickstoff brennt nicht und erstickt Flammen. Ein brennender Holzspan erlischt, wenn er in ein Gefäß mit Stickstoff gebracht wird. Stickstoff hat eine geringere Dichte als Luft und ist etwa nur halb so gut in Wasser löslich wie Sauerstoff.
Hauptsächlich dient Stickstoff als Rohstoff zur Herstellung von Stickstoffverbindungen wie Ammoniak, Aminen, Cyaniden, Nitriden und Stickstoffoxiden, vor allem aber zur Herstellung von Stickstoffdünger.

Bedeutung weiterer Elemente der V. Hauptgruppe. Neben Stickstoff sind Phosphor, Arsen, Antimon und Bismut weitere Elemente der V. Hauptgruppe. Phosphor und Stickstoff kommen in allen Organismen vor. Phosphor ist z. B. Bestandteil von Nucleinsäuren und damit der Erbsubstanz. Arsen, Antimon und Bismut sind dagegen giftig. Sie kommen in Mineralien vor und werden in der Technik als Legierungsmetalle verwendet.

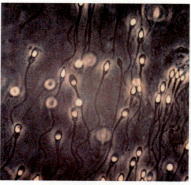

2 Spermienzellen bleiben in flüssigem Stickstoff lange lebensfähig.

3 Glühlampen enthalten Stickstoff.

EXPERIMENT 1 [S]
Gewinne Stickstoff aus der Luft.
Baue eine Apparatur gemäß nebenstehender Abbildung auf. Erhitze die Kupferspäne kräftig. Leite dann langsam und kontinuierlich Luft über die Späne. Nachdem die Luft aus der Apparatur verdrängt ist, wird das entstandene Gas pneumatisch aufgefangen und mit der Glimmspanprobe geprüft.
Interpretiere die Beobachtungsergebnisse.
Entsorgung: Reste der Kupferspäne einsammeln, werden wieder verwendet.

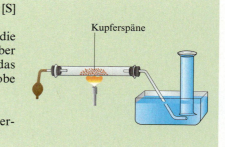

Stickstoff als Element der V. Hauptgruppe

Vorkommen von Stickstoff. Die weitaus größten Mengen an Stickstoff mit einem Volumenanteil von $\varphi = 78{,}1\,\%$ finden sich in der Lufthülle der Erde. Kleinere Mengen von Stickstoff sind auch in den Gasen mancher Quellen und in Gesteinseinschlüssen vorhanden. Der Massenanteil an Stickstoff an der obersten 16 km dicken Gesteinskruste wird auf etwa $w = 0{,}03\,\%$ geschätzt. Stickstoffhaltige Minerale sind verhältnismäßig selten. Das einzige größere Vorkommen ist Natriumnitrat ($NaNO_3$, Chilesalpeter). In kleineren Mengen findet man gelegentlich Calciumnitrat ($Ca(NO_3)_2$, Mauersalpeter), Kaliumnitrat (KNO_3, Salpeter), Ammoniumchlorid (NH_4Cl, Salmiak) und einige andere Verbindungen. Stickstoff ist in Form von Eiweißen und anderen organischen Verbindungen, z. B. in den Nucleinsäuren der Erbsubstanz, in allen Organismen verbreitet. Aus ihnen kann er durch biologischen Abbau als Ammoniak wieder freigesetzt werden.

Siedetemperaturen von Luftbestandteilen	
Stoff	Siedetemperatur in °C
Helium	−269
Neon	−246
Stickstoff	−196
Argon	−186
Sauerstoff	−183
Krypton	−152
Xenon	−108

Darstellung von Stickstoff. Stickstoff wird aus der Luft gewonnen. Dazu wird in der Technik Luft nach dem LINDE-Verfahren verflüssigt und anschließend die flüssige Luft destilliert.

Zur Verflüssigung wird die gereinigte Luft stark komprimiert und in einem Kühler abgekühlt. Anschließend wird der Druck wieder erniedrigt, wodurch die Temperatur stark absinkt. In einem Kreislauf werden diese Vorgänge so lange wiederholt, bis der größte Teil der Luft bei −200 °C flüssig vorliegt. In Destillationsanlagen wird flüssige Luft in ihre Bestandteile zerlegt. Man lässt die Temperatur von −200 °C auf −196 °C ansteigen. Bei dieser Temperatur siedet Stickstoff, der als Gas aufgefangen und wieder kondensiert werden kann. In der Folge werden die weiteren Gase entsprechend ihren Siedetemperaturen gewonnen. Eine einmalige Destillation würde keine reinen Gase liefern. Deshalb werden sie mehrmals destilliert und kondensiert, bis die Stoffe rein vorliegen.

Eine weitere Möglichkeit ist die chemische Reaktion von Luft mit Metallen. Der Luftsauerstoff reagiert mit dem Metall, Stickstoff und die anderen Luftbestandteile bleiben übrig.

$$2\,Cu + O_2 + 4\,N_2 \longrightarrow 4\,N_2 + 2\,CuO$$
Kupfer + Luft ⟶ Stickstoff + Kupferoxid

Der so erhaltene Stickstoff ist nicht rein, da die anderen Luftbestandteile mit Ausnahme von Sauerstoff noch enthalten sind.

Bau von Stickstoff. Stickstoff kommt in der Natur molekular vor. In jedem Stickstoffmolekül sind zwei Stickstoffatome miteinander verbunden. Innerhalb eines Stickstoffmoleküls bestehen große Anziehungskräfte zwischen den Atomen. Zwischen Stickstoffmolekülen bestehen dagegen fast keine Anziehungskräfte, weshalb Stickstoff bei 20 °C gasförmig auftritt.

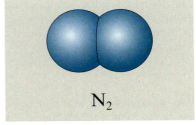

1 Modell und Formel eines Stickstoffmoleküls

AUFGABEN

1. Vergleiche Eigenschaften und Verwendung von Stickstoff und Sauerstoff.
2. Leite alle Aussagen über den Atombau von Stickstoff aus seiner Stellung im Periodensystem der Elemente ab.
3. Stickstoff und Sauerstoff können pneumatisch aufgefangen werden, Kohlenstoffdioxid dagegen nicht. Erläutere dieses Verhalten der drei Gase.
4. Erläutere das Prinzip der Trennung der Luftbestandteile nach dem LINDE-Verfahren. Fertige eine Übersicht über Eigenschaften und Verwendung der dabei erhaltenen Gase an.
5. Vergleiche Molekülbau und chemische Bindung von Stickstoff, Sauerstoff und Wasserstoff.
6. Informiere dich über Eigenschaften und Verwendung der anderen Elemente der V. Hauptgruppe.

Ammoniak

In Viehställen ist häufig ein scharfer und stechender Geruch nach Ammoniak festzustellen. Wie aber kommt diese Chemikalie in einen Tierstall?

Vorkommen von Ammoniak. In der Natur entsteht Ammoniak durch Abbau stickstoffhaltiger pflanzlicher und tierischer Stoffe, vor allem Eiweiße und Harnstoff. Geringe Mengen davon gelangen in die Atmosphäre und in den Boden. Beim Abbau von Eiweißen im Harn von Kühen durch Mikroorganismen entsteht ebenfalls Ammoniak, was den Geruch in den Ställen erklärt. In freier Form kommt Ammoniak in der Natur sehr selten vor. Meist wird es durch chemische Reaktionen in andere Stoffe umgewandelt. Eine Ausnahme findet sich beim Aaskäfer, der als Wehrsekret eine 4,5%ige wässrige Ammoniaklösung zu seiner Verteidigung absondert.

1 Ein Aaskäfer benutzt 4,5%ige Ammoniaklösung zur Abwehr von Feinden.

> **EXPERIMENT 2** [S] [Xi]
> **Prüfe den Geruch von Ammoniak.**
> *Vorsicht!* Prüfe vorsichtig durch Zufächeln 10%ige wässrige Ammoniaklösung (Xi) sowie Fensterputzmittel (Xi) auf ihren Geruch.
> Untersuche anschließend beide Lösungen mit Universalindikator.
> Notiere deine Beobachtungen.
> *Entsorgung:* Lösungen in Sammelbehälter für Abwasser.

Bau von Ammoniak. Ammoniak ist eine gasförmige Molekülsubstanz. In jedem Ammoniakmolekül sind drei Wasserstoffatome mit einem Stickstoffatom verbunden (Formel NH_3). In einem Ammoniakmolekül bestehen große Anziehungskräfte zwischen den Atomen. Die Anziehungskräfte zwischen den Ammoniakmolekülen sind deutlich geringer. Deshalb ist Ammoniak bei Zimmertemperatur gasförmig.

2 Die Atmosphäre des Planeten Saturn enthält Ammoniak.

Bedeutung von Ammoniak. Flüssiges Ammoniak wird in Stahlflaschen oder mit Tankwagen transportiert. Es dient als Kühlmittel in Kältemaschinen von Kühlhäusern oder Kunsteisbahnen. Wässrige Lösungen von Ammoniak (Salmiakgeist) finden in Haushaltsreinigern und Fensterputzmitteln Verwendung. In der chemischen Industrie ist Ammoniak Ausgangsstoff für die Herstellung zahlreicher Stoffe, z. B. von Harnstoff, Arzneimitteln, Kunststoffen, Salpetersäure und deren Salzen, Farbstoffen, Raketentreibstoffen und Sprengstoffen. Etwa 85% der Weltjahresproduktion an Ammoniak werden zur Produktion von Düngemitteln eingesetzt.

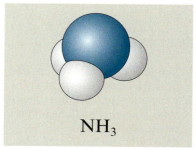

3 Modell und Formel eines Ammoniakmoleküls

Ammoniak

Eigenschaften und Nachweis von Ammoniak. Ammoniak ist ein farbloses, stechend riechendes, giftiges Gas. Ammoniakdämpfe wirken schon in geringen Volumenanteilen auf die Schleimhäute der Atemwege und der Augen reizend. In höheren Volumenanteilen verursachen Ammoniakdämpfe Verätzungen. Die Dichte von Ammoniak beträgt 0,771 g/l (bei $\vartheta = 0\,°C$ und $p = 101,3\,kPa$). Das Gas kann bei 20 °C bereits durch einen Druck von 800 bis 900 kPa verflüssigt werden. Flüssiges Ammoniak ist farblos, leicht beweglich und siedet bei −33,5 °C.

Ammoniak zersetzt sich beim Belichten mit ultraviolettem Licht und durch Einwirkung einer elektrischen Funkenentladung. Gemische aus Ammoniak und Luft sind in bestimmten Grenzen explosiv. Ammoniak verbrennt in Sauerstoff mit fahlgelber Flamme zu Stickstoff und Wasser:

$$4\,NH_3 + 3\,O_2 \longrightarrow 2\,N_2 + 6\,H_2O \mid \text{exotherm}.$$

Ammoniak ist in Wasser sehr gut löslich. Die Löslichkeit ist temperaturabhängig (in 1 l Wasser lösen sich bei 0 °C und 101,3 kPa 1176 l Ammoniakgas, bei 20 °C dagegen nur noch 702 l). Eine wässrige Lösung von Ammoniak nennt man Ammoniakwasser. Handelsübliche konzentrierte Ammoniaklösung enthält einen Massenanteil an Ammoniak von 28 bis 29 %. Verdünntes Ammoniakwasser enthält einen Massenanteil von etwa 10 % an Ammoniak (Salmiakgeist).

Beim Lösen von Ammoniak in Wasser reagiert ein geringer Teil des Ammoniaks mit Wasser zu einer alkalischen Lösung. Hält man über ein Gefäß mit Ammoniak feuchtes Universalindikatorpapier, färbt es sich blau. Diese Eigenschaft kann zum **Nachweis von Ammoniak** genutzt werden. Beim Erhitzen einer wässrigen Ammoniaklösung entweicht Ammoniak vollständig. Die verbleibende Lösung reagiert nicht mehr alkalisch.

Bildung von Ammoniak. Ammoniak kann in Gegenwart eines Katalysators aus den Elementen Stickstoff und Wasserstoff dargestellt werden. Diese Reaktion wird in der Technik als Ammoniaksynthese durchgeführt.

$$N_2 + 3\,H_2 \rightleftharpoons 2\,NH_3 \mid \text{exotherm}$$

Im Labor erhält man Ammoniak durch Erhitzen eines Gemisches aus Ammoniumchlorid und Calciumhydroxid.

> Ammoniak ist eine wichtige Grundchemikalie. Es ist ein stechend riechendes, ätzendes Gas. Es lässt sich leicht verflüssigen und löst sich gut in Wasser. Wässrige Ammoniaklösung reagiert alkalisch. Als Nachweis von Ammoniak dient die Blaufärbung von feuchtem Indikatorpapier.

EXPERIMENT 3 [L]
Austreiben von Ammoniak.
Vorsicht! Abzug! Aus 5%iger wässriger Ammoniaklösung (Xi) wird durch Erwärmen Ammoniak (T, N) ausgetrieben. Die Restlösung ist mit Universalindikator zu prüfen.

EXPERIMENT 4 [L]
Lösen von Ammoniak in Wasser.
Vorsicht! Abzug! Eine Kristallisierschale wird mit Wasser gefüllt, das mit Universalindikatorlösung versetzt ist. Ein mit Ammoniak (T, N) gefüllter Rundkolben wird in die Kristallisierschale getaucht. Mit einer Pipette ist etwas Wasser in den Rundkolben einzuspritzen.

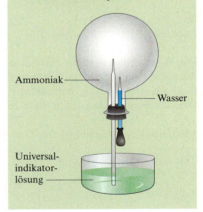

AUFGABEN

1. Fertige einen Steckbrief über Ammoniak an.
2. Definiere die Begriffe Säure und Base und nenne Eigenschaften von sauren, neutralen und alkalischen Lösungen.
3. Beschreibe den Bau eines Ammoniakmoleküls und die chemische Bindung in dem Molekül.
4. Vergleiche das Ammoniakmolekül mit dem Wassermolekül und begründe ihre Dipoleigenschaften.
5. Eine wässrige Ammoniaklösung leitet den elektrischen Strom und färbt Universalindikator blau. Flüssiges Ammoniak besitzt diese Eigenschaft nicht. Erkläre das unterschiedliche Verhalten.
6. In der Kälteanlage eines Kühlhauses werden 150 kg Ammoniak (NH_3) als Kältemittel eingesetzt. Welche Massen an Wasserstoff und Stickstoff wurden zu dessen Herstellung benötigt?

Technische Herstellung von Ammoniak – die Ammoniaksynthese

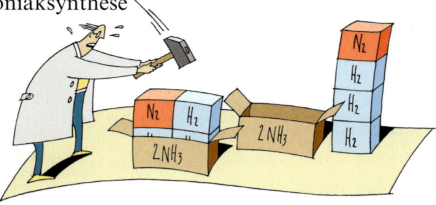

Chemische Grundlagen. Die Bildung von Ammoniak aus Stickstoff und Wasserstoff ist eine umkehrbare Reaktion. Neben der Bildung von Ammoniak (Hinreaktion) kommt es auch zu einem Zerfall von Ammoniak (Rückreaktion). In dem bei der Reaktion entstehenden Gasgemisch liegen deshalb neben Ammoniak auch noch Stickstoff und Wasserstoff vor.

$$N_2 + 3\,H_2 \rightleftarrows 2\,NH_3 \quad |\ \text{exotherm}$$
1 Volumenteil — 3 Volumenteile — 2 Volumenteile

Die Hinreaktion verläuft exotherm und unter Volumenverkleinerung, die Rückreaktion verläuft endotherm und unter Vergrößerung des Volumens. Deshalb sind Bildung und Zerfall von Ammoniak von Temperatur und Druck abhängig und durch diese zu beeinflussen.

Volumenanteile Ammoniak (in %) in Abhängigkeit von Temperatur und Druck

Temperatur ϑ in °C	Druck p in MPa				
	0,1	10	30	60	100
200	15,3	81,5	89,9	95,4	98,3
300	2,18	52,0	71,0	84,2	92,6
400	0,44	25,1	42,0	65,2	79,8
500	0,13	10,6	26,4	42,2	57,5
600	0,05	4,5	13,8	23,1	31,4
700	0,02	2,2	7,3	12,6	12,9

1 Die technische Ammoniaksynthese findet in Kontaktöfen statt.

Eine relativ niedrige Temperatur begünstigt die Bildung von Ammoniak, während bei hoher Temperatur der Zerfall besser verläuft. Da die Hinreaktion unter Volumenverringerung abläuft, wird sie außerdem durch einen hohen Druck begünstigt. Dieses Prinzip wurde von dem französischen Chemiker HENRY LOUIS LE CHATELIER (1850 bis 1936) und dem deutschen Physiker KARL FERDINAND BRAUN (1850 bis 1918) entdeckt und als **Prinzip des kleinsten Zwangs** bezeichnet.

> Die Bildung von Ammoniak ist eine exotherme Reaktion unter Volumenverminderung. Sie wird durch niedrige Temperatur und hohen Druck begünstigt.

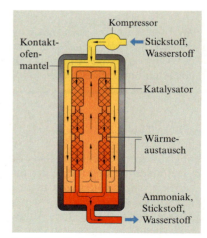

2 Schematische Darstellung eines Kontaktofens

Technische Herstellung von Ammoniak – die Ammoniaksynthese

Reaktionsbedingungen. Stickstoff und Wasserstoff sind die Ausgangsstoffe für die technische Ammoniakherstellung. Stickstoff wird nach dem Linde-Verfahren gewonnen. Wasserstoff wird über viele Reaktionsstufen aus Erdgas und Wasser oder Erdöl und Wasser hergestellt. Das so genannte Synthesegas muss für einen optimalen Reaktionsverlauf in folgendem Volumenverhältnis vorliegen: V(Stickstoff) : V(Wasserstoff) = 1 : 3. Nach dem Prinzip des kleinsten Zwangs gelten als theoretisch optimale Reaktionsbedingungen niedrige Temperatur und hoher Druck.
Bei der technischen Durchführung ist aber bei niedrigen Temperaturen die Reaktion zwischen Stickstoff mit Wasserstoff so stark gehemmt, dass praktisch keine Reaktion abläuft. Um eine wirtschaftliche Herstellung doch zu ermöglichen, muss ein Katalysator eingesetzt und bei Temperaturen zwischen 400 °C und 500 °C und einem Druck von 30 MPa gearbeitet werden. Als technische Katalysatoren dienen eisenoxidhaltige Mischkatalysatoren (hauptsächlich Eisen (II/III)-oxid Fe_3O_4), die noch geringe Zusätze an Aluminiumoxid, Kaliumoxid, Calciumoxid und Siliciumdioxid enthalten.

Technische Umsetzung. Die Reaktion wird in 40 bis 60 m hohen Synthesetürmen, den so genannten **Kontaktöfen**, durchgeführt. Von oben strömt kaltes Synthesegas mit einem Druck von 30 MPa in die Türme und gelangt nach unten in die Wärmeaustauscher. Dort wird das kalte Gas im Gegenstrom vorgewärmt und strömt anschließend durch die Katalysatorschichten (Kontakte).
An den Kontakten erfolgt die Reaktion von Stickstoff und Wasserstoff zu Ammoniak. Das entstandene Gasgemisch aus etwa 17 % Ammoniak und 83 % Wasserstoff und Stickstoff ist durch die exotherme Reaktion sehr heiß und gibt einen Teil seiner Wärme in den Wärmeaustauschern an das entgegenströmende kalte Synthesegas ab. Das den Kontaktofen verlassende Reaktionsgemisch wird abgekühlt. Dabei kondensiert Ammoniak, sodass es im Abscheider als flüssiges Ammoniak aus dem Reaktionsgemisch entfernt werden kann. Stickstoff und Wasserstoff können mit frischem Synthesegas im Kreislauf dem Kontaktofen erneut zugeführt werden. Dadurch können praktisch die gesamten Ausgangsstoffe ohne Verlust in das Reaktionsprodukt Ammoniak umgesetzt werden.
Die Ammoniaksynthese findet im Kontaktofen stetig und ohne Unterbrechung statt. Diese Führung des Produktionsprozesses wird als kontinuierliche Arbeitsweise bezeichnet.

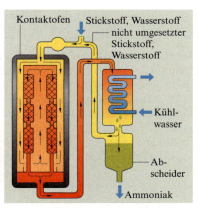

1 Darstellung des Kreislaufprinzips bei der Ammoniaksynthese

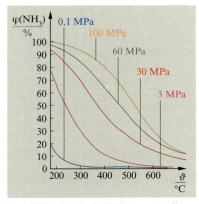

2 Abhängigkeit des Volumenanteils an Ammoniak von Temperatur und Druck

Reaktionsbedingungen	Arbeitsweise
Temperatur: 450 bis 500 °C (optimale Temperatur für den Katalysator) Druck: 30 MPa	Thermischer Gegenstrom: kaltes Synthesegas strömt heißem Reaktionsgas entgegen und wird vorgewärmt. Kontinuierliche Arbeitsweise: Reaktion findet stetig und ohne Unterbrechung statt.
Katalysator: Eisenoxidmischkatalysator	Kreislaufprinzip: Nicht umgesetzter Stickstoff und Wasserstoff werden dem Prozess erneut zugeführt.

Der technische Prozess der Ammoniakherstellung verläuft weitgehend automatisch und wird computergestützt überwacht. Zur täglichen Produktion von 1200 t Ammoniak arbeiten in einer modernen Anlage rund um die Uhr acht Arbeitskräfte, vor 50 Jahren wurden dafür noch 1600 Arbeitskräfte benötigt.

AUFGABEN

1. Vergleiche die theoretisch optimalen Bedingungen zur Darstellung von Ammoniak mit den Bedingungen in der Technik. Begründe die Unterschiede.
2. Informiere dich über Herstellungsmengen von Ammoniak in Deutschland und weltweit.
3. Die Produktion an Ammoniak nimmt weltweit zu. Begründe diesen Sachverhalt.
4. Informiere dich über Leben und Werk von Fritz Haber und Carl Bosch. Setze dich kritisch mit dem Wirken von Wissenschaftlern auseinander.

Aus der Welt der Chemie

Geschichte der Ammoniaksynthese

Der jährliche Ernteertrag war noch vor wenigen Jahrzehnten in Europa ein bedeutender Faktor, der Überleben und Wohlstand der gesamten Bevölkerung sicherte. Keineswegs sicher jedoch war ein ausreichend hoher Ernteertrag, da dieser von verschiedenen äußeren Bedingungen, wie Boden und Witterung, abhängt. Ein bedeutendes Kriterium für das Pflanzenwachstum ist die Nährstoffzufuhr, z. B. durch Düngemittel.

Verschiedene Mineraldünger konnten bereits im 19. Jahrhundert auf die Felder aufgebracht werden. Der bedeutendste Pflanzennährstoff Stickstoff jedoch war in ausreichenden Mengen nicht verfügbar. Zwar wurde im 19. Jahrhundert Chilesalpeter (Natriumnitrat), der in Chile abgebaut wurde, nach Europa importiert. Die Ressourcen waren jedoch begrenzt. Der englische Chemiker Sir William Crookes (1832 bis 1919) formulierte deshalb: *„Die Bindung des atmosphärischen Stickstoffs ist eine der großen Entdeckungen, die auf die Genialität der Chemiker warten".*

Stickstoff in der Luft stand in unbegrenztem Maße zur Verfügung. Da elementarer Stickstoff jedoch in der Regel nicht direkt von Pflanzen verwertet werden kann, stand die Chemie vor einer riesigen Herausforderung. Der Durchbruch gelang am 2. Juli 1909. Der Karlsruher Professor für Chemie Fritz Haber (1868 bis 1934) erzeugte unter Nutzung eines Osmium-Katalysators Ammoniak aus Stickstoff und Wasserstoff.

Im Auftrag der Badischen Anilin- und Sodafabrik (BASF) erforschte Carl Bosch (1874 bis 1940, Nobelpreis für Chemie 1931) die Umsetzung der Reaktion aus dem Labor in die industrielle Produktion. Gleichzeitig suchten Paul Alwin Mittasch (1869 bis 1953) und seine Mitarbeiter nach einem Katalysator, der nicht so teuer wie Osmium sein durfte. Nach jahrelangen Versuchsreihen konnte 1913 die erste Industrieanlage bei der BASF in Ludwigshafen die industrielle Ammoniakproduktion aufnehmen. Die Synthese wurde in Gegenwart eines hochreinen Eisenkatalysators mit Zusätzen aus Aluminium- und Alkalimetallhydroxiden durchgeführt.

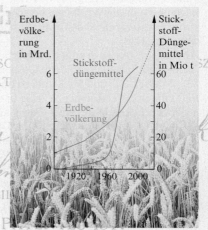

1 Zunahme Erdbevölkerung und Weltverbrauch an Stickstoffdünger

Der Grundstoff Ammoniak wurde zum Segen aber auch zum Fluch für die Menschen, da er sowohl für die wertvolle Düngemittelproduktion als auch zur Munitionsherstellung verwendet wurde. Auch das wissenschaftliche Wirken Fritz Habers muss kritisch betrachtet werden. Neben seinen Verdiensten um die Entwicklung der Ammoniaksynthese arbeitete er im 1. Weltkrieg maßgeblich an der Herstellung von Kampfgasen (Phosgen- und Chlor-Arsen-Kampfstoffe) mit. Obwohl ihn die Alliierten auf die Liste der Kriegsverbrecher gestellt hatten, erhielt Haber 1918 für die Ammoniaksynthese den Nobelpreis für Chemie.

2 Ammoniak war auch Grundstoff für Sprengstoffe im 1. Weltkrieg.

Geschichte der Ammoniaksynthese | Kreislauf des Stickstoffs

Aus der Welt der Chemie

Kreislauf des Stickstoffs

Der Stickstoff der Luft und die Stickstoffverbindungen befinden sich in der Natur in einem ständigen Kreislauf.
Bereits 1840 hat JUSTUS VON LIEBIG (1803 bis 1873) über diesen Prozess in seinem Buch „Die Organische Chemie in ihrer Anwendung auf Agrikultur und Physiologie" geschrieben (Auszug):

> „Kohlensäure, Ammoniak und Wasser enthalten in ihren Elementen die Bedingungen zur Erzeugung aller Tier- und Pflanzenstoffe während ihres Lebens. Kohlensäure, Ammoniak und Wasser sind die letzten Producte des chemischen Prozesses ihrer Fäulniß und Verwesung."

Stickstoffverbindungen sind unentbehrlich für die Eiweißsynthese der Pflanzen. Nur die Schmetterlingsblütler (Leguminosen), wie z. B. Klee oder Lupinen, können mithilfe von Knöllchenbakterien Stickstoff direkt aus der Luft aufnehmen. Alle anderen Pflanzen sind auf Stickstoffverbindungen in Form von Nitrat- und Ammonium-Ionen aus dem Boden angewiesen. Menschen und Tiere können körpereigenes Eiweiß aus pflanzlicher Nahrung aufbauen.

Über Ausscheidung und Verwesung gelangen die Stickstoffverbindungen wieder in den Boden und werden dort durch Bakterien zu Ammoniak und Ammoniumsalzen abgebaut. Diese können wieder zu Nitraten umgewandelt und von den Pflanzen aufgenommen werden. Ein Teil der anorganischen Stickstoffverbindungen wird außerdem durch denitrifizierende Bakterien in elementaren Stickstoff zurückverwandelt und an die Atmosphäre abgegeben.

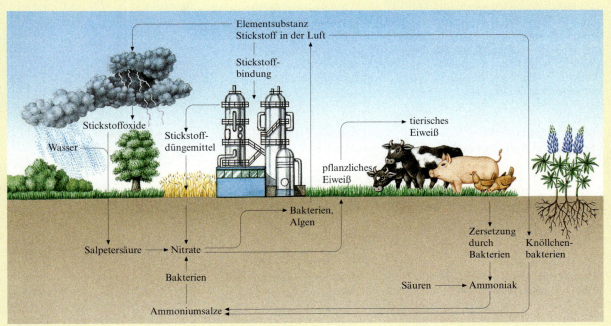

Luftstickstoff kann aber nicht nur durch Schmetterlingsblütler gebunden werden. Bei Gewitter können durch Blitzentladungen aus Stickstoff und Sauerstoff Stickstoffoxide entstehen, die zu Salpetersäure reagieren und mit dem Regenwasser in den Boden gelangen. Der Kreislauf ist aber nur in der freien Natur weitgehend geschlossen. Veränderungen des natürlichen Stickstoffkreislaufs ergeben sich vor allem durch eine intensive landwirtschaftliche Nutzung des Bodens sowie infolge industrieller und anderer Stickstoffoxidemissionen, was zu weitreichenden ökologischen, medizinischen und klimatologischen Folgen führen kann. Umweltmaßnahmen zum Schutz der Natur sollten diese Zusammenhänge berücksichtigen.

Wir untersuchen Ammoniumverbindungen

Haushaltsreiniger und Fensterputzmittel, Backmittelzusatzstoffe und Blumendünger, Düngemittel, Sprengmittel, Raketentreibstoffe und Feuerlöschmittel – alle enthalten Ammoniumverbindungen.
Welche Eigenschaften besitzen diese Verbindungen, dass sie so vielfältig einsetzbar sind?

EXPERIMENT 1
Prüfe das Verhalten von Ammoniak gegenüber Chlorwasserstoff.
Vorsicht! Abzug! Schutzbrille! Gib in ein Ende eines Glasrohres Watte, die mit 35 %iger Salzsäure (C) getränkt ist, und in das andere Ende Watte, die mit 25 %iger Ammoniaklösung (C) getränkt ist. Verschließe beide Enden mit einem Stopfen.
Beobachte das Rohr und deute die Ergebnisse.

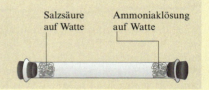

EXPERIMENT 2
Prüfe das Verhalten von Ammoniumchlorid gegenüber Natriumhydroxidlösung.
Vorsicht! Abzug! Schutzbrille! Gib auf ein Uhrglas 0,1 g Ammoniumchlorid (Xn) und tropfe dazu 5 bis 6 Tropfen 10 %ige Natriumhydroxidlösung (C). Prüfe vorsichtig durch Zufächeln den Geruch. Halte über das Uhrglas einen Glasstab, an dem sich ein Tropfen 25 %ige Salzsäure (C) befindet. Decke nun das Uhrglas mit einem anderen Uhrglas ab, an dessen Innenseite ein feuchtes Universalindikatorpapier angebracht ist.
Interpretiere die Ergebnisse.

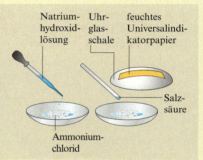

EXPERIMENT 3
Erkunde das Verhalten von Ammoniumcarbonat beim Erhitzen.
Vorsicht! Schutzbrille! Abzug! Erhitze etwa 1 g Ammoniumcarbonat und prüfe die gebildeten Gase (T) mit feuchtem Universalindikatorpapier und mit gesättigter Bariumhydroxidlösung (Xn).
Werte die Beobachtungen aus.

EXPERIMENT 4
Erkunde die elektrische Leitfähigkeit von Ammoniumverbindungen.
Prüfe verschiedene feste Ammoniumverbindungen (Xn) und deren wässrige Lösungen auf elektrische Leitfähigkeit.
Erkläre die erkundeten Sachverhalte.

Entsorgung
Reste der Lösungen in Sammelbehälter für Abwasser, Reste fester Ammoniumverbindungen in Wasser lösen und in Sammelbehälter für Abwasser.

AUFTRÄGE

1. Stelle zu Hause vorhandene Reinigungsmittel zusammen, ordne sie nach ihrem Verwendungszweck. Ermittle, welche Ammoniumverbindungen enthalten.

2. Überlege, welche Aufgaben wässrige Ammoniaklösung (Ammoniumhydroxidlösung) in Fensterputzmitteln und Glasreinigern zu erfüllen hat.

Gruppenarbeit

Ammoniumverbindungen

Bildung von Ammoniumverbindungen. Werden zwei geöffnete Flaschen mit konzentrierter Salzsäure und mit konzentrierter Ammoniaklösung nebeneinander gehalten, bildet sich weißer Rauch. Dieser weiße Rauch entsteht, weil festes Ammoniumchlorid in der Luft sehr fein verteilt vorliegt. Wie ist er entstanden?
Aus den Flaschen entweichen Chlorwasserstoff und Ammoniak. Diese reagieren zu Ammoniumchlorid.

$$NH_3\,(g) + HCl\,(g) \longrightarrow NH_4Cl\,(s)$$

Bei der Reaktion geht ein Wasserstoff-Ion aus dem Chlorwasserstoffmolekül zu dem Ammoniakmolekül über. Ein Wasserstoff-Ion besteht nur aus einem Proton im Atomkern und besitzt keine Elektronen in der Atomhülle. Deshalb wird es häufig auch als **Proton** bezeichnet. Die Bildung eines Ammonium-Ions aus einem Ammoniakmolekül stellt also eine Protonenaufnahme dar.

1 Bildung von Ammoniumchlorid

Protonenabgabe: $\quad HCl \longrightarrow H^+ + Cl^-$
Protonenaufnahme: $\quad NH_3 + H^+ \longrightarrow NH_4^+$
___
Protonenübergang: $\quad NH_3 + HCl \longrightarrow NH_4^+ + Cl^-$

Bei der Reaktion von Ammoniak mit Salzsäure findet zwischen den Ammoniakmolekülen und den Chlorwasserstoffmolekülen ein **Protonenübergang** statt. Aus dem Ammoniakmolekül entsteht dabei ein Ammonium-Ion (Formel: NH_4^+), aus dem Chlorwasserstoffmolekül ein Chlorid-Ion (Formel: Cl^-). Beide Ionen bilden die Ionensubstanz Ammoniumchlorid mit der Formel NH_4Cl.
Protonen sind etwa 100 000-mal kleiner als andere Ionen. Sie besitzen dadurch eine hohe elektrische Ladungsdichte, weshalb Protonen nicht frei auftreten, sondern immer an anderen Teilchen wie Molekülen und Ionen gebunden sind.
Protonen bilden mit Wassermolekülen **Hydronium-Ionen** H_3O^+, z. B. beim Lösen von Chlorwasserstoff in Wasser. Das Chlorwasserstoffmolekül gibt das Proton an das Wassermolekül ab. Das gemeinsame Elektronenpaar verbleibt beim Chloratom, sodass ein negativ elektrisch geladenes Chlorid-Ion entsteht. Das abgegebene Proton wird von einem freien Elektronenpaar am Sauerstoffatom des Wassermoleküls gebunden. Es entsteht ein positiv elektrisch geladenes Hydronium-Ion.

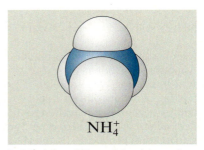

2 Modell und Formel des Ammonium-Ions

> **EXPERIMENT 5** [L] [Xi]
> **Neutralisieren von Ammoniaklösung.**
> 15 ml 5%ige Ammoniaklösung (Xi) werden mit 5%iger Salzsäure neutralisiert.

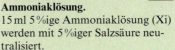

Beim Lösen von Ammoniak in Wasser reagieren die Stoffe miteinander. In der Ammoniaklösung bilden sich durch Protonenübergang Ammonium-Ionen und Hydroxid-Ionen, die eine alkalische Reaktion der Lösung bewirken. Diese alkalische Reaktion lässt sich mithilfe von Universalindikatorpapier oder -lösung nachweisen.

$$NH_3 + H_2O \longrightarrow NH_4^+ + OH^-$$

Ammoniaklösung lässt sich mit Säuren, z. B. Salzsäure, neutralisieren. Dabei entsteht eine wässrige Ammoniumchloridlösung.

$NH_4^+ + OH^- + H^+ + Cl^- \longrightarrow NH_4^+ + Cl^- + H_2O$

> Ammoniumverbindungen sind Ionensubstanzen. Sie entstehen durch chemische Reaktionen von Ammoniak oder von Ammoniaklösung mit Säuren.

Eigenschaften und Verwendung. Ammoniumverbindungen sind meist weiße, kristalline Substanzen, die sich gut in Wasser lösen. Deshalb können sie sich im Boden lösen und stehen den Pflanzen als wichtige Stickstofflieferanten in Form von Düngemitteln zur Verfügung. Feste Ammoniumverbindungen leiten den elektrischen Strom nicht, ihre Lösungen dagegen leiten den elektrischen Strom. Das Lösen ist ein endothermer Vorgang. Dem Wasser wird Wärme entzogen, die Temperatur sinkt. Ammoniumverbindungen reagieren mit Natriumhydroxidlösung zu gasförmigem Ammoniak (indirekter Nachweis für Ammonium-Ionen).

$NH_4Cl + NaOH \longrightarrow NH_3 + NaCl + H_2O$

Die meisten Ammoniumverbindungen sind durch Wärme zersetzbar. Wird Ammoniumcarbonat thermisch zersetzt, entstehen Ammoniak, Kohlenstoffdioxid und Wasserdampf. Ammoniak wird in heißem Teig leicht gebunden, Kohlenstoffdioxid lockert ihn auf. Deshalb wird z. B. Ammoniumhydrogencarbonat als Bestandteil von Hirschhornsalz zum Backen von Lebkuchen, Amerikanern oder Spekulatius verwendet. Legt man auf die heiße Oxidschicht eines Kupferbleches Ammoniumchlorid, so entstehen Ammoniak und Chlorwasserstoff. Chlorwasserstoff reagiert mit der Kupferoxidschicht zu Kupfer(II)-chlorid, das verdampft und rotes Kupfer sichtbar werden lässt. Deshalb wird Ammoniumchlorid als Lötstein zum Reinigen von Lötkolben verwendet.
Beim thermischen Zersetzen von Ammoniumhydrogenphosphat entsteht neben Ammoniak Phosphorsäure. Diese wirkt wasserentziehend und verkohlt Holzoberflächen, sodass kein Sauerstoff zutreten kann. Deshalb findet dieser Stoff als Flammschutzmittel Verwendung.

Wichtige Ammoniumverbindungen und ihre Verwendung	
Verbindung	Verwendung
Ammoniumsulfat $(NH_4)_2SO_4$	als Düngemittel, Flammschutz- und Kältemittel
Ammoniumnitrat NH_4NO_3	als Düngemittel, Sicherheitssprengstoff im Bergbau, als Kältemittel
Ammoniumchlorid NH_4Cl (Salmiak)	als Düngemittel, als Kältemittel, als Lötstein, als Elektrolyt in Batterien
Ammoniumhydrogenphosphat $(NH_4)_2HPO_4$	als Düngemittel, als Imprägniermittel und Flammschutzmittel für Holz
Ammoniumcarbonat $(NH_4)_2CO_3$	als Feuerlöschmittel, als Blähmittel für Schaumstoffe und Schaumgummi,
Ammoniumhydrogencarbonat NH_4HCO_3	als Backtriebmittel (Hirschhornsalz), als Feuerlöschmittel

1 Zusammensetzung handelsüblicher Stickstoffdünger

Ammonsalpeter NH_4NO_3

Kalkammonsulfat $(NH_4)_2SO_4$ $CaCO_3$

Nitrophoska rot $(NH_4)_3PO_4$ $CaHPO_4$ NH_4NO_3 NH_4Cl KNO_3

Nachweis von Ammonium-Ionen

Nachweismittel: Natriumhydroxidlösung

Erscheinung: Bildung von gasförmigem Ammoniak

Erkennen von Ammoniak:
– stechender Geruch
– färbt feuchtes Universalindikatorpapier blau
– bildet mit Chlorwasserstoff weißen Rauch von Ammoniumchlorid

AUFGABEN

1. Leite anhand von Eigenschaften die Verwendung von Ammoniumverbindungen ab.
2. Formuliere die Reaktion von Ammoniak mit Wasser als Teilgleichungen und kennzeichne den Protonenübergang.
3. Erläutere den Bau und die Bindungsverhältnisse von Ionensubstanzen.
4. Beschreibe die Nachweise von Ammoniak und Ammonium-Ionen. Formuliere die Reaktionsgleichungen.
5. Entwickle Reaktionsgleichungen für die thermische Zersetzung von Ammoniumchlorid und von Ammoniumhydrogencarbonat.

Verwendung von Ammoniumverbindungen

Viele Verwendungen von Ammoniumverbindungen lassen sich direkt aus deren Eigenschaften ableiten. Untersuche einige dieser Eigenschaften und triff Aussagen über mögliche Verwendungen.

EXPERIMENT 1 [S] [Xi]
Weise Ammonium-Ionen in Düngemitteln und im Boden nach.
Mische in einem Reagenzglas 1 g Düngemittel mit 1 g Calciumoxid (Xi), in einem anderen Reagenzglas 1 g Boden mit 1 g Calciumoxid (Xi). Setze jeweils 5 ml destilliertes Wasser zu und erhitze die Gläser. Lege über die Gläseröffnung einen Streifen feuchtes Universalindikatorpapier. Führe eine Geruchsprobe durch.
Triff eine Aussage über die Bedeutung von Ammoniumverbindungen für Pflanzen.

1 Hirschhornsalz wird zum Backen von Lebkuchen verwendet.

EXPERIMENT 2 [S]
Erkunde die Bedeutung von Ammoniumdüngemitteln für das Pflanzenwachstum.
Stelle Lösungen aus Ammoniumsulfat folgender Konzentrationen her: 0,1 %, 0,5 %, 1 % und 5 %. Gib in vier Petrischalen jeweils 3 Lagen Filterpapier und befeuchte es mit 10 bis 15 ml der Lösungen. Gib in eine weitere Petrischale 3 Lagen Filterpapier, das mit Wasser befeuchtet wird. Lege in jede Schale 25 Kressesamen und schließe diese. Stelle nach 2 bis 3 Tagen die Anzahl der Keime fest. Ermittle nach 5 Tagen das Aussehen der Keimpflanzen sowie die Länge der Sprossachsen und Wurzeln.

2 Ein Lötkolben wird mit Lötstein gereinigt.

EXPERIMENT 3 [S] [Xn]
Löse Ammoniumchlorid in Wasser.
Ermittle die Temperatur von 15 ml Wasser in einem Becherglas. Löse darin 5 g Ammoniumchlorid (Xn) und miss anschließend erneut die Temperatur.
Leite Verwendungsmöglichkeiten aus dieser Eigenschaft ab.

Entsorgung

Reste der Lösungen in Sammelbehälter für Abwasser.
Reste fester Ammoniumverbindungen in Wasser lösen und in Sammelbehälter für Abwasser.
Bodenreste in den Sammelbehälter für Hausmüll, Kupferbleche wieder verwenden.

EXPERIMENT 4 [S] [Xn]
Untersuche die Wirkung von Ammoniumchlorid auf Kupfer.
Erhitze ein Kupferblech, bis es mit einer schwarzen Schicht überzogen ist. Gib auf das heiße Blech etwa 1 g Ammoniumchlorid (Xn). Welche Verwendung lässt sich aus dem Beobachtungsergebnis ableiten?

AUFTRÄGE

1. Informiere dich über ein Rezept zum Backen von Lebkuchen oder Spekulatius. Setze einen Teil des Teigs mit Hirschhornsalz, einen zweiten Teil ohne Hirschhornsalz an und backe den Teig. Welche Aufgaben erfüllt Hirschhornsalz beim Backen?

2. Stelle eine Übersicht über wichtige Pflanzennährstoffe zusammen. Gib deren Bedeutung für die Pflanzen an und formuliere Aussagen darüber, in welcher Form die Pflanze diese Nährstoffe aufnimmt und im Organismus transportiert.

Oxide des Stickstoffs

1 Untersuchung der Auspuffgase auf Stickstoffoxide mit einem Gasspürgerät

2 Durch Blitze entstehen Stickstoffoxide.

Aus den Medien und durch eigene Untersuchungen ist dir bekannt, dass Stickstoffoxide mit anderen Stoffen der Luft unter Bildung von saurem Regen am „Waldsterben" beteiligt sind. Im Widerspruch dazu steht eine alte Bauernregel, die besagt, dass Pflanzen nach einem Gewitter besonders gut wachsen. Wie lässt sich das erklären?

Bildung und Verwendung von Stickstoffoxiden. Die Oxide lassen sich nicht einfach durch Verbrennen von Stickstoff herstellen. Erst bei sehr hohen Temperaturen (über 3000 °C), z. B. in einem elektrischen Lichtbogen, in Verbrennungsmotoren und in Wärmekraftwerken reagiert Stickstoff mit Sauerstoff zu farblosem **Stickstoffmonooxid**.

$N_2 + O_2 \longrightarrow 2\,NO$ | endotherm

Bei niedrigen Temperaturen wird Stickstoffmonooxid zu braunem **Stickstoffdioxid** oxidiert.

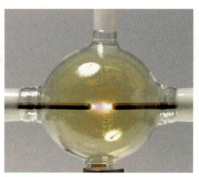

3 Verbrennung von Stickstoff im elektrischen Lichtbogen

$2\,NO + O_2 \longrightarrow 2\,NO_2$ | exotherm

Bei Abkühlung geht das braune Stickstoffdioxid in farbloses **Distickstofftetraoxid** über. Diese Reaktion ist durch Erwärmen umkehrbar.

$2\,NO_2 \underset{\text{Erwärmen}}{\overset{\text{Abkühlen}}{\rightleftarrows}} N_2O_4$

Bei der Verbrennung von Benzin in Kraftfahrzeugmotoren entsteht immer ein Gemisch aus verschiedenen Stickstoffoxiden, die in unterschiedlichen Volumenanteilen vorliegen. Gasgemische aus Stickstoffoxiden werden als **nitrose Gase NO_x** bezeichnet. Sie sind starke Atemgifte und schädigen die Atmosphäre.
Stickstoffmonooxid und Stickstoffdioxid werden zur Herstellung von Salpetersäure verwendet.
Ein weiteres Stickstoffoxid ist **Distickstoffmonooxid** (Lachgas) N_2O, das bei der mikrobiellen Zersetzung von Nitraten entsteht. Es wird als Narkosegas und als Treibgas in Sahnepatronen verwendet.

Schon gewusst?

Lachgas N_2O ist in Kombination mit Sauerstoff ein häufig angewendetes Inhalationsnarkotikum. Es wirkt sehr schnell und ist im Gemisch mit ausreichend Sauerstoff ungiftig. Der Name Lachgas weist darauf hin, dass das Einatmen zu Halluzinationen führen kann, die sich oft in Lachlust und Heiterkeit äußern.

Oxide des Stickstoffs

Bau von Stickstoffmonooxid und Stickstoffdioxid. Beide Oxide sind wie die dir bekannten Nichtmetalloxide aus Molekülen aufgebaut.
In einem Stickstoffmonooxidmolekül sind ein Stickstoffatom und ein Sauerstoffatom gebunden, während im Stickstoffdioxidmolekül immer ein Stickstoffatom mit zwei Sauerstoffatomen verbunden ist. Stickstoffmonooxid hat deshalb die Formel NO und Stickstoffdioxid die Formel NO_2.
Zwischen den beteiligten Atomen in den Molekülen von Stickstoffmonooxid und Stickstoffdioxid wirken starke Anziehungskräfte, die zu den unterschiedlichen Anordnungen der Atome in den Molekülen führen (↗ Bild 1).

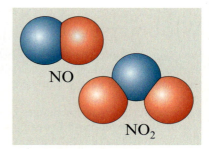
1 Molekülmodelle und Formeln von Stickstoffmonooxid und Stickstoffdioxid

Eigenschaften von Stickstoffmonooxid und Stickstoffdioxid. Der unterschiedliche Bau der Moleküle der Stickstoffoxide führt zu deren unterschiedlichen Eigenschaften.

Einige Eigenschaften von Stickstoffoxiden		
Eigenschaften	Stickstoffmonooxid	Stickstoffdioxid
Aggregatzustand bei 25 °C und 0,1 MPa	gasförmig	gasförmig
Farbe	farblos	braun-rot
Löslichkeit in Wasser	wenig löslich	leicht löslich
Schmelztemperatur in °C	–164	–11
Siedetemperatur in °C	–152	21
Giftigkeit	starkes Atemgift	starkes Atemgift

Stickstoffoxide als Luftschadstoffe. In Deutschland werden jährlich etwa 3 Mio. t Stickstoffoxide an die Umwelt abgegeben und weltweit sind es etwa 160 Mio. t. Die Hauptverursacher sind Kraftfahrzeuge und Heizwerke. Stickstoffoxide sind sehr reaktionsfreudig und gehören deshalb zu den schädlichsten Abgasstoffen. Schon bei sehr niedrigen Volumenanteilen greifen sie die Atmungsorgane an und begünstigen Atemwegserkrankungen. Stickstoffoxide wirken aber auch auf die Vegetation. Sie verringern die Assimilationsfähigkeit der Pflanzen, verursachen Blattabwurf und hemmen das Wachstum der Pflanzen.
Die Stickstoffoxide reagieren in der Atmosphäre mit anderen Stoffen der Luft zu saurem Regen. Unter Einfluss von intensivem Sonnenlicht reagieren Stickstoffoxide auch zu Stickstoffmonooxid und freiem Sauerstoff (fotochemischer Smog), die in weiteren Reaktionen Schadstoffe bilden.
Generell lässt sich der Stickstoffoxidanteil durch das Herabsetzen der Verbrennungstemperatur senken. Bei Kraftfahrzeugen kann die Verbrennungstemperatur durch das Kompressionsverhältnis, die Treibstoffart und die Betriebsweise des Motors beeinflusst werden. So erhöht sich z. B. die Stickstoffoxid-Emission mit steigender Geschwindigkeit des Fahrzeugs.
Durch den Einbau eines geregelten Katalysators („G-KAT") in die Abgasleitung des Kraftfahrzeugs können die Stickstoffoxide aus dem Abgas entfernt werden. Dabei werden am Katalysator zuerst die Stickstoffoxide zu Stickstoff reduziert und danach die Kohlenstoffverbindungen oxidiert. Auch bei den Kraftwerken gibt es inzwischen Anlagen zur „Entstickung" der Rauchgase. In DENOX-Anlagen werden die Stickstoffoxide durch Reaktion mit Ammoniak in Anwesenheit von Katalysatoren in Stickstoff und Wasser umgewandelt. Dieses Verfahren ist auch als SCR-Verfahren (Abkürzung für Selective Catalytic Reduction) bekannt.

2 Durch Luftschadstoffe stark geschädigte Eiche

AUFGABEN

1. Begründe, warum Stickstoffoxide als Umweltgifte gelten.
2. Welche Luftschadstoffe können durch Heizkessel in Wohnhäusern entstehen?
3. Erkunde, welche Abgaswerte vom Bezirksschornsteinfegermeister im Messprotokoll festgehalten werden.
4. Informiere dich über den Aufbau und die Funktionsweise eines „G-KAT".

Wir untersuchen Salpetersäure

Von Säuren ist euch bereits vieles bekannt. So wirken z. B. viele Säuren stark ätzend und einige sind auch giftig. Ihr sollt nun selbst wesentliche Eigenschaften der Salpetersäure ermitteln und herausfinden, ob es Besonderheiten dieser Säure gibt.

Bevor ihr mit den Untersuchungen beginnt, informiert euch, welche Sicherheitsbestimmungen beim Umgang mit Säuren oder ihren Reaktionsprodukten unbedingt zu beachten sind.

EXPERIMENT 1
Prüfe Salpetersäurelösungen mit Indikatoren.
Schutzbrille, Schutzhandschuhe! Wähle drei verschiedene Indikatoren aus. Versetze die Proben von Salpetersäure ($w = 1\%$; $w = 10\%$, C; $w = 35\%$, C; $w = 65\%$, C) auf der Tüpfelplatte mit jeweils 1 bis 2 Tropfen eines der Indikatoren.
Notiere deine Beobachtungen. Deute das Ergebnis.

EXPERIMENT 2
Untersuche das Verhalten von Metallen und Metalloxiden gegenüber Salpetersäure.
Schutzbrille! Gib in ein Reagenzglas etwa 100 mg Calciumoxid (Xi) und versetze das Oxid mit 5 ml 10%iger Salpetersäure (C). Dampfe etwa 1 ml der Lösung ein.
Wiederhole das Experiment mit 100 mg Magnesiumoxid und 100 mg schwarzem Kupferoxid (Xn). Gegebenenfalls ist das Reagenzglas kurz zu erwärmen.
Gib einige Zink-, Magnesium- und Kupferspäne in jeweils ein Reagenzglas. Versetze die Späne mit je 5 ml 6%iger Salpetersäure (C). Prüfe, ob Wärme frei wird. Dampfe etwa 1 ml der Lösungen ein.
Notiere deine Beobachtungen und versuche sie zu deuten. Entwickle im Falle einer Reaktion die Reaktionsgleichung.

EXPERIMENT 3
Neutralisiere Natronlauge mit Salpetersäure.
Schutzbrille! Gib 5 ml 0,4%ige Natriumhydroxidlösung in ein Becherglas ($V = 50$ ml) und dazu 3 Tropfen Universalindikator. Versetze die Natronlauge mit 4 ml 0,6%iger Salpetersäure. Tropfe danach weiter Salpetersäure zu, bis der Indikator die Farbe für neutrale Lösung anzeigt. Dampfe von der Lösung etwa 1 ml ein.
Beschreibe das Verhalten des Indikators. Welche Teilchen liegen zu den verschiedenen Zeitpunkten in der Lösung vor?

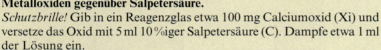

1 Salpetersäurelösungen

Entsorgung

Kupferabfälle in den Sammelbehälter I „Anorganische Chemikalienreste", übrige Metallreste in den Sammelbehälter für Hausmüll. Salze in Wasser lösen und zusammen mit den wässrigen Lösungen in den Sammelbehälter für Abwasser.

AUFTRÄGE

1. Erläutere, wie man beim Verdünnen von Salpetersäure vorgehen muss. Berechne die Masse Wasser, in das 10 g Salpetersäure mit $w(HNO_3) = 35\%$ gegeben werden müssen, um verdünnte Salpetersäure mit $w(HNO_3) = 12\%$ zu erhalten.

2. Vergleiche verdünnte Salpetersäure mit verdünnter Salzsäure in ihrer Reaktion mit Metallen. Wie könnte das entstehende Gas aufgefangen und identifiziert werden? Kennzeichne die Reaktion und erläutere sie anhand eines Beispiels.

Salpetersäure

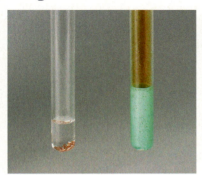

1 Reaktion von Kupfer mit Salpetersäure

2 Reaktion von konzentrierter Salpetersäure mit Holzkohle

Eigenschaften. Reine, 100%ige Salpetersäure ist eine farblose, stechend riechende Flüssigkeit mit einer Siedetemperatur von 86°C. Sie bildet an der Luft Nebel und wird auch als „rauchende" Salpetersäure bezeichnet. Da sie durch Lichteinwirkung zerfällt, muss sie in braunen Flaschen aufbewahrt werden. Rauchende Salpetersäure enthält gelöstes Stickstoffoxid.

Verdünnte Salpetersäure ist eine farblose, ätzende Lösung. Beim Lösen von Salpetersäure in Wasser bilden sich Wasserstoff-Ionen und Nitrat-Ionen. Das Vorliegen von Wasserstoff-Ionen ist an der Farbe des Indikators zu erkennen.

$$HNO_3 \rightleftharpoons H^+ + NO_3^-$$

Verdünnte Salpetersäure reagiert wie andere verdünnte Säuren. Mit Metalloxiden, Hydroxidlösungen und wässriger Ammoniaklösung entstehen dabei Nitratlösungen und Wasser. Verdünnte Salpetersäure reagiert auch mit unedlen Metallen wie Magnesium und Zink, jedoch nicht mit edleren Metallen wie Kupfer und Silber.

Konzentrierte Salpetersäure ist farblos, giftig und wirkt ätzend. Sie ist ein starkes Oxidationsmittel, das nicht nur mit Kupfer, sondern sogar mit Silber und Quecksilber reagiert. Dabei werden Stickstoffoxide frei.

$$Cu + 4\,HNO_3 \longrightarrow Cu^{2+} + 2\,NO_3^- + 2\,NO_2 + 2\,H_2O$$

Auch Nichtmetalle wie Kohlenstoff oder Schwefel werden von konzentrierter Salpetersäure oxidiert, dabei entstehen nitrose Gase.
Ein Gemisch aus konzentrierter Salpetersäure und konzentrierter Salzsäure im Verhältnis 1:3 wird **Königswasser** genannt, weil es Gold und Platin auflösen kann.
Auf Eiweiße wirkt konzentrierte Salpetersäure ätzend und zerstörend. Außerdem färbt sie diese Stoffe intensiv gelb, was zum **Nachweis von Eiweißen** dient (Xanthoproteinreaktion).

Verwendung. Salpetersäure findet in der chemischen Industrie vielseitige Verwendung. So dient sie zur Herstellung von Nitratdüngemitteln, Sprengstoffen, Farbstoffen, Arznei- und Lösemitteln. Außerdem wird konzentrierte Salpetersäure in der Metallbearbeitung zum Ätzen, Beizen und Passivieren genutzt.

EXPERIMENT 6 [L]
Reaktion von Salpetersäurelösungen mit Metallen.
Vorsicht! Abzug!
Kupfer- und Silberspäne werden jeweils mit etwa 3 ml 65%iger Salpetersäure (C) und 35%iger Salpetersäure (C) versetzt.

EXPERIMENT 7 [L]
Reaktion von konzentrierter Salpetersäure mit Eiweiß.
Vorsicht! Zu Eiweißlösung, Fingernagelresten, weißen Federn und festem Eiklar werden jeweils einige Tropfen 65%ige Salpetersäure (C) gegeben.

Schon gewusst?

Gebräuchliche Sprengstoffe sind häufig Stickstoffverbindungen. So enthält das früher verwendete Schwarzpulver Salpeter, dessen Explosionskraft im Vergleich zu modernen Sprengstoffen allerdings gering ist.
Das bekannte Nitroglycerin ist der Salpetersäureester des Glycerols (Glycerins). Es explodiert bei Stoß, Schlag oder Überhitzung sehr heftig.

AUFGABEN

1. Konzentrierte Salpetersäure wird auch als Scheidewasser bezeichnet. Worauf ist das zurückzuführen?
2. Informiere dich, was unter Passivierung zu verstehen ist.
3. Eisen und Aluminium reagieren mit sehr stark verdünnter Salpetersäure unter Wasserstoffentwicklung. Entwickle die Reaktionsgleichung in Ionenschreibweise.

Vom Ammoniak zur Salpetersäure

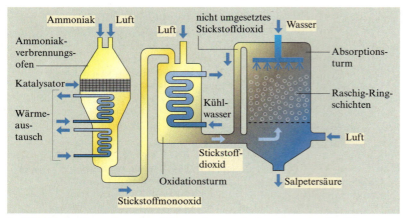

1 Schema der Herstellung von Salpetersäure nach dem OSTWALD-Verfahren. Hier wird ein großer Teil des nach dem HABER-BOSCH-Verfahren gewonnenen Ammoniaks weiterverarbeitet zu Salpetersäure.

Oxidation von Ammoniak. Ausgangsstoffe für die Herstellung von Salpetersäure sind Ammoniak, Luft und Wasser. Aus Ammoniak und dem Sauerstoff der Luft wird mithilfe eines Katalysators bei einer Temperatur von 600 bis 700 °C zunächst Stickstoffmonooxid und Wasser hergestellt.

$$4\,NH_3 + 5\,O_2 \xrightarrow{\text{Katalysator}} 4\,NO + 6\,H_2O \;|\; \text{exotherm}$$

Das farblose, giftige Stickstoffmonooxid setzt sich mit weiterem Sauerstoff der Luft sofort zu braunem Stickstoffdioxid um.

$$4\,NO + 2\,O_2 \longrightarrow 4\,NO_2 \;|\; \text{exotherm}$$

Stickstoffdioxid reagiert mit Wasser und Sauerstoff der Luft zu **Salpetersäure**.

$$4\,NO_2 + 2\,H_2O + O_2 \longrightarrow 4\,HNO_3 \;|\; \text{exotherm}$$

Technische Herstellung – OSTWALD-Verfahren. Im Jahre 1908 entwickelte der deutsche Chemiker WILHELM OSTWALD (1853–1932) das nach ihm benannte Verfahren zur Herstellung von Salpetersäure, das bis heute hauptsächlich angewendet wird.
Die katalytische Oxidation von Ammoniak erfolgt in einem Ammoniakverbrennungsofen an einem äußerst feinmaschigen Platinnetz (etwa 2000 Maschen je cm^2), an dem das Gasgemisch mit hoher Geschwindigkeit vorbeiströmt. Die Verweilzeit des Gasgemisches am Katalysator darf nicht mehr als 10^{-3} s betragen. In dieser Zeit reagiert das Gasgemisch aus Ammoniak und Sauerstoff (Luft) bei einer Temperatur von über 800 °C zu Stickstoffmonooxid und Wasserdampf. Das Mischungsverhältnis zwischen Ammoniak und Sauerstoff muss dabei genau eingehalten werden, da die beiden Gase auch zu Stickstoff und Wasser reagieren können.
Die bei dieser exothermen Reaktion erwärmten Reaktionsprodukte müssen in Wärmeaustauschern rasch auf etwa 30 bis 40 °C abgekühlt werden. Hohe Temperaturen würden den Zerfall des Stickstoffmonooxids in Stickstoff und Sauerstoff bewirken.

EXPERIMENT 8 [L]
Katalytische Oxidation von Ammoniak.
Abzug! Die Versuchsapparatur wird entsprechend der Abbildung unten zusammengebaut. Die Gaswaschflasche wird mit etwa 20 ml Ammoniaklösung (C) und der Erlenmeyerkolben mit etwa 20 ml destilliertem Wasser gefüllt.
Das Reaktionsrohr mit dem platinhaltigen Perlkatalysator wird auf 600 °C erhitzt und gleichzeitig wird Luft durch die Apparatur geblasen (T+). Die Luftzufuhr wird nach etwa 5 min beendet. Die Lösung im Erlenmeyerkolben wird mit Universalindikator und mit Schnellteststäbchen auf Nitrat geprüft.

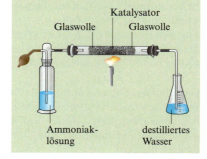

Vom Ammoniak zur Salpetersäure

Das mit Luft gemischte Gas wird in die **Oxidationstürme** geführt. Hier erfolgt die Oxidation von Stickstoffmonooxid zu Stickstoffdioxid. Durch intensive Abkühlung soll ein möglichst vollständiger Umsatz erreicht werden. Zu diesem Zweck wurden in die Oxidationstürme Kühlrohre eingebaut.
In den so genannten **Absorptionstürmen** findet dann die Umsetzung zu Salpetersäure statt. Diese Türme sind etwa 18 m hoch und mit mehreren Raschig-Ringschichten gefüllt. Die Durchmesser der Türme betragen 3 m. Das oxidierte Gas wird komprimiert, mit komprimierter Luft gemischt und von unten in die Absorptionstürme eingeleitet. Im Gegenstrom zum Gas rieselt von oben Wasser oder verdünnte Salpetersäure. Jeder Absorptionsturm besitzt einen Säurekreislauf. Es bildet sich dabei eine etwa 60 %ige Salpetersäure.
Mit einer Abgasreinigung wird versucht, die Umweltbelastung durch Stickstoffoxide gering zu halten. Beim Arbeiten an einer Salpetersäureanlage kann es durch Ammoniak, nitrose Gase und Salpetersäure zur Gefährdung kommen. Die arbeitshygienischen Normen sind deshalb unbedingt einzuhalten, wie z. B. das Vorhandensein von Spritzschutzeinrichtungen an Rohrleitungen und von Atemschutz- und Sauerstoffkreislaufgeräten.

Schon gewusst?

Eine der ältesten Methoden der Salpetersäureherstellung ist die Umsetzung von Chilesalpeter (Natriumnitrat) mit konzentrierter Schwefelsäure. Die natürlichen Vorkommen an Nitraten, die vor allem in der Atacama-Wüste in Chile abgebaut wurden, reichten allerdings bald nicht mehr aus, um den Bedarf an Salpetersäure zu decken. Deshalb wurden mehrere Verfahren auf der Basis von Stickstoffoxiden entwickelt.

> Stickstoffmonooxid wird durch katalytische Oxidation von Ammoniak hergestellt. Stickstoffmonooxid reagiert mit dem Sauerstoff der Luft zu Stickstoffdioxid. Aus Stickstoffdioxid, dem Sauerstoff der Luft und Wasser entsteht Salpetersäure.

3 Bis 1880 gab es in der Atacama-Wüste (Chile) große Vorkommen von Chilesalpeter.

Bedeutung. 1988 wurden weltweit 28,1 Mio. t Salpetersäure produziert. Mit über 2 Mio. t pro Jahr gehören die USA, Deutschland und Polen zu den Haupterzeugern. In Deutschland gehen davon etwa 75 % in die Düngemittelherstellung.

1 Ammoniakverbrennungsofen   2 Salpetersäureanlage

AUFGABEN

1. Erläutere die chemischen Reaktionen zur Bildung von Salpetersäure.
2. Beschreibe die Herstellung von Salpetersäure anhand der Abbildung 1 der vorigen Seite.
3. Die Verweilzeit des Ammoniak-Luft-Gemisches am Katalysator darf nur sehr gering sein. Begründe!
4. Überlege, wie man aus konzentrierter Salpetersäure „rauchende" Salpetersäure herstellen kann.

Nitrate – Düngemittel

1 Organische Düngung mit Gülle

Über die Medien erreichen uns immer wieder solche oder ähnliche Schlagzeilen: Vorsicht! Nitrat im Trinkwasser! Kopfsalat und anderes Gemüse nitratbelastet! Brunnenwasser nicht unbedenklich – Nitratgefahr!
Sind Nitrate wirklich so gefährlich? Wie gelangen Nitrate in die Lebensmittel und ins Trinkwasser?

Schon gewusst?

Auf der Erde gibt es nur wenige bedeutende Lagerstätten von Nitraten. Als Kaliumnitrat, **Salpeter** (griech./lat. sal petrae – Felsensalz), kommt es in Nordafrika, Indien, China und Ungarn vor.
Chilesalpeter (Natriumnitrat) findet man vor allem in Nordchile. Chilesalpeter war lange Zeit ein wichtiges Handelsgut. Um seine Lagerstätten ging es im „Salpeterkrieg" (1879 bis 1883) zwischen Chile, Bolivien und Peru. An den Wänden von Tierbehausungen sind häufig Ausblühungen von Mauersalpeter (Calciumnitrat) zu sehen.

EXPERIMENT 9 [S]
Erkunde die Löslichkeit von Nitraten in Wasser.
Plane ein Experiment, in dem Ammoniumnitrat (O), Natriumnitrat (O), Kaliumnitrat (O) und Kupfernitrat (Xi) auf ihre Löslichkeit in Wasser geprüft werden können. Führe das Experiment nach Rücksprache durch. Notiere deine Beobachtungen. Informiere dich in Nachschlagewerken über die Löslichkeit von Nitraten in Wasser bei 20 °C.
Verwende die wässrigen Lösungen für das Experiment 10.
Entsorgung: Lösungen werden weiter verwendet.

EXPERIMENT 10 [S]
Weise mit Teststäbchen Nitrat-Ionen nach.
Schutzbrille! Verdünne 1 ml 0,1 %ige Salpetersäure mit 9 ml destilliertem Wasser. Lies die der Nitrat-Test-Verpackung beiliegende Vorschrift. Entnimm ein Teststäbchen und verschließe die Dose sofort wieder. Tauche das Teststäbchen etwa eine Sekunde in die verdünnte Salpetersäure. Die Reaktionszonen müssen dabei eintauchen. Schüttle danach vorsichtig die anhaftende Lösung leicht ab. Vergleiche nach einer Minute die Reaktionszonen mit der Farbskala auf der Dose. Notiere das Ergebnis. Wiederhole das Experiment mit den Lösungen aus dem Experiment 9 mit Leitungswasser und verschiedenen Düngemitteln. Stelle die Ergebnisse in einer Tabelle zusammen.
Entsorgung: Nitrat-Teststäbchen in den Sammelbehälter für Sondermüll, wässrige Lösungen in den Sammelbehälter für Abwasser.

Eigenschaften. Nitrate sind salzartige Stoffe, Ionensubstanzen. Die Ionengitter der Nitrate sind aus positiv elektrisch geladenen Metall-Ionen oder Ammonium-Ionen und einfach negativ elektrisch geladenen Nitrat-Ionen aufgebaut. Alle Nitrate lösen sich leicht in Wasser.

EXPERIMENT 11 [L]
Reaktion von Natriumnitrat mit Wasserstoff.
In 10 ml destilliertem Wasser werden 5 Spatelspitzen Natriumhydroxid (C) gelöst und mit etwa 2 g Aluminiumpulver versetzt. Das entweichende Gas (F+) ist mit feuchtem Universalindikatorpapier zu prüfen. Dann werden der Lösung 3 Spatelspitzen Natriumnitrat (O) zugegeben. Das entweichende Gas (T, N) ist erneut mit feuchtem Universalindikatorpapier zu prüfen. Außerdem ist der Geruch vorsichtig durch Zufächeln zu prüfen.

EXPERIMENT 12 [L]
Reaktion von Natriumnitrat mit Kohlenstoff.
Vorsicht! Abzug! Schutzbrille!
Auf eine Schmelze von Natriumnitrat (O) wird ein erbsengroßes Stück Holzkohle gegeben (O, T, N).

Nitrate – Düngemittel

Der Nachweis von Nitrat-Ionen ist deshalb auch nicht wie bei anderen Säurerest-Ionen durch Fällungsreaktionen möglich. Zum Nachweis der Nitrat-Ionen werden Farbreaktionen genutzt. So färben sich Nitrat-Teststäbchen beim Eintauchen in nitrathaltige Lösungen violett.
Einige Nitrate geben beim Erhitzen Sauerstoff ab. Bei der thermischen Zersetzung von Natriumnitrat entstehen Sauerstoff und Natriumnitrit.

$$2\,NaNO_3 \longrightarrow 2\,NaNO_2 + O_2 \mid endotherm$$

Schwermetallnitrate, wie z. B. Bleinitrat, zerfallen beim Erhitzen in die entsprechenden Metalloxide, Stickstoffoxid und Sauerstoff. Nitrate sind also wie die Salpetersäure gute Oxidationsmittel. Sie werden deshalb u. a. bei der Herstellung von Feuerwerkskörpern verwendet.
Nitrite sind Salze der salpetrigen Säure der Formel HNO_2.

> Nitrate sind Ionensubstanzen. Sie lösen sich leicht in Wasser und lassen sich thermisch zersetzen. Sie sind gute Oxidationsmittel.

1 Mittlerer Massenanteil an Nitraten in Nahrungsmitteln

Verwendung als Düngemittel. Nitrathaltige Düngemittel werden neben den Ammoniumverbindungen und Harnstoff zur Deckung des Stickstoffbedarfs der Pflanzen eingesetzt. Die Pflanzen nehmen vor allem Nitrat-Ionen und Ammonium-Ionen als Eiweißbausteine durch die Wurzeln auf. Alle Stickstoffdünger werden im Boden lebende Bakterien im Laufe der Zeit in die leicht löslichen Nitrate umgewandelt. Dieser Vorgang wird als **Nitrifikation** bezeichnet.

Nitrate als Schadstoffe. Pflanzen können den Stickstoff aus den Düngemitteln nur zu 35 bis 70% nutzen. Bei erhöhtem Angebot, z. B. durch Überdüngung oder durch kostengünstige Beseitigung von großen Mengen anfallender Fäkalien, werden Nitrate in den Pflanzen gespeichert.

Einige feste Stickstoffdüngemittel

Name der Düngemittel	Wirksame Ionen
Kalisalpeter	K^+, NO_3^-
Natronsalpeter	NO_3^-
Kalkammonsalpeter	NH_4^+, NO_3^-, Ca^{2+}
Ammoniumsulfat	NH_4^+
Mischdünger	NH_4^+, NO_3^-, K^+, Ca^{2+}, PO_4^{3-}

> EXPERIMENT 13 [S]
> **Untersuche einige Nahrungsmittel auf das Vorhandensein von Nitrat-Ionen.**
> Zerkleinere etwa 50 g von den zu untersuchenden Nahrungsmitteln, z. B. Kartoffeln, Kohlrabi oder Rettich. Gib die Proben in je ein Becherglas. Versetze sie mit 50 ml destilliertem Wasser und erhitze etwa 5 min bis zum Sieden. Filtriere nach dem Abkühlen und prüfe die Lösung mit dem Teststäbchen auf Nitrat.
> Notiere deine Beobachtungen. Interpretiere die Ergebnisse.
> *Entsorgung:* Nitrat-Teststäbchen in Sammelbehälter für Sondermüll, Lösungen in den Sammelbehälter für Abwasser, Nahrungsmittelreste in den Sammelbehälter für Hausmüll.

Da Nitrate sehr gut wasserlöslich sind, wird ein großer Stickstoffanteil der Düngemittel als Nitrat-Ionen durch den Regen aus dem Boden gewaschen und gelangt so in das Oberflächen- und Grundwasser.
Die Trinkwasserverordnung von 1990 legt einen Nitratgrenzwert von 50 mg/l Trinkwasser fest. Für die Zubereitung von Säuglingsnahrung gilt ein Grenzwert von 10 mg/l. Im Stoffwechsel von Mensch und Tier wird Nitrat in Nitrit umgewandelt, aus dem sich krebserregende Nitrosamine bilden können. Bei Säuglingen und Kleinkindern kann es zur Blausucht, einer Sauerstoffmangelerscheinung, kommen.

AUFGABEN

1. Abflussreiniger enthalten Stoffgemische, deren Inhaltsstoffe identisch mit den im Experiment 11 reagierenden Stoffen sind.
   Deute die Beobachtungen unter diesem Aspekt.
2. Nitrat ist im Grundwasser nachweisbar. Nenne Ursachen für überhöhte Werte.
3. Stelle Möglichkeiten zur Verminderung der Nitratbelastung zusammen.
4. Informiere dich bei den Stadtwerken über die Nitratwerte im örtlichen Trinkwasser.

Nahrungsnetze – Stickstoffverbindungen im Boden

1 Pflanzenvielfalt durch optimales Nährstoffangebot im Boden

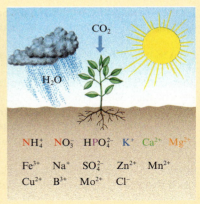

3 Pflanzen brauchen Hauptnährstoffe und Spurenelemente

Mineralstoffe als Pflanzennahrung. Im Jahre 1840 stellte JUSTUS VON LIEBIG eine Theorie über die Ernährung von Pflanzen auf. Er wies nach, welche Salze die Pflanzen für ihr Wachstum dem Boden entnehmen und welche Stoffe ihm durch die Ernten entzogen werden. Zu den wichtigsten Nährstoffen bzw. Mineralsalzen gehören Stickstoffverbindungen, Phosphate und Kalisalze.
Besondere Bedeutung hatte LIEBIGS Feststellung, dass von den Nährstoffen des Bodens der im Minimum vorkommende Stoff die Höhe des Ertrags bestimmt (Gesetz vom Wachstumsminimum).
LIEBIGS Erkenntnisse bilden noch heute die Grundlagen der Mineraldüngung. Er wird daher auch als „Vater der Agrikulturchemie" bezeichnet.

Richtiges Düngen ist entscheidend. Bei der **organischen Düngung** werden Pflanzenreste, Asche, Gülle, Stallmist, also organische Stoffe, verwendet. Die Kleinlebewesen und Bakterien des Erdbodens zersetzen diese Stoffe und bilden daraus wieder Mineralstoffe. Eine besondere Form der organischen Düngung ist die Gründüngung.
Bei der **Mineraldüngung** wird mit Salzen gedüngt, die die Pflanze braucht, die im Boden aber fehlen. Die Mineralsalze gelangen über die Wasseraufnahme direkt in die Pflanze. Die Hersteller von Düngemitteln bieten unterschiedliche Mineraldünger an. Viele enthalten nur ein oder zwei Mineralsalze. Dazu gehören z. B. Stickstoffdünger wie Ammoniumsulfat und Phosphordünger wie Thomasmehl. Vielfach werden heute jedoch Volldünger verwendet, wie z. B. Nitrophoska. Sie enthalten Nährsalze in einem Mischungsverhältnis, das auf durchschnittliche Böden abgestimmt ist.

4 Der Überschuss eines Pflanzennährstoffs kann aber den Mangel eines anderen nicht ausgleichen.

2 Einfluss der Düngung auf das Wachstum der Pflanzen

14 % Stickstoff (gesamt)

7 % Phosphat (gesamt)

17 % Kaliumoxid (wasserlöslich)

2 % Magnesiumoxid (gesamt)

0,02 % Bor (gesamt)

0,01 % Zink (gesamt)

5 Nitrophoska-Dünger, ein Volldünger

Nahrungsnetze – Stickstoffverbindungen im Boden

Nahrungsbeziehungen. Produzenten, Konsumenten und Destruenten sind in den Stoffkreisläufen voneinander abhängig. Sie bilden komplexe Nahrungsverflechtungen, an deren Anfang immer Pflanzen stehen.

Von einer **Nahrungskette** spricht man, wenn die Nahrungsbeziehung geradlinig von einem Produzenten (lat. producere – herstellen) zu einem Konsumenten (lat. consumere – verbrauchen) führt. Dabei kann es verschiedene Stufen geben, die als Erst- bzw. Zweitkonsument bezeichnet werden. Das letzte Glied in einer Nahrungskette wird auch Endkonsument genannt. Häufig bestehen zwischen den Gliedern vielfältig verflochtene Nahrungsbeziehungen, die als **Nahrungsnetze** bezeichnet werden. Isolierte Nahrungsketten sind selten. Bei solchen vielfach verzweigten Systemen kann eine einzelne Pflanzen- oder Tierart auch ersetzt werden. Bricht allerdings in einer Nahrungskette ein Glied heraus, ist der nachfolgende Konsument ohne Nahrung.

Die Destruenten (lat. destruere – zerstören, abtragen) fügen sich als Glieder in das Nahrungsnetz ein. Da sie sich nur von abgestorbenen Organismen oder Ausscheidungsprodukten ernähren, benötigen sie die Produzenten nur indirekt. Sie werden jedoch als Nahrungsbestandteil von den Konsumenten genutzt.

Stickstoffumsatz im Boden. Die verschiedenen Stickstoffverbindungen verändern sich infolge eines ständigen Stoffwechselgeschehens. In Abhängigkeit von der Bodennutzung kommt es zu unterschiedlichem Eintrag von Stickstoff in den Boden bzw. zur Entnahme von Stickstoff aus dem Boden.

1 Nahrungskette

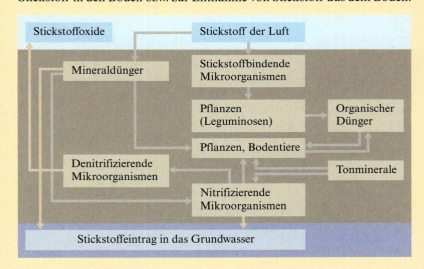

AUFGABEN

1. Plane die Untersuchung eines Volldüngers. Überlege, welche Ionen im Volldünger enthalten sein könnten. Protokolliere durchgeführte Nachweisreaktionen.
2. Für Balkon- und Zimmerpflanzen kann man flüssige Düngemittel oder Düngestäbchen kaufen. Erkunde, welche Mineralsalze darin enthalten sind.
3. Stelle Wirkungen, Mangelerscheinungen bei Pflanzen hinsichtlich einzelner Mineralsalze zusammen.
4. Erläutere das Gesetz vom Wachstumsminimum.
5. Informiere dich über den integrierten Pflanzenanbau. Nutze dazu auch das Internet. Was soll damit erreicht werden?
6. Definiere die Begriffe „Produzent", „Konsument" und „Destruent". Entwickle und beschreibe eine selbst gewählte Nahrungskette.
7. Die Stabilität von Ökosystemen kann gestört werden. Dabei kann es zur Eutrophierung kommen. Erläutere den Begriff und Folgen der Eutrophierung.

Anorganische Stickstoffverbindungen

ZUSAMMENFASSUNG

Stickstoff

Farbloses, geruchloses, ungiftiges Gas, das unter Normbedingungen sehr reaktionsträge ist.
Stickstoff wird durch Destillation aus flüssiger Luft gewonnen und ist der Rohstoff zur Herstellung von Stickstoffverbindungen.

Ammoniak

Farbloses, stechend riechendes, giftiges Gas. Es lässt sich leicht verflüssigen und löst sich gut in Wasser. Eine wässrige Ammoniaklösung reagiert alkalisch.
Ammoniak wird vor allem nach dem HABER-BOSCH-Verfahren hergestellt. Dabei reagieren Stickstoff und Wasserstoff bei Anwesenheit eines Katalysators zu Ammoniak.

$$N_2 + 3 H_2 \xrightleftharpoons{\text{Katalysator}} 2 NH_3 \mid \text{exotherm}$$

Die Reaktion ist umkehrbar und kann durch Temperatur- und Druckänderungen beeinflusst werden.

Ammoniumverbindungen

Ionensubstanzen, die durch chemische Reaktionen von Ammoniak oder Ammoniaklösung mit Säuren entstehen, z. B.

$$NH_3 + HCl \longrightarrow NH_4Cl \mid \text{exotherm}$$

Ammoniumverbindungen sind in Wasser leicht löslich und werden deshalb als Stickstoffdüngemittel genutzt.

Oxide des Stickstoffs

Gemische aus Stickstoffoxiden, nitrose Gase NO_x, sind starke Atemgifte und für die Umwelt schädlich. Stickstoffmonooxid und Stickstoffdioxid werden zur Herstellung von Salpeteräure verwendet.

Salpetersäure

Farblose Flüssigkeit, die nach dem OSTWALD-Verfahren durch katalytische Oxidation von Ammoniak hergestellt werden kann.
Verdünnte Salpetersäure ist eine farblose und ätzende Lösung, die beim Lösen in Wasser Wasserstoff-Ionen und Nitrat-Ionen bildet.

$$HNO_3 \rightleftharpoons H^+ + NO_3^-$$

Konzentrierte Salpetersäure ist giftig, ätzend und wirkt als starkes Oxidationsmittel. Sie reagiert mit Proteinen unter Gelbfärbung (Nachweis von Eiweißen).

Nitrate

Ionensubstanzen, die sich alle gut in Wasser lösen. Nitratlösungen entstehen bei der Reaktion von unedlen Metallen, Metalloxiden und Hydroxidlösungen mit verdünnter Salpetersäure. Zum Nachweis der Nitrat-Ionen werden Farbreaktionen genutzt, z. B. mithilfe von Nitrat-Teststäbchen.
Nitrate werden als Düngemittel zur Deckung des Stickstoffbedarfs der Pflanzen eingesetzt, wie z. B. Natronsalpeter $NaNO_3$.

Kohlenstoff und seine anorganischen Verbindungen

„Er ist Träger von Licht und Finsternis. Mal ist er leuchtend hell und mal tief schwarz. Er besitzt die Fähigkeit, sich durch das Leben formen zu lassen und die entstandenen Formen festzuhalten. Er verwandelt sich von Luft zu Erde und erstarrt schließlich als Pflanzenkörper in der Sonne …"
So ähnlich könnte eine phantastische Geschichte über das chemische Element mit der Ordnungszahl 12, das Element Kohlenstoff, beginnen.

→ Wie kommt es, dass dasselbe Element so verschiedene Eigenschaften hat: mal leuchtend hell und mal schwarz?

→ Welche Rolle spielt Kohlenstoff in unserer modernen Welt?

→ Wieso ist zu viel Kohlenstoffdioxid in der Luft gefährlich?

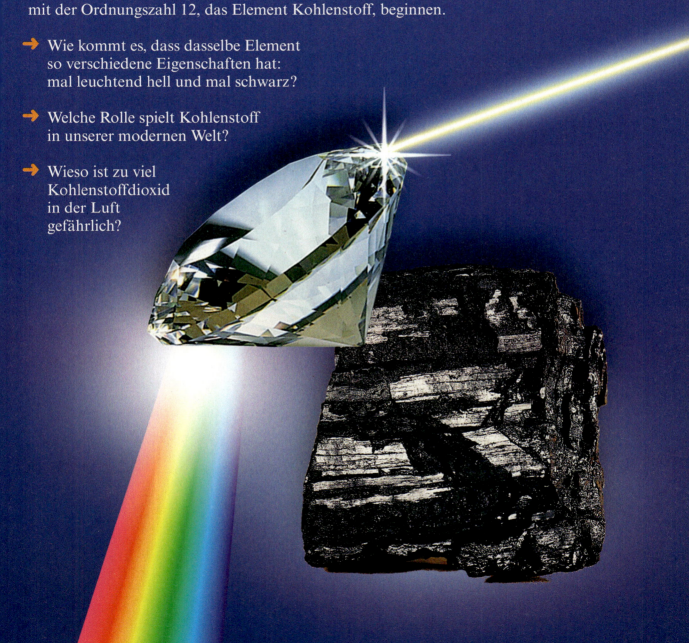

Kohlenstoffmodifikationen

1 Rohdiamanten

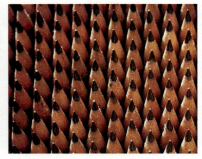

2 „Blei"stifte

Sven ist im Diamantenfieber. In einem Buch liest er über die Entdeckung dieses wertvollen Minerals. Im Chemieunterricht erfährt er, dass Diamant nur aus Kohlenstoffatomen besteht. Kohlenstoff – Kohle – wertvoll? Dass die Kohlestifte für die Zeichnungen im Kunstunterricht auch aus Kohlenstoff bestehen, kann er sich noch vorstellen. Aber Diamant? Das passt doch nicht zusammen, oder?

Eigenschaften und Verwendung des Kohlenstoff. Reiner Kohlenstoff tritt in der Natur in drei verschiedenen Erscheinungsformen, so genannten Modifikationen auf: Graphit, Diamant und Fullerene. Alle drei Modifikationen unterscheiden sich in ihren Eigenschaften und somit auch in ihrer Verwendung.

> EXPERIMENT 1 [S]
> **Prüfe die elektrische Leitfähigkeit von Graphit.**
> Baue eine Apparatur zur Prüfung der elektrischen Leitfähigkeit auf und untersuche einen Graphitstab. Notiere deine Beobachtungen.
> *Entsorgung:* Stoffe einsammeln, werden wieder verwendet.

> EXPERIMENT 2 [S]
> **Prüfe die Brennbarkeit von Graphit.**
> Erhitze die Spitze eines Graphitstabes über der nichtleuchtenden Brennerflamme. Nimm nach etwa 15 s den Graphitstab vorsichtig aus der Flamme und notiere deine Beobachtungen.
> *Entsorgung:* Abgekühlte Graphitstäbe einsammeln, werden wieder verwendet.

Graphit ist ein schwarzgrauer, schuppiger Stoff. Er ist von relativ weicher Beschaffenheit und außerordentlich temperaturstabil. Außerdem besitzt Graphit eine gute elektrische Leitfähigkeit. Dies bedingt seine Verwendung einerseits als Elektrodenmaterial in modernen Batterien, andererseits aber auch die häufige Nutzung von Graphit in Kohlebürsten für die Elektromotorenindustrie.

Graphit wird wegen seiner Weichheit und Temperaturbeständigkeit als Schmiermittel in Industriemaschinen genutzt. Er ist Hauptbestandteil von Bleistiftminen, da er infolge seiner weichen Beschaffenheit die Eigenschaft besitzt, abzufärben. Der hohe Anteil von Graphit im Gusseisen macht dieses hart aber sehr spröde.

Schon gewusst?

Durch Experimentieren entwickelte der Wiener Künstler LUIGI LA SPERANZA (* 1962) seine eigene Zeichentechnik, die er „Graphit" nennt. Lösemittel, die den Graphit verflüssigen, erlauben es, zu graphitgezeichneten auch gemalte Elemente in die Zeichnung einzubringen. Diese malerische Komponente gibt den Graphit-Zeichnungen einen eigenen Reiz.

3 Kaffeebohne 2000
Graphit auf Papier 9,4 × 9,3 cm

Kohlenstoffmodifikationen

1 Schleifkontakte aus Graphit übertragen den elektrischen Strom auf den Rotor von Elektromotoren. Die in Modelleisenbahnen verwendeten Schleifkontakte aus einem Graphit-Kupfer-Gemisch haben gegenüber Schleifkontakten aus Graphit einen geringeren elektrischen Widerstand.

2 Fullerenkristall

3 Schichtstruktur im Graphit

EXPERIMENT 3 [S]
Prüfe verschiedene Stoffe auf ihre Härte.
Untersuche durch Abreiben auf Papier die Härte verschiedener Stoffe wie Eisen, Kupfer, Graphit, PVC, Rost und Blei. Notiere deine Beobachtungen in einer Tabelle. Leite Schlussfolgerungen über die Verwendung der Stoffe ab.
Entsorgung: Stoffe einsammeln, werden wieder verwendet.

Diamant ist der härteste in der Natur vorkommende Stoff. Man nutzt Diamant als Werkzeug zum Schleifen sehr harten Materials oder für die Herstellung besonders robuster Bohrerspitzen. Als Schmucksteine sind reine Diamanten sehr begehrt, weil sie im geschliffenen Zustand das Licht stark reflektieren und brechen. Diamant leitet den elektrischen Strom nicht. Graphit und Diamant sind brennbar und bei Zimmertemperatur fest.

Fullerene sind eine weitere, kristalline Modifikation des Kohlenstoffs. Man erzeugt Fullerene auf künstliche Weise aus Graphit durch Verdampfen in einem Lichtbogen.
Die elektrischen Eigenschaften liegen bei unbehandelten Fullerenen zwischen Graphit und Diamant. Fullerene sind Halbleiter. Durch Einbau geeigneter Atome in die Hohlräume ihrer Moleküle kann die elektrische Leitfähigkeit so stark verbessert werden, dass Fullerene metallähnlich oder sogar supraleitend werden.
Die Kristalle dieser Modifikation sind in unpolaren Lösemitteln löslich.

EXPERIMENT 4 [L]
Verbrennen von Diamanten.
In einem abgedunkelten Raum werden drei bis vier kleine Diamanten von etwa 1 mm Durchmesser in einem schwer schmelzbaren Reaktionsrohr in schwachem Sauerstoffstrom mit der rauschenden Brennerflamme stark erhitzt.

EXPERIMENT 5 [L]
Untersuchen der elektrischen Leitfähigkeit eines Diamanten.
Mit spitzen Elektroden wird ein Rohdiamant auf elektrische Leitfähigkeit untersucht.

AUFGABEN

1. Ermittle Lagerstätten, in denen Diamant noch heute gefunden wird.
2. Entwickle die Reaktionsgleichungen für die Verbrennung von Diamant und Graphit. Vergleiche.

Diamanten, Rohstoff für Schmuck und Spezialwerkzeuge

Diamant, abgeleitet von dem griech. adamas (= Stahl, Diamant = unbezwingbar), ist das härteste Material überhaupt. Am bekanntesten ist der Diamant als Schmuckstein, aber nur maximal 40 % der geförderten Diamanten sind so klar, dass sie sich zur Schmuckherstellung eignen.

Der Wert eines Steins hängt von den vier „c" (clarity, cut, colour, carat) ab, also der Klarheit, dem Schliff, der Farbe und der Masse. Die Masse wird in Karat (ct) angegeben, 1 ct = 0,2 g. Der größte je gefundene Rohdiamant war der „Cullinan" mit 3 106 ct. Das Einhalten der Idealwinkel beim Schliff ist deshalb entscheidend, weil davon das „Feuer" des Steines, d. h. seine Fähigkeit, das Licht in seine Spektralfarben zu zerlegen, abhängt. Auch die Schliffform hat darauf Einfluss. Der Schliff, der das Feuer am meisten fördert, ist der Brillantschliff mit seinen 57 Flächen.

1 Hutagraffe von August dem Starken mit dem „Dresden Grün", dem einzigen bekannten großen grünen Diamanten

Der größte Teil der Diamantproduktion wird in Spezialwerkzeugen eingesetzt, die andere sehr harte Stoffe schneiden, zerkleinern oder schleifen sollen. Dies sind z. B. Sägeblätter für Steinsägen, Bohrkronen für Tiefenbohrungen oder Schleifpulver. Diamant lässt sich z. B. nur mit Diamantpulver schleifen. In sehr genauen mechanischen Messinstrumenten wird er auch als Lagerstein oder als verschleißarme Messspitze zur Härteprüfung anderer Materialien eingesetzt. Trotz seiner Härte lässt sich Diamant aufgrund seiner hohen Sprödigkeit in einem Eisenmörser zu Pulver zerstoßen.

Diamanten können auch künstlich hergestellt werden. Unter riesigem Druck wandelt sich Graphit bei 1 500 °C in Diamant um. Aber nur bei der Herstellung von Industriediamanten kann der kostenintensive apparative Einsatz so weit in Grenzen gehalten werden, dass sich der Aufwand lohnt.

2 Bohrkrone mit Diamanten

3 Rohdiamanten

4 Geschliffene farbige Diamanten

5 Geschliffene Werkzeugdiamanten

Diamanten, Rohstoff für Schmuck und Spezialwerkzeuge | Fullerene

Aus der Welt der Chemie

Fullerene

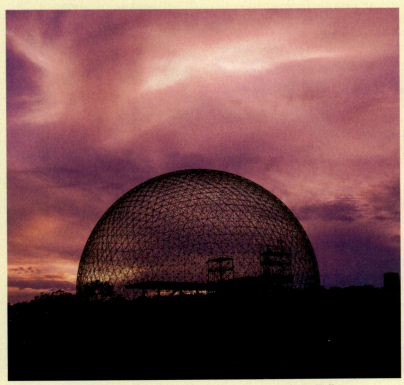

Fullerene sind Modifikationen des Kohlenstoffes mit fester Anzahl an Atomen pro Molekül. Jedes Molekül umschließt dabei einen Hohlraum. Das bekannteste ist das Fulleren mit 60 Kohlenstoffatomen und einem fußballähnlichen Aufbau aus Fünf- und Sechsecken, das Molekül des C_{70}-Fulleren hat etwa die Gestalt eines Rugby-Eies. Das C_{60}-Fulleren wird auch Buckminster-Fulleren genannt. Der Name wurde zu Ehren des amerikanischen Architekten RICHARD BUCKMINSTER FULLER gewählt. Er entwarf bereits in den 60er Jahren kugelförmige Gebäude, die auf dem Prinzip von miteinander verbundenen Fünf- und Sechsecken beruhen.

Fullerene wurden erstmals 1985 nachgewiesen, die gezielte Herstellung gelang 1990 im Max-Planck-Institut in Heidelberg den Physikern W. KRÄTSCHMER und D. HUFFMANN. Dabei wird Graphit im Laserstrahl oder Lichtbogen verdampft und in einer Edelgasatmosphäre bei vermindertem Druck kondensiert.

Praktische Bedeutung haben die Hohlkugelmoleküle bisher nicht. Es wird aber versucht, durch Einschluss anderer Stoffe in den Hohlraum gezielt die Eigenschaften für die medizinische Anwendung oder die Verwendung in der Computertechnik zu verändern.

3 Verschiedene Fullerene in Lösung

1 Modell des Buckminster-Fullerens

Bauanleitung für ein Buckminster-Fulleren-Modell.

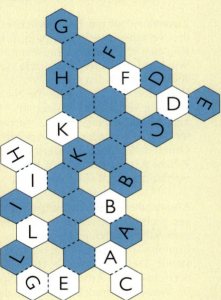

1. Vergrößere die Abbildung mithilfe eines Kopierers auf maximal 500 %.
2. Schneide die Figur entlang der durchgezogenen Linien aus. Schneide auch entlang der Linien innerhalb der Figur.
3. Klebe die Sechsecke mit gleichen Buchstaben so übereinander, dass die Buchstaben genau zur Deckung kommen.
4. Zeichne die Kohlenstoffatome mit einem schwarzen Stift an den Ecken der Sechsecke ein.

2 US-Pavillon zur Weltausstellung 1967 in Montreal von R. B. Fuller

Atombindung – eine chemische Bindung

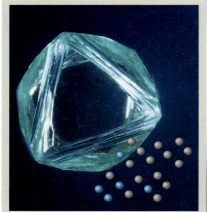

1 Stoffproben und Teilchenmodelle von Diamant, Sauerstoff und Wasser

Zusammenhalt von Teilchen in Stoffen. Diamant, Graphit und Fullerene – drei verschiedene Erscheinungsformen von Kohlenstoff. Ausschließlich Kohlenstoffatome sind ihre Grundbausteine.
Wie können elektrisch neutrale Atome in einem Stoff zusammenhalten, chemisch gebunden sein?
Wie bereits bekannt, sind die Nichtmetalle Wasserstoff, Sauerstoff und auch die Verbindung Wasser aus Molekülen aufgebaut, in denen nur wenige Atome gebunden sind. Überraschend ist, dass die Eigenschaften dieser Stoffe so verschieden von denen des Diamants oder Graphits sind. Der Grund dafür muss in Unterschieden im Bau der Stoffe liegen.
Welche Art der chemischen Bindung hält jeweils Sauerstoffatome, Wasserstoffatome und Kohlenstoffatome zusammen?

Atombindung – Elektronenpaarbindung. In den Molekülen der gasförmigen Nichtmetalle Wasserstoff, Sauerstoff, Stickstoff und Chlor sind jeweils zwei Atome miteinander zu einem Molekül verbunden. Diese chemische Bindung kommt durch ein oder mehrere **gemeinsame Elektronenpaare** zustande. Deshalb wird die **Atombindung** auch als **Elektronenpaarbindung** bezeichnet. Die Atomhüllen der Atome durchdringen einander.
Im Wasserstoffmolekül wird aus dem einzigen Elektron jedes der beiden Wasserstoffatome das gemeinsame Elektronenpaar gebildet. Diese Elektronenanordnung ähnelt der Atomhülle der Atome des Edelgases Helium und ist mit 2 Außenelektronen besonders stabil.
Im Chlormolekül steuert jedes Chloratom ein Elektron seiner 7 Außenelektronen zu einem gemeinsamen Elektronenpaar bei. Jedes der beiden gebundenen Atome hat dann eine Elektronenanordnung mit 8 Außenelektronen wie die Atome des Edelgases Argon. Diese Elektronenanordnung ist als **Elektronenoktett** (Achterschale) besonders stabil.
Im Stickstoffmolekül sind die Atome durch drei gemeinsame Elektronenpaare miteinander verbunden.

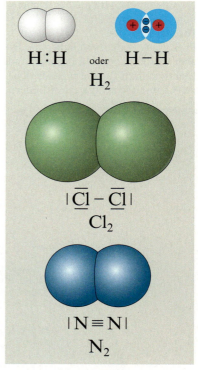

2 Molekülmodelle und Formeln einiger Molekülsubstanzen

> Die Atombindung (Elektronenpaarbindung) ist eine Art der chemischen Bindung, die durch gemeinsame Elektronenpaare zwischen Atomen bewirkt wird.

Atombindung – eine chemische Bindung

Atombindung – nicht nur bei gasförmigen Nichtmetallen. Feste Nichtmetalle sind zum Beispiel die schwarzviolett glänzenden Kristalle des Iods, die gelben Kristalle des Schwefels oder der Kohlenstoff, der in der Natur als Diamant vorkommt. Auch in diesen Stoffen sind Atome durch Atombindungen aneinander gebunden.

Das Halogen Iod besteht wie Chlor aus zweiatomigen Molekülen. Jedoch ist Iod im Gegensatz zu Chlor unter Normbedingungen fest. Zwischen den größeren Iodmolekülen wirken im Kristall zusätzliche schwache Anziehungskräfte. Sie sind sehr viel schwächer als die Atombindung in den Molekülen. Deshalb lassen sich aus Molekülen aufgebaute feste Stoffe im allgemeinen leicht verdampfen. Zunächst werden dabei nur die schwachen Anziehungskräfte zwischen den Molekülen überwunden.

Ganz anders hingegen verhält sich der aus reinem Kohlenstoff bestehende Diamant. Kohlenstoffatome sind im Diamant nur durch Atombindungen verbunden. Diamant verbrennt beim Erhitzen an der Luft. Unter Luftabschluss wandelt er sich in Graphit um, der bei mehr als 3500 °C sublimiert. Diamant gehört nicht zu den aus Molekülen aufgebauten Stoffen.

Allein aus dem Vorhandensein von Atombindungen kann also nicht auf bestimmte Stoffeigenschaften geschlossen werden. Die beobachteten sehr unterschiedlichen Eigenschaften der genannten festen Nichtmetalle finden aber ihre Erklärung in Unterschieden im Bau der Stoffe.

Polare Atombindung in Molekülen von Stoffen. Die euch bekannten Nichtmetalloxide Kohlenstoffdioxid, Schwefeldioxid und Wasser sind ebenfalls aus Molekülen aufgebaut. Auch bei Chlorwasserstoff und Ammoniak sind die kleinsten Teilchen Moleküle. Die Atome der Moleküle sind durch Atombindungen, durch gemeinsame Elektronenpaare miteinander verbunden. Wie wirkt es sich auf den Zusammenhalt der Moleküle eines Stoffes aus, wenn verschiedenartige Atome im Molekül gebunden sind?

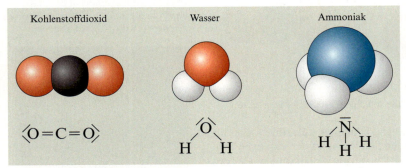

1 Molekülmodelle und Formeln einiger aus Molekülen aufgebauter Stoffe

Zwischen verschiedenartigen Atomen können sich auch gemeinsame Elektronenpaare ausbilden. Auf die bindenden Elektronenpaare wirken jedoch Anziehungskräfte unterschiedlicher Stärke.

Im Chlorwasserstoffmolekül (↗ S. 204) wird das gemeinsame Elektronenpaar stärker vom Chloratom angezogen und zu diesem hin verschoben. Wegen dieser Elektronenverschiebung erhält das Chloratom eine negative elektrische Teilladung. Das Wasserstoffatom wird dagegen teilweise elektrisch positiv geladen. Beide Atome tragen eine ungleichnamige elektrische Teilladung. Die unsymmetrische Verteilung der bindenden Elektronenpaare führt zu einer **polaren Atombindung**.

Im Kohlenstoffdioxidmolekül ebenso wie im Schwefeldioxidmolekül ziehen jeweils die Sauerstoffatome die Bindungselektronen stärker an.

EXPERIMENT 6 [L]
Erhitzen von Iod.
Vorsicht! Abzug! 2 bis 3 Iodkristalle werden in einem mit einem Wattebausch verschlossenen Reagenzglas erhitzt.

2 Iod – Stoffprobe, Modell vom Bau des Stoffes und Formel in Elektronenschreibweise

AUFGABEN

1. Vergleiche die Teilchen, die durch folgende chemische Zeichen angegeben werden: Cl, Cl_2, Cl^-.
2. Notiere die Siedetemperaturen von Wasserstoff, Stickstoff, Sauerstoff, Chlor, Brom und Iod in einer Tabelle. Vergleiche die Werte und stelle einen Zusammenhang zu der molaren Masse der Stoffe her.
3. Notiere für die Stoffe aus Aufgabe 2 die Formeln in Elektronenschreibweise.

Elektronegativitätswerte der chemischen Elemente. Wie kann die Polarität der chemischen Bindung ermittelt werden? Als Vergleichsmaß für die Anziehungskräfte von Atomen unterschiedlicher chemischer Elemente auf gemeinsame Elektronenpaare ordnete LINUS PAULING (1901 bis 1994) den Elementen **Elektronegativitätswerte (EN)** zu. Mit diesen Werten lässt sich vergleichen, wie stark Atome gemeinsame Elektronenpaare zwischen ihnen anziehen. Der Vergleich der Elektronegativitätswerte der Elemente Chlor (EN = 3,0) und Wasserstoff (EN = 2,1) zeigt, dass das Chloratom eine deutlich größere Anziehungskraft auf das bindende Elektronenpaar als das Wasserstoffatom ausübt. Die Elektronegativitätswerte sind im Periodensystem der Elemente (↗ hintere Umschlagseite) angegeben.

Je größer die Differenz der Elektronegativitätswerte zweier Elemente ist, umso stärker ist das gemeinsame Elektronenpaar in Richtung des Atoms mit dem größeren Elektronegativitätswert verschoben. Die **Polarität der chemischen Bindung** ist folglich umso größer.

Überschreitet die Differenz einen Wert von etwa 1,7, sind die Bindungselektronen in der Regel ganz zu einem Atom hin verlagert. Es liegt dann Ionenbindung zwischen den Teilchen vor. Die Ionenbindung könnte als eine extreme Form einer polaren chemischen Bindung aufgefasst werden.

Räumlicher Bau von Molekülen. Warum ist die Siedetemperatur von Wasser oder von Chlorwasserstoff im Vergleich zu anderen Verbindungen mit ähnlich kleinen Molekülen so hoch? Weshalb wird ein dünner Wasserstrahl, der in der Nähe eines elektrisch geladenen Kunststoffstabes vorbeiläuft, im elektrischen Feld abgelenkt? Aufgrund dieser Erscheinungen ist zu vermuten, dass zwischen den Molekülen Anziehungskräfte wirken, die auf der Polarität der Bindung und dem räumlichen Bau der Moleküle beruhen.

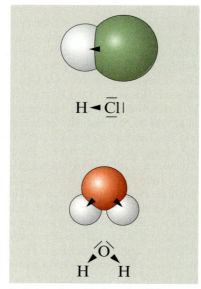

2 Polare Atombindung im Chlorwasserstoff- und Wassermolekül. Das Zeichen ◄ deutet die Verschiebung der Elektronen an.

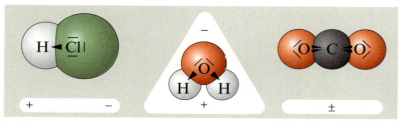

1 Schwerpunkte der Ladungen und Modelle verschiedener Moleküle

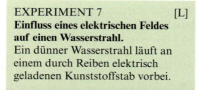

EXPERIMENT 7 [L]
Einfluss eines elektrischen Feldes auf einen Wasserstrahl.
Ein dünner Wasserstrahl läuft an einem durch Reiben elektrisch geladenen Kunststoffstab vorbei.

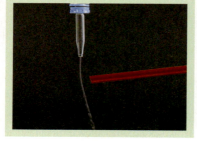

Chlorwasserstoff- und Wassermoleküle sind **Dipolmoleküle**. Ihre Moleküle haben „zwei Pole", auf der einen Seite den Schwerpunkt der negativen Teilladung und auf der anderen Seite den der positiven Teilladungen. Der positive Pol eines Moleküls orientiert sich zum negativen Pol eines Nachbarmoleküls. So halten bis zu 90 Wassermoleküle zusammen.

Der räumliche Bau eines Moleküls kann mithilfe des **Elektronenpaarabstoßungsmodells** gedeutet werden. Dieses Modell betrachtet alle Außenelektronen des im Zentrum stehenden Atoms eines Moleküls, sowohl die bindenden als auch die nicht bindenden Elektronenpaare. Da sich die gleichnamig elektrisch geladenen Elektronenpaare abstoßen, ordnen sich diese so weit weg wie möglich voneinander an.

Im linear gebauten Kohlenstoffdioxidmolekül sind alle Außenelektronen des Kohlenstoffatoms an den Bindungen zu den Sauerstoffatomen beteiligt. Die Ladungsschwerpunkte fallen zusammen. Kohlenstoffdioxid besitzt polare Atombindungen, ist jedoch kein Dipolmolekül. Im Wassermolekül beanspruchen die beiden nicht bindenden Elektronenpaare des Sauerstoffs mehr Raum als die beiden bindenden. Wassermoleküle sind gewinkelt gebaut.

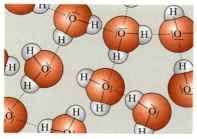

3 Gegenseitige Anziehung der Dipolmoleküle im Wasser, Modell

Bau der Kohlenstoffmodifikationen

Graphit, Diamant und Fullerene unterscheiden sich in vielen Eigenschaften. Sie bestehen aus Kohlenstoffatomen, die durch Atombindung gebunden sind. Die Anordnung der Kohlenstoffatome ist jedoch unterschiedlich.

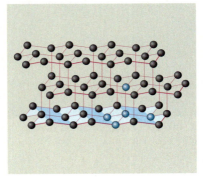

1 Anordnung der Kohlenstoffatome im Diamant

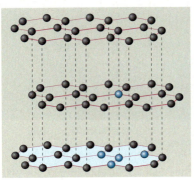

2 Anordnung der Kohlenstoffatome im Graphit

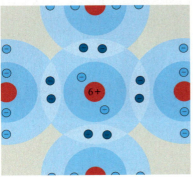

3 Bindungsverhältnisse eines Kohlenstoffatoms im Raumgitter des Diamant, Ausschnitt

Bau des Diamant. Im Diamant ist jedes Kohlenstoffatom mit vier weiteren Kohlenstoffatomen verbunden. Dadurch entsteht in völlig regelmäßiger Anordnung ein „Riesenmolekül". Die Kohlenstoffatome sind durch Atombindung miteinander verbunden. Jedes Kohlenstoffatom teilt sich mit vier weiteren Kohlenstoffatomen jeweils ein gemeinsames Elektronenpaar, dabei sind die Abstände und auch die Anziehungskräfte zwischen den Atomen gleich. Im Diamant bilden die Kohlenstoffatome ein regelmäßiges, sehr stabiles Raumgitter. Der feste Zusammenhalt der Kohlenstoffatome ist der Grund für die große Härte. Diamant leitet den elektrischen Strom nicht, da keine freien Ladungsträger, z. B. freie Elektronen, vorhanden sind.

Bau des Graphits. Im Graphit sind die Kohlenstoffatome schichtweise in ebenen, regelmäßigen Sechsecken angeordnet. Die Atome einer Ebene sind ebenfalls durch Atombindung miteinander verbunden. In einer Ebene bildet der Kohlenstoff mit drei seiner vier Außenelektronen zu den benachbarten Kohlenstoffatomen eine Atombindung. Das vierte Außenelektron ist frei beweglich. Die Kohlenstoffatome sind in Schichten angeordnet (Schichtgitter). Zwischen den Schichten wirken geringere Anziehungskräfte. Die Schichten sind dadurch gegeneinander verschiebbar. Dies erklärt das schuppige Aussehen einer Graphitstoffprobe, deren leichte Spaltbarkeit und ihre Schmierwirkung. Die zwischen den Ebenen frei beweglichen Außenelektronen der Kohlenstoffatome bedingen die elektrische Leitfähigkeit.

Bau von Fullerenen. Das bekannteste Fulleren ist das Buckminsterfulleren. Es besteht aus 60 Kohlenstoffatomen, welche in Sechsringen und Fünfringen angeordnet, eine molekulare Hohlkugel bilden. Die Kohlenstoffatome sind untereinander durch Atombindung verbunden.

> Die nichtmetallische Elementsubstanz Kohlenstoff kann in den Modifikationen Graphit, Diamant und Fullerene auftreten. In allen Modifikationen sind die Kohlenstoffatome durch Atombindung miteinander verbunden. Die Modifikationen unterscheiden sich jedoch durch die unterschiedliche Anordnung der Kohlenstoffatome.

AUFGABEN

1. Vergleiche die chemische Bindung in Molekülen von Brom und Bromwasserstoff.
2. Zeichne die Formel und das Molekülmodell von Ammoniak (Formel NH_3). Kennzeichne darin die Verschiebung der Elektronen und die Schwerpunkte der Ladungen.
3. Begründe, weshalb Graphit den elektrischen Strom leitet und Diamant nicht.
4. Entwickle mit Knete und Streichhölzern einen Modellausschnitt vom Graphit- und Diamantgitter. Ermittle für beide Modifikationen den Winkel zwischen jeweils drei benachbarten C-Atomen!

Fossile Kohlearten

1 Waldsumpfmoorlandschaft

2 Braunkohle mit deutlich erkennbarer Holzstruktur

3 Inkohlter Abdruck eines Farns (300 Mio. Jahre alt) – heutiger Farn

Entstehung der Kohle. Das Gebiet des heutigen Deutschland war vor 300 Millionen Jahren von einem flachen Gewässer überflutet, das teilweise verlandete und aus dem sich eine Waldsumpfmoorlandschaft entwickelte.
Wenn die Wälder aus urzeitlichen Baumfarnen abstarben, versank das Holz im Schlamm und wurde luftdicht abgeschlossen. Deshalb wurden die Pflanzenreste nicht vollständig zersetzt, sondern blieben als **Torf** erhalten. Bei diesem als **Inkohlung** bezeichneten Prozess erhöht sich der Massenanteil von Kohlenstoff im Torf im Vergleich zum Holz. In den Jahrmillionen dieses Erdzeitalters, das Karbon genannt wird, senkte sich das Festland immer wieder ab. Die Sumpfmoorlandschaft wurde völlig mit Wasser überspült. Durch Flüsse wurden große Massen an Sand und Geröll befördert, die die Torfschicht überdeckten. Anschließend verlandete das Gewässer dadurch wieder so stark, dass sich erneut Wälder von Baumfarnen entwickeln konnten. Innerhalb vieler Jahrmillionen wechselten sich Phasen von üppiger Vegetation, Überflutung, Absenkung und Überlagerung durch Geröll vielfach ab.
Unter dem Druck der Gesteinsschichten wurde Wasser aus den Torfschichten herausgepresst. Durch fortschreitende Inkohlung entstand zuerst **Braunkohle**. Die Gesteinsschichten waren oftmals mehrere Hundert Meter stark. In großer Tiefe herrschen nicht nur hohe Drücke, sondern auch höhere Temperaturen. Unter diesen Bedingungen konnte aus der Braunkohle im Laufe der Zeit **Steinkohle** entstehen.
Steinkohle wird fast ausschließlich unter Tage abgebaut, z. B. im Ruhrgebiet oder im Saarland. Braunkohle hingegen fördert man im Tagebau, z. B. im Raum Halle-Leipzig, in der Lausitz und westlich von Köln.

Kohle – Energieträger und Rohstoff. Kohle ist ein wichtiger Energieträger und besteht hauptsächlich aus Kohlenstoff. Je nach Art der Kohle liegt dieser Anteil zwischen 60 und 90 %. Andere Bestandteile der Kohle sind vor allem Sauerstoff, Wasserstoff, Stickstoff und Schwefel.
Kohle ist ebenfalls Rohstoff für die chemische Industrie. Durch technische Verfahren werden wertvolle Bestandteile gewonnen, die zu Ölen oder Benzin weiterverarbeitet werden. Außerdem entstehen dabei Rohstoffe für die Herstellung von Farben, Arzneimitteln, Treib- und Sprengstoffen.

> Kohle ist ein in Jahrmillionen entstandener wertvoller Bodenschatz. Sie dient als Energieträger und als Rohstoff für die chemische Industrie.

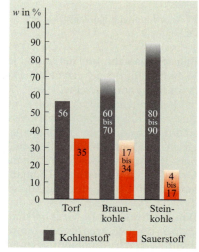

4 Massenanteile an Kohlenstoff und Sauerstoff in verschiedenen Kohlearten

5 Entstehung von Braunkohle, Schichtung nach mehrmaliger Überlagerung

Fossile Kohlearten | Oxide des Kohlenstoffs

Oxide des Kohlenstoffs

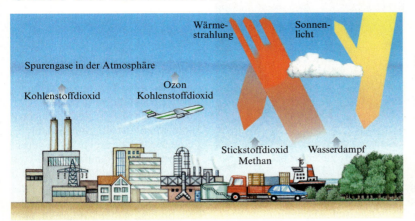

1 Treibhauseffekt

Schon gewusst?

Hätte die Erde keine Atmosphäre, wäre die Oberflächentemperatur ausschließlich durch die Bilanz zwischen eingestrahlter Sonnenenergie und der vom Boden abgestrahlten Wärmestrahlung festgelegt. Diese Oberflächentemperatur würde im globalen Mittel etwa −18 °C betragen. Der natürliche Treibhauseffekt bewirkt die lebenserhaltende Erwärmung. Den weitaus größten Teil, etwa zwei Drittel, trägt Wasserdampf dazu bei. Das Gas Kohlenstoffdioxid ist mit einem Anteil von etwa 15 %, Ozon mit etwa 10 %, Stickstoffdioxid und Methan mit je etwa 3 % am natürlichen Treibhauseffekt beteiligt.

Katharina liest in einer Zeitschrift folgende Meldung: „In den letzen 100 Jahren ist die Durchschnittstemperatur der Erde um etwa 0,6 °C angestiegen. Wissenschaftler und Politiker machen vor allem den Anstieg des Volumenanteils an Kohlenstoffdioxid in der Atmosphäre im gleichen Zeitraum dafür verantwortlich."
Katharina erinnert sich, dass sie im Biologieunterricht bereits etwas über Kohlenstoffdioxid erfahren hat. Sie fragt sich, welche Eigenschaften dieser Stoff hat.

Eigenschaften und Verwendung von Kohlenstoffdioxid. Der gestiegene Volumenanteil Kohlenstoffdioxid in der Atmosphäre beruht auf der zunehmenden Energieerzeugung durch Verbrennen fossiler Brennstoffe (Kohle, Erdöl, Erdgas).

$$C + O_2 \longrightarrow CO_2$$

> **EXPERIMENT 8** [S]
> **Stelle Kohlenstoffdioxid her und untersuche seine Eigenschaften.**
> Streue auf den Boden eines großen, weiten Becherglases ein Päckchen Backpulver und gib etwa 10 ml Speiseessig auf das Backpulver, sodass es gut angefeuchtet wird. Lasse die Mischung aus Backpulver und Essig 2 bis 3 Minuten stehen. Notiere deine Beobachtungen.
> Gieße anschließend das Gas vorsichtig in ein zweites Becherglas auf dessen Grund ein brennendes Teelicht steht.
> Beschreibe die Beobachtungen? Diskutiere die ermittelten Ergebnisse.
> *Entsorgung:* Feststoffe in Sammelbehälter für Hausmüll.

Kohlenstoffdioxid ist ein farbloses, nicht brennbares, geruchloses und ungiftiges Gas. Kohlenstoffdioxid hat eine größere Dichte als Luft. Es sammelt sich am Boden von Räumen und Gefäßen. Es ist als Feuerlöschmittel geeignet, weil es den Zutritt von Luft verhindert. Handfeuerlöscher enthalten Kohlenstoffdioxid oder Stoffe, die durch eine chemische Reaktion am Brandherd Kohlenstoffdioxid erzeugen können.
Pflanzen benötigen es für die Fotosynthese. Gewächshäuser werden deshalb mit Kohlenstoffdioxid begast um höhere Erträge zu erzielen.

> **EXPERIMENT 9** [L] [Xn]
> **Untersuchen des Verbrennungsproduktes von Aktivkohle.**
> Luft wird über glühende Aktivkohle geleitet. Anschließend wird das Reaktionsgemisch in gesättigte Bariumhydroxidlösung eingeleitet (Xn).

AUFGABEN

1. Beschreibe die Entstehung verschiedener Kohlearten durch Inkohlung.
2. Erkläre, warum der Heizwert von Steinkohle größer ist als der von Braunkohle oder Torf.
3. In welchen Regionen Deutschlands sind größere Vorkommen von Torf, Braunkohle und Steinkohle zu finden? Informiere dich über die unterschiedlichen Techniken des Abbaus der oben genannten Energieträger.

1 Kohlenstoffdioxid-Löscher

2 Trockeneis sublimiert bei −79 °C.

Schon gewusst?

Auf natürlichem Weg bildet sich Kohlenstoffdioxid z. B. bei der Gärung. Aufgrund seiner größeren Dichte sammelt es sich am Boden von Silos, großen Gärgefäßen oder Brunnenschächten. Weil es dort die Luft verdrängt, besteht die Gefahr des Erstickens wegen Sauerstoffmangels. Durch eine brennende Kerze kann getestet werden, ob in einem Brunnenschacht ein gefährlich hoher Volumenanteil des Gases vorhanden ist. Da Kohlenstoffdioxid die Verbrennung nicht unterhält, erlischt die Flamme in Kohlenstoffdioxid. Bereits Luft mit einem Volumenanteil von 15 % Kohlenstoffdioxid erzeugt Schwindel und Bewusstlosigkeit.

Festes Kohlenstoffdioxid ist als so genanntes Trockeneis im Handel. Es schmilzt nicht, sondern sublimiert bei −79 °C (Normdruck). Bei der Herstellung von Tiefkühlkost werden die Lebensmittel schonend in pulverisiertem Trockeneis („Kohlensäureschnee") schockgefrostet, da die Abkühlung schneller als in Kaltluft und ohne schädigenden Wasserentzug erfolgt.

Bau von Kohlenstoffdioxid. Kohlenstoffdioxid besteht aus Molekülen. In einem Kohlenstoffdioxidmolekül ist ein Kohlenstoffatom durch Atombindung mit zwei Sauerstoffatomen verbunden. Der Bau des Kohlenstoffdioxidmoleküls lässt sich aus dem Elektronenpaarabstoßungsmodell ableiten. Nach diesem stoßen sich die bindenden Elektronenpaare des Kohlenstoffatoms so stark ab, dass das Molekül linear gebaut ist.

Kohlenstoffmonooxid. Beim Verbrennen von Kohle entsteht nicht nur Kohlenstoffdioxid. In geringen Mengen bildet sich immer auch Kohlenstoffmonooxid, das bei hoher Sauerstoffzufuhr sofort zu Kohlenstoffdioxid weiter oxidiert.
Kohlenstoffmonooxid kann demnach bei der Verbrennung von Kohlenstoff bei ungenügender Sauerstoffzufuhr entstehen, z. B. beim Anheizen eines Kohleofens. Es ist ein farbloses, geruchloses und giftiges Gas. Seine Giftigkeit beruht darauf, dass Kohlenstoffmonooxid ein stärkeres Bestreben hat, sich an den roten Blutfarbstoff anzulagern als Sauerstoff. Kohlenstoffmonooxid blockiert die Sauerstoffaufnahme im Körper.
Auch Kohlenstoffmonooxid besteht aus Molekülen. Im Kohlenstoffmonooxidmolekül ist ein Kohlenstoffatom mit einem Sauerstoffatom durch Atombindung verbunden.

EXPERIMENT 10 [L]
Reaktion von Kohlenstoff mit Kohlenstoffdioxid. Über heiße Aktivkohle wird Kohlenstoffdioxid geleitet. Das Gas ist zweimal durch die Apparatur zu leiten. Am Ende des Versuches wird das Restgas (F+, T) pneumatisch in einem Reagenzglas aufgefangen und auf Brennbarkeit geprüft.

3 Modell eines Kohlenstoffdioxidmoleküls und Darstellung in Elektronenschreibweise

Kohlenstoffmonooxid bildet sich auch, wenn Kohlenstoffdioxid über heißen Kohlenstoff geleitet wird. Dabei wird Kohlenstoff zu Kohlenstoffmonooxid oxidiert. Gleichzeitig wird Kohlenstoffdioxid der gebundene Sauerstoff teilweise entzogen. Kohlenstoffdioxid wird zu Kohlenstoffmonooxid reduziert. Bei dieser Redoxreaktion reagiert Kohlenstoffdioxid als das Oxidationsmittel, Kohlenstoff als das Reduktionsmittel.

4 Modell eines Kohlenstoffmonooxidmoleküls und Summenformel

Diese Reaktion hat große Bedeutung bei vielen chemischen Verfahren. Ein Beispiel hierfür ist die Herstellung von Roheisen im Hochofen.

Oxide des Kohlenstoffs

Volumenberechnung in der Praxis. Die ansteigenden Kohlenstoffdioxidemissionen durch zunehmende Verbrennung fossiler Brennstoffe sind ein weltweit diskutiertes Problem. Es besteht der begründete Verdacht, dass der gestiegene Kohlenstoffdioxid-Anteil der Atmosphäre zur Zunahme des natürlichen Treibhauseffekts, der weltweiten Erwärmung, beiträgt.
Um solche Gefahren realistisch einschätzen zu können, müssen exakte Berechnungen angestellt werden, die die Ermittlung der entstehenden Mengen des Verbrennungsprodukts von Kohlenstoff ermöglichen.
Folgende Messdaten wurden in einem Experiment zur vollständigen Verbrennung von Kohlenstoff ermittelt.

Verbrennung von Kohlenstoff, Messdaten	
m(Kohlenstoff) in mg	V(Kohlenstoffdioxid) in ml
1	2
6	11
12	22
24	45

Wie könntest du überprüfen, ob der Versuch sorgfältig durchgeführt und die erhaltenen Messdaten richtig sind?

Aufgabe: Berechne das entstandene Volumen an Kohlenstoffdioxid, wenn 6 mg Kohlenstoff vollständig verbrannt werden.

Gesucht: $V(CO_2)$

Gegeben: $m(C) = 6$ mg; $M(C) = 12$ g/mol; $V_m = 22{,}4$ l/mol

Reaktionsgleichung: $C + O_2 \longrightarrow CO_2$

Lösung:
$$\frac{V(CO_2)}{m(C)} = \frac{n(CO_2) \cdot V_m}{n(C) \cdot M(C)}$$

$$V(CO_2) = \frac{1\,\text{mol} \cdot 22{,}4\,\text{l/mol} \cdot 6\,\text{mg}}{1\,\text{mol} \cdot 12\,\text{g/mol}} = 11{,}2\,\text{ml}$$

Antwort: Bei der vollständigen Verbrennung von 6 mg Kohlenstoff entstehen 11,2 ml Kohlenstoffdioxid.

Schon gewusst?

Die Masse des jährlich an die Atmosphäre abgegebenen Kohlenstoffdioxids ist gigantisch. Zurzeit werden etwa 29 Gt Kohlenstoffdioxid pro Jahr erzeugt – 1 Gt (Gigatonne) sind 10^{12} kg! Der tatsächlich gemessene Anstieg des Kohlenstoffdioxidanteils in der Atmosphäre beträgt jedoch „nur" 12,8 Gt. Berechnungen von Wissenschaftlern zufolge werden etwa 1,8 Gt Kohlenstoffdioxid von verstärkt wachsender Landvegetation aufgenommen, etwa 7,3 Gt lösen sich in den Weltmeeren. Über den Verbleib von rund 7,1 Gt Kohlenstoffdioxid im gesamten System „Erde" wird derzeit noch gerätselt.

AUFGABEN

1. Warum lässt sich Kohlenstoffdioxid von einem Standzylinder in den anderen umgießen?
2. Erkunde, wie viel Liter Kohlenstoffmonooxid in einem Kubikmeter Luft für den Menschen tödlich sind. Worauf beruht die Giftwirkung im Körper?
3. Überprüfe die experimentell gefundenen Messdaten für das Volumen an CO_2 aus der Tabelle rechnerisch.
4. Berechne das Volumen an Sauerstoff, das nötig ist, um 100 l Kohlenstoffdioxid durch Oxidation von Kohlenstoffmonooxid zu erhalten.
5. 1998 wurden in privaten Haushalten der Bundesrepublik 136 Mio. t Kohlenstoffdioxid v. a. durch Heizen und Warmwassererzeugung freigesetzt. Berechne das an die Atmosphäre abgegebene Volumen an Kohlenstoffdioxid sowie dessen Stoffmenge.
6. In „Schon gewusst?" (Seite 209) findest du eine Angabe zur weltweit erzeugten Masse von Kohlenstoffdioxid, das in die Atmosphäre gelangt. Berechne die Masse des in die Atmosphäre abgegebenen Kohlenstoffs. Berechne, welches Volumen die erzeugte Masse Kohlenstoffdioxid bei Normbedingungen (0 °C und 1013 hPa) einnimmt.
7. Erläutere den Sachverhalt: Kohlenstoffdioxid aus der Atmosphäre wird durch das Wachstum von Pflanzen gebunden. Informiere dich über den natürlichen Kohlenstoffkreislauf.

Kohlensäure und ihre Salze

1 Die gelösten Stoffe des Quellwassers bilden die Steinterassen.

Schon gewusst?

„Saltarissa" nannten die Kelten die Gegend an der Lahn, wo das Wasser, reich an Mineralien und Salzen, aus der Erde sprudelte. Im Laufe der Jahrhunderte entwickelte sich aus der keltischen Bezeichnung der Name Selters. Der Fundort gab dem bekannten Mineralwasser seinen Namen.

Die heißen Quellen in Pamukkale (Türkei) enthalten Kohlensäure und gelöste Salze der Kohlensäure. Diese reagieren mit Calcium-Ionen und bilden, wenn das Wasser verdunstet, die interessant geformten Steinterassen aus Kalksinter. Wie kann Wasser zu Stein werden?

Entstehung und Vorkommen von Kohlensäure. Kohlenstoffdioxid löst sich gut in Wasser. Bei 15 °C und Normdruck löst sich etwa 1 Liter Kohlenstoffdioxid in einem Liter Wasser. Dabei reagiert nur ein geringer Teil des Kohlenstoffdioxids, etwa 0,1 %, mit Wasser zu Kohlensäure.

$$CO_2 + H_2O \longrightarrow H_2CO_3$$

Kohlenstoffdioxid der Luft löst sich im Regenwasser. Es entsteht eine kohlensäurehaltige Lösung. Kohlensäure kommt in der Natur außerdem in Mineralquellen vor. Durch unterirdische vulkanische Aktivität wird Kohlenstoffdioxid freigesetzt und löst sich im Quellwasser.
Im Organismus von Tieren und Menschen entsteht durch Stoffwechselaktivität Kohlenstoffdioxid, das sich im Blut unter Bildung von Kohlensäure löst und über die Lunge als Kohlenstoffdioxid wieder ausgeatmet wird.

2 Mithilfe eines Sodabereiters kann eine Kohlensäurelösung hergestellt werden.

Eigenschaften und Verwendung. Kohlensäure lässt sich nicht in konzentrierter, wasserfreier Form herstellen. Woran könnte das liegen?

> **EXPERIMENT 11** [S]
> **Untersuche das Verhalten der Kohlensäure bei Temperaturerhöhung.**
> Fülle ein Reagenzglas zur Hälfte mit frischem Mineralwasser. Gib einige Siedesteinchen und einige Tropfen Universalindikator dazu. Erhitze das Reagenzglas vorsichtig.
> Beobachte genau und erkläre deine Beobachtungen.
> *Entsorgung:* Mineralwasserreste in Sammelbehälter für Abwasser.

Die Färbung des Indikators zeigt eine saure Lösung an. Die saure Lösung enthält Wasserstoff-Ionen und Säurerest-Ionen, die Carbonat-Ionen.

$$H_2CO_3 \longrightarrow 2\,H^+ + CO_3^{2-}$$

3 Getränke, die Kohlensäure enthalten, wirken erfrischend.

Kohlensäure und ihre Salze

Kohlensäure ist nicht stabil. Sie zerfällt leicht in Kohlenstoffdioxid und Wasser. Nach dem Erhitzen zeigt der Indikator eine neutrale Lösung an.

$H_2CO_3 \longrightarrow CO_2 + H_2O$

Bildung und Zerfall der Kohlensäure sind entgegengesetzte Vorgänge. Die Reaktion ist umkehrbar und abhängig von Druck und Temperatur. Dies lässt sich beim Öffnen von Mineralwasserflaschen beobachten. Mit lautem Zischen entweicht Kohlenstoffdioxid, wenn der Druck in der Flasche durch Öffnen geringer wird. Nach einiger Zeit ist aus dem kohlensäurehaltigem Getränk ein „stilles" Wasser geworden.

> Kohlensäure entsteht durch die Reaktion von Kohlenstoffdioxid und Wasser. Bildung und Zerfall sind umkehrbare Reaktionen.

1 „Rosengarten" in den Dolomiten, ein Kalksteingebirge

Salze der Kohlensäure. Die Salze der Kohlensäure heißen **Carbonate** und **Hydrogencarbonate**.

Einige Salze der Kohlensäure				
Name	Summenformel	Wasserlöslichkeit	Vorkommen	Verwendung
Natriumcarbonat (Soda)	Na_2CO_3	leicht löslich	in Sodaseen	Glasindustrie, Seifen und Waschmittel
Kaliumcarbonat (Pottasche)	K_2CO_3	leicht löslich	Pflanzenasche	Kalidünger
Calciumcarbonat	$CaCO_3$	schwer löslich	Kalkstein, Marmor, Korallen, Muscheln	wertvoller Baustoff (z. B. Marmor), Kreide, Rohstoff für Zement- und Glasindustrie, als Düngemittelzusatz
Natriumhydrogen-carbonat (Natron)	$NaHCO_3$	wenig löslich		Backpulver, Brausepulver

EXPERIMENT 12
Untersuche Eigenschaften von verschiedenen Carbonaten.
Erhitze jeweils etwa 0,5 g Magnesiumcarbonat und Calciumcarbonat in je einem Reagenzglas, an das ein Kolbenprober angeschlossen wurde. Leite anschließend das entstehende Gas in gesättigte Bariumhydroxidlösung ein. Gib Muschelschalen und ein Stück Marmor auf jeweils ein Uhrglas und versetze die Proben mit 10 %iger Salzsäure (Xi).
Notiere alle Beobachtungen. Gib die Wort- und Reaktionsgleichungen an.
Entsorgung: Feste Rückstände in den Sammelbehälter für Hausmüll. Lösungen in den Sammelbehälter für Abwasser.

Einige Carbonate werden durch Erhitzen zersetzt. Bei der thermischen Zersetzung bilden sich Kohlenstoffdioxid sowie Magnesiumoxid bzw. Calciumoxid. Bariumhydroxid reagiert mit Kohlenstoffdioxid unter Bildung eines weißen Niederschlags von Bariumcarbonat. Diese Reaktion wird zum **Nachweis** von Kohlenstoffdioxid und auch von Carbonat-Ionen benutzt. Carbonat-Ionen reagieren in sauren Lösungen zu Kohlenstoffdioxid und Wasser. Wird eine kalkhaltige feste Stoffprobe mit verdünnter Salzsäure versetzt, liegen nach der Reaktion Calcium-Ionen, Chlorid-Ionen, Kohlenstoffdioxid und Wasser vor.

AUFGABEN

1. Natriumcarbonat ist als Soda im Handel. Erkunde, wozu Soda verwendet wird. Nutze auch das Internet.
2. Stelle mithilfe eines Sodabereiters ein kohlensäurehaltiges Wasser her. Miss den pH-Wert der Lösung und stelle die Reaktionsgleichung auf.
3. Welches Volumen an Kohlenstoffdioxid kann entstehen, wenn 10 g Calciumcarbonat mit Salzsäure reagieren?
4. Gib drei Möglichkeiten zur Bildung von Carbonaten an. Entwickle die Reaktionsgleichungen.

1 Tropfsteinhöhle

Schon gewusst?

Tropfsteine, die von der Decke zum Boden wachsen, werden Stalaktite genannt. Vom Boden her wachsen ihnen die eher stumpfen Stalagmite entgegen. Dieser Prozess dauert viele tausend Jahre. Unter Umständen können Stalaktite und Stalagmite zu einer Säule zusammenwachsen.

Hydrogencarbonate. In Regenwasser ist in geringen Mengen Kohlensäure gelöst. Diese reagiert mit schwer löslichem Kalkstein im Boden, in dem Calciumcarbonat enthalten ist, unter Bildung von löslichem Calciumhydrogencarbonat. Die dabei frei werdenden Calcium-Ionen sind für die Härte des Wassers verantwortlich.

$$CaCO_3 + H_2CO_3 \longrightarrow Ca^{2+} + 2\,HCO_3^-$$

Dieses harte Wasser wird über das Grundwasser weggeschwemmt. Überall dort, wo Wasser verdunstet oder erhitzt wird, wandelt sich das Calciumhydrogencarbonat wieder zu Calciumcarbonat und Kohlenstoffdioxid um.

$$Ca^{2+} + 2\,HCO_3^- \longrightarrow CaCO_3 + H_2O + CO_2$$

Dieser Vorgang findet in der Natur z. B. in Tropfsteinhöhlen statt. Das am Tropfstein herunterfließende Wasser verdunstet langsam, Calcium-Ionen und Hydrogencarbonat-Ionen reagieren und bilden Kalkstein.
Manche Meerestiere (Korallen, Schnecken, Kleinkrebse und Muscheln) bauen mithilfe des im Wasser gelösten Calciumhydrogencarbonats ihre Kalkgehäuse auf und geben dabei Kohlenstoffdioxid und Wasser an die Umgebung ab. Damit schließt sich der natürliche Kalkkreislauf.
Hydrogencarbonate haben auch im Haushalt als Back-Triebmittel Backpulver (Natriumhydrogencarbonat) oder als Arzneimittel zur Neutralisation überschüssiger Magensäure ihre Bedeutung.

> **EXPERIMENT 14**   [L]
> **Modellversuch zur Verwitterung von Kalkstein.**
> Durch eine Suspension von fein zerriebenem Kalkstein wird ca. 10 Minuten lang Kohlenstoffdioxid geleitet. Dann wird die Aufschlämmung filtriert und das klare Filtrat im Becherglas gekocht.

> **EXPERIMENT 13**   [S]
> **Welche Eigenschaft des Backpulvers führt zu guten Backergebnissen?**
> Erkundige dich zu Hause nach einem Backrezept, in dem Backpulver verwendet wird. Halbiere die angegebenen Mengen und backe daraus zwei Kuchen, wobei du in einem Ansatz kein Backpulver zusetzt.
> Schneide beide Kuchen an und beschreibe die Eigenschaften der beiden Kuchen genau. Welche Rolle spielt Backpulver beim Backen? Gib eine Erklärung dafür.
> *Entsorgung:* Kuchen verzehren bzw. Reste in den Sammelbehälter für Hausmüll.

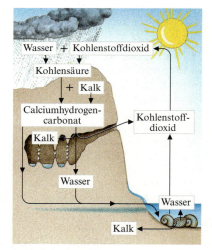

2 Kalkkreislauf in der Natur

Durch thermische Zersetzung entstehen Kohlenstoffdioxid-Gasbläschen, die den Teig lockern und den gebackenen Kuchen feinporig machen.

Kohlensäure und ihre Salze

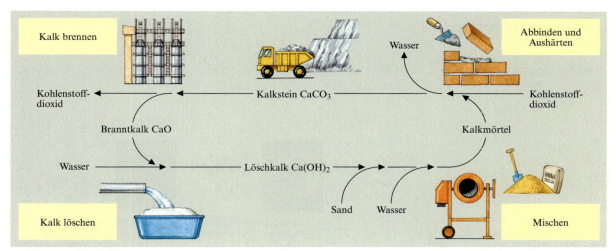

1 Technischer Kalkkreislauf

Technischer Kalkkreislauf. Viele Prozesse in der Natur und in der Technik können in Form von Kreisläufen beschrieben werden. Im Baugewerbe spielt der technische Kalkkreislauf eine entscheidende Rolle.
Calciumcarbonat in Form von Kalkstein wird in Steinbrüchen abgebaut. Dieser Kalkstein wird gemahlen und auf 900 °C erhitzt, d. h. gebrannt. Dabei wird Calciumcarbonat thermisch in Kohlenstoffdioxid und Calciumoxid (Branntkalk) zerlegt. Branntkalk reagiert in einer stark exothermen Reaktion mit Wasser zu Calciumhydroxid (Löschkalk).
Putz aus Löschkalk ist verhältnismäßig weich. Um die Festigkeit im Mauerwerk zu erhöhen, wird Sand zugemischt. Kalkmörtel ist besonders zum Mauern von Wänden geeignet.
Beim Abbinden handelt es sich nicht nur um ein Austrocknen des Mörtels, sondern um eine chemische Reaktion. Dabei reagiert Löschkalk mit Kohlenstoffdioxid aus der Luft zu Calciumcarbonat, das sich mit den Bestandteilen des Mörtels zu einer steinharten Masse verbindet.
Da das Kohlenstoffdioxid durch die Mörtelfugen hindurch dringen muss, damit der Mörtel auch im Innern der Wand abbinden kann, dauert der Prozess des Abbindens bei dicken Mauern sehr lange. Neubauwohnungen müssen ständig gut gelüftet werden, damit das bei der Reaktion entstehende Wasser aus der Wohnung entweichen kann.

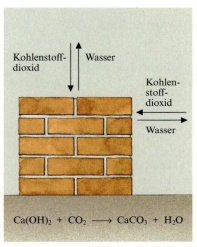

2 Beim Abbinden reagiert das Kohlenstoffdioxid der Luft mit dem Kalkmörtel.

AUFGABEN

1. In der Kaffeemaschine setzt sich Kalk ab. Gib eine Erklärung dafür.
2. Erläutere den natürlichen Kalkkreislauf anhand von Reaktionsgleichungen.
3. Backpulver zerfällt beim Erhitzen unter Abgabe von Kohlenstoffdioxid. Welche Masse Natriumhydrogencarbonat muss zugesetzt werden, um bei einem Napfkuchen einen Volumenzuwachs von 1 Liter zu erreichen? Berechne unter Berücksichtigung von Normtemperatur und Normdruck.
4. Informiere dich über weitere Triebmittel, die zum Backen verwendet werden. Worauf beruht die lockernde Wirkung bei den verschiedenen Backtriebmitteln?
5. Wie wird Löschkalk hergestellt? Welche Gefahren müssen dabei beachtet werden?
6. Erläutere die Bildung von Tropfsteinhöhlen.
7. Berechne das Volumen an Kohlenstoffdioxid, das bei der Herstellung von einer Tonne Branntkalk freigesetzt wird.
8. Entscheide, ob es sich bei den einzelnen Vorgängen des technischen Kalkkreislaufs um chemische Reaktionen handelt. Formuliere alle Reaktionsgleichungen.

ZUSAMMENFASSUNG

Kohlenstoff

Reiner Kohlenstoff tritt in der Natur in drei Modifikationen auf: als Graphit, Diamant und Fullerene.

	Diamant	Graphit
Stoffprobe und Anordnung der Kohlenstoffatome		
Bau	Kohlenstoffatome bilden ein regelmäßiges, sehr stabiles Raumgitter und sind durch Atombindung verbunden.	Kohlenstoffatome sind schichtweise in ebenen, regelmäßigen Sechsecken angeordnet und sind durch Atombindung verbunden.

Atombindung

Art der chemischen Bindung, die durch gemeinsame Elektronenpaare zwischen den Atomen bewirkt wird (Elektronenpaarbindung).

Polare Atombindung

Atombindung, bei der das gemeinsame Elektronenpaar von den miteinander verbundenen Atomen unterschiedlich stark angezogen wird. Dies führt zu einer positiven oder negativen elektrischen Teilladung an den Atomen. Moleküle mit polaren Atombindungen sind häufig Dipolmoleküle.

Elektronenpaarabstoßungsmodell

Modell zur Beschreibung des räumlichen Baus von Molekülen, das bindende und nichtbindende Elektronenpaare im Molekül betrachtet. Da sich gleichnamig elektrisch geladene Elektronenpaare abstoßen, ordnen sich diese so weit weg wie möglich voneinander an.

Oxide des Kohlenstoffs

Kohlenstoffmonooxid und Kohlenstoffdioxid entstehen bei der Verbrennung von Kohlenstoff. Sie bestehen aus Molekülen. Die Atome in den Molekülen sind durch Atombindung miteinander verbunden.

 CO_2 CO

Kohlensäure

Kohlensäure entsteht durch die chemische Reaktion von Kohlenstoffdioxid und Wasser. Bildung und Zerfall sind umkehrbare Reaktionen.

Carbonate und Hydrogencarbonate

Carbonate und Hydrogencarbonate sind Salze der Kohlensäure. Einige Carbonate und Hydrogencarbonate können thermisch und durch Einwirkung von Säurelösungen zersetzt werden. In beiden Fällen entsteht Kohlenstoffdioxid.

Nachweis von Kohlenstoffdioxid

Für den Kohlenstoffdioxidnachweis wird das zu prüfende Gas in gesättigte Calciumhydroxidlösung (Bariumhydroxidlösung) geleitet. Es fällt weißes Calciumcarbonat (Bariumcarbonat) aus.

$$Ca^{2+} + 2\,OH^- + CO_2 \longrightarrow CaCO_3 + H_2O$$

Anhang

Gefahrensymbole, Kennbuchstaben und Gefahrenbezeichnungen (Auswahl)

Die Gefahrenbezeichnungen werden durch die R-Sätze für die einzelnen Stoffe präzisiert (↗ unten).

T **Giftige Stoffe (sehr giftige Stoffe T+)** verursachen durch Einatmen, Verschlucken oder Aufnahme durch die Haut meist erhebliche Gesundheitsschäden oder gar den Tod.
Was tun? Nicht direkt berühren! Unwohlsein sofort dem Lehrer melden!

Xn **Gesundheitsschädliche Stoffe** können durch Einatmen, Verschlucken oder Aufnahme durch die Haut gesundheitsschädigend wirken.
Was tun? Nicht direkt berühren! Unwohlsein sofort dem Lehrer melden!

C **Ätzende Stoffe** zerstören das Hautgewebe oder die Oberfläche von Gegenständen.
Was tun? Berührung mit der Haut, Augen und Kleidung vermeiden! Dämpfe nicht einatmen!

Xi **Reizende Stoffe** haben Reizwirkung auf Haut, Augen und Atmungsorgane.
Was tun? Berührung mit Haut, Augen und Atmungsorganen vermeiden! Nicht einatmen!

F **Leicht entzündliche Stoffe (hoch entzündliche Stoffe F+)** entzünden sich von selbst an heißen Gegenständen.
Zu ihnen gehören selbstentzündliche Stoffe, leichtentzündliche gasförmige Stoffe, brennbare Flüssigkeiten und Stoffe, die mit Feuchtigkeit brennbare Gase bilden.
Was tun? Vorsicht beim Umgang mit offenen Flammen und Wärmequellen! Keine Berührung mit brandfördernden Stoffen!

O **Brandfördernde Stoffe** können brennbare Stoffe entzünden oder ausgebrochene Brände fördern.
Was tun? Kontakt mit brennbaren Stoffen vermeiden!

E **Explosionsgefährliche Stoffe** können unter bestimmten Bedingungen explodieren.
Was tun? Schlag, Stoß, Reibung, Funkenbildung und Hitzeeinwirkung vermeiden!

N **Umweltgefährliche Stoffe** sind sehr giftig, giftig oder schädlich für Wasserorganismen und können in Gewässern längerfristig schädliche Wirkungen haben. In der nichtaquatischen Umwelt sind sie giftig für Pflanzen, Tiere, Bodenorganismen und Bienen, können auf die Umwelt längerfristig schädliche Wirkungen haben und für die Ozonschicht gefährlich sein.
Was tun? Freisetzung der Stoffe in die Umwelt vermeiden, Stoffe der Problemabfallentsorgung zuführen!

Gefahrenhinweise (R-Sätze)

- R 1 In trockenem Zustand explosionsgefährlich
- R 2 Durch Schlag, Reibung, Feuer oder andere Zündquellen explosionsgefährlich
- R 3 Durch Schlag, Reibung, Feuer oder andere Zündquellen besonders explosionsgefährlich
- R 4 Bildet hochempfindliche explosionsgefährliche Metallverbindungen
- R 5 Beim Erwärmen explosionsfähig
- R 6 Mit und ohne Luft explosionsfähig
- R 7 Kann Brand verursachen
- R 8 Feuergefahr bei Berührung mit brennbaren Stoffen
- R 9 Explosionsgefahr bei Mischung mit brennbaren Stoffen
- R 10 Entzündlich
- R 11 Leichtentzündlich
- R 12 Hochentzündlich
- R 14 Reagiert heftig mit Wasser
- R 15 Reagiert mit Wasser unter Bildung hochentzündlicher Gase
- R 16 Explosionsgefährlich in Mischung mit brandfördernden Stoffen
- R 17 Selbstentzündlich an der Luft
- R 18 Bei Gebrauch Bildung explosionsfähiger/leichtentzündlicher Dampf-Luft-Gemische möglich
- R 19 Kann explosionsfähige Peroxide bilden
- R 20 Gesundheitsschädlich beim Einatmen
- R 21 Gesundheitsschädlich bei Berührung mit der Haut
- R 22 Gesundheitsschädlich beim Verschlucken
- R 23 Giftig beim Einatmen
- R 24 Giftig bei Berührung mit der Haut
- R 25 Giftig beim Verschlucken
- R 26 Sehr giftig beim Einatmen
- R 27 Sehr giftig bei Berührung mit der Haut
- R 28 Sehr giftig beim Verschlucken
- R 29 Entwickelt bei Berührung mit Wasser giftige Gase
- R 30 Kann bei Gebrauch leichtentzündlich werden
- R 31 Entwickelt bei Berührung mit Säure giftige Gase
- R 32 Entwickelt bei Berührung mit Säure sehr giftige Gase
- R 33 Gefahr kumulativer Wirkungen
- R 34 Verursacht Verätzungen
- R 35 Verursacht schwere Verätzungen
- R 36 Reizt die Augen
- R 37 Reizt die Atmungsorgane
- R 38 Reizt die Haut
- R 39 Ernste Gefahr irreversiblen Schadens
- R 40 Verdacht auf krebserzeugende Wirkung
- R 41 Gefahr ernster Augenschäden
- R 42 Sensibilisierung durch Einatmen möglich
- R 43 Sensibilisierung durch Hautkontakt möglich
- R 44 Explosionsgefahr bei Erhitzen unter Einschluss
- R 45 Kann Krebs erzeugen
- R 46 Kann vererbbare Schäden verursachen
- R 48 Gefahr ernster Gesundheitsschäden bei längerer Exposition
- R 49 Kann Krebs erzeugen beim Einatmen
- R 50 Sehr giftig für Wasserorganismen
- R 51 Giftig für Wasserorganismen
- R 52 Schädlich für Wasserorganismen
- R 53 Kann in Gewässern längerfristig schädliche Wirkungen haben
- R 54 Giftig für Pflanzen
- R 55 Giftig für Tiere
- R 56 Giftig für Bodenorganismen
- R 57 Giftig für Bienen
- R 58 Kann längerfristig schädliche Wirkungen auf die Umwelt haben
- R 59 Gefährlich für die Ozonschicht
- R 60 Kann die Fortpflanzungsfähigkeit beeinträchtigen
- R 61 Kann das Kind im Mutterleib schädigen
- R 62 Kann möglicherweise die Fortpflanzungsfähigkeit beeinträchtigen
- R 63 Kann das Kind im Mutterleib möglicherweise schädigen
- R 64 Kann Säuglinge über die Muttermilch schädigen
- R 65 Gesundheitsschädlich: kann beim Verschlucken Lungenschäden verursachen
- R 66 Wiederholter Kontakt kann zu spröder und rissiger Haut führen
- R 67 Dämpfe können Schläfrigkeit und Benommenheit verursachen
- R 68 Irreversibler Schaden möglich

Kombination der R-Sätze (Auswahl)

- R 14/15 Reagiert heftig mit Wasser unter Bildung hochentzündlicher Gase
- R 20/22 Gesundheitsschädlich beim Einatmen und Verschlucken
- R 20/21/22 Gesundheitsschädlich beim Einatmen, Verschlucken und bei Berührung mit der Haut
- R 21/22 Gesundheitsschädlich bei Berührung mit der Haut und beim Verschlucken
- R 23/25 Giftig beim Einatmen und beim Verschlucken
- R 23/24/25 Giftig beim Einatmen, Verschlucken und bei Berührung mit der Haut
- R 24/25 Giftig bei Berührung mit der Haut und beim Verschlucken
- R 36/37 Reizt die Augen und die Atmungsorgane
- R 36/38 Reizt die Augen und die Haut
- R 36/37/38 Reizt die Augen, Atmungsorgane und die Haut
- R 50/53 Sehr giftig für Wasserorganismen, kann in Gewässern längerfristig schädliche Wirkungen haben
- R 51/53 Giftig für Wasserorganismen, kann in Gewässern längerfristig schädliche Wirkungen haben
- R 52/53 Schädlich für Wasserorganismen, kann in Gewässern längerfristig schädliche Wirkungen haben

Anhang | Sicherheitsratschläge

Sicherheitsratschläge (S-Sätze)

S 1	Unter Verschluss aufbewahren
S 2	Darf nicht in die Hände von Kindern gelangen
S 3	Kühl aufbewahren
S 4	Von Wohnplätzen fernhalten
S 5	Unter ... aufbewahren (geeignete Flüssigkeit vom Hersteller anzugeben)
S 6	Unter ... aufbewahren (inertes Gas vom Hersteller anzugeben)
S 7	Behälter dicht geschlossen halten
S 8	Behälter trocken halten
S 9	Behälter an einem gut gelüfteten Ort aufbewahren
S 12	Behälter nicht gasdicht verschließen
S 13	Von Nahrungsmitteln, Getränken und Futtermitteln fernhalten
S 14	Von ... fernhalten (inkompatible Substanzen sind vom Hersteller anzugeben)
S 15	Vor Hitze schützen
S 16	Von Zündquellen fernhalten – Nicht rauchen
S 17	Von brennbaren Stoffen fernhalten
S 18	Behälter mit Vorsicht öffnen und handhaben
S 20	Bei der Arbeit nicht essen und trinken
S 21	Bei der Arbeit nicht rauchen
S 22	Staub nicht einatmen
S 23	Gas/Rauch/Dampf/Aerosol nicht einatmen (geeignete Bezeichnung(en) vom Hersteller anzugeben)
S 24	Berührung mit der Haut vermeiden
S 25	Berührung mit den Augen vermeiden
S 26	Bei Berührung mit den Augen sofort gründlich mit Wasser abspülen und Arzt konsultieren
S 27	Beschmutzte, getränkte Kleidung sofort ausziehen
S 28	Bei Berührung mit der Haut sofort abwaschen mit viel ... (vom Hersteller anzugeben)
S 29	Nicht in die Kanalisation gelangen lassen
S 30	Niemals Wasser hinzugießen
S 33	Maßnahmen gegen elektrostatische Aufladungen treffen
S 35	Abfälle und Behälter müssen in gesicherter Weise beseitigt werden
S 36	Bei der Arbeit geeignete Schutzkleidung tragen
S 37	Geeignete Schutzhandschuhe tragen
S 38	Bei unzureichender Belüftung Atemschutzgerät anlegen
S 39	Schutzbrille/Gesichtsschutz tragen
S 40	Fußboden und verunreinigte Gegenstände mit ... reinigen (Material vom Hersteller anzugeben)
S 41	Explosions- und Brandgase nicht einatmen
S 42	Bei Räuchern/Versprühen geeignetes Atemschutzgerät anlegen (geeignete Bezeichnung(en) vom Hersteller anzugeben)
S 43	Zum Löschen ... (vom Hersteller anzugeben) verwenden (wenn Wasser die Gefahr erhöht, anfügen: „Kein Wasser verwenden")
S 45	Bei Unfall oder Unwohlsein sofort Arzt hinzuziehen (wenn möglich, dieses Etikett vorzeigen)
S 46	Bei Verschlucken sofort ärztlichen Rat einholen und Verpackung oder Etikett vorzeigen
S 47	Nicht bei Temperaturen über ... °C aufbewahren (vom Hersteller anzugeben)
S 48	Feucht halten mit ... (geeignetes Mittel vom Hersteller anzugeben)
S 49	Nur im Originalbehälter aufbewahren
S 50	Nicht mischen mit ... (vom Hersteller anzugeben)
S 51	Nur in gut gelüfteten Bereichen verwenden
S 52	Nicht großflächig für Wohn- und Aufenthaltsräume verwenden
S 53	Exposition vermeiden – vor Gebrauch besondere Anweisungen einholen
S 56	Dieses Produkt und seinen Behälter der Problemabfallentsorgung zuführen
S 57	Zur Vermeidung einer Kontamination der Umwelt geeigneten Behälter verwenden
S 59	Information zur Wiederverwendung/Wiederverwertung beim Hersteller/Lieferanten erfragen
S 60	Dieses Produkt und sein Behälter sind als gefährlicher Abfall zu entsorgen
S 61	Freisetzung in die Umwelt vermeiden. Besondere Anweisungen einholen/Sicherheitsdatenblatt zurate ziehen
S 62	Bei Verschlucken kein Erbrechen herbeiführen. Sofort ärztlichen Rat einholen und Verpackung oder dieses Etikett vorzeigen
S 63	Bei Unfall durch Einatmen: Verunfallten an die frische Luft bringen und ruhig stellen
S 64	Bei Verschlucken Mund mit Wasser ausspülen (nur wenn Verunfallter bei Bewusstsein ist)

Kombination der S-Sätze (Auswahl)

S 1/2	Unter Verschluss und für Kinder unzugänglich aufbewahren
S 3/7	Behälter dicht geschlossen halten und an einem kühlen Ort aufbewahren
S 3/9	Behälter an einem kühlen, gut gelüfteten Ort aufbewahren
S 3/9/14	An einem kühlen, gut gelüfteten Ort, entfernt von ... aufbewahren (die Stoffe, mit denen Kontakt vermieden werden muss, sind vom Hersteller anzugeben)
S 3/9/14/49	Nur im Originalbehälter an einem kühlen, gut gelüfteten Ort, entfernt von ... aufbewahren (die Stoffe, mit denen Kontakt vermieden werden muss, sind vom Hersteller anzugeben)
S 3/9/49	Nur im Originalbehälter an einem kühlen, gut gelüfteten Ort aufbewahren
S 3/14	An einem kühlen, von ... entfernten Ort aufbewahren (die Stoffe, mit denen Kontakt vermieden werden muss, sind vom Hersteller anzugeben)
S 7/8	Behälter trocken und dicht geschlossen halten
S 7/9	Behälter dicht geschlossen an einem gut gelüfteten Ort aufbewahren
S 7/47	Behälter dicht geschlossen und nicht bei Temperatur über ... °C aufbewahren (vom Hersteller anzugeben)
S 20/21	Bei der Arbeit nicht essen, trinken oder rauchen
S 24/25	Berührung mit den Augen und der Haut vermeiden
S 29/56	Nicht in die Kanalisation gelangen lassen; dieses Produkt und seinen Behälter der Problemabfallentsorgung zuführen.
S 36/37	Bei der Arbeit geeignete Schutzhandschuhe und Schutzkleidung tragen
S 36/37/39	Bei der Arbeit geeignete Schutzhandschuhe, Schutzkleidung und Schutzbrille/Gesichtsschutz tragen
S 36/39	Bei der Arbeit geeignete Schutzkleidung und Schutzbrille/Gesichtsschutz tragen
S 37/39	Bei der Arbeit geeignete Schutzhandschuhe und Schutzbrille/Gesichtsschutz tragen

Hinweise zur Arbeit mit Gefahrstoffen

Beim Arbeiten mit Chemikalien sind die geltenden Rechtsvorschriften (Chemikaliengesetz, Gefahrstoffverordnung, Technische Regeln für den Umgang mit Gefahrstoffen, Arbeits- und Unfallschutzvorschriften) einzuhalten. Dies gilt in gleichem Maße für die Entsorgung der beim Arbeiten anfallenden Gefahrstoffabfälle; das grundlegende Gesetz hierfür ist das Kreislaufwirtschafts- und Abfallgesetz.

Alle in diesem Buch bei Experimenten angeführten Gefahrstoffe werden in einer Liste am Anfang des Buches mit den jeweils zutreffenden R-, S- und E-Sätzen aufgeführt. Die Übersicht zur Entsorgung von Gefahrstoffabfällen auf der folgenden Doppelseite stellt den prinzipiellen Ablauf der Behandlung und des Sammelns bis zur Entsorgung sowie der Übergabe der Gefahrstoffabfälle zur Sondermüllentsorgung dar. Die Behandlung und das Sammeln der Abfälle setzt solide Kenntnisse der Lehrerinnen und Lehrer voraus. Daher kann die Übersicht nur eine Orientierungshilfe sein.

Anhang | Entsorgung von Gefahrstoffabfällen

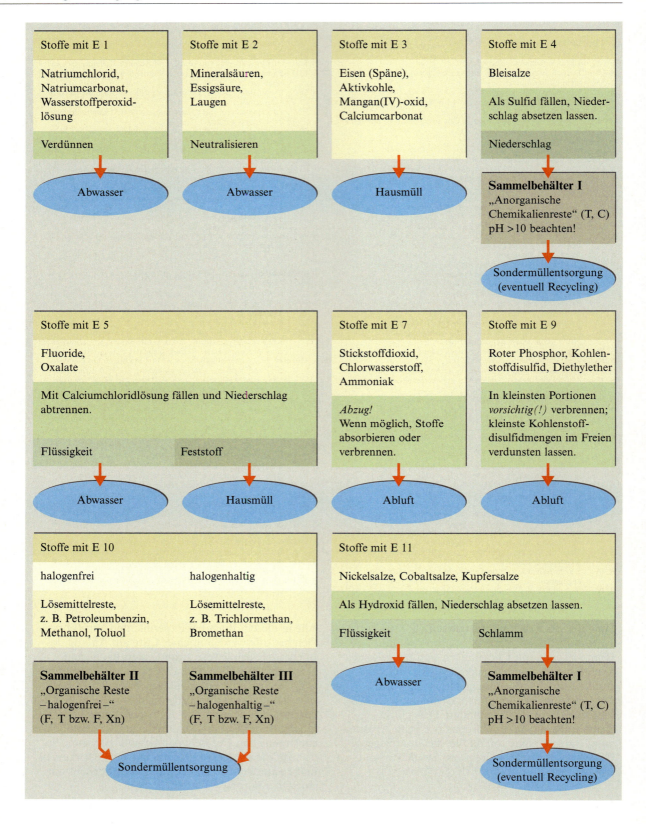

Anhang | Entsorgung von Gefahrstoffabfällen

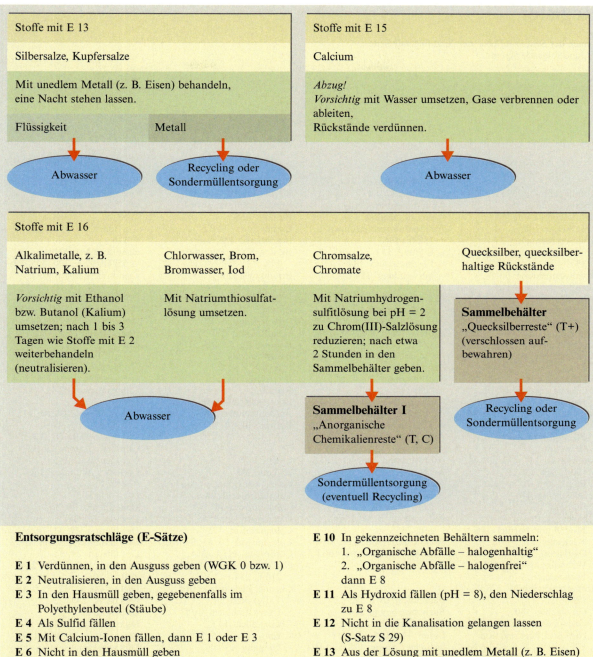

Entsorgungsratschläge (E-Sätze)

- **E 1** Verdünnen, in den Ausguss geben (WGK 0 bzw. 1)
- **E 2** Neutralisieren, in den Ausguss geben
- **E 3** In den Hausmüll geben, gegebenenfalls im Polyethylenbeutel (Stäube)
- **E 4** Als Sulfid fällen
- **E 5** Mit Calcium-Ionen fällen, dann E 1 oder E 3
- **E 6** Nicht in den Hausmüll geben
- **E 7** Im Abzug entsorgen
- **E 8** Der Sondermüllbeseitigung zuführen (Adresse zu erfragen bei der Kreis- oder Stadtverwaltung), Abfallschlüssel beachten
- **E 9** Unter größter Vorsicht in kleinsten Portionen reagieren lassen (z. B. offen im Freien verbrennen)
- **E 10** In gekennzeichneten Behältern sammeln:
  1. „Organische Abfälle – halogenhaltig"
  2. „Organische Abfälle – halogenfrei"
  dann E 8
- **E 11** Als Hydroxid fällen (pH = 8), den Niederschlag zu E 8
- **E 12** Nicht in die Kanalisation gelangen lassen (S-Satz S 29)
- **E 13** Aus der Lösung mit unedlem Metall (z. B. Eisen) als Metall abscheiden (E 14, E 3)
- **E 14** Recycling-geeignet (Redestillation oder einem Recyclingunternehmen zuführen)
- **E 15** Mit Wasser vorsichtig umsetzen, frei werdende Gase absorbieren oder ins Freie ableiten
- **E 16** Entsprechend den speziellen Ratschlägen für die Beseitigungsgruppen beseitigen

Register

f. nach der Seitenzahl bedeutet „und folgende Seite",
ff. „und folgende Seiten".

A
Abfallbeseitigung 35
Abfalldeponien 35
Abfalldeponierung 35
Abfallsortieranlage 34
Abfallverbrennung 35
Abfallverbrennungsanlagen 35
Abfallvermeidung 33
Abfallverwertung 34 f.
Abwasser 84 f.
Abwasseraufbereitung 84 f.
Adsorbieren 36
Adsorption 32
Aggregatzustand 23, 25, 36
Aggregatzustandsänderung 23
Alkalimetalle 128
alkalische Lösung 138 ff., 144, 146 ff., 150 f.
Aluminium 14, 38 ff., 42, 46, 75
–, Eigenschaften 40
–, Verwendung 42
Ammoniak 147, 174, 176 ff., 190 f., 196
–, Bau 176
–, Bedeutung 176
–, Bildung 177
–, Eigenschaften 177
–, Modell und Formel 176
–, Nachweis 177
–, Oxidation 190
–, Verbrennungsofen 191
–, Vorkommen 176
Ammoniaksynthese 178 ff., 196
–, Geschichte 180
–, Grundlagen 178
–, Hin- und Rückreaktion 178
–, Katalysator 179
–, Kreislaufprinzip 179
–, Reaktionsbedingungen 179
–, thermischer Gegenstrom 179
Ammoniumcarbonat 184
Ammoniumchlorid 175, 182 ff.
Ammoniumhydrogencarbonat 184
Ammoniumhydrogenphosphat 184

Ammonium-Ionen 147, 183 f.
–, Nachweis 184
Ammoniumnitrat 184
Ammoniumsulfat 184
Ammoniumverbindungen 182 ff., 196
–, Bildung 183
–, Eigenschaften 184
–, Verwendung 184 f.
Apatit 153
Argon 63, 124, 127
ARISTOTELES 46
ARRHENIUS, SVANTE A. 119
Atom 44 ff., 70, 78, 88, 100, 124 ff.
Atomare Masseneinheit 166
Atombau 124 ff., 130
Atombindung 202 f., 205, 208, 214
–, polare 203, 214
Atomhülle 45, 48
–, Schalenmodell 126, 130
Atomkern 45, 48, 125, 130
Atommasse 125, 129, 166
Atomverband, im Metall 124
Ätznatron 141
Aufschlämmung 25 f., 30
Ausgangsstoff 53, 55 f., 59 f., 98
Außenelektron 88, 126 ff., 130, 205
AVOGADRO, AMADEO 170
AVOGADRO-Konstante 166 f., 172

B
Backpulver 207, 212
Bariumcarbonat 214
Barium-Ionen 156
Basen 140, 144
basische Lösung 138 ff., 144
Bau der Stoffe 22 f., 31, 36, 44 f.
Baueinheit 152
Benzin 206
BERZELIUS, JÖNS J. 46
Bindung, chemische 88, 100, 202, 214
Blei 38 ff., 42
Blut 148
Bodenkörper 87
Bodensatz 30

BOSCH, CARL 180
BOYLE, ROBERT 118
Brandbekämpfung 74 f.
Brände 72 ff.
Brandschutz 72 ff.
Branntkalk 155, 213
BRAUN, KARL FERDINAND 178
Braunkohle 206
Brennbarkeit 20, 67, 72 ff., 78, 198
Brenner 17
Brennerflamme 17
Brennspiritus 18, 20 f., 29, 82
Brennstoffe, fossile 207 f.
Brennstoffzelle 97
Bronze 25, 41 f.
Bronzezeit 41
BROWN'sche Bewegung 22
BUCKMINSTER-Fulleren 201
Bunsenbrenner 17
Buntmetall 40, 48

C
Calcit 153
Calcium 99
Calciumcarbonat 160, 211 ff.
Calciumchlorid 86
Calciumhydroxid 141
Calcium-Ionen 159
Calciumnitrat 175
Calciumoxid 59, 83, 99, 137 f.
Carbonate 211 f., 214
Carbonat-Ionen 119, 122, 210 f., 214
Chemie, Bedeutung 10 f.
–, Tätigkeiten 12
–, Umweltschäden 10 f.
Chemikalien 14 f.
–, Entsorgung 15, 218 f.
–, Umgang 15
chemische Bindung 88, 100, 202, 214
chemische Elemente 46 ff., 55, 57, 92, 94 f.
chemische Reaktion 49 ff., 71, 89, 98 ff., 105, 116, 119
– –, Bedeutung 51, 60
– –, endotherme 59 f.
– –, Energie 58 ff.
– –, exotherme 59 f.

chemische Reaktion, Massenverhältnisse 56
– –, Modellvorstellung 53, 55, 57
– –, Teilchen 55, 57, 60, 98, 116
chemische Verbindung 53, 55, 60, 92 f., 100, 105, 108
chemische Zeichen 99 f.
– –, Formel 54, 60, 70, 78, 98, 118
– –, Symbole 46, 48, 54, 88, 98
Chilesalpeter 175, 180, 191 f.
Chlor 124
Chlorid-Ionen 87 f., 116 f., 119, 122, 152, 156 f., 164
–, Nachweis 156 f., 164
Chlorwasserstoff 115, 117, 119
Chlorwasserstoffsäure 115 ff., 156
Chromatografie 32, 36
Chromatogramm 29, 32
Citronensäure 113
CROOKES, WILLIAM 180

D
Dekantieren 30, 36
Destillat 29, 31
Destillation 29, 31, 78
Destillationsapparatur 29, 31
Destillieren 29, 31, 36
Diamant 198 ff., 205, 214
–, Bau 205
Dichte 20, 30, 32, 39 f., 48
Dickdarm 148
Diffusion 23
Dipolmolekül 204
Dissoziation 89, 100, 119
Dissoziationsgleichung 116, 119, 122
Distickstoffmonooxid 186
Distickstofftetraoxid 186
DOEBEREINER, JOHANN-WOLFGANG 129
Düngemittel 158 f.
Düngung 158
Dünndarm 148

Register

E

Edelgas 63, 78, 124, 127 ff.
Edelmetall 132
edle Metalle 40, 131, 136, 155
Edukte 53
Eigenschaften von Stoffen 13 ff., 18 ff., 30, 36, 38 ff., 51
Eigenschaftskombination 21, 36
Eindampfen 27, 31, 36
Eindunsten 31
Eisen 14, 19 ff., 38 ff., 46, 52 f., 56 f., 66, 73
Eisenoxid 53 f., 56 f., 105
Eisensulfid 52 ff.
Eisenzeit 41
Eiweiße 176
Elektron 45, 47 f., 87 f., 125, 130
Elektronegativitätswert 204
Elektronenanordnung 126 ff., 130
Elektronenoktett 127, 130, 202
Elektronenpaar 202
–, bindendes 214
–, gemeinsames 214
Elektronenpaarabstoßungsmodell 204, 208, 214
Elektronenpaarbindung 202, 214
Elektronenschale 126
Elektronenschreibweise 127, 130
Element 46 ff., 55, 57, 92, 94 f.
Elementarteilchen 125, 130
Elementsubstanz 46, 48, 53, 69 f., 78, 92, 94, 108, 128
–, nichtmetallische 69 f., 78, 102, 105, 108
Emulsion 25, 36
endotherme Reaktion 59 f.
Energie 58 ff., 96 f.
–, bei chemischen Reaktionen 58 ff.
–, Bereitstellung 58
–, Nutzbarmachen 58
Energieträger 94 ff.
Energieumwandlung 58 ff., 89, 107
Entschwefelung 107
Entsorgung, von Chemikalien 15, 218 f.
–, von Gefahrstoffabfällen 218 f.
Entsorgungsratschläge 219
Entzündungstemperatur 72, 74
Erdalkalimetalle 128
Erdfarben 53
Erdöl 50, 58, 94, 96
Erstarren 23
Erstarrungstemperatur 20
Essig 25, 40, 113, 118
exotherme Reaktion 59 f.

Experimentieren 16 ff.
–, Grundregeln 16
–, Protokoll 18
Extrahieren 36
Extrakt 32
Extraktion 32
Extraktionsmittel 32

F

Fällungsreaktion 156, 164
Farbe 19, 39 f., 48
Farn 206
Feuer 74 f., 78
–, Entstehen 74, 78
–, Löschen 74 f., 78
Filter 30 f.
Filterrückstand 30
Filtrat 30
Filtrieren 30, 36
Flamme, leuchtende 17
–, nicht leuchtende 17
–, rauschende 17
Flammtemperatur 73
Fluorit 153
Formel 54, 60, 70, 78, 98, 118
Fotosynthese 207
FRASCH-Verfahren 102
FULLER, RICHARD B. 201
Fullerene 198 f., 201, 205
–, Bau 205

G

Gase 78
–, Experimente mit 66
–, Löslichkeit in Wasser 82, 91
Gasgemisch 25, 36, 100
Gefahrenbezeichnungen 216
Gefahrenhinweise 15, 216
Gefahrensymbole 15, 216
Gefahrstoffe 15
–, Arbeit mit 217
–, Entsorgung 218 f.
–, Kennbuchstaben 15, 216 f.
–, Liste 5 ff.
Gefahrstoffverordnung 15, 217
Gegenstände 14, 36 f.
Gemenge 25, 36
Geruch 19
Geschmack 19
Gesetz von AVOGADRO 170, 172
Gesetz von der Erhaltung der Masse 57, 60
Gewässer, Selbstreinigung und Sanierung 85
Gewässergüte 90
Gewässerschutz 85
Glanz 19, 40, 48
Glimmspanprobe 67 f., 78, 92
Gold 30, 38, 41 f., 44 f., 115, 124
Goldlegierungen 43
Graphit 19, 198 ff., 205, 214
–, Bau 205

Größengleichungen 172
–, bei Masseberechnungen 169, 172
–, bei Volumenberechnungen 171 f.
Gruppe 47, 128
GUERICKE, OTTO VON 62
Gusseisen 198

H

Harn 148
Härte 20, 39, 41
–, des Wassers 83, 91
Hauptgruppe 128, 130
Hauptnährstoffe 194
Hausabfälle, Zusammensetzung 33
Haut 148
Helium 63, 124, 127
HUFFMANN, D. 201
Hydrathülle 138 f.
Hydrogencarbonate 211 f., 214
Hydronium-Ion 183
Hydroxid 160
Hydroxid-Ion 138 f., 144, 150 f.
hygroskopisch 114

I

Indikator 111, 117 f., 122, 137, 140, 144, 146, 210 f.
Inkohlung 206
Iod 58 f.
Ionen 87 f., 100, 116 ff., 122, 124, 128, 150 ff., 153
–, hydratisierte 89
–, Nachweis 156 f., 164
–, Wertigkeit 88
–, zusammengesetzte Säurerest- 152, 155 f.
–, zusammengesetzte 119
Ionenbindung 88, 100
Ionengitter 88, 100
Ionengleichung 116, 119, 151
Ionenkristalle 88 f., 100, 152 f.
Ionenwertigkeit 88
Isotope 125, 130

K

Kalilauge 141
Kaliumcarbonat 211
Kaliumchlorid 58 f.
Kaliumhydroxid 141
Kalium-Ionen 159
Kaliumnitrat 175
Kalk 212
Kalkkreislauf 212 f.
–, in der Natur 212
–, in der Technik 213
Kalkmörtel 137, 213
Kalksinter 210
Kalkstein 212
Kalkwasser 141
Karat 200
Kennbuchstaben von Gefahrstoffen 15, 216 f.

Kern-Hülle-Modell 45, 48
Kernladung 125
Kerzenwachs 20, 39, 51, 73, 74
KIPP'scher Gasentwickler 94
Kläranlage 84 f.
Knallgas 94
Knallgasprobe 92, 95, 100
Kochsalz 27, 152
Kochsalzlösung, physiologische 22
Kohle 206
Kohlensäure 111, 118, 122, 147, 210, 214
Kohlenstoff 197 ff., 205, 214
–, Modifikationen 198 f., 201, 205, 214
Kohlenstoffatome 125, 205, 208
–, Isotope 125
Kohlenstoffdioxid 49, 63, 74, 78, 82, 96, 110, 122, 141, 207 ff., 214
–, Bau 208, 214
–, Nachweis 141, 211, 214
Kohlenstoffmodifikationen 205
Kohlenstoffmonooxid 208, 214
–, Bau 208, 214
Kondensieren 23
Königswasser 189
Kontaktofen, Ammoniaksynthese 179
Körper 14
KRÄTSCHMER, W. 201
Kristall 19, 31, 44, 88
Krypton 63, 124, 127
Kunststoff 33, 50
Kupfer 14, 19, 38 ff., 52 ff., 115, 124, 199
–, Verwendung 42
Kupferoxid 52 ff.
Kupfersulfid 52 ff.
Kupferzeit 41

L

Lachgas 186
Lackmus 111, 118, 122, 137, 146
Laufmittel 32
LAVOISIER, ANTOINE L. 46, 56 f., 118
LE CHATELIER, HENRY 178
Legierung 25, 36, 41 ff., 48
Leichtmetall 40, 48
Leitfähigkeit, elektrische 19, 39 f., 48, 86 f., 116, 118, 137, 150, 198 f.
LEWIS, GILBERT N. 127
LIEBIG, JUSTUS VON 158, 181, 194
LINDE-Verfahren 175
LOMONOSSOW, MICHAIL W. 56
Löschkalk 213
Löschmittel 16, 74 f.

Lösemittel 19, 29, 32, 83, 87, 100, 198 f.
Löslichkeit 19, 87
Lösung 25, 31, 36, 86 f., 89, 110 ff., 116 ff., 120, 122
–, alkalische 138 ff., 144, 146 ff., 150 f.
–, basische 138, 140
–, gesättigte 87
–, saure 110 ff., 116 f., 120, 122, 156
Luft 61 ff., 78, 106
–, Bestandteile 63, 66, 68 f., 78
–, flüssige 175
–, Schadstoffe 63 ff., 76 f., 106
–, Verschmutzung 35, 64, 76 f.
Luftdruck 21, 62
Lufthülle 62
Luftqualität 64 f.
Luftschadstoffe 63 ff., 76 f., 106, 187

M

Magensaft 148
Magnesium 39, 51 ff., 59, 74 f., 92
Magnesiumoxid 53 f., 83, 92
Magnetismus 19, 39
Marmor 211
Masse, einer Stoffportion 167, 172
–, eines Atoms 166
–, Erhaltung in chemischen Reaktionen 57, 60
–, molare 166 f., 172
Massenanteil 22, 114
Massenberechnungen 169
Massenverhältnis in chemischen Reaktionen 56
Mauersalpeter 175
MENDELEJEW, DMITRI I. 47, 129
Messing 25, 42 f.
Metalle 37 ff., 47 f., 56 f., 154, 160 f.
–, Bau 44 ff., 70
–, chemische Reaktionen 52 ff., 56 f.
–, edle 40, 131, 136, 155
–, Eigenschaften 38 ff., 44
–, Einteilung 40, 48
–, Reaktion mit Sauerstoff 52 f., 60
–, Reaktion mit Säurelösungen 154 f.
–, unedle 40, 131 ff., 136, 140, 144, 155
–, Verhalten gegenüber Wasser 133, 140
–, Verwendung 42 ff.
Metallgewinnung 41
Metallhydroxide 131, 138 f., 144
–, Verhalten gegenüber Wasser 138

Metall-Ionen 128
Metalllegierungen 42 f., 48
Metalloxide 53 f., 56, 60, 131, 133 f., 137 f., 144
–, Reaktion mit Säuren 155, 164
–, Reaktion mit Wasser 137 f.
–, Verhalten gegenüber Wasser 137
Meteoriteisen 41
Methan 207
MEYER, LOTHAR 47, 129
Mineraldüngung 194
Mineralstoffe 194
Mineralwasser 210
MITTASCH, PAUL ALWIN 180
Modell 12, 22 f., 44 f., 48, 53, 55
Modifikation 103, 108
–, Kohlenstoff 198 f., 201, 205, 214
Molekül 70, 73, 89, 93, 100, 103, 105, 116, 124
Müll 25, 33 ff.

N

Nachweis, von Ammoniak 177
–, von Ammonium-Ionen 184
–, von Chlorid-Ionen 156 f., 164
–, von Ionen 156 f., 164
–, von Kohlenstoffdioxid 141, 211, 214
–, von Nitraten 193
–, von Sauerstoff 68
–, von sauren Lösungen 111
–, von Säurerest-Ionen 156
–, von Sulfat-Ionen 156 f., 164
–, von Wasserstoff 95
–, von Wasserstoff-Ionen 156
Nahrungsbeziehungen 195
Nahrungskette 195
Nahrungsmittel 193
Nahrungsnetze 194 f.
Natriumatom 45
Natriumcarbonat 211
Natriumchlorid 86 ff., 100, 124, 152, 157
Natriumhydrogencarbonat 211 f.
Natriumhydroxid 139 ff., 150 f.
Natrium-Ionen 87 f.
Natriumnitrat 175, 180
Natron 211
Natronlauge 141, 150 f.
Neon 63, 124, 127
neutrale Lösungen 146 f., 164
Neutralisation 150 f., 164
Neutronen 125, 130
NEWLANDS, J. 129
Nichtmetalle 101 ff., 108, 160 f.

nichtmetallische Elementsubstanzen 69 f., 78, 102, 105, 108
Nichtmetalloxid 101, 110, 118, 122
Niederschlag 156
Nitrate 192 f., 196
–, als Schadstoffe 193
–, Eigenschaften 192 f.
–, Massenanteil in Nahrungsmitteln 193
–, Nachweis 193
–, Verwendung 193
Nitrat-Ion 119, 122, 152, 159
Nitrifikation 193
Nitrophoska-Dünger 194
nitrose Gase 186
Normdruck 21

O

Ordnungszahl 47 f., 128
organische Düngung 192, 194
organische Verbindungen 210 f.
OSTWALD, WILHELM 190
OSTWALD-Verfahren 190
Oxid 53, 71, 79, 144, 160 f.
Oxidation 53, 56, 60, 71, 105, 134 ff., 144, 208
Oxidationsmittel 135 f., 144, 208
Ozon 62 f., 76, 78, 84, 207

P

PAULING, LINUS 204
Periode 47, 128, 130
Periodensystem der Elemente 47 f., 128 f., 130
Phenolphthalein 137
pH-Meter 147
Phosphat-Ionen 119, 122
Phosphorsäure 115, 118, 122
pH-Wert 120, 122, 147 ff., 164
pneumatisches Auffangen 66 f.
Polarität chemischer Bindung 204
Pottasche 211
Prinzip des kleinsten Zwangs 178 f.
Projekt, Arbeiten am 33
–, Planung 33
–, Präsentation der Ergebnisse 35
Protokoll 18
Proton 45, 47 f., 88, 125, 130
Protonenabgabe 183
Protonenaufnahme 183
Protonenübergang 183
Pyrit, Rösten 105

Q

Quecksilber 47
–, Eigenschaften 40
–, Verwendung 42

R

Radiokarbon-Methode 125
Radon 124, 127
Raster-Tunnelelektronenmikroskop 44
Rauchgasentschwefelung 107 f., 151
Raumgitter, Diamant 205, 214
Reaktion, chemische 49 ff., 71, 89, 98 ff., 105, 116, 119
–, –, Massenverhältnisse 56
–, endotherme 59 f.
–, exotherme 59 f.
Reaktionsgleichung 98 ff., 105, 116, 119
Reaktionspfeil 54
Reaktionsprodukt 53, 55 ff., 59 f., 71, 98
Recycling 34 f.
Recyclingpapier 35
Redoxreaktion 134 f., 144, 208
Reduktion 134 ff., 144, 208
Reduktionsmittel 135 f., 144, 208
reine Stoffe 24, 30 f., 36, 40, 46, 48, 60, 83
Reiniger 142 f.
Resublimieren 21, 23
R-Sätze 15, 216
Rundfilter 31
RUTHERFORD, ERNEST 44 f.

S

Salmiak 175, 184
Salmiakgeist 176
Salpeter 175, 192
Salpetersäure 115, 118, 122, 188 ff., 196
–, Eigenschaften 189
–, konzentrierte 189, 196
–, rauchende 189
–, technische Herstellung 190 f.
–, verdünnte 189, 196
–, Verwendung 189
Salpetersäureanlage 191
Salze 152 ff., 160, 164
–, Darstellung 151, 154 f.
–, Eigenschaften 153
–, Namen 152
–, Zusammensetzung 152
Salzgarten 27
Salzsäure 94, 115, 122, 150 f.
Sauerstoff 52 f., 55, 57, 60, 63 ff., 78, 82, 92 f., 98 f., 105, 174 f.
–, Darstellung von 66 f.
–, Eigenschaften 68
–, Nachweis 68
–, Verwendung und Bedeutung 68
saure Lösungen 110 ff., 116 f., 120, 122, 146, 150 f., 156
– –, Nachweis 111
Säurelösungen 114, 116, 144

Register

Säurelösungen, konzentrierte 114
–, verdünnte 114
Säuren 109 ff., 113 ff., 122, 160
–, Umgang mit 114
saurer Regen 11, 109 ff., 122
Säurerest-Ionen 119, 122, 152, 210
–, Nachweis 156
Schalenmodell 126
Schichtgitter, Graphit 205, 214
Schmelzen 21, 23
Schmelztemperatur 20, 38, 41 f., 88, 153
Schwefel 19, 24, 52 ff., 59, 101 ff., 105, 108
–, Eigenschaften und Verwendung 102, 108
–, Modifikationen 103, 108
Schwefeldioxid 78, 101, 104 ff., 108, 110 f., 122
Schwefelsäure 102, 114, 118, 121 f., 141 f.
schweflige Säure 111, 118, 122
Schwermetall 40, 48
Schwimmtrennung 32
Sediment 30
Sedimentieren 30, 36
Selbstreinigungskraft der Gewässer 85
Sicherheitseinrichtungen 16
Sicherheitsratschläge 15, 217
Sieben 30, 36
Siedetemperatur 21, 31, 44
Silber 38, 43, 115
–, Eigenschaften 40
–, Verwendung 42
Silberchlorid 86 f., 156
Silber-Ionen 156
Silbernitratlösung 156 f.
Silberoxid 55
Smog 76, 106
Soda 211
Sole 27
Sonderabfälle 35
Spurenelemente 194
S-Sätze 15, 217
Stahl 25, 41, 43
Stalagmite 212
Stalaktite 212
Steckbrief von Stoffen 21

Steinkohle 206
Steinsalz 27
Stickstoff 63 ff., 78, 174 f., 196
–, Bau 175
–, Darstellung von 66, 175
–, Eigenschaften 68 f., 174
–, Kreislauf 181
–, Verwendung und Bedeutung 69
–, Vorkommen 175
Stickstoffdioxid 186 f., 190 f.
Stickstoffdüngemittel 174, 180, 184, 193
Stickstoffmonooxid 186 f., 190 f.
Stickstoffoxide 186 f., 196
–, Bau 187
–, Bildung 186
–, Eigenschaften 187
–, Luftschadstoffe 187
–, Verwendung 186
Stickstoffumsatz, im Boden 195
Stickstoffverbindungen 173, 194
Stoffe 12 ff., 18 ff., 30 f., 36, 50 f., 70, 87
–, Aggregatzustand 23
–, Bau aus Teilchen 22 ff.
–, Bau 21, 31, 36, 44 f.
–, Brennbarkeit 20, 72 ff., 78
–, Eigenschaften 13 ff., 18 ff., 30, 36, 38 ff., 51
–, Eigenschaftskombinationen 21, 36
–, Einteilung 36, 73
–, Entzündlichkeit 72 ff.
–, Löslichkeit in Wasser 86 f.
–, reine 24, 30 f., 36, 40, 46, 48, 60, 83
–, Steckbrief 21, 36
–, Teilbarkeit 22
–, Verhalten beim Erhitzen 20, 31, 51 f., 56, 73, 102
Stoffgemisch 24 ff., 36, 78
–, Arten 25, 36
–, heterogenes 25, 36
–, homogenes 25, 36, 48, 87
–, Teilchenvorstellung 24, 31
–, Trennen 28 ff., 34
–, Trennverfahren 28 ff., 32, 36
–, Zusammensetzung 26

Stoffmenge 166 f.
Stoffportion 20, 166 f.
Stoffumsatz 98
Stoffumwandlung 49 ff., 59 f., 89
–, Energie bei 59
Sublimieren 23
Sulfat-Ionen 119, 122, 152
–, Nachweis 156 f., 164
Sulfit-Ionen 119, 122
Suspension 25, 36
Süßwasser 81
Symbol, chemisches 46, 48, 54, 88, 98
Systematisierung 160 ff.

T
Teclubrenner 17
Teilchen bei chemischen Reaktionen 55, 57, 60, 98, 116
Teilchenanzahlverhältnis 168
Teilchenbewegung 22 ff.
Teilchenmodell 22 ff., 31, 36, 55, 57, 98
Teilchenumsatz 98
Teilchenverband 54 f., 70, 87
–, Ionen 124
THAER, DANIEL 158
Torf 206
Treibhauseffekt 96, 207, 209
Trennverfahren 28 ff., 32, 36
Trinkwasser 81, 83 ff., 113
Trinkwasseraufbereitung 84
Trinkwassergewinnung 84
Trockeneis 208
Tropfsteinhöhle 212

U
Umgang mit dem Brenner 17
unedle Metalle 40, 131 ff., 136, 140, 144, 155
Universalindikator 110 f., 117, 120, 122, 137, 146 f.

V
Verbindungen, chemische 53, 55, 60, 92 f., 100, 105, 108
Verbrennung 59, 71 f.
Verdampfen 23
Verdunsten 27
Verformbarkeit 38 f., 42
Volldünger 194

Volumen, einer gasförmigen Stoffportion 170 f.
–, molares 170, 172, 209
Volumenanteil 22
Volumenberechnungen 171, 209
Volumenverhältnisse, bei chemischen Reaktionen 170
Vorlage 31

W
Wärmeleitfähigkeit 39 f., 48
Wasser 20, 79 ff., 83 ff., 87, 89 ff., 92 f., 98 ff., 110 ff., 114, 122
–, Aggregatzustandsänderung 23
–, destilliertes 31, 82 f., 86, 157
–, Eigenschaften 83
–, Härte 212
Wasserdampf 23, 63
Wasserhärte 83, 91
Wasserkreislauf 80
Wassernutzung 80
Wasserstoff 59, 92 ff., 144
–, Nachweis 95
Wasserstoff-Ionen 116 ff., 122, 150
–, Nachweis 156
Wasserstoffmotoren 97
Weißmetall 40, 48
Wertigkeit von Ionen 88
WINKLER, CLEMENS 129
Wortgleichung 54, 98

X
Xenon 63, 124, 127

Z
Zeigerpflanze 147
Zentrifugieren 32, 36
Zerteilungsgrad 74
Zink 19, 38 f., 42 f., 52, 58 f., 94
Zinkoxid 54
Zinn 38, 41 f.
Zuckerkristalle 22
zusammengesetzte Ionen 119

AUTOREN
Dr. Barbara Arndt
Dr. Karin Arnold
Prof. Dr. Volkmar Dietrich
Andreas Eberle
Dr. Lutz Finke
Dr. Roland Franik
Klaus Krüger
Norbert Lüdtke
Dr. Dietmar Raschke
Simone Stachel

HERAUSGEBER
Dr. Karin Arnold, Prof. Dr. Volkmar Dietrich

Unter Planung und Mitarbeit der Verlagsredaktion:
Volkmar Kolleck, Heidi Riens, Dr. Claudia Seidel

Illustration: Joachim Gottwald, Roland Jäger, Hans Wunderlich
Grafik: Marina Goldberg
Umschlaggestaltung und Layoutkonzept:
Wolfgang Lorenz
Layout und technische Umsetzung: Jürgen Brinckmann, Andrea Päch

www.cornelsen.de

1. Auflage, 4. Druck 2008 / 06

Alle Drucke dieser Auflage sind inhaltlich unverändert und können im Unterricht nebeneinander verwendet werden.

© 2004 Cornelsen Verlag, Berlin

Das Werk und seine Teile sind urheberrechtlich geschützt. Jede Nutzung in anderen als den gesetzlich zugelassenen Fällen bedarf der vorherigen schriftlichen Einwilligung des Verlages. Hinweis zu den §§ 46, 52a UrhG: Weder das Werk noch seine Teile dürfen ohne eine solche Einwilligung eingescannt und in ein Netzwerk eingestellt oder sonst öffentlich zugänglich gemacht werden.
Dies gilt auch für Intranets von Schulen und sonstigen Bildungseinrichtungen.

Druck: Firmengruppe APPL, aprinta druck, Wemding

ISBN 978-3-06-030747-0

Inhalt gedruckt auf säurefreiem Papier aus nachhaltiger Forstwirtschaft.

Abbildungsverzeichnis

Abfallwirtschaftsbetriebe der Stadt Köln: 33/3; ADN Berlin, Günther: 35/3; aid, Bonn: 143/1; Air liquide GmbH, Düsseldorf: 69/1,2; AMAZONEN-Werke H. Dreyer GmbH & Co. KG, Hasbergen: 121/5; Arndt, B., Burghausen: 50/4, 160/1; Asbach GmbH & Co, Rüdesheim am Rhein: 31/3; Aventis Research & Technologies GmbH & Co KG, Frankfurt/M.: 199/2, 201/1; B. Braun Melsungen AG: 26/1; Bach-Kolster, H., Duisburg: 85/1, 143/2; Baden-Württembergischer Handwerkstag, Stuttgart: 40/1; Bao, Huiming, Baton Rouge: 191/3; BASF AG, Ludwigshafen: 178/1, 180 (Hintergrund), 191/1,2; Baumann Schicht, Bad Reichenhall: 152/2; Bayer AG, Leverkusen: 12/2, 34/2, 114/1, 121/2; BBG-Bergbau-Berufsgenossenschaft Bochum: 137/1; Behrendt, H.-J., Zingst: 65/1; Benckiser (Deutschland) GmbH/NYC/GGK, Frankfurt/M.: 83/2; Benetton Sportsystem GmbH, Unterschleißheim: 14/1; Bildarchiv Preußischer Kulturbesitz, Berlin: 41/1; Blümel, H., Mücka: 159/1; BMO-Baustoffwerke Münster-Osnabrück, Holdorf: 141/2; BMW AG, München: 63/2, 96/3; Brandl, H., Kaltenkirchen: 112/1; Braunschweigische Kohlen-Bergwerke AG, Helmstedt: 11/6, 107/2; BRITA GmbH (Soda Vision): 210/2; Bundesanstalt für Milchforschung, Kiel: 25/1; Cinetext/Lucasfilm: 38/3; COMPO GmbH, Münster: 194/2,5; Daber, R.: 206/3; Daimler-Benz Aerospace Airbus GmbH, Hamburg: 97/1; Daimler-Benz Aerospace Dornier GmbH, Friedrichshafen: 11/3, 11/7; DaimlerChrysler AG, Stuttgart: 97/2; Deutsche Bahn AG, Berlin: 12/3; Deutsche Bahn AG/Emersleben, Berlin: 42/2; Deutsche Bahn AG/Klee, Berlin: 70 (oben); Deutsches Museum, München: 62/1, 94/2, 118/1; Diederich, Prof., ETH, Zürich: 201/3; DLR, Berlin-Adlershof: 176/2; Döring, V., Hohen Neuendorf: 11/1, 14/2,3, 15/3, 17/2, 19, 19/1,2, 19/4, 21/2, 22/1,2, 28/1, 30/4, 32/3,4, 39/E5, 41/3, 46/1, 49/3, 51/E2, 52/1,2, 53/1, 55/2, 56 (oben), 63/3, 64/1, 65/2, 68/2, 71/1 (links), 71/1 (rechts), 71/2, 73/1, 74/1, 86/2, 89/2, 91/1, 104/E4, 111/1,2, 112/2, 114/E6, 115/1 (links), 115/3, 116 (oben), 120/1, 121/1, 131, 133/1, 134/2, 138/1, 139/2, 140, 141/1, 142 (oben), 147/1, 149/E1, 150/2, 156 (oben), 156/1, 163/1, 183/1, 186/1,3, 188/1, 189/1,2, 199/1, 202/1 (Mitte), 204/E7; dpa/Lehtikuwa Oy, Frankfurt/M.: 81/3; dpa-Bildarchiv: 176 (oben), 192/1; EAM/H.-G. Ondraczek, Kassel: 33/1; fl online/Widmann: 201/2, 210/1; Fa. Langenberg, Strausberg: 132/2; Fotoatelier H.-J. Mock, Mühlhausen: 54/4, 77/E2, 102/2,3, 105/E5, 120/5, 185/2; Gartung, W./Wings: 89/1; Geologische Forschung und Erkundung, Halle: 200/2; Gloria-Werke, Wadersloh: 208/1; GVST, Essen: 206/1; Haarmann & Reimer GmbH, Holzminden: 24/1; Heinzel, K., Berlin: 53 (rechts), 90/1,2; Helga Lade Bildagentur GmbH, Berlin: 10/3, 35/1, 45/3, 49, 58/3, 61, 62 (oben), 71 (Mitte), 72/1, 76/1, 77/2, 101, 106/1, 113/1, 120/3, 123, 124/4, 186/2; Hoechst AG, Frankfurt/M.: 10/2; Hooge, H., Gleichen-Benniehausen: 151/1, 187/2; Hron, D., Berlin: 83/1; Jan Kolbe Einbaugeräte GmbH, Pettstadt: 32/2; Kalkwerk Hufgard GmbH, Hösbach-Rottenberg: 155/2; Kefrig, U., Osnabrück: 92/1; Keune, H. (†), Finsterbergen: 86/1; Knopfe, M., Freiberg: Einband, 2, 19/3, 25/1 (links), 44/1, 102/1, 124/1,2, 153/1,2,4, 197 (rechts), 214 (rechts); Köhler, F., Bornheim: 176/1; Kretschmer, K., Berlin: 30/1, 152/1; Krüger, K., Parey: 211/1; Kulturhistorisches Bildarchiv Hansmann, München: 200/1; La Speranza, L., Wien: 198/3; Lehmkuhl, A., Bempflingen: 30/2; Leybold Didactic GmbH, Hürth: 146/1, 161/1; Linde AG, Höllriegelskreuth: 63/1; Loctite/Henkel KgaA, Düsseldorf: 10/4; Lorenz, W., Berlin: 37; Ludwig Preiß Industrie- und Pressebilddienst GmbH, Berlin: 68/1, 110/3, 113/2 (rechts), 113/4, 115/1 (rechts), 124/3, 151/2, 157/2, 203/2 (oben), 208/2; Malzahn, H., Berlin: 198/1, 200/3,5, 202/1 (links), 214 (links); Manufactum, Waltrop: 38/2; Marineau, Guy, Paris: 43/2; Mauritius Die Bildagentur, Mittenwald: 79; Mauritius/Scott: 104/1; Messer Griesheim GmbH, Krefeld: 53/2, 96/2, 174/1; MESSO CHEMIETECHNIK GmbH, Duisburg: 30/3; Miele Photos: 142/1, 150/1; Minimax GmbH, Bad Oldesloe: 75 (oben); Mitteldeutsche Erdoel-Raffinerie Elf Raffinerie: 50/1; MTH Melbars Tröpfelhandel e.K., Schleswig: 43/1; NASA/STSI/ ESA: 94/1, 98/1; Nayhauß, D. v., Berlin: 193/1; Noris-Blattgold GmbH, Schwabach: 42/3; Okapia/E. Pott: 147/2; Okapia/NAS: 147/3; OMICRON Vakuumphysik GmbH, Taunusstein: 44/3; OSRAM GmbH, München: 174/3; Ostkreuz-Agentur der Fotografen, Hauswald: 65/3; PHYWE SYSTEME GmbH, Göttingen: 20/E1, 76/E1, 91/2; Porsche AG, Stuttgart: 42/1; REVO Luftwerbesysteme GmbH, Stockach: 124/5; Schleicher, S., Grünheide: 110/2; Schuster, R., Greifswald: 194/1; Seilnacht, T., Mühlheim: 103/2-3; Senkel, G., Rießen: 23/1; Siemens AG, München: 77/1; Siemens KWU, Erlangen: 60 (rechts); Simeon, R., Baden-Baden: 38/1, 125/2, 154 (oben), 158/2,4, 159/2, 160/2, 180/1, 198/2, 202/1 (rechts); StockFood Munich/ H. Banderob: 185/1; Superbild Bildagentur GmbH, Berlin: Einband (Hintergrund), 10/1, 10 (unten), 11/4, 12/1, 13, 24/2, 58/1, 77/3, 81/2, 110/1, 121/3, 145, 173, 197 (links); Theuerkauf, H., Gotha: 60 (links), 113/3, 115/2, 120/2, 149, 206/2; Thomas, R., Berlin: 158/1; transit-Archiv, Leipzig: 9; Trevira GmbH, Bobingen: 199/3; ullstein bild, Berlin: 27/1, 180/2; Van Pelt, Harold & Erica Diamonds courtesy H. D. Krieger, Idar Oberstein: 200/4; Varta Batterie AG, Hannover: 58/4, 121/4; Verlag Werbung und Foto Fabry GmbH, Rüdersdorf: 121/6; Volkswagen AG, Wolfsburg: 155/1; Wacker-Chemie GmbH, München: 12/4; WAFG Berlin: 210/3; Welke, F., Berlin: 134/1; ZEFA visual media, Düsseldorf: 132/1, 212/1; ZEFA, Düsseldorf: 11/2, 11/5.
Alle nicht aufgeführten Bilder entstammen dem Archiv des Verlages.

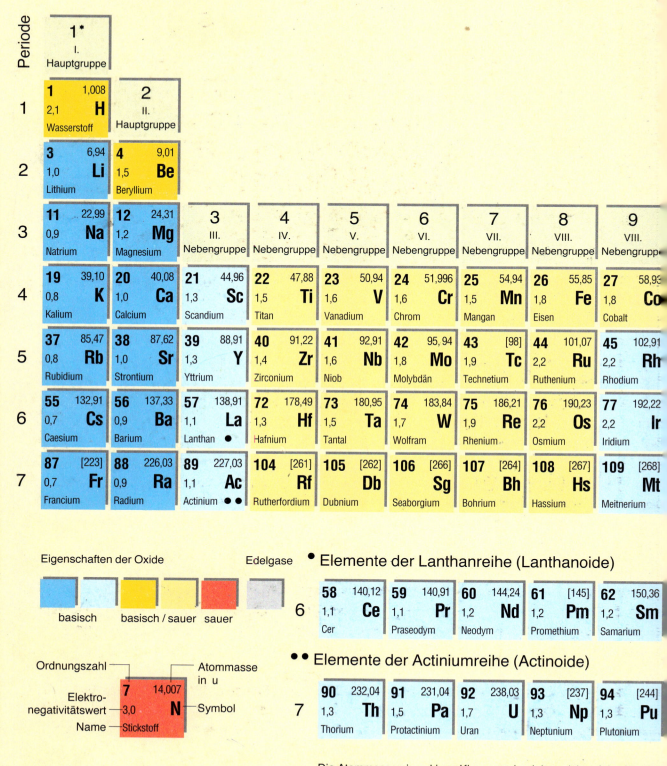